国家の神話

エルンスト・カッシーラー
宮田光雄 訳

講談社学術文庫

目次

凡　例

・本書は Ernst Cassirer, *The Myth of the State*, New Haven: Yale University Press, 1946 の翻訳である。底本には、一九五〇年の第三版を使用した。
・原文中の〝 〟は、引用文の場合には「 」を用い、その他の場合には《 》を用いた。
・原文中のイタリックは傍点を付して示し、外国語の場合には、原語を（ ）で掲げた。
・原文中に現われる書名はイタリックで示され、おおむね英語題になっているが、訳文では『 』で示し、初出の際には原書名を（ ）で掲げた。ただし、ギリシア語の場合にはラテン文字で表示した。
・原文中の人名その他の固有名詞はおおむね英語表記になっているが、訳文ではなるべく原語の発音に従い、わが国で慣用の呼称がある場合は、それに従った。なお、人名の原語は巻末の索引中に併記した。
・原註は各章の末尾に一括した。なお、原註の中の引用書は、利用する人々の便宜を考慮して、そのまま訳さずに掲げた。
・訳文の理解を助けるために、訳者による補いを〔 〕として挿入し、さらに訳註を「＊1」の形で示して巻末に一括して掲げた。
・本書には、今日では差別的とされる表現が散見される。可能なかぎり配慮して訳文を作成したが、本書の歴史的価値を鑑みて、ご理解を賜りたい。

国家の神話

第一部　神話とは何か

第一章　神話的思惟の構造

　われわれは、過去三十年間、第一次世界大戦と第二次世界大戦の間の時期に、政治生活と社会生活の深刻な危機を経験したばかりでなく、幾多のまったく新しい理論的な問題にも直面してきた。われわれは政治的思惟の諸形式が急激に変化するのを体験した。諸々の新たな問題が提起され、そして新たな解答が与えられた。十八世紀および十九世紀の政治思想家たちにとって未知であった諸問題が突如として前景に現われてきたが、おそらく近代政治思想のこの発展において、もっとも重大な、そしてもっとも気遣わしい特徴は、新しい力、すなわち神話的思惟の力の出現であろう。神話的思惟は、現代の若干の政治制度において、明らかに合理的思惟にたいして優位を占め、それは束の間の激しい闘争の後に、明白かつ決定的な勝利を獲得したかのようであった。この勝利はどのようにして可能であったか。政治的地平線にかくも突如として現われ、そしてある意味では精神的および社会的生活の性格に関する従来の一切の観念を逆転させるようにみえた、この新たな現象を、どのようにすれば説明できるだろうか。

　われわれの文化生活の現状を眺めてみると、ただちに、異なった二つの分野の間に深い間隙が存在していることに気づく。政治的行動ということになると、人は、あらゆる純理論的な活動で認められる法則とはまったく違った法則に従うかのように思われる。自然科学の問題や技術上の問題を解決するのに、政治的な諸問題の解決に際して推奨され、また使用されるような方法でやろうとは、何人《なんぴと》も考えないであろう。前者の場合、合理的な方法以外のものは、決して用いようとはされない。ここでは、合理的思惟がその地歩を固守し、絶えず自らの活動範囲を拡大するようにみえる。自然についての科学的認識や技術による自然の征服は、日々新たな比類ない勝利を獲得していく。これに反して、人間の実践的および社会的生活においては、合理的思惟は、完全な、取り返しのつかない敗北を喫しているように思われる。この領域では、現代の人間は、その知的生活の発展のなかで学び取った一切のものを忘れ去ったかにみえ、彼は人間文化の最初の未開の段階に引き戻されようとしている。ここでは、合理的・科学的な思惟は、あからさまにその挫折を告白し、もっとも危険な自分の敵に屈服する。

一見すると、われわれの一切の思考をかき乱し、一切の論理的基準を無視するようにみえるこの現象を解明するために、われわれは、そもそもの最初から始めなければならない。あらかじめ一つの先決問題に答えておかないと、現代の政治的神話の起源、特性および影響力を理解することは期待できない。神話がどのように作用するかを説明しうる前に、神話とは何であるかを知っていなければならない。神話の個々の作用は、その一般的な性質について明確な洞察が得られた場合にのみ解明することができる。

神話とは何か。また人間の文化生活におけるその機能は何か。この問いを提起するや、ただちにわれわれは、種々の相反する見解の間でかわされる激しい闘いに身を投ずることになる。この場合、もっともとまどわされる点は、われわれの経験的資料が不足していることではなく、それが豊富なことである。この問題はあらゆる角度から取り上げられてきたし、神話的思惟の歴史的な発展とその心理学的な基盤は、ともに入念に研究されている。多くの哲学者、民族学者、人類学者、心理学者、社会学者がこうした研究に携わっており、いまや、われわれは一切の事実を所有しているように思われる。すなわち、われわれの比較神話学は、世界のあらゆる部分にわたり、かつもっとも原始的な神話の形態から高度に発達した手の込んだ神話思想にいたるまでを、その考察の対象とするものである。データに関しては、すべて出揃っているかにみえ、絶対必要な項目は一つたりとも欠けていない。しかしながら、神話についての理論となると、なお大いに議論の余地がある。あらゆる学派がそれぞれ異なった解答を与え、それらの解答のいくつかは相互に甚《はなは》だしく矛盾している。まさにこの点から、神話についての哲学的理論が始まらねばならない。

多くの人類学者は、神話とは、結局、複雑な心理学的または哲学的説明をほとんど必要としないまったく単純な現象だと主張する。神話は単純さそのものである。なぜなら、それは人類の神聖なる単純[*1] (*sancta simplicitas*) 以外の何ものでもないからである。それは反省や思考の成果ではないし、また、それを人間の想像力の所産とするのも十分ではない。想像力のみでは、神話の非合理な点や、その空想的で奇妙な要素を説明しつくすことはできない。むしろ、これらの非合理や矛盾の原因となるのは、人間の原始的愚鈍（*Urdummheit*）であり、この《原始的愚鈍》がなければ、神話は存在しないであろう。

一見したところ、このような解答はきわめて妥当なように思えるかもしれない。しかしながら、われわれが人類史における神話的思惟の発展を研究し始めると、すぐさま重大な困難に直面することになる。歴史的にみて、およそ偉大な文化で神話的要素に支配されたり、また浸透されたりしなかったものは存在しない。これらすべての文化——バビロニア、エジプト、中国、インド、ギリシアの文化——が人間の《原始的愚鈍》にたいするそれぞれの仮面、仮装にほかならず、したがって、それらは結局、何ら積極的な価値と意義をもたなかったと言ってもよいだろうか。

文明史家は決してこの見解を容認できないであろう。彼らは、さらにすぐれた、より適切な説明を探さねばならなかった。しかし、彼らの解答は、ほとんどの場合、彼らの抱く学問的な関心が異なっているだけまちまちであった。われわれは彼らの態度を一つの比喩によって、たぶん、もっともよく明らかにすることができるであろう。ゲーテの『ファウスト（*Faust*）』の中に次のような場面がある。[*2] 魔女の厨《くりや》で、ファウストは自分の若返りのための飲み物を待っている。魔法の鏡の前に立って、彼は突然すばらしい光景を目撃する。この世のものと思えぬほど美しい一人の女性の影像が鏡に現われる。彼は恍惚となり、呆然とする。しかし、彼の傍《かたわ》らに立つメフィストは彼の熱狂ぶりを嘲笑する。メフィストはもっとよく知っている。ファウストがみていたのは、現実の女性の姿ではなく単に彼自身の精神の創造物でしかないということを。

神話の秘密を説明しようとして、互いに競いあった十九世紀における様々な理論を学ぶとき、われわれはこの場面を想起することができよう。ロマン派の哲学者や詩人たちは、初めて神話という魔法の杯《さかずき》を飲み干した人たちであった。彼らは活気づき、若返るのを覚えた。いまや、彼らは一切のものを新しい、変容した形態において眺め、卑俗な世界、卑俗な民（*profanum vulgus*）の世界に立ち返ることはできなかった。真のロマン主義者にとっては、神話と現実の間には何ら判然とした差別はありえなかった。ちょうど、詩と真実の間に何らの分離もなかったように。詩と真実、神話と現実は互いに浸透しあい、相互に一致する。ノヴァーリスは「詩は絶対的に真に現実的なものである。これが私の哲学の心髄である。詩的であればあるほど、真実なのである」[1]と述べている。

このロマン主義哲学の結論は、シェリングによって、その『超越論的観念論の体系（*System des transzendentalen Idealismus*）』、さらに『神話と啓示の哲学についての講義（*Vorlesungen über die Philosophie der Mythologie und der Offenbarung*）』において引き出されたが、およそこれらの講義で表明された見解と、啓蒙の哲学者たちの判断との間にみられるほど、判然とした対照はありえない。ここで見出されるのは、以前のすべての価値が完全に一変していることである。最低位を占めていた神話が、突如として最高位に高められる。シェリングの体系は《同一性の体系》[*3]であったが、このような体系においては、《主観的》世界と《客観的》世界の間に何ら截然《せつぜん》とした差別は存在しえないであろう。宇宙は一つの霊的な宇宙であり、この霊的宇宙は不断に連続的な有機的全体を構成する。《観念的》なものを《現実的》なものから引き離そうとするのは、誤った思考態度であり、単なる抽象である。それらは対立しあうものではなく、相互に一致する。こうした前提から出発して、シェリングは、彼の講義の中で、神話の役割についてまったく新しい思想を発展させた。それは哲学、歴史、神話、詩の未曾有の綜合であった。

のちの世代は、神話の性格について、はるかに冷静な見解を抱いた。彼らは、もはや神話の形而上学に関心をよせなかった。彼らは、その問題に経験的な側面から近づき、経験的な方法でそれを解明しようとした。けれども、過去の魔力は決して完全に破壊されたわけではなかった。いずれの学者も、なお神話のうちに、自分にもっとも親しい対象を見出した。実際、種々の学派は、神話という魔法の鏡に、ただ自分自身の顔をみたにすぎなかった。神話の中に、言語学者は言葉と名称の世界を見出し、哲学者は《原始哲学》を、精神病学者はきわめて複雑で興味深い神経症的現象を見出したのである。

科学者の観点からすれば、この問いの立て方には二つの異なった方法がある。すなわち、神話的世界は、理論的世界、つまり科学者の世界と同じ原理に従って説明することもできるし、あるいは力点を反対の側に置いて、二つの世界の間に何らかの類似性を求める代わりに、それらの不通約性、すなわち根本的な対立した差異を強調することも可能である。それぞれの学派間のこの争闘を、単なる論理的基準によって裁決することは、まず不可能であった。『純粋理性批判（*Kritik der reinen Vernunft*）』の重要な一章において、カントは学問的解釈の方法の根本的な対立について論じているが、彼によれば、学者や研究者には二つのグループがあって、一方は《同種性》の原理に従い、他方は《特殊化》の原理に従うのである。前者がもっとも異種的な現象をも一つの公分母に還元しようと努めるのに反して、後者はこの表見的な一致、あるいは類似性を承認しようとはしない。共通の特徴を強調する代りに、つねに相違点を探し求める。カント哲学そのものの原理に従えば、実際には、この二つの態度は相容れないものではない。なぜなら、それは何ら根本的な本体論的差異、つまり《物自体》の本性、本質における差異を示すものではないからである。それはむしろ、人間理性の二重の関心を表わしている。人間の知識は二つの方法に従い、二つの関心を満足させることによってのみ、その目的に到達することができるのである。それは二つの異なった《統制的原理》――つまり類似性と差異性、同種性と異種性という二原理に従って行動しなければならない。人間理性が機能するには、両方の格率が等しく不可欠なのである。同一性を要請する類の論理的原理は、いま一つの原理、すなわち種の原理――事物の多様性と差異性を要求し、悟性に命令して同一性と同じく差異性にも注意せしめる原理――によってバランスを保たれる。カントはこう言っている。

この区別は、自然研究者の異なる思考様式において現われている。一方の研究者は……いわば異種性に対しては敵意を抱き、つねに類の統一に没頭するのに反して、他方の研究者は……自然の現象を一般的原理に則って分類しうるという期待をほとんど放棄しかねないほどの多様性に自然を分割しようと不断に努力しているのである。(2)

カントがここで自然現象の研究について述べていることは、同じく文化現象の研究についても妥当する。十九世紀および二十世紀の学者によって与えられた神話的思惟についての様々な解釈を跡づけるとき、われわれは右の二つの態度のうってつけの事例を発見するであろう。きわめて権威のある学者で、神話的思惟と科学的思惟の間には、あの判然とした相違があるということを否定しがちであった人々が、つねに存在していた。むろん、原始的思考は、既知の事実の数量とか、経験的明証性の大きさという点では、科学的思考に比べてはるかに劣ったものであるが、しかし、これらの事実の解釈という点では、それは、われわれ自身の思考、推論の仕方と完全に一致している。この見解は、例えば十九世紀後半に発達し始めた経験的人類学という新たな学問を殊によく代表している一つの著作の中で主張されている。

ジェームズ・フレイザーの『金枝篇（*The Golden Bough*）』は、すべての人類学的研究にとっての豊富な宝庫となったが、その全十五巻中には、世界の各地から、そしてきわめて多種多様な文献から取り出された驚くべき資料が含まれている。しかし、フレイザーは神話的思惟の現象を蒐集し、それを一般的な標記に従って排列することでは満足せず、それを理解しようと努めた。彼の確信したところでは、この課題は、神話が人間的思惟の孤立した領ければならない。人間の思考は根本的に異質なものではありえない。はじめから終わりまで、つまり最初の幼稚な歩みから最高の学識にいたるまで、それはつねに同一である。それは同種的であり、一様なのである。フレイザーは、この指導原理を、彼の著書の最初の二巻において呪術の分析に適用したが、彼の説によれば、呪術的儀式を行う人間は、原理的には、実験室で物理学や化学の実験をする科学者と異なるものではない。未開種族の魔術師や医師と現代の科学者とは、同じ原理に基づいて思考し、かつ行動しているのである。フレイザーは言う。

どこであっても共感的呪術が、その純粋無雑な形で現われているところでは、それは自然界において一つの出来事がいかなる霊的または人格的な作用力の干渉をも受けることなく、必然的に、そして不可避的に、他の出来事の結果として生じてくることを予想している。かくして、その基礎的概念は近代科学のそれと一致するのである。つまり、全体系の基調をなすものは、自然界の秩序と統一についての、盲目的ではあるが、しかも真実にして確固たる信念なのである。呪術師は、同一の原因がつねに同一の結果を生み出すこと、また適切な呪文をともなう適当な儀式の執行が必然的に望む結果をもたらすことを疑わないのである。……かくして呪術的世界観と科学的世界観の間には緊密な類似性が存する。これら双方において、出来事の継起は不変の法則によって決定され、

> その法則の効果は正確に予見され、計算されうるがゆえに、完全に規則的であり、確実である。気まぐれ、僥倖、偶然などの要素は、自然の運行から消し去られている。……呪術の致命的欠陥は、出来事の継起を法則によって決定されたものとする、その一般的な想定のうちに存するのではなく、その継起を支配している特殊な法則の性質について全体的な誤認をしていることに存するのである。……呪術的儀式はことごとく思考の二大基本法則、すなわち類似による観念の連合、および空間または時間における連続性による観念の連合のいずれかの誤った適用である。……連合の原理は、それ自体としてはすぐれたものであり、また実際、人間の心の働きにとって絶対的に本質的なものである。それは、正しく用いられれば科学を生み、誤って用いられれば科学の腹違いの姉妹たる呪術を生む[3]。

この見解をとるのはフレイザーのみではなかった。彼は一つの伝統——それは十九世紀における科学的な人類学の発端にまで遡るものである——を継続したのである。一八七一年にE・B・タイラーが、その著『原始文化（*Primitive Culture*）』を出版した。しかし、彼は原始文化について語ってはいるが、いわゆる《原始的思考》の観念を認めようとはしなかった。タイラーによれば、野蛮人の思考と文明人の思考の間には本質的な相違はない。野蛮人の思想は、一見したところ奇妙にみえるかもしれないが、それは決して混乱も矛盾もしていない。野蛮人の論理は、ある意味で瑕疵《かし》がないのである。野蛮人の世界解釈とわれわれ自身の世界観との非常な差異をなしているのは、思考の形式、つまり論証と推論の諸規則ではなく、素材、つまり、この規則が適用されるデータである。ひとたび、これらのデータの性格を理解したなら、われわれは野蛮人の立場に身を置く――つまり野蛮人の思想を考え、感情を汲み取ることができる。

タイラーによれば、未開な種族に関する組織的研究の第一の要件は、宗教についての基礎的な定義を設定することであるが、この定義には、至高の神性とか死後の審判についての信仰、偶像崇拝、または犠牲の習慣を含めるわけにはいかない。民族学的なデータをより綿密に研究すれば、こうしてすべての特徴が必ずしも必須要件ではないことを確信させられるのである。それらは単に宗教生活の特殊な局面を示すだけで、その普遍的な様相を伝えるものではない。

> このような狭い定義は、宗教をその特殊な発展の所産と同一視し、その根底にある、より深い動機を無視するという誤りを犯している。したがって、ただちにその本来の源泉に立ち返り、宗教の最小限の定義を、端的に霊的存在の信仰であると主張するのが、いちばんよいように思われる。

タイラーの著書の目的は、アニミズム[*4]の名のもとに、霊的存在――それは唯物論の哲学に対立した唯心論の哲学の本質そのものを具現するものである――についての秘義を研究することであった。[4]

ここでは、タイラーの周知のアニミズムの理論をくわしく述べる必要はない。われわれの関心を惹くのは、タイラーの著作の成果よりも、むしろその方法である。タイラーは、『純粋理性批判』の中で《同種性の原理》と呼ばれた方法原理を、極端なまでに推し進めた。彼の著書では、原始的思考と文明人の思考の相違はほとんど抹殺されている。未開人は真の哲学者のように行動し、思考する。彼は自己の感覚的経験のデータを結合し、それを首尾一貫した体系にまでもたらそうとする。タイラーの記述を容認するなら、もっとも粗野なアニミズムの形式ともっとも進んだ手の込んだ哲学的または神学的体系との間には、単に程度の相違しか存在しないということにならざるをえない。両者は共通の出発点をもち、同一の点を中心にして回転している。人間にとって——野蛮人であれ哲学者であれ同じく——永久の驚異、永久の恐怖は、つねに死の現象であった。アニミズムと形而上学は、死の事実と折りあおうとし、つまり合理的にして理解しうる仕方で、それを解釈しようとする異なった試みにすぎない。解釈の方法は非常に異なっているが、目指す目的はつねに同一である。

まず第一に、生命のある身体と死んだものとの相違は何によって生じるのか。覚醒、睡眠、気絶、病気、死を引き起こすものは何であろうか。第二に、夢や幻に現われる人の形は何であろうか。これら二群の現象をみて、昔の野蛮人の哲学者たちは、たぶん、あらゆる人は彼に属する二つのもの、生命と亡霊をもつことを明白に結論して、その第一歩を踏み出したのであろう。二つながら明らかに身体と密接な関係をもっている。すなわち、生命は身体が感じ、考え、行動できるようにさせるものであり、亡霊は身体の影像、その第二の自我なのである。しかしまた、両者はともに、身体から分離できるものと考えられている。生命は飛び去って、身体を無感覚、あるいは死の状態に放置することができ、亡霊は身体より遠く離れた所にいる人々に現われるものとして。次の第二歩も――それを否定することが文明人にはきわめて困難である点から見れば――それを踏み出すことは野蛮人にとって容易であったろう。それは単に生命と亡霊を結合することである。両者ともども身体に属するものである以上、何ゆえに、それがまた相互に属しあうものでないことがあろうか。また、同一の霊魂の現われでないことがあろうか。そこで、それらが結合されたものと考えてみよう。するとその結果は、周知のごとき亡霊魂、幽霊魂として記述されうる、かの概念である。……世界に広く存するこうした考えは、恣意的な、また慣習的な所産ではないのであって、遠隔の種族間におけるそうした考えの一致を、何らかの交流を示すものとみなすことすら、おそらく一般には正当ではない。それらは、まったく首尾一貫した合理的な原始的哲学によって解釈された、人間感覚の明白な証言にもっともよく一致する教説である。(5)

これと正反対の考えは、周知のように、《原始的心性》についてのレヴィ＝ブリュールの記述の中にみられる。彼によれば、以前の理論が設定した課題は解決不能であり、内的に矛盾するものであった。原始的心性とわれわれ自身の心性との共通の尺度を探すのは無駄なことである。両者は同一の類に属するものではなく、相互に根本的に対立しあっている。文明人にとって疑問の余地がなく、侵害しえないように思える様々な法則も、原始的思考にあっては、まったく未知のものであり、絶えず侵害されるのである。野蛮人の思考には、フレイザーやタイラーの理論においてそれに帰せられたような論証や推論の過程は、すべて不可能である。それは論理的ではなく、《前論理的》または神秘的な思考である。われわれの論理のもっとも基本的な原理でさえ、明らかに、この神秘的思考によって無視される。野蛮人は彼自身の世界に、すなわち経験の浸透しえない、われわれの思惟様式には近づきがたい世界に生きているのである。(6)

この論争をどのように裁決すればよいだろうか。カントが正しいとすれば、この決定に役立つ厳密に客観的な標準は存在しないものと言わざるをえない。というのは、問題は本体論的な、または事実に関するものではなく、方法論上の問題だからである。《同種性》の原理と《特殊化》の原理は、ともにただ学問的思考の異なった傾向と人間理性の異なった関心とを表現しているにすぎないのである。カントはこう述べている。

> 単に統制的な原理が構成的とみなされると、それは客観的原理として矛盾に陥ることになるであろう。しかし、これを単に格率とみるなら、真の矛盾は生じることなく、ただ理性の異なった関心があって、それが異なった思考の様式を引き起こすだけである。

実際には、理性は一つの関心をもっているだけで、理性の格率の衝突は、単にこの関心を満足させようとする方法の相違および相互的制限から起こるのである。このようにして、一人の哲学者は（特殊化の原理に従って）多様性の関心によって、より大きく影響され、他の哲学者は（集合の原理に従って）統一性の関心によって、より大きく影響される。両者はそれぞれ、自己の判断を客観の洞察から引き出したものと信じているが、それはまったく両原理――そのいずれも客観的基礎をもたず、ただ理性の関心に基づくものであり、したがって原理というよりは格率と呼ばれるべきものであろうが――のいずれかにたいする愛着の多少に基づくものである。……それは理性の二種の関心以外の何ものでもなく、一方はこの関心に、他方はかの関心に執着するのである。……しかし、自然の多様性、または統一性という二格率のこの相違は、容易に調停されるであろう。ただ、しかし、それが客観的な認識と考えられるかぎりは、争論を引き起こすだけでなく――抗争する関心を和解させ、かくして理性に満足を与えるような手段が発見されるまでは――実際に、真理の進歩を阻害する障碍をも作り出すのであるけれども。(7)

一方はフレイザーやタイラーに代表され、他方はレヴィ＝ブリュールに代表されている、この外観上相対立する二つの思惟傾向が結合されないなら、実際、神話的思惟の性格を的確に洞察することは不可能である。タイラーの著作には、野蛮人が形而上学や神学の体系を発展させる《原始的哲学者》として記述され、そしてアニミズムが野蛮人の宗教から文明人の宗教にいたるまでのあらゆる宗教哲学の根底だと断言されている。「アニミズムは、一見すると、宗教の最小限をかろうじて不十分にしか定義しえないように思えるかもしれないが、実際には、それで十分なことがわかるであろう。というのは、根が存在するところには、一般に枝もまた生じうるからである……」。実際、アニミズムは「その理論が信仰であり、その実践が礼拝であるような、広く世界に存在する哲学」であり、それは《古代の野蛮人の哲学者》たちにとっても、またもっとも洗練された手の込んだ形而上学的思想にとっても、共通するものなのである。[8]

この記述では、神話的思惟がその本質的な特徴の一つを失っていることは明白である。それはまったく知性化されている。もしその前提を受け容れるなら、われわれはその一切の結論をも受け容れざるをえない。なぜなら、これらの結論は、まったく当然な、そして実際、必然的な仕方で最初のデータから帰結されるものだからである。この考えによれば、神話は、いわば周知のごとき三段論法のすべての規則に従う一連の推論式ということになる。この理論においては、神話の《非合理的》要素、つまり、神話の根源をなし、それを立ちも倒れもさせる情緒的背景は、まったく看過されてしまう。

これに反して、レヴィ＝ブリュールの理論は、その正反対の誤謬に陥っていることが容易にわかる。この理論が正しいとすれば、神話的思惟の分析は、およそ不可能なことになるであろう。なぜなら、かかる分析とは、神話を理解すること——すなわち、それを他の既知の心理学的事実、または論理的原理に還元するという試み以外の何であろうか。もしこれらの事実や原理が欠けているとすれば、つまり、われわれ自身の思考と前論理的または神秘的思考とに何らかの接触点がないとすれば、そのとき、われわれは神話的世界に近づこうとするすべての希望を放棄しなければならない。この世界は、われわれにとって永久に閉ざされた書物であろう。しかし、レヴィ＝ブリュール自身の理論が、この書物を読もうとし、神話の秘文字を解読しようとする努力ではなかったろうか。なるほど、われわれの論理的思考様式と神話的思考様式が完全に対応することは期待しえない。けれども、全然関連がないとすれば、つまり両者がまったく異なった平面で動いているのであれば、神話を理解しようとする試みは、ことごとく失敗するように運命づけられていることになるであろう。

レヴィ＝ブリュールが、その著作の中[9]で与えている原始的心性についての記述は、なお別に存在する理由からして、一つの本質的な点で不十分であり、要領を得ていないように思われる。レヴィ＝ブリュールは、神話と言語の間に密接な関係があることを承認し、かつ強調する。その著作のある部分では、とくに言語学的問題、未開種族の話す言語を扱っているが、その言語の中に、レヴィ＝ブリュールは、彼が原始的心性の属性とした一切の特性を発見する。これらの言語もまた、われわれ自身の思考様式に真っ向から対立する多くの要素をもっているのである。しかしながら、この判断は、われわれの言語学的経験に一致しない。未開種族の言語の研究にその生涯を打ち込んだ、この分野において最高の権威をもつ人々は、それとは反対の結論に到達した。現代言語学においては、原始的言語という用語と概念そのものが非常に疑わしくなっている。世界の言語に関する著作を書いたA・メイエは、われわれの知っているどんな特有語《イディオム》も、原始的言語がどんなものであったかということに関しては、わずかな観念さえ与えるものではない、と述べている。言語は、つねに、その音声システムにおいても、またその語形システムにおいても、明確な一貫した論理的構造を示しており、われわれは《前論理的》言語――レヴィ＝ブリュールの説に従えば、それが前論理的な思考状態に対応する唯一の言語なのであるが――にたいする何らの証拠ももっていない。むろん、われわれは《論理的》という言葉を、あまり狭い意味に理解してはならない。われわれは、アメリカ先住民の種族の言語に、アリストテレス的な思考のカテゴリーとか、われわれの品詞システムの要素とか、われわれのギリシア語やラテン語の文章論の規則を期待することはできない。そうした期待は失望せざるをえないが、しかしそのことは、これらの言語が何らかの意味で《非論理的》であるとか、または、われわれの言語よりも論理性が低いというようなことを証明するものでさえない。それらの言語が、われわれにとって本質的であり、また必須であると思えるような若干の区別を表現することができないとしても、それらは、他面において、われわれ自身の言語ではみられないような、しかも決して些細ならざる区別の多様性と細密性をもっている点で、しばしば、われわれを驚かせるのである。二年前〔一九四二年〕に亡くなった偉大な言語学者であり、かつ人類学者でもあるフランツ・ボアズは、最後に出版された論文集の一つ『言語と文化（*Language and Culture*）』において、気のきいた言い方で次のように述べた。われわれが新聞を読むに際して、もしもわれわれの言語が、インディアン種族の特有語《イディオム》であるクワキウトル語のように、その報道の根拠が体験か、推理か、風聞のいずれによっているのか、それとも報告者がそれを夢みたものであるのかを、言い表わさざるをえないようにできているなら、われわれは、はるかに満足な思いで新聞を読むことができるであろう(10)。

《原始的》言語に妥当することは、同じく原始的思考にも妥当する。原始的思考の構造は、われわれには奇異に、また逆説的にみえるかもしれないが、それは決して一定の論理的構造を欠如するものではない。未開人といえども、その世界の中で生きていく以上は、必ずそれを理解しようとして不断に努めるものである。そして、この目的のために、彼は思考のある一般的な形式、またはカテゴリーを発展させ、さらに使用しなければならない。たしかに、われわれはタイラーの《野蛮人哲学者》――それは純粋に思弁的な仕方で自己の結論に到達するものとされる――についての記述を認めることはできない。野蛮人は決して推理的な思想家ではないし、また弁証家でもない。けれども、われわれは未発達で潜在的な状態ながら、プラトンに言わせれば、弁証法の技術の本質をなし、それを特徴づけている、その同じ分析と綜合、識別と統一の能力を、彼のうちに見出すのである。宗教的および神話的思考のあるきわめて原始的な形式――例えばトーテム社会の宗教のような*5――を研究してみて驚かされるのは、原始的思考が、その環境の諸要素を識別し、分割し、秩序づけ、類別しようとする願望と必要を非常に痛感しているということである。不断に分類を求めるその衝動から、ほとんどいかなるものも逃れられない。人間社会が様々な異なる機能、慣習、社会的義務をもつ種々の階級、種族、氏族に分かたれるばかりでなく、同じ区分は自然界のいたるところに現われる。自然的世界は、この点で、社会的世界の正確な複写、対応物である。植物、動物、有機物、無機物、実体も属性も、等しくこの分類の対象になる。四方位――東西南北――種々の色彩、天体、これらはすべてある特殊な階級に属している。すべての男女がカンガルー氏族《クラン》かヘビ氏族《クラン》に属しているオーストラリアのある種族では、雲は第一の氏族の所属とされるのに、太陽は第二の氏族に属している。すべてこういったことは、われわれにはまったく気まぐれで空想的であるように思えるかもしれないが、しかし、あらゆる区分は区分の基礎となる枠（*fundamentum divisionis*）を前提していることを忘れてはならない。この指導原理は、事物の本性そのものによって与えられるのではなく、われわれの理論的および実践的な関心に依存するものである。この関心は、これら最初の原始的な世界区分におけるのと、われわれの科学的な分類におけるのとでは、明らかに同じではない。しかし、その点が問題なのではない。ここで問題なのは、分類の内容ではなく、その形式であり、しかもこの形式はまったく論理的なのである。ここで見出されるのは、何ら秩序の欠乏ではなく、むしろ《分類本能》のある異常肥大、その過重と過多である。(11) 感覚的経験の世界を分析し、体系づけようとするこれら最初の試みから結果として生じたものは、われわれのものとは異なっている。しかし、手続きそのものは非常に似通っており、両者は現実と折りあい、秩序づけられた宇宙に住み、そして事物や思想がそこではまだ一定の形態と構造をとっていない混沌状態を克服しようとする、人間本性の同一の願望を表現するものである。

原註

（1） Novalis, Fr. 31, in "Schriften," ed. Jacob Minor (Jena, E. Diederichs, 1907), III, 11.

（2） Kant, *Critique of Pure Reason.* 英訳 F. Max Müller (London, Macmillan & Co., 1881), II, 561 f.

（3） Sir J. G. Frazer, *The Golden Bough: A Study in Magic and Religion*, Pt. I: *The Magic Art and the Evolution of Kings* (3d ed. New York, Macmillan Co., 1935), I, 220.

（4） Sir Edward Burnett Tylor, *Primitive Culture* (London, 1871; 1st Am. ed. New York, Henry Holt & Co., 1874), chap. XI, pp. 417-502.

（5） Tylor, *op. cit.*, I, 428 f.

（6） Lucien Lévy-Bruhl, *Les fonctions mentales dans les sociétés inférieures* (Paris, F. Alcan, 1910), Introduction. 英訳 *How Natives Think* (London and New York, George Allen & Unwin, 1926) を見よ。

（7） Kant, *Kritik der reinen Vernunft*, "Werke," ed. E. Cassirer, III, 455. F. Max Müller trans.（前掲、註（2）を見よ）, II, 571 f.

（8） Tylor, *op. cit.*, pp. 426 f.

（9） なお、*La mentalité primitive* (Paris, 1922) および *L'âme primitive* (Paris, 1928) を見よ。

（10） Roman Jakobson, "Franz Boas' Approach to Language," *International Journal of American Linguistics*, Vol. X, No. 4 (October, 1944) を見よ。

（11） こうした《原始的》分類法の具体的な実例は、私の論文 *Die Begriffsform im mythischen Denken*, "Studien der Bibliothek Warburg" (Leipzig, 1922), I に示されている。なお、Emile Durkheim et Marcel Mauss, "De quelques formes primitives de classification," *Année sociologique*, VI (Paris, 1901-2) を見よ。

第二章　神話と言語

タイラーの『原始文化』は一般的な生物学的原理に基づく一つの人類学的理論を提出したが、彼はダーウィンの原理を文化的世界に適用した最初の一人であった。自然は飛躍せず（*Natura non facit saltus*）というマキシムは、いかなる例外をも許容しないのであって、それは有機的な世界に妥当するのと同様に、人間文明の世界にも妥当する。文明人と未開人は同一の種――人類（*homo sapiens*）という種に所属し、この種の基本的な特性は、あらゆる変種を通じて同一である。進化論の言うとおりだとすれば、文明の低い段階と高い段階の間には、何らの間隙も容認できない。前者から後者へときわめて徐々に、しかもほとんど気づかれぬままに推移していき、連続性が中断されることは決してないのである。

文明の過程に関する異なった考えが、一八五六年――ダーウィンの著書『種の起源（*The Origin of Species*）』が現われる三年前――に出版された一つの論文の中で展開された。F・マックス・ミュラーは、その《比較神話学》において[1]、神話を一つの孤立した現象として考えるかぎり、それを真に理解することは不可能である、という原則から出発した。しかも、他方において、いかなる自然現象も、また生物学的原理も、われわれの研究の導きとなることはできない。自然現象と文化現象の間には真の類似は存在せず、人間文化は特殊な方法と原理に基づいて研究されなければならない。そして、この研究にとって、人間の言語——その中に人間が生き、行動し、また存在しているような要素たる——以上に好都合な手引きがありうるであろうか。語学者および言語学者としてミュラーが確信したところでは、神話の研究にとって唯一の科学的な探究方法は、言語学的なそれだということである。しかしながら、この目的に到達することは、言語学そのものが自己自身の道を発見し、文法と語源学が確固たる科学的根拠に基礎を置くにいたるまでは不可能であった。そして、この偉大な進歩は十九世紀前半になって初めてなされたのである。言語と神話の間には、単に密接な関係があるだけでなく、真の連帯が存在しており、われわれがこの連帯の性質を理解するなら、神話的世界にたいする鍵も見出されるわけである。

サンスクリット語とその文学の発見は、われわれの歴史意識の発展において、と同時に、すべての人文諸科学の発展においても決定的な事件であった。その重要性と影響力の点では、それは自然科学の分野においてコペルニクスの体系によって引き起こされた、あの偉大な精神的革命にも比しうるであろう。コペルニクスの仮説は、宇宙の秩序についての観念を逆転させた。地球はもはや宇宙の中心ではなく、《星くずの中の一つ》となり、地球中心的な世界観は放棄されたのである。同様の意味で、サンスクリット文学を知ったことが、古典古代の世界を人類文化の真実にして唯一の中心と考えていた、かの文化観を終焉せしめた。爾来、ギリシア・ローマ世界は、単に文化的世界のただ一つの地方、その小さな地域とみなされるにすぎなくなり、歴史哲学は、新たな、より広い基礎の上に再建されねばならなかった。ヘーゲルは、ギリシア語とサンスクリット語の共通の起源の発見を、新世界の発見と呼んだが[*1]、十九世紀における比較文法の研究者たちは、自分たちの仕事を同じ見地のもとに眺めたのである。彼らは文明史を理解するために、それだけで扉を開くことができる魔法の呪文を発見したものと確信した。マックス・ミュラーはこう言明した。比較言語学は、これまで暗黒のヴェールにおおわれていた人類の神話的で神話創作的な時代を、科学的探究の明るい光の中に、そして文献学的歴史の領域の中にもたらしたのである。それは、われわれが以前には朦朧とした雲しかみることができなかったところに、今や明確な形態と輪郭を発見しうるほどの、威力のある望遠鏡をわれわれに手渡したのである。否、それは同時代的資料とも呼びうるものをわれわれに与えてくれた。つまり、それは、サンスクリット語がまだサンスクリット語ではなく、ギリシア語もまだギリシア語ではなく、両者がラテン語、ドイツ語および他のアーリア語の方言などとともに、未分化の一つの言語としてなお存在していたような時代における思考、言語、宗教、文明の状態を示しているのである。神話の霧は徐々に晴れ、そして思考や言語の黎明の雲が棚引く背後に、われわれは、神話がかくも長くヴェールをかけて隠していた、あの真実の本性を発見することができるであろう[2]。

　しかし、他方において、言語と神話を関連づけること――それは古代の謎を明白に、また明確に解くことを約束するものであったが――は大きな困難を含んでいた。たしかに、言語と神話は共通の根をもっているが、しかし、その構造においては決して同一ではない。言語はつねにきわめて論理的な性格を示すが、神話はあらゆる論理的規則を無視するように思われる。つまり、神話は支離滅裂で、気まぐれで、非合理的である。この相容れない両要素を、いかにして結合できるであろうか。

この疑問に答えるために、マックス・ミュラーや他の比較神話学派に属している著作家たちは、非常に巧妙な体系を案出した。それによれば、神話とは、実際、言語の一つの局面にほかならないが、それは言語のポジティヴな局面というよりも、むしろネガティヴな局面なのである。神話は言語の長所からではなく、欠点から由来するものである。たしかに、言語は論理的で合理的であるが、他方において、それはまた種々の錯覚と誤謬の源泉でもある。言語の最大の業績そのものが、欠点の源泉なのである。言語は一般的な名称から成り立っている。――しかし、一般性とはつねに曖昧さを意味している。語の多義性とか同義性といったものは、言語の偶然的な特徴ではなく、その本性そのものに由来するものである。たいていの事物が属性を表わす語を一つ以上もっており、そして異なる局面に応じて、ある属性を表わす語、または他の属性を表わす語が、その命名の行為において、より適当なようにみえるので、初期の人間の言葉においては、ほとんどの事物が一つ以上の名称をもつ、という事態が必然的に生じたのであった。古い言語ほど同義語の数は多くなるが、他方において、これらの同義語は、絶えず使用されているなら、当然、若干の同音異義語を生じたに違いない。われわれが太陽を異なった性質を表現する五十の名称で呼ぶときには、これらの名称のいくつかは、たまたま同じ性質を所有している他の事物にもまた適用されうるであろう。そこで、これらの異なった事物が同じ名称で呼ばれ、同音異義語となるであろう。このことは言語の弱点であり、そして同時に、それが神話の歴史的起源なのである。神々や英雄たち——ゴルゴンやキマイラのようなものたち——いかなる人間の眼もかつてみたことがなく、健全な人間の精神がまったく想像することもできなかったようなものについて、様々な異様な物語を生み出したあの人間精神の発展の段階を、われわれはいかにして説明することができようか、とマックス・ミュラーは問う。この問いに答ええないかぎりは、すべての時代を通じて、そしてあらゆる国々において、人間知性が規則的に、かつ一貫して進歩するというわれわれの信念は、誤った理論として放棄されなければならない。けれども、比較言語学の発見以後、われわれは、この懐疑論を避け、この障害を取り除くことができるようになった。人間文明におけるもっとも偉大な事実の一つである言語の進歩そのものが、必然的に、いま一つの現象、つまり神話の現象に導いていったということがわかる。二つの名称が同一の事物にたいして存在するところでは、二人の人物が——まったく自然に、そして実際、不可避的に——その二つの名称から生じうるであろう。そして、そのどちらについても同じ物語が話されるので、それらの人物は兄弟姉妹として、あるいは親子として表象されるであろう[3]。

　われわれがこの理論を容認するなら、困難は取り除かれる。われわれは、人間の言語の合理的な活動がいかにして非合理で不可解な神話に導くにいたったかを、非常に適切に説明することができる。人間の思考は、つねに合理的な仕方で働く。原始的思考といえども健全で正常な思考であったが、しかしそれは、他方において、未発達で未熟な思考であった。もし、この未熟な思考が絶えず非常な誘惑——語の欺瞞性や多義性——にさらされていたとすれば、それがこの誘惑に屈服したとしても何ら驚くにはあたらない。このことが神話的思惟の真の源泉なのである。言語は、智恵を育成するだけでなく、同時に愚かさをも育成する。神話は後者の面をあらわに示しており、それは人間の思惟の世界に言語によって投げかけられた暗影以外の何ものでもない。

かくして神話は、その起源においても、またその本質においても、ともに病理学的なものとして示される。それは言語の分野で始まり、危険な伝染によって文明全体に波及していった、一つの病気なのである。しかし、それは狂気ではあるけれども、そこには筋道《メソッド》がある。ギリシア神話の中には、他の多くの神話と同様に、例えば人類を滅亡させた大洪水の物語がある。ただ一組の夫婦、デウカリオンとその妻ピュッラだけが、ゼウスによってヘラスの地に与えられた大洪水から救われた。彼らはパルナッソスの山に上陸し、そこで神託によって《彼らの母の骨》を後ろに投げるように命じられた。デウカリオンは、その神託を正しく解釈して、地から石を拾い、それを自分の後ろに投げた。この石から男女の新しい種族が発生した。この人類の創造についての神話的説明ほど馬鹿馬鹿しいものがあるだろうか、とマックス・ミュラーは言う。しかも、これは、比較語源学によってわれわれに与えられている鍵をもってすれば、容易に理解できるようになるのである。物語全体は、単なる語呂合わせ——つまり、二つの同音異義語、人（λαός）と石（λᾶας）の混同であることがわかる。[4] それこそが、この見解に従えば、神話のまったき秘密なのである。

この理論を分析してみると、それは合理主義とロマン主義の奇妙な混淆であることがわかる。ロマン主義的な契機は明白であり、それは優越しているようにみえる。マックス・ミュラーは、ある意味ではノヴァーリスやシュライエルマッハーの弟子として語っている。彼は宗教の起源をアニミズムや偉大な自然力の崇拝に求める理論を拒否する。なるほど、自然宗教（natural or physical religion）――つまり、火、太陽、月、晴れた空の崇拝――は存在しているが、しかし、この自然宗教は、ただ一つの局面であり、派生的な現象であるにすぎない。それは全体を示すものではないし、また、第一の主要な源泉にわれわれを導くものでもない。宗教の真の起源は、思考や感情の、より深い層に求めるべきである。人間をまず魅惑したものは、彼を取り巻く諸々の事物ではなかった。原始的思考にとってさえ、はるかに深い感動を与えたのは、全体としての自然界の壮観であった。自然は、既知のものから区別された未知のものであったし、有限なものから区別された無限なるものであった。もっとも古くから、宗教的な思考や言語に刺激を与えたのは、この感情であった。直接的な無限者の知覚は、太初から、あらゆる有限的な認識にとって一つの構成要素、または一つの必須の補足物を形作っていた。のちの神話的、宗教的または哲学的な表現の兆《きざ》しは、すでに早く、人間感覚に及ぼす無限者のこの作用の中に存在していた。――そして、この作用が、われわれのすべての宗教的信仰の最初の源泉であり、真実の起源なのである。[5] マックス・ミュラーは、こう反問する。古代人たちが、近代的思考の灰色の輪郭の代わりに、この自然の生きた諸形態――それには人間的な力、否、太陽の光は人間の眼光よりも輝き、嵐の咆哮は人間の叫びよりも騒がしいがゆえに、超人間的な力が賦与されていた――を作り出したのであれば、われわれは何ゆえに生命とともに律動し、色彩に陶酔している言語をもった古代人を訝《いぶか》らねばならないであろうか、と。(6)これは非常にロマンティックな響きをもっている。しかし、われわれはマックス・ミュラーの美しいロマンティックな文体に欺《あざむ》かれてはならない。彼の理論は、全体としてみれば、なおまったく合理主義的であり、主知主義的である。

事実、彼の神話観は、十八世紀、つまり啓蒙主義の思想家たちから、それほどかけ離れたものではない。(7)たしかに、彼は神話や宗教の中に、もはや単に恣意的な虚構――狡猾な僧侶の欺瞞をみようとはしない。しかし、彼は、神話とは結局、偉大な錯覚――意識的ではないが無意識的な錯誤、人間の思考の本性に、そしてまず第一に人間の言葉の本性に由来する錯誤にほかならない、とする意見に同意する。神話は、つねに病理学的な病例にとどまっている。しかし、われわれはいまや、神話の病理学を、人間思考そのものの先天的な欠陥という仮説に頼らずに理解することができる。もし言語が神話の源泉だと認められるなら、そのときには神話的思惟の不合理や矛盾でさえ、普遍的で客観的な、したがってまったく合理的な力に還元されるのである。

この学説が非常に有力になったのは、それが、若干の批判的な留保をした上ではあるが、一人の哲学者――彼はまったく経験的な諸原理と一般的な進化論に基づいて、一の《綜合哲学》*2、つまり、人間の心の一切の活動についての理路整然とした包括的な概観を初めて作り出そうと試みた――によって承認されたことが与《あずか》って力になっている。ハーバート・スペンサーは、祖先崇拝の中に、あらゆる宗教の第一の主要な源泉を見出した。最初の礼拝は自然力の礼拝ではなく、死者の礼拝であった、と彼は断言している[8]。しかし、祖先崇拝から人格神の崇拝への推移を理解するためには、われわれは新たな仮説を導入しなければならない。スペンサーによれば、この歩みを可能にし、実際、必然的にしたのは、言葉の力とその不断の影響力であった。人間の言葉は、その本質そのものにおいて比喩的であり、それは多くの直喩と類推に満ちている。原始的思考は、これらの直喩を純粋に比喩的な意味に理解することができない。それは直喩を現実と取り違え、そしてこの原理に従って思考し、行動する。この比喩的な名称を文字どおりに解釈することで、祖先崇拝の最初の幼稚な形態から、つまり人間崇拝から、植物崇拝や動物崇拝、そしてついには偉大な自然力の崇拝へと導かれていったのである。原始社会では、新生児に植物、動物、恒星またはその他の自然物の名をとって命名することは一般に広く行われる慣習である。男の子は《トラ》、《シシ》、《カラス》、《オオカミ》と名づけられ、女の子は《月》あるいは《星》と呼ばれる。本来の起源においては、これらの名称は、いずれも人間に属する若干の人格的性質を表現する修飾的形容詞（*epitheta ornantia*）にほかならなかったが、あらゆる言葉を文字どおりの意味に理解する原始的思考の傾向に基づいて、これらの補足的な名称や比喩的な称号が誤って解釈されることは不可避であった。これが自然崇拝の真の源泉なのである。ひとたび《曙《あけぼの》》が一人の人物の現実の名前として用いられると、そんな名前をもった著名な人物に関する様々な伝説が、無批判的な野蛮人の思考では曙と同一視されるにいたり、そしてその人にまつわる冒険物語が、曙の現象をもっとも理解しやすくするような仕方で解釈されたのであろう。さらに、近隣の種族の人々や、あるいは別の時代の同じ種族の人々が、この名前をもっているような地方では、曙についての一致しがたい系譜や矛盾した冒険物語が成立することになるであろう。(9)

ここでは、再び神話の現象、多神論のすべての神々が、単なる病気として説明されている。人格と考えられた異彩を放つ諸々の事物にたいする崇拝は、言語的錯誤の結果、生じたものである。このような理論が免れない重大な異論は明白である。神話は文明における最古のもっとも偉大な力の一つである。それは他のあらゆる人間活動と密接な関係があり、それは言語、詩、芸術、さらに初期の歴史的思惟から切り離すことができないものである。科学でさえ、その論理的な時代に到達しうる前に、神話の時代を通過しなければならなかった。錬金術が化学に先立ち、占星術が天文学に先立ったように。もしマックス・ミュラーやハーバート・スペンサーの理論のとおりだとすれば、結局、文明の歴史は、種々の単語や用語の単純な誤解、誤った解釈に起因しているものと結論しなければならないであろう。人間の文化を単なる錯覚の所産として——言葉による欺瞞とか、子供じみた名称の戯れとして考えるのは、必ずしも満足な納得できる仮説ではない。

原註

（1）これは、最初 *Oxford Essays* (London, John W. Parker & Son, 1856), pp. 1-87 に収められ、のちに *Selected Essays on Language, Mythology and Religion* (London, Longmans, Green & Co., 1881), pp. 299-451 に再録された。

（2）Müller, "Comparative Mythology," *op. cit.*, pp. 11, 33, 86. *Selected Essays*, I, 315, 358, 449 ff.

（3）Müller, *op. cit.*, pp. 44 f. *Selected Essays*, I, 378 を見よ。

（4）"Comparative Mythology," *op. cit.*, p. 8. *Selected Essays*, I, 310.

（5）F. Max Müller, *Natural Religion*, The Gifford Lectures, 1888 (London and New York, Longmans, Green & Co., 1889), Lect. v, "My Own Definition of Religion," pp. 103-140; *Physical Religion*, The Gifford Lectures, 1890 (Longmans, Green & Co., 1891), Lect. vi, "Physical Religion: The Natural and the Supernatural," pp. 119 ff. を見よ。

（6）"Comparative Mythology," *op. cit.*, p. 37. *Selected Essays*, I, 365.

（7）マックス・ミュラーの理論の基本原理が、偉大な合理主義者の一人の著作のうちに見出されるというのは、注目すべき事実である。その『諷刺詩集（*Sur l'équivoque*)』において、ボアローは、言葉の多義性が神話の真の源泉であるという理論を提出した。

（8）H. Spencer, *The Principles of Sociology* (1876), chap. xx (New York, D. Appleton & Co., 1901), I, 285 ff. を見よ。

（9）*Idem*, chaps. xxii-xxiv, I, 329-394.

第三章　神話と情動の心理学

今までみてきた種々の神話理論は、その多くの重要な差異にもかかわらず、一つの共通した特徴をもっている。タイラーやフレイザーの解釈、またマックス・ミュラーやハーバート・スペンサーの解釈は、いずれも、神話がまず第一に、《観念》、表象、理論的信念および判断の集合である、という前提から出発している。このような信念は、われわれの感覚的経験には明らかに矛盾しており、またこの神話的表象に一致する自然界の対象はまったく存在しないので、神話は単なる幻影にすぎないということにならざるをえない。そして、必然的に、なぜ人間は、そのような幻影に、それほど執拗に、またむりやりに執着するのであろうか、という疑問が生じる。なぜ人間は直接にありのままの事物に近づき、それを面と向かってみようとしないのであろうか。つまり、なぜ彼らは幻覚の世界、幻想や夢想の世界に住むのを好むのであろうか。

近代人類学と心理学においてなされた進歩が、この疑問に答える新しい方向を指し示した。われわれは両者の観点を並行して学ばなければならない。なぜなら、それらは互いに説明しあい、補いあうからである。人類学的研究が到達した結論は、神話を適切に理解しうるためには、その研究を一つの異なった点から始めなければならない、ということであった。神話的概念の背後やその下に、以前は見落とされ、あるいは少なくともその重要性を十分に認められなかった一つの深層が発見されたのである。ギリシアの文学や宗教の研究家たちは、つねに多かれ少なかれ、神話（μῦθος）というギリシア語の語源によって影響されていた。彼らは神話の中に、一つの物語、あるいは一連の物語――つまり、神々の行為や、祖先たる英雄たちの冒険に関する一連の説話をみたのであった。学者たちが主として文学的な文献の研究や解釈に携わり、その関心が高度に発達した文明の段階――つまり、バビロニア、インド、エジプト、ギリシアなどの宗教に集中していたかぎりでは、それで十分なように思われた。しかし、やがてこの研究範囲を拡大することが必要になった。進んだ神話、神々の行為の物語や神々の系譜物語を何一つもたない原始的種族が数多く存在しているが、にもかかわらず、これらの種族は、神話的動機によって深く浸透され、まったく規定された生活様式がもつ周知のような諸特性をことごとくそなえているのである。しかし、これらの動機は、特定の思想や観念に表現されるよりも、むしろ行動のうちに表現されている。行動的要素が、明らかに理論的要素に優越している。神話を理解するには祭儀の研究から始めなければならないということは、民族学者や人類学者の間では、今日、一般に承認されているマキシムであろう。この新たな方法に照らすと、野蛮人は、もはや《原始的哲学者》としては現われない。宗教的祭儀とか儀式を執行するときには、人間は、ひたすら思索的な、あるいは瞑想的な気分にひたっているというわけにはいかないし、また自然現象を冷静に分析することに没頭しうるわけでもない。彼は思想の生活ではなく、情動の生活をしているのである。人間の宗教生活において、祭儀は神話よりも深く、また永続的な要素である、ということが明らかになった。フランスの学者、E・ドゥッテは次のように述べている。「教義は変化しても、祭儀は存続する。ちょうど、われわれが地質学上の時代確定をするのに役立つ、死滅した軟体動物の化石のごとく(1)」。

より高等な宗教の分析が、この見解を裏書きしている。W・ロバートソン＝スミスは、彼の権威ある著作『セム族の宗教(2)（*The Religion of the Semites*）』の中で、宗教的表象を研究する正しいやり方は宗教的行動の研究から始めるべきである、という方法論的原理を用いて、もっとも実り豊かな成果をあげたが、この利点によって、ギリシアの宗教すら、新たな、より明確な光のもとに照らし出されることになった。ジェーン・エレン・ハリソン女史は、その『ギリシア宗教研究序説（*Prolegomena to the Study of Greek Religion*）』の序文で次のように書いている。

> 通俗的な解説書や、さらに、より野心的な論文にさえ述べられているところでは、ギリシアの宗教は主として神話、しかも文学の媒介によってみられるような神話に関するものである。……いかなる真摯な試みも、従来、ギリシアの祭儀を検討したことはなかったが、しかし祭儀の事実は、はるかに容易に、また明確に確かめうるし、より永続的で、そして少なくとも同等に重要なものである。ある民族がその神々に関してなすこと

は、つねに、その民族の考えるものにたいする一つの手がかり、そしておそらくは、もっとも確実な手がかりであるに違いない。ギリシアの宗教のいかなる科学的理解にとっても、第一の準備作業は、その祭儀の詳細な調査である(3)。

しかしながら、この原理を適用するには大きな障害が存在した。原始的な宗教的儀式が情動的性格をもっていることは明白であるが、しかし、この性格を科学的方法で分析し、記述することは、十九世紀の心理学がその伝統的状態にとどまるかぎり、まったく困難であった。古くから、多くの哲学者や心理学者が情動の一般的理論を示そうと努めてきた。しかし、こうしたすべての努力も、唯一の可能な探究方法が純粋に主知主義的なものと考えられていたという事実によって、妨げられ、多くは空しいものとなった。情念は種々の《観念》の用語で定義されなければならないというように一般に考えられ、それが情動の事実そのものを合理的に説明する唯一の仕方であるかのように思われた。ストア主義の倫理は、激情が病的な事実であるという原理に基づくものであり、激情は一種の精神的疾患として示されたのであった。十七世紀の合理主義的な心理学は、そこまで行かなかった。激情は、もはや《異常なもの》とはみなされず、身体と霊魂の交渉の自然な、必然の結果だと断言された。デカルトやスピノザの理論によれば、人間の感情は、曖昧な、不十分な諸観念の中にその起源をもつものである。イギリス経験主義の心理学でさえ、この一般化した合理主義的見解を改めなかった。なぜなら、ここですら、諸々の《観念》が——それは論理的な観念としてではなく、種々の感覚的印象の模写として理解されたが――なお、心理学的関心の的だったからである。ドイツでは、ヘルバルトやその学派が、情動は知覚と表象と観念の間のある一定の関係に還元される、とする機械論的な情動理論を提出した。

このような事情は、Th・リボーが古い主知主義的命題に対比して、生理学的命題として示した新しい理論を発展させるまでは、依然として変わらなかった。リボーは、情動の心理学に関するその著作の序文の中で、こう断言した。心理学的研究の他の分野に比べて、感情的状態の心理学は、なお混乱しており、遅れた状態にある。優先権は、つねに知覚、記憶、表象など他の研究分野に与えられてきた。リボーによれば、情動的状態と知的状態を類似するものと考え、あるいは前者を後者に依存するものとして取り扱うようなことさえして両者を同化させる支配的な偏見は、誤謬に導くだけである。感情の状態は、単に二次的な、派生したものではないし、また単に認識の状態の属性、様式、あるいは機能にとどまるものでもない。かえって、それは根元的、自律的であり、知性に還元しえず、そして知性の外部に、また知性なしに存在することができるのである。この学説は一般的な生物学的考察に基づいている。リボーは、あらゆる感情の状態を諸々の生物学的条件に結合し、それらを営生的機能の、直《じか》の、直接の表現として考察しようと努めた。

この見地からすれば、感情や情動は、もはや表面的な現われでも、単なる表出でもない。それらは個人の深層に潜りこみ、その根を欲求や本能に、すなわち運動の中にもっている。……種々の情動的状態を明確な一定の観念に還元しようと望み、あるいは、この方法によって、それらを確定しうると考えることは、それをまったく誤解し、あらかじめ失敗に運命づけることを意味している。[4]

同じ見解はW・ジェームズとデンマークの心理学者C・ランゲによっても主張されたが、[5]彼らは、それぞれ独立した考察に基づいて、同一の結果に到達したのであった。彼らは情動における生理学的要素のもっとも重要なことを強調した。情動の真の特性を理解し、その生物学的機能と価値を認識するためには、肉体的な徴候の記述から始めなければならない、と彼らは言明した。これらの徴候は、筋肉の神経支配の変化や血管運動神経の変化のうちに存在し、ランゲによれば、もっとも微《かす》かな血液循環の変化でさえ脳髄や脊髄の機能に深く影響するので、後者〔血管運動神経の変化〕がもっとも重要なものである。肉体から離れた情動というものは実在せず、それは単なる抽象的存在にすぎない。器官や運動神経の表示は付随的なものではなく、それを研究することは情動研究の重要な一部である。恐怖のような情動を分析するとき、まず認められるのは血液循環における変化である。つまり、血管は収縮し、心臓ははげしく搏動《はくどう》し、呼吸はより浅く、より速くなる。恐怖の感情は、こうした身体的な反応に先行するのではなく、それに次いで起こるのである。恐怖の感情とは、かかる生理学的状態が現われつつあるとき、または現われてしまった後の、その状態の意識である。もし、ある種の精神的実験によって、われわれが恐怖の情動から、あらゆる身体的な徴候、つまり脈搏の鼓動、皮膚の顫《ふる》え、筋肉のわななきなどを取り去ろうとするなら、恐怖には何も残らないのである。ウィリアム・ジェームズが述べたように、身体を離れて独立した《心的素材》——それから情動が構成されうる——というものは存在しない。したがって、われわれは、これまで常識や科学的な心理学のいずれによっても認められていた順序を逆転させなければならない。

常識では、われわれは財産をなくすと悲しみ、そして泣く、また熊に出会うと驚き、そして逃げる、さらにまた競争相手に侮辱されると怒り、そして殴る、という。ところで、ここで私が主張する仮説によれば、この出来事の順序は正確ではなく、一の心的状態は他の心的状態から直接に引き起こされるわけではなく、まず身体的表示がその間に挿入されなければならない。そして、より合理的に述べるなら、われわれは泣くから悲しく感じ、殴るから怒り、身震いするから怖れるのであって、われわれがそれぞれ悲しみ、怒り、または怖れるがゆえに、泣き、殴り、または身震いするのではない、ということになる。知覚に続く身体的状態がなければ、知覚には形式的には純粋に認識力があるであろうが、青白く、色褪《いろあ》せて、あたたかい情緒を欠如している。そのとき、われわれは、熊をみて逃げるのが最善だと判断し、侮辱を受けて殴るのが正当だと考えるかもしれないが、実際には怖れも怒りも感じないであろう。(6)

事実、生物学的に言って、感情が精神のあらゆる認識的状態よりはるかに一般的な事実であり、より初発の根源的な層に属していることは明らかである。したがって、感情の状態を認識の領域に属する用語で説明することは、ある意味で前後転倒（*hysteron proteron*）であった。感情の場合には、運動神経の状態または衝動が本質的であって、感情的な表示は二の次である。リボーが指摘するように、感情生活の基礎、根底は、快感と苦痛の意識にではなく、運動神経の感応と衝動のうちに求めるべきである。「快感と苦痛は、本能の領分に隠されている原因を探り、確かめる場合、われわれの導きとなる単なる結果にすぎない」。「意識の明証」のみに頼り、「出来事の意識的な部分が、そのもっとも重要な部分である」と信じ、したがって「あらゆる感情の状態にともなう身体的現象を、心理学にとって無視することができ、外的な、無縁な、そして興味のない要素である」と考えることは、根本的な誤謬であった。[7]

この新しい見方の発展によって、従来、心理学と人類学の間に存在していた間隙がふさがれたのである。精神状態の観念的な側面をきわめて重視した伝統的な心理学は、神話よりもむしろ祭儀に向けられてきた人類学の新しい関心にたいして、ほとんど役立つことができなかった。祭儀は、実際、精神生活の運動衝動の表示である。それが表わしているのは、ある基本的な性向、欲望、欲求、願望であって、単なる《表象》や《観念》ではない。そして、これらの性向は、運動——つまり律動的で荘重な運動、あるいは粗野な舞踏、秩序整然とした儀式的動作、あるいは激しい狂躁乱舞の爆発に形を変えて表わされる。原始的な宗教生活において、神話は叙事詩的な要素であり、祭儀は劇的な要素である。われわれは前者を理解するために、まず後者の研究に着手しなければならない。神々や英雄たちの神話物語は、それだけを取り上げても、われわれに宗教の秘密を明かすことはできない。というのも、それは祭儀の解釈以外の何ものでもないからである。それは、これらの祭儀のうちに存在するもの、その中に直接的に認められ、行われているものを説明しようと試み、宗教生活の活動的な側面に《理論的な》見解を付加したものである。われわれはこの二つの側面のうち、いずれが《第一》で、いずれが《二の次》であるかという疑問をさしはさむ余地はほとんどないであろう。なぜなら、それらは別々に存在するものではなく、相互に関連し、依存しあい、互いに支え、説明しあっているからである。

この方向は、神話の精神分析的理論によって、さらに一歩進められた。ジークムント・フロイトが一九一三年に『トーテムとタブー（*Totem und Tabu*）』(8)に関する論文を発表し始めたときには、神話の問題はきわめて重大な局面に逢着していた。言語学者、人類学者、民族学者たちが、それぞれの神話理論を提出した。これらの理論は、いずれも問題のある一面を解明するのに役立ったが、その分野全体をおおいつくすものではなかった。フレイザーは呪術の中に一種の原始的科学を認め、またタイラーは神話を野蛮人の哲学と述べ、さらにマックス・ミュラーやスペンサーはその中に言語疾病をみたのであった。こうした見解は、いずれも厳しい批評にさらされ、その反対者たちは容易にこれらの理論の弱点をあばくことができた。問題の理論的解答も、あるいは経験的解答も、まだ到達されていなかった。しかし、フロイト理論の出現によって、このような事態は一変されたのである。実際、これは広い視界を開き、よりよい展望を約束する新しい考えであった。神話は、もはや孤立した事実とはみなされず、科学的方法による研究や、経験的な立証が可能な周知の現象と結合された。かくして、神話はまったく論理的に、おそらくはあまりに論理的になりすぎたのであった。それは、もはや非常に奇妙な、想像を絶した事物の渾沌状態ではなく、一つの体系となり、二、三のきわめて単純な要素に分解することができたのであった。たしかに、神話は、なお依然として《病理学的な》現象であったが、しかしその間に精神病理学それ自体が非常な進歩を遂げ、そして病理学者は、もはや精神的または神経的疾患を、あたかも《国家の中の国家》のようには取り扱わなくなった。彼らは、これらの病気を、正常な生活過程にたいして妥当するのと同じ一般的規則の下に包摂することを学んだのである。一方の分野から他の分野へ移るとき、心理学者は自己の観点を変える必要はなく、同一の観察方法を用い、同一の科学的原理に基づいて論じることができるのである。もはや《正常な》精神生活と《異常な》精神生活との間には、深い間隙も、克服しえない深淵も存在しなかった。

神話に適用されたとき、この原理は重大な帰結と約束を蔵していた。神話は、もはや神秘に包まれず、科学的研究の明白にして鮮明な光の下に置かれることになった。フロイトは普通の患者の枕頭に立つのと同じ態度、同じ感情をもって、神話の病床の傍《かたわ》らに立った。彼がここに見出したものは何ら驚くべきことでも、当惑させられることでもなく、長い間の観察によって、彼が熟知していた同じ周知の徴候を認めたのであった。われわれがフロイトのこの最初の論文を読んで非常に感心させられるのは、彼がその見解を展開するときの明晰さと単純さである。ここでは、のちにフロイトの権威のもとに、その一派や学徒によって導入された非常に複雑な理論はみられないし、またのちの多くの精神分析の著作の著しい特徴となった独断的な自信もみあたらない。フロイトは、この古い、積年の謎を解いたと自負しているのではない。彼はただ野蛮人と神経症患者の精神生活を対比しようとしているにすぎない。そして、この対比は、さもなければ暗く、理解しがたいままにとどまったであろうような若干の事実を明らかにできるかもしれないのである。彼はこう断言している。

読者は、精神分析学が……宗教のようなきわめて複雑なものを単一の源泉から引き出したがるであろう、と怖れるにはおよばない。精神分析学が、当然しなければならないように、必然的に、この制度〔宗教〕の様々な源泉中の一つを承認させようとするとしても、それは決してこの源泉の排他性、あるいは共働している諸要素の中での第一位さえ要求するものではない。様々な研究分野からの綜合のみが、ここで論議しているメカニズムに、宗教の発生において、どのような相対的な重要性を与えるべきかを決定しうるのであるが、そのような仕事は、精神分析家の目的を越えるとともに、その手段をも越えているのである。(9)

心理学者として、フロイトは、実際、理路整然とした神話理論を立てるのに、多くの先行者より好都合な立場にあった。彼は、神話の世界への唯一の手がかりは人間の情動的生活に求められなければならないと確信していた。しかし、他方において、彼は情動それ自体の新しい独創的な理論を展開した。従来の理論は《魂なき心理学》という見解に与《くみ》するものであった。あらゆる情動の中で本質的なのは、精神状態ではなく、運動衝動の表示――つまり、運動に形を変えた性向や欲望である、とリボーは言った。この状態の説明のために、われわれは「引きつけたり、あるいは反撥したりする性向を賦与された曖昧な《精神》」を必要とはしない。われわれは、心理学からあらゆる擬人観的な要素を一掃し、厳密に客観的な基礎――つまり、化学的かつ生理学的な事実に基づいて、それを確立しなければならない。いわゆる《魂》の要素は除去されなければならない。しかし、これを除去しても「なお生理学的性向、すなわち、下等動物から高等動物にいたるまで、程度の差はあっても例外なしにそなわっている運動衝動の要素は依然として残っているのである[10]」。

しかし、《魂》についての表象をことごとく取り除くことは、決してフロイトの意図ではなかった。彼もまた厳密に機械論的な見解を弁護したが、しかし彼は、人間の情動的生活を単なる化学的または生理学的な原因に還元しうるものとは考えなかった。われわれは《精神的》メカニズムとしての情動のメカニズムについて語ることを続けうるし、また実際、そうしなければならない。しかし、精神生活が意識的生活と混同されてはならない。意識は全体なのではなく、単に精神生活の小さな一断片にすぎない。それは精神生活の本質を示すことはできないし、むしろ、それを仮面や仮装で隠しているのである。

われわれの問題の観点からすれば、この《無意識的なるもの》に訴えることは、たしかに重要な一歩であり、それは、この問題全体の再検討を要求するものであった。以前の多くの理論では、神話は、結局、非常に皮相なものとして現われ、それは単純な見違い（*quid pro quo*）、すなわち連想の一般法則の誤用とか、あるいは言葉や固有名詞の誤解だと説明された。しかし、こうしたむしろナイーヴな仮説は、ことごとくフロイト理論によって一掃され、この問題は新しい角度から取り上げられて、より根底的に見直されることになった。神話は深く人間本性に根ざしており、それは基本的な、制御しえない本能――その本質や特性はなお規定されないままであるが――に基づいている。しかし、この問題は単なる経験的解答では解決がつかなかった。フロイトは、その最初の分析では、医師あるいは経験的に思考する人間として語っており、彼は非常に複雑な、きわめて興味深い神経症の様々な病例の研究にまったく熱中しているようにみえた。しかし、その最初の研究においてすら、彼は事実の蒐集ということで満足したわけではない。彼の方法は帰納的というよりも、むしろ演繹的であり、彼は、そこから諸々の事実を引き出しうる普遍的な原理を探求した。実際、フロイトは異常なまでに鋭い観察者であって、従来医師の関心を惹かなかったような現象を発見するとともに、同時に、これらの現象を解釈するための新しい心理学的な技術を発展させ始めたのであった。しかしながら、こうしたフロイトの初期の研究の中にさえ、眼で捉えうるより以上のものが存在しており、これらのものは決して単なる経験的一般化を意図したものではなかった。フロイトがあばき示そうと努めたのは、観察しうる事実の背後にある隠された力であった。この目的のために、彼は突如として、その一切の方法を変えなければならなかった。彼は依然、医師あるいは精神病理学者として語り続けながら、他方では徹底的な形而上学者として思考したのであった。

フロイトの形而上学を理解しようと思うなら、われわれは、その歴史的起源にまで遡って、それを跡づけなければならない。フロイトは十九世紀のドイツ哲学の雰囲気のうちに生きていた。彼はそこに人間性や文化に関する正反対の二つの見解を見出した。それは、一方はヘーゲルに、他方はショーペンハウアーに代表されるものであった。ヘーゲルは歴史の過程を、基本的に理性的で意識的な過程として記述した。彼はその『歴史哲学講義（*Vorlesungen über die Philosophie der Geschichte*）』の序文でこう述べている。「ついには、世界史がわれわれに提示する、この創造的理性の豊かな所産を理解する時が来なければならない。……まず第一に心得ておかねばならないことは、われわれが研究する現象——すなわち世界史——が精神の領域に属するものだということである。……われわれがそれを眺める舞台の上では——すなわち世界史においては——精神は、そのもっとも具体的な現実性において自己を示すのである」[11]。ショーペンハウアーは、このヘーゲルの見解に挑戦し、それを嘲笑した。彼には、人間性や人間の歴史に関するこうした合理主義的な、楽天的な見解は、馬鹿げているだけでなく、非常な邪悪のように思われた。世界は理性の産物ではない。それは、盲目的意志の所産であるがゆえに、その本質や原理そのものにおいて非合理なものである。知性そのものが、この盲目的意志の成果にほかならず、盲目的意志は、自己自身の目的に役立つ道具として、知性を創造したのである。しかし、われわれは、この経験的世界、感覚的経験の世界で、そうした意志をどこに見出すのであろうか。《物自体》としては、それは人間経験の限界を超え、まったく到達しえないようにみえる。けれども、われわれがそこでその本性を直接的に知覚しうる一個の現象が存在する。意志の力――この世界の真の原理――は、われわれの性的本能の中に、明白に、まぎれもなく現われており、われわれはそれ以外の説明を少しも必要としない。われわれがここに見出すものは、あらゆる瞬間に、そのまったき抗しがたき強さで感じられるものだけに、容易にまた直接的に理解しうるのである。ヘーゲルのように、理性を《本体的力》――《世界の主権者》というように語るのは馬鹿げている。真の主権者――つまり、自然界や人間の生活がその周囲を回転している中心点――は性的本能である。ショーペンハウアーが言ったように、この本能は、個々の人間を種の目的を促進するための道具とする、種の守護神なのである。これはすべて、ショーペンハウアーの『意志と表象としての世界（*Die Welt als Wille und Vorstellung*）』の有名な一章で展開されているが、[12]これがフロイト理論の一般的な形而上学的背景、そしてある意味では、その理論の核心をなすものである。

ここでは、ただ、この理論が神話的思惟の研究にたいしてもっている意味を問題にするだけである。純粋に経験的な見地からは、この分野に精神分析的方法を導入するには、非常な困難が横たわっていた。明らかに、問題の事柄が、直《じか》の観察には向いていなかった。フロイトの用いた論証は、いずれも非常に仮説的であり、思弁的であった。彼の研究した現象――

すなわちタブー[*1]の体系やトーテム制度――の歴史的起源は未知のものであった。この間隙をうずめるために、フロイトは彼の一般的な情動理論に帰らなければならなかった。彼の言うところによれば、トーテム制度の唯一の源泉は、野蛮人の近親相姦にたいする恐怖であり、まさにこの動機が異族結婚をもたらしたのである。同じトーテムの子孫はすべて血縁、つまり一つの家族から出てきたのであり、そしてこの家族の中では、もっとも遠い血縁関係さえも、性的結合にとって絶対的な障害をなすものと認められる。しかし、この問題を非常に綿密に研究した人類学者たちは、まったく異なる結論に到達していたのであった。フレイザーは――彼はこの問題に関して四巻の著作を書いた――こう言明した。トーテミズムと異族結婚という二制度は、しばしば結合されるが、実際には異なった無関係なものであった[13]。アルンタ族の間では、一切の宗教生活や社会生活がそのトーテムの制度によって決められているが、この制度は結婚や相続には何ら影響しなかった。伝説の証するところでは、時代を遡れば、男がつねに同じトーテムの女と結婚した時代があることを示しているようにさえ思えるのである[14]。多年の研究の後、フレイザーが確言しえたのは、異族結婚の究極の起源や、またそれとともに近親相姦の法則といった問題は、これまでとほとんど同様、依然として不明な点を残しているということであった[15]。

フロイトは、彼の結論に到達するためには、この慎重な、批判的な態度を抑圧しなければならなかった。フロイトがもっとも強く印象づけられたのは、トーテミズムの二戒律――すなわち、トーテム動物を殺すなということ、および同一のトーテムに属する女を性的目的のために用いるなということ——が、内容において、父を殺し、母を妻としたエディプスの二つの罪に一致し、また他方において、子供の最初の二つの願望——その不十分な抑圧や再覚醒が、おそらく、あらゆる神経症の中核を形作るのである——に一致しているということであった[16]。かくして、エレクトラ・コンプレックスとエディプス・コンプレックス[*2]は、神話の世界を開く呪文《開けゴマ》であると言明されたのであった。この定式は一切のものを説明するかにみえた。精神分析の《転移[*3](displacement)》の原理によって、あらゆる組みあわせが可能になった。フロイト自身、この原理の応用の広範なことに、しばしば驚いたのであった。彼は、子供の最初の願望は、しばしば、著しく仮装したり、また裏返されたりしているが、ほとんどあらゆる宗教の成立にあたって現われている、と語っている[17]。

われわれがここで提起しなければならない最初の疑問は、事実に関するものではなく、方法に関するものである。精神分析の理論が依存するあらゆる事実は、たしかに認められるものと仮定しよう。われわれは、さらに野蛮人と神経症患者の精神生活の間に類似や相似ばかりでなく、根本的な一致があり、神話的思惟のあらゆる動機が神経症のいくつかの形態——強迫神経症、幻触(*délire de toucher*)、動物恐怖症、強迫制止——の中に見出されるものとまったく同一であるという彼の論点をフロイトがうまく証明し遂げたものと仮定しよう。しかし、この場合でさえ、問題は解決されないであろうし、それは新しい形で再現されるにすぎないであろう。なぜなら、神話の特性や本質を理解するためには、単に神話の主題を知るだけでは不十分だからである。

フロイトの方法は、一見したところ、まったく独創的なようにみえる。彼以前には、この角度から、その問題を考えた者は誰一人いなかった。にもかかわらず、フロイトの神話観と先行者たちのそれとには、共通の一つの特徴がある。彼らの多くと同じく、フロイトも、神話の意味を理解するもっとも確実な、否、唯一の方法は、神話の対象を記述し、記録し、排列し、分類することだと確信していた。しかし、われわれが神話の語るあらゆる事物を知り、そして理解したと仮定するにしても、それは神話の言語を理解するのに大いに役立つであろうか。詩や芸術と同じく、神話は《象徴的形式[*4]（symbolic form）》であり、そしてあらゆる象徴的形式の共通の特徴は、それが任意のいかなる対象にも適用されうることである。それにとって、近づきえず、あるいは浸透しがたいようないかなるものも存在しない。つまり、ある対象の特殊な性格は、象徴的形式の活動性には影響を及ぼさないのである。言語の哲学や芸術または科学の哲学が、言語や、芸術的描写や、科学的探究の可能な対象たる一切の事物を数え上げることから始めるとすれば、われわれはそれらの哲学をどう考えたらよいだろうか。ここでは、一定の限界にまで達することは望みえないし、それを求めることさえできないのである。あらゆるものが《名称》をもち、あらゆるものが芸術作品のテーマになりうる。同じことが神話についても妥当する。それは「上は天にあるもの、下は地にあるもの、また地の下の水の中にあるもの[*5]」を描写することができる。かくして、神話の主題の研究は、非常に興味深く、われわれの科学的好奇心をそそるかもしれないが、それ自身としては、決定的な解答を与えることはできない。なぜなら、われわれが知りたいのは、神話の単なる実体ではなく、むしろ人間の社会的および文化的生活における、その機能だからである。

この点については、先の理論の多くは、本来の問題を見損なっていたので、不十分なままであった。それらの理論は、あらゆる方面にわたっていたが、ある意味で、すべて同じ道を進んでいたのであった。比較神話学の古い方法と精神分析の最近の方法を比べてみると、著しく類似しているのに気づく。神話の自然主義的な理論の中には、太陽の神話学——それはマックス・ミュラーによって提起され、ついでフロベニウスによって更新された——、またエーレンライヒやヴィンクラーに代表される月の神話学、あるいはアダルベルト・クーンに代表される風雨の神話学がある。それぞれの学派が、熱心に、また執拗に、自己の特殊な対象に固執して争っていた。一見したところ、セレネとエンデュミオン[*6]、エオスとティトノス[*7]、ケパロスとプロクリス[*8]、ダプネとアポロン[*9]についてのギリシアの諸伝説の間に、何らかの類似や相似が見出されるようには思えないであろう。しかし、マックス・ミュラーによれば、それらは、いずれも同じことを意味しており、再三繰り返される同一の神話のテーマの様々な変形なのである。そのテーマとは、日の出と日没、あるいは光と闇の闘争である。どの新しい神話も、同じ現象を新たに異なる角度から描写したものである。例えば、エンデュミオンは、ポイボスとしての神性における太陽ではなく、朝早く曙の腹から生まれ、束の間の輝かしい生涯の後、夕にいたって再び没し、もはやこの世に帰ることがないというように、太陽を日々の経過において解釈したものである。また、アポロンに追跡されたダプネは、大空の中を急ぎ、おののき、やがて輝かしい太陽の突然の接近によって消え失せる曙以外の何であろうか。同様のことが、ヘラクレスの死の伝説にも妥当する。デイアネイラが太陽の英雄に送った外袍《がいほう》は、水から生じ、黒い衣装のように太陽を囲む雲の表現である。ヘラクレスはそれを引き裂こうと努めるが、自分の身体をずたずたに引き裂かなければ、そうすることができず、やがてついに、その輝く身体はすっかり焼尽してしまうのである(18)。

完全に廃れてしまったこれらの古い自然主義的解釈から、現代の精神分析的理論までには大きな隔たりがある。にもかかわらず、両者は、その手続きにおいて相違がないばかりか、思考の同じ一般的傾向を表現しているのである。そして、あえて言っておくが、二十〜三十年後には、性の神話も、太陽や月の神話と同じ運命をたどることになるであろう。それは同じ異論にさらされているからである。すなわち、人類の全生活の上に消すことのできない痕跡をとどめた事実を特殊な、単一の動機に帰することでは、十分に満足のいく説明にはならない。人間の精神的および文化的生活は、そのような単純な、同質的な素材から作られてはいない。フロイトは、マックス・ミュラーやその他の比較神話研究協会*10に属する学者たち以上に、自己の観点を立証しえたわけではなかった。両者ともに、同じ独断論がみられるのである。比較神話学の研究者たちは、あたかも、それが神話的想像力の唯一の対象であるかのように、太陽や月、星、風、さらに雲について語った。フロイトは神話物語の場面を変えたにすぎない。彼によれば、それらは自然の偉大なドラマを表象するものではない。それらが語っているのは、むしろ人間の性生活の永遠の物語なのである。有史以前から今日にいたるまで、人間はつねに同一の、二つの基本的な願望につきまとわれてきた。父を殺し、母と結婚するという願望は、ちょうど、それが非常に奇妙な変装や変形をとって、あらゆる個々の子供の生活に現われるように、人類の幼年時代にも現われるというわけである。

原註

（1）E. Doutté, *Magie et religion dans l'Afrique du Nord* (Alger, Typographie Adolphe Jourdan, 1909), p. 602.

（2）W. Robertson-Smith, *Lectures on the Religion of the Semites* (Edinburgh, A. and C. Black, 1889).

（3）Jane Ellen Harrison, *Prolegomena to the Study of Greek Religion* (Cambridge, University Press, 1903), p. vii.

（4）Th. Ribot, *La psychologie des sentiments* (Paris, 1896). 英訳 *The Psychology of the Emotions* (New York, Charles Scribner's Sons, 1912), Preface, pp. vii f.

（5）C. Lange, *Über Gemütsbewegungen*. 独訳 H. Kurella (Leipzig, 1887). 英訳 *The Emotions*, "Psychology Classics," Vol. I (Baltimore, Williams & Wilkins Co., 1922).

（6）James, *The Principles of Psychology* (New York, Henry Holt & Co., 1890), II, 449 f.

（7）Ribot, *op. cit.*, p. 3.

（8）これはジークムント・フロイト編集の雑誌 *Imago* 第一巻に初めて発表された。

（9）Freud, *Totem und Tabu* (Vienna, 1920. 初めて *Imago* 誌上 (1912-13) に発表), chap. IV. 英訳 A. A. Brill (New York, Moffat, Yard & Co., 1918; now Dodd, Mead & Co., New York), p. 165.

(10) Ribot, *op. cit.*, pp. 5 f. を見よ。

(11) Hegel, *Lectures on the Philosophy of History*. 英訳 J. Sibree (London, Henry G. Bohn, 1857), pp. 16 f.

(12) "Über die Metaphysik der Geschlechtsliebe," *Die Welt als Wille und Vorstellung*, Ergänzungen zum vierten Buch, Kap. 44.

(13) Frazer, *Totemism and Exogamy* (London, Macmillan & Co., 1910), I, xii. 4 vols.

(14) Sir Baldwin Spencer and F. J. Gillen, *The Native Tribes of Central Australia* (London and New York, Macmillan, 1899, reprinted 1938), p. 419.

(15) Frazer, *op. cit.*, I, 165.

(16) Freud, *op. cit.*, pp. 236 f.

(17) Freud, *idem*, pp. 241 ff.

(18) F. Max Müller, "Comparative Mythology," *Oxford Essays*, pp. 52 ff. (*Selected Essays*, I, 395 ff., 398 ff.) および *Lectures on the Science of Language* (London, Longmans, Green & Co., 1871), II, Lect. XI, "Myths of the Dawn," 506-571 を見よ。

第四章　人間の社会生活における神話の機能

神話は、万物のうち、もっとも秩序のない、矛盾したもののようにみえる。表面的にみれば、神話は、きわめて支離滅裂な糸で織りあわされた乱雑な織物にも似ている。われわれは、もっとも野蛮な祭儀とホメロスの世界を結合するような、何らかの絆を見出すことを望みうるだろうか。――野蛮種族の狂躁の礼拝とか、アジアのシャーマン[*1]の呪術の執行とか、回教の舞踏修道僧の無我の踊りとかを、ウパニシャッド[*2]の宗教の冷静で瞑想的な深さと同一の源泉にまで遡って跡づけることができるであろうか。そのように非常に異なった、まったく相容れない現象を一つの名称によって記述し、同一概念のもとに包摂するのは、きわめて恣意的なことのように思われる。

しかしながら、この問題は、われわれがある違った角度から近づくときに、異なった光のもとに現われてくる。神話の主題や儀式的行為はきわめて多様であり、測りえぬほど無限である。しかし、神話的思惟や神話的想像力の動機は、ある意味において、つねに同一である。人間のあらゆる活動や、そのいずれの文化形式の中にも、《多様なものにおける統一性》が見出される。芸術は直観の統一性を、科学は思考の統一性を、宗教や神話は感情の統一性をわれわれに与える。つまり、芸術は《生ける形態》の世界を表わし、科学は法則や原理の世界を示し、宗教や神話は生命の普遍性と根本的同一性の知覚とともに始まるのである。

この万物に浸透している生命は、必ずしも人格形式において理解されねばならないわけではない。諸宗教の中には、《下人格的（infra-personal）》あるいは《超人格的（supra-personal）》な神性の観念を示すものも存在している。人格意識がまだ存在しない《プレアニミズム的》[*3]宗教が見出されるし、[(1)]また他方には、人格の要素が他の動機によって暗くされ、ついにはまったくおおい隠されているような、非常に進んだ宗教も見出される。東洋の偉大な諸宗教――バラモン教、仏教、あるいは儒教――には、この《非人格的なものに向かう傾向》が現われている。[(2)]ウパニシャッドの宗教で理解される同一性は、形而上学的な同一性であり、それは自我と宇宙、つまり《アートマン》と《ブラフマン》[*4]の根本的統一を意味している。未開人の信仰においては、そのような抽象的な同一性を容れる余地はない。ここで見出されるのはまったく異なったものである。それは、個人が共同体および自然の生命と自己を同一化せんとする深い熱烈な欲求なのである。この欲求は宗教的儀式によって充足され、この祭儀において、個人は一つの形に――無差別の全体に融合する。野蛮な種族では、男たちが戦争とか他の危険な企てに従事し、そして家にとどまった女たちが儀式的な舞踏によって男たちを助けようとするようなことが行われるが、これは、われわれの経験的な思考や《因果法則》に照らして判断すれば、不合理で理解しがたいことであろう。しかし、それは、われわれがこの行為を物理的な経験ではなく、社会的な経験によって読み取り、解釈するなら、ただちに明白な、理解しうるものとなる。女たちは、その戦争舞踏において、自己を夫たちと同一化する。彼らは、その希望や不安、危険や危難を分かちあう。この絆――それは《因果性》のではなく《共感》の絆である――は、彼らが離れていることで弱まるのではなく、かえって強められるのである。彼ら両性は一つの不可分な有機体を形作り、この有機体の一部分で生じていることは必然的に他の部分にも影響する。掟やタブーの非常に多くの積極的または消極的な要求は、この一般的法則の表現、あるいは適用にほかならない。この法則は、両性のみならず種族の全成員にも妥当する。ダイヤク族の部落民が密林へ狩猟に出かけたときには、家に残った者たちは油か水に手を触れてはならない。なぜなら、もし彼らがそのようなことをすれば、狩りに出た者たちはみな《物をよく取り落とし》、獲物が手からすべり落ちるであろうから(3)。これは因果的な絆ではなく、情緒的な絆である。ここで問題になっているのは、原因と結果の経験的な関係ではなく、人間関係が感じられる強さと深さである。

したがって、同一の特徴は人間の血族関係の他のあらゆる形式にも現われる。原始的思考においては、血族関係は単に生理学的に解釈されるのではない。人間の誕生は、神話的な行為であって、物理的な行為ではないのである。生殖の法則が知られていないので、誕生はつねに一種の生まれ変わりだと考えられる。中央オーストラリアのアルンタ族は、彼らのトーテムに属していた死者の霊が一定の場所でその再生を待ち、そしてその場所を通り過ぎた女の身体に入りこむのだと想像している(4)。子供と父親の関係さえ、純粋に物理的な関係としては考えられない。ここでもまた、因果関係は真実な同一性に取って代わられる。トーテム制度においては、現在の世代は動物祖先に由来する子孫であるばかりでなく、それは現にこの祖先の化身なのである。アルンタ族がそのもっとも重要な宗教的な祭礼を祝うとき、またその《インティシュマ》[*5]の儀式を執り行うとき、彼らは祖先の生活や行為や冒険を表現し、あるいは模倣しているばかりではない。祖先がこれらの儀式のうちに再現し、その存在や、その恵み深い力が直接にみられ、また感じられるのである。この永続的な影響力がなければ、自然や人間生活は停止してしまうであろう。雨は降らず、土はその実を結ばず、全地は砂漠と化するであろう。同一化の第一の行為によって、人間はその人間祖先または動物祖先たちとの根本的統一を主張するが、さらに第二の行為によって、彼は自己自身の生命と自然の生命を同一化するのである。実際のところ、この二領域の間には判然とした区別はありえず、それらは同列にある。なぜなら、原始的な思考にとっては、自然そのものは物理的な法則に支配される自然物ではないからである。一つの、同一の共同社会――生命の共同社会――が、あらゆる生命あるものも生命なきものをも包括し、包含する(5)。ツニ族によれば、自然物のみならず、人工的なものも、つまり、太陽、地球、海のみならず、人間に作られたあらゆる道具もまた、一つの生命の偉大なシステムに所属している(6)。

　この生命が維持されるためには、それは絶えず更新されなければならない。しかし、この更新は、単に生物学的な意味には理解されていない。ここでは、人類の存続すら、社会的行為に依存するのであって、生理学的行為によるのではない。この一般的な信念は、すべての原始社会において重要で不可欠の要素である成人式の祭儀の中に、そのもっとも明白な表現を見出すことができる。ある年齢まで、つまり思春期に達するまで、子供は単に《自然的》存在とみなされ、またそのように取り扱われ、そのあらゆる肉体的欲求を配慮する母親の世話に与《あずか》っている。しかし、やがて突然、この自然的秩序の逆転するときが到来し、子供は成人――社会の一員――にならなければならない。それは人間の生涯における決定的な瞬間であり、もっとも印象深い宗教的・祭儀的な式典によって明示される出来事である。新しい社会的存在が生まれ出るには、ある意味において、自然的存在は死ななければならない。それゆえ、正式に加入することになる若者たちは、もっとも厳しい試練を通過しなければならない。新参者はその家族を離れ、しばらくの間、まったく世間から離れて生活し、非常な苦痛と残酷な行為を耐え忍ばねばならない。ときには、彼は自分自身を埋葬する儀式を手伝うことさえしなければならない。しかし、彼がこうした一切の試みを耐え通すと、人間の交わり、および社会の偉大な神秘に入ることを許されるすばらしい瞬間がやってくる。この加入の承認は、真実の再生、新たな、より高い生活形式の始まりを意味するものである(7)。

人間社会に現われ、その本質そのものを構成するのと同一の生命のサイクルは、自然界にもまた現われる。四季の循環は単なる物理力によって引き起こされるのではなく、それは人間の生命と不可分離に結合している。自然の生死は、人間の死と甦りという偉大なドラマの重要な部分なのである。この点については、ほとんどあらゆる宗教にみられる植物生育の祭儀が、成人式の祭儀に酷似している。自然すら、不断の再生を必要とし、生きるために死なければならない。アドニス[*6]やアッティス[*7]やオシリス[*8]の礼拝は、この基本的な、根深い信仰を立証している(8)。

ギリシアの宗教は、こうしたすべての原始的観念から非常にかけ離れているように思われる。ホメロスの詩の中には、もはや呪術的な儀式、精霊や亡霊、あるいは死者にたいする恐怖は見出せない。このホメロス的世界には、ヴィンケルマンの有名な定義――それによれば、ギリシア精神の著しい特質は、その《高貴なる単純さと静かなる偉大さ[*9]》である――を適用できるかもしれない。しかし、現代の宗教史の教えるところでは、この《静かなる偉大さ》は、決してかき乱されなかったわけではない。ジェーン・ハリソン女史は、前述したその著書(9)の序文でこう述べている。「ホメロスのオリュンポスの神々は、彼の六律格の詩と同じく原始的なものではない。〔しかし〕この光彩陸離たる表面の下には、ホメロスによって無視され、あるいは抑圧されてはいるが、のちの詩人、とりわけアイスキュロスにいたって再び現われてくる一連の宗教的表象、つまり悪とか浄めとか贖罪の観念がひそんでいる」。その後、ギリシアの文化および宗教生活の深刻な危機が到来し、一切のホメロス的観念がまったく崩壊に瀕するにいたった。オリュンポスの神々の単純さと静穏は、突如として消え去るかのようにみえた。輝く大空の神ゼウスや太陽の神アポロンは、もはや、ディオニュソス崇拝に現われた魔力的な力に抵抗して、これを追放する威力をもたなかった。ホメロスにおいては、ディオニュソスはオリュンポスの神々の中に座を占めていなかった。ディオニュソスは、ギリシアの宗教に外来者、遅参者として――つまり、北方から移住してきた神として現われた。その起源はトラキア、そしておそらくはアジアの礼拝の中に求めうるであろう。それ以後、ギリシアの宗教には、相反する両勢力の不断の闘争が認められる。この闘争を古典的に表現したものが、エウリピデスの『バッカイ（*Bakchai*）』である。われわれがこのエウリピデスの詩を読めば、この新たな宗教的感情の強さや激しさ、その抗しがたい力について知るために何ら他の証言を必要としない。

ディオニュソス崇拝には、ギリシア精神に固有な特徴がほとんど認められない。ここに現われるのは、人間の基本的な感情、つまりもっとも原始的な祭儀にも、またもっとも崇高で精神化された神秘的宗教にも共通する感情である。個性の桎梏から解放され、普遍的な生命の流れに身を沈め、自己自身であることをやめて、自然の全体に同化することが、個人の深い願望であり、それはペルシアの詩人マウラーナー・ジャラール・ウッディーン・ルーミーの「舞踏の力を知る者は神のうちに住む」という詩句に表わされているのと同じ願望である。舞踏の力は、神秘主義者にとっては、神にいたる真の道である。舞踏や狂躁の祭儀の恍惚たる乱舞のうちに、われわれ自身の限られた有限な自我は消滅する。自我、ルーミーの言う《暗き支配者》は死に、神が生まれる。

しかし、ギリシアの宗教は、単純にこのような原始的感情に帰ることができたわけではない。こうした感情は、その強さを失わなかったけれども、その性格を変えたのであった。ギリシア精神はまったく論理的な精神であり、その論理にたいする要求は普遍的である。したがって、ディオニュソス崇拝のもっとも《非合理的な》要素でさえ、一種の理論的な説明づけや正当化なしには受け容れられえなかった。こうした正当化はオルペウス教[*10]の神学者たちによって与えられた。オルペウス教は、本来、もっとも粗野な原始的祭儀の寄せ集めにすぎなかったものを一つの《体系》に変えたのであった。[10] オルペウス教の神学はディオニュソス・ザグレウスの物語を作り出した。ディオニュソスはゼウスとセメレの息子として記述されている。彼は父の愛育を受けたが、ヘラの憎しみと嫉《ねた》みによって迫害された。ヘラはティタンたちをそそのかして、幼な児のディオニュソスを殺させようとした。ディオニュソスは幾度か姿を変えて逃れようと努めたが、最後に牡牛の姿になっているときに打ち負かされた。彼の身体はずたずたに引き裂かれ、その上、敵たちのむさぼり食うところとなった。その罪にたいする罰として、ティタンたちはゼウスの雷火に撃たれ、滅ぼされた。その灰から人類が生じたが、その起源に符合して、人類には、ディオニュソス・ザグレウスから派生した善と、邪悪で魔力的なティタン的要素とが混ざりあっているのである。

　このディオニュソス・ザグレウスの伝説は、神話的物語の起源および意味を示す典型的な例である。ここで語られているのは、自然的な現象でも、歴史的な現象でもない。それは自然の事実でもなく、また英雄たる祖先の行為とか苦難の思い出でもない。それにもかかわらず、この伝説は単なるおとぎ話ではない。それは実際的基礎 (*fundamentum in re*) をもち、一定の《現実》に関係している。しかし、この現実は自然的でも歴史的でもなく、儀式的なものである。ディオニュソスの祭儀にみられるものが、その神話において説明される。

ディオニュソスの祭儀は《神の示顕《じげん》》とともに終わるのをつねとしていた。ディオニュソスに仕える巫女たちの熱狂的な恍惚状態が最高潮に達すると、彼女らは神を呼び、その崇拝者たちの中に神が現われるように、と懇願する。

おお、ディオニュソス！　汝が姿を示せ。
牡牛の形か、竜、多頭の怪物か、
さもなくば、四肢のまわりに輝ける
焰もちたる獅子として、汝を現わせ。(11)

そして、神は、その祈りを聴き、その求めを容れる。彼は姿を現わし、自らもその祭儀に参加する。彼はその崇拝者たちと聖なる狂乱をともにし、彼の犠牲として選ばれた動物を自ら襲い、血のしたたるその肉をつかみ、それを生のままむさぼり食う。

すべてこうしたことは、粗野で、幻想的で、常軌を逸し、理解しがたい。しかし、これらの狂躁乱舞の祭儀に新しい解釈を与えることこそ、神話の機能であった。オルペウス神学においては、恍惚状態はもはや単なる狂気として理解されず、それは《神聖なる熱狂》――つまり、魂が肉体を離れ、神と結合せんとして飛翔する聖なる狂気――となった。(12)一つの神的な存在が、悪の力、すなわちゼウスにたいするティタンたちの叛逆によって、この世の多数の事物や多数の人間に分散された。しかし、それは失われたわけではなく、その本来の状態に回復されうるであろう。これは、ただ人間がその個性を犠牲として捧げ、自己と永遠的な生命の結合との間に介在するあらゆる障害を打ち破るときにのみ可能になるのである。

ここで、われわれは神話のもっとも本質的な要素の一つを理解する。神話は単に知的な過程から生じるのではなく、深く人間の情動から発するものである。しかし、他方において、情動的な要素のみを強調するそうした理論は、いずれも一つの本質的な点を看過している。神話は単なる情動として記述することはできない。なぜなら、それは情動の表現だからである。感情の表現は感情それ自体ではない。それは形象《イメージ》に転化された情動なのである。この事実こそ、根本的な変化を意味している。それまで漠然と曖昧に感じられていたものが明確な形をとり、受動的状態であったものが能動的な過程となる。

この変化を理解するためには、表現の二つの型――すなわち、肉体的表現と象徴的表現を、はっきり区別することが必要である。ダーウィンは人間と動物における情動の表現について古典的な著書を著わしたが、われわれは、この著書から、表現という事実が非常に広範な生物学的基礎をもつものであることを学ぶ。それは決して人間の特権ではなく、動物界全体に広く存在するものである。より高等な動物の生活段階にのぼるにつれて、表現の事実は絶えずその強さと多様性を増し加えていく。人間の情動的表現の主たるカテゴリーの多くは――すべてではないとしても――チンパンジーの動作の中にも認められ、そして、チンパンジーの情動の表現は、その複雑性と可変性において、魅惑的であると同時に、人を困惑させるものである、とR・M・ヤーキーズは述べている[13]。また、より下等な動物の情動やそれに応じる表現も、非常に広範囲にわたるものである。ふつう人間のみに帰せられてきたような現象、例えば、顔を赤らめたり、蒼白になったりするような現象でさえ、動物の世界に確認されうる。[14] 実際、もっとも下等な有機体ですら、ある一定の刺激を識別し、それにたいして、それぞれ異なった反応をする何らかの能力をもっていなければならないことは明らかである。彼らは、もしその行動において、有利なものと不利なもの、有益なものと有害なものを識別しえないなら、生存し続けることはできないであろう。いずれの有機体も、ある一定のものを《探し求め》、ある一定のものを《避ける》。動物はその獲物を求め、その敵から逃れる。すべてこれは、何ら意識的な行為を要さない本能および運動衝動の複雑な組織網によって調整される。リボーが指摘するように、有機的生命の最初の時期は、原形質的・生体的・前意識的な感性の時期である。有機体は、その《記憶》をもち、ある一定の印象とか、正常なあるいは病的な変異を保存する。「同様に、下等な無意識的形態――有機的感性――というものも存在するが、それは、より高等な意識的情動生活の準備であり、その第一段の具体化である。生体的感性は意識的な感情にたいして、有機的記憶がふつうの意味での記憶にたいするのと同じような関係にある」[15]。もし、より高等な動物において、意識がさらに加わり、主たる役割を演じ始めるようになるとしても、擬人観的な仕方で、つまり理解とか《観念》といった概念で、それを記述することはできない。動物の動作は、むしろ《親密さ》とか《不気味さ》といった感情、惹きつけられるとか反撥を覚えるといった感情を起こさせる、ある《情動的性質》によって決められるように思われる。W・ケーラーは、チンパンジーの心理学に関する研究の中で、こう言っている。

事物のある一定の形態や外観が、それら自身の中に不気味さや恐ろしさの性質をもっており、それは、われわれの中にある何か特別なメカニズムが、それらのものにそうした性質を生ぜしめるからというのではなく、われわれの一般的な本性と精神を認めた上で、一定の形態が必然的に恐ろしいものという性格をもち、他の形態が優美とか不恰好とか、あるいは精力とか断固たることといった性格をもっているという理由によってそうなのである、という仮定は容認しうるものではなかろうか。[16]

こうした様々の情動的性質の知覚は、反省という行為を前提するものではないし、また、それを動物の個々の経験から説明することもできない。小鳥たちは、生後ただちにタカやヘビにたいして恐怖を示す。しかしながら、この恐怖は、なお非常に未分化のものである。若い雛鶏は猛禽の前だけでなく、自分の上を飛んでいる他の大きなものの前でも怖れてうずくまる。こうした本能的な情動は、何ら特殊なものに関わりをもたない。それは危険な性格を帯びた特殊な対象には関係なく生じるのである。

人間の発展にともなって、新しい歩みがなされることになる。まず第一に、情動がさらに分化されてくる。それは、もはや暗い漠然とした感情ではなく、特殊な対象に関係している。しかし、たしかに原理的には動物的な反応と異ならない人間の反応がなお数多くあるけれども、われわれが人間の世界以外には見出せない、いま一つの特徴がなお存在しているのである。人が侮辱にたいして眉をひそめ、あるいは拳を固めることで応酬する場合、彼は動物が敵の前で歯をむき出すときにするのとまったく同じ仕方で振る舞っている。しかし、一般的に言えば、人間の応答はまったく異なる型に属するものである。それを動物的な反応から区別するのは、その象徴的性格である。(17)人間文化の発生と発展の中に、われわれはこの意味の根本的な変遷を一歩一歩跡づけることができる。人間は表現の新しい様式、すなわち象徴的な表現を発見した。これは人間のあらゆる文化的活動、つまり神話や詩、言語、芸術、宗教、さらに科学における共通の公分母である。

これらの活動は非常に異なったものであるが、しかし、一つの同じ課題、すなわち客観化するという課題を果たすものである。言語によって、われわれの感覚的知覚が客観化される。言語的表現という行為そのものにおいて、われわれの知覚は新しい形式をとるのである。知覚はもはや孤立したデータではなく、それは個別的な性格を捨て、一般的な《名称》によって表わされる級概念 (class-concept) の下に組み入れられる。物に《名前をつける》行為は、できあいの事物——既知の対象——に単に人為的な記号を付加するということだけではない。それは、むしろ対象の認識そのもの、つまり客観的な経験的現実の了解にとって、必要条件なのである。(18)

神話は、この経験的現実から非常にかけ離れているばかりでなく、ある意味では、その経験的現実と甚《はなは》だしく矛盾するものである。それはまったく空想的な世界を築き上げているようにみえる。にもかかわらず、神話でさえ、ある《客観的》な側面をもち、一定の客観的機能をもっているのである。言語的象徴《シンボリズム》が感覚的印象の客観化をもたらすように、神話的象徴《シンボリズム》は感情の客観化に導く。呪術的な祭儀や宗教的儀式においては、人間は深い個人的願望や激しい社会的衝動に促されて行動する。彼はこうした行動を、その動機を知らぬままにするのであって、その行動はまったく無意識的である。しかし、これらの祭儀が神話に転化されると、新しい要素が現われてくる。人間は、もはやある事柄をするだけでは満足せず、それらの事柄が何を《意味する》かという問いを提起する。なぜか、どうなるのか、ということを尋ね、そうした事柄がどこから来て、どこへ行くのかを理解しようと努める。彼がこれらの問いに与える解答は、不適当で不合理なようにみえるかもしれない。しかし、ここで問題なのは、その解答というよりも、むしろ問いそのものなのである。人間は自己の行為を疑い始めるとともに、新たな決定的な一歩を踏み出し、ついには無意識的で本能的な生活からはるか離れたところにまでいたる新しい道に踏み入ったのである。

情動のいずれの表現も心を静める効果をもっているということは、周知の事実である。拳で一撃することは、われわれの憤怒を和らげ、わっと泣き出すことは、われわれの悲嘆や悲哀を軽くしうるであろう。これはすべて、生理学的および心理学的理由から容易に理解される。生理学的には、それはハーバート・スペンサーが《神経的放散の法則》と名づけた原理で説明できる。ある意味において、この《放散の法則》はまた、あらゆる象徴的表現にも妥当するものである。しかし、ここでは、われわれはまったく新しい現象に遭遇する。われわれの肉体的反応においては、急激な爆発に続いて休止の状態が来る。そして、いったん消え去ると、情動は何ら永続的な痕跡を残さずに結末を告げる。しかし、われわれの情動が象徴的行為によって表現されるときには、事情はまったく異なるのである。そのような行為は、いわば二重の力、縛る力と解く力をもっている。ここでも実際、情動は放出されるのであるが、それは分散されないで、かえって集中される。肉体的反応においては、ある情動に応じる身体の運動は、だんだん放散的になり、より広い範囲にわたるようになる。スペンサーによれば、この拡張と分散は一定の法則に従っている。まず発声器官の繊細な筋肉と顔面の小筋肉が動かされ、そして感情が過度に強くなると、神経の放散は脈管系統にも影響する。(19)しかし、象徴的表現は軽減を意味せず、強化を意味する。ここで見出されるのは、単なる客観化ではなく凝集化である。言語、神話、芸術、宗教においては、われわれの情動は、単なる行為に変えられるだけでなく、《作品》に変えられるのである。そして、こうした作品は、単に消え失せることなく持続し、存続するものである。肉体的反応は即座の一時的な慰めを与えうるにすぎないが、象徴的表現は青銅よりも恒久なる力（*momentum aere perennius*）になることができる。

この客観化および凝集化の力は、詩と芸術において、とくに明らかになる。ゲーテは、この天分を彼の詩作の本質的な特徴とみなしていた。彼は自分の青年時代を回顧しながら『詩と真実（*Dichtung und Wahrheit*）』の中でこう述べている。

かくして、私が全生涯を通じて離れることのできなかった傾向は始まったのである。すなわち、私を喜ばせ、あるいは苦しめ、あるいはその他、私の心を捉えたものをことごとく一つの形象に、一つの詩に変え、そしてそれについて自分の心に決着をつけ、したがってまた、外物にたいする考えを正すとともに、自らの胸を落ち着けるという傾向が始まった。こうした才能は、つねに極端から極端に走る性質をもつ私には、誰よりも必要なものであった。それゆえ、知られるようになった私の作品は、いずれも大きな告白の一断片にすぎないのである[20]。

神話的な思惟や想像においては、個人的な告白に出くわすのではない。神話は人間の社会的経験の客観化であって、個人的経験の客観化ではない。たしかに、のちの時代になると、例えば有名なプラトンの神話のように、個人によって作られた神話が存在するが、しかしここでは真の神話がもつもっとも本質的な特徴の一つが欠けているのである。プラトンは、まったく自由な精神で神話を作り出し、その力に支配されずに、彼自身の目的、すなわち弁証法的および倫理的思想の目的に応じてそれを支配した。真の神話は、こうした哲学的自由をもっていない。なぜなら、神話がそのうちに生きている諸々の形象《イメージ》は、形象だとは知られていないからである。それらは象徴としてでなく、現実と考えられている。この現実は否定したり批判したりすることはできず、受動的に受け容れられねばならない。しかし、最初の必要な第一歩は、新たな路の上にすでに踏み出されたのであり、それはついには新たな目標に通じるであろう。なぜなら、ここにおいてさえ、情動は単に感じられるだけではないからである。それは《直感され》、《形象に変え》られている。これらの形象は粗野で、奇怪で、空想的ではあるが、しかし、まさにそうであるからこそ、それらは未開人に自然の生命と彼自身の内的生活の解釈とを与えることができるゆえに、彼にとって理解しうるものなのである。

　神話、そして一般に宗教は、しばしば単に恐怖の所産だと言明されてきた。しかし、人間の宗教的生活においてもっとも本質的なものは、恐怖の事実ではなく、恐怖の変態である。恐怖は普遍的な生物学的本能である。それは、つねに完全には克服されたり抑圧されたりできないが、その形態を変えうるのである。神話はきわめて激しい情動と、きわめて恐ろしい幻想に満ちている。しかし、神話において、人間は新たな一風変わった技術、すなわち表現する技術を学び始める。そして、このことは、彼のもっとも深く根ざした諸々の本能、様々な希望や恐怖を組織化することを意味している。

　この組織化の力は、人間がその最大の問題――死の問題に直面したとき、その最大の威力を現わすのである。死の原因を尋ねることは、人類の第一の、またもっとも切実な問いであった。死の神話は、いたるところで――人間文明の最低の形式から最高の形式にいたるまで――物語られている。[21]

　多くの人類学者が、いわゆる《宗教の最小限の定義》、つまり宗教生活の基本的で本質的な諸事実を包含するはずの定義――を見出そうと非常な努力を払ってきたが、これらの事実の本性に関しては、様々な学派で一致をみなかった。タイラーは野蛮人から文明人の宗教にいたるまでのあらゆる宗教哲学の基礎をアニミズムのうちに認めたが、のちの著作家たちは、いわゆる《タブー・マナの公式》[*11]を宗教の最小限の定義として提出したのであった。(22)いずれの見解も、多くの異論にさらされていた。しかしながら、議論の余地がないように思えるのは、宗教がそもそものはじめから《生と死についての》問いであったという事実である。マリノウスキーは次のように言う。

人間の魂とか死後の生、あるいは宇宙の中の霊的要素などと結びついた、あらゆる信仰の根底は何であろうか。一般にアニミズム、祖先崇拝、あるいは精霊信仰というような用語で表わされる現象は、その根底を、人間が死にたいしてとらざるをえない態度の中にもつものである。死……は、人間の悟性をつねに困惑させ、人間の情動的素質を根底からかき乱すような事実である。……そして、ここに宗教的啓示が介入し、死後の生、霊魂不滅、生者と死者の交わりの可能性を断言する。この啓示が、生に意義を与え、地上の人間存在のはかなさに結びついた矛盾や葛藤を解決するのである。(23)

プラトンは、その『パイドン（*Phaidon*）』で哲学者の定義を与えているが、それによれば、哲学者とはもっとも偉大な、そしてもっとも困難な技術を学んだ者、つまり、いかに死すべきかを知っている人間である。近代の思想家たちは、プラトンからこの思想を受けついで、人間に残された自由にいたる唯一の道は、その精神から死の恐怖を除くことである、と言明した。「死ぬことを学んだ者は、奴隷の何たるかを忘れる。いかに死すべきかを知ることは、あらゆる隷属と拘束からわれわれを解放する[24]（Qui a apris à mourir, il a desapris à servir. Le sçavoir mourir nous afranchit de toute subjection et contrainte）」。神話は、死の問題にたいして、何ら合理的な解答を与えることができなかった。しかし、神話こそが、哲学よりはるか以前に、人類の最初の教師となり、人類の幼年時代に、ただ一人、原始的思考に理解されうる言語によって死の問題を提起し、解決することができた教育者であった。ハデスにおいて、アキレウスはオデュッセウスに向かって、「死について私に説き明かすことをするな」と言っている[25]。しかし、これこそ、神話が人類史上において果たさなければならなかった困難な課題であった。未開人は死の事実と折りあうことができなかった。彼は自己の個人的存在が滅び去ることを不可避的な自然現象として受け取ることを肯《がえ》んじえなかった。しかし、まさにこのことこそ、神話によって否定され、《巧みに説明し去られた》事実であった。死は人間生命の消滅を意味するのではなく、それはただ生命の形式における変化である、と神話は教えた。一つの存在形式が単に他の形式と取り替えられるにすぎない。生死の間には、何ら明確な、截然《せつぜん》とした境界は存在せず、それらを分かつ境界線は不明瞭で漠然としている。この二つの言葉が互いに取り替わることすらできるのである。「この世の生が実際には死であり、死が生に代わっているのではないかということを、誰が知っていよう」とエウリピデスは尋ねている。神話的思惟においては、死の神秘が《形象に変えられ》、そしてこの変形によって、死は甚だしく耐えがたい自然的事実たることをやめ、理解でき、耐えうるものとなるのである。

原註

（1）プレアニミズムの問題については、R. R. Marett, "Pre-Animist Religion," *The Threshold of Religion* (London, Methuen & Co., 1909) を見よ。

（2）A. A. Bowman, *Studies in the Philosophy of Religion* (London, Macmillan & Co., 1938), I, 107 を参照せよ。

（3）*The Golden Bough*, Pt. I: *The Magic Art*（本書、第一章、註（3）を見よ）, I, 120.

（4）Frazer, *Totemism and Exogamy*, IV, 59 ff. および Spencer and Gillen, *op. cit.*, chap. xv を見よ。

（5）さらに詳細については、E. Cassirer, *An Essay on Man* (New Haven, Yale University Press, 1944), pp. 82 ff. を見よ。

（6）Frank Hamilton Cushing, "Outlines of Zuñi," *13th Annual Report of the Bureau of American Ethnology* (Washington, 1891-92), p. 9 を見よ。

（7）より詳細については、Spencer and Gillen, *op. cit.*, chap. vi および A. van Gennep, *Les rites du passage* (Paris, E. Nourry, 1909) を見よ。

（8）Frazer, *The Golden Bough*, Pt. IV, *Adonis, Attis, Osiris* (3d ed. New York, Macmillan, 1935), Vols. I and II を見よ。

（9）本書、第三章、註（3）を見よ。

（10）ギリシアの宗教的・文化的生活におけるオルペウス教のこの使命に関しては、Harrison, *op. cit.*, chaps. IX and X および Erwin Rohde, *Psyche*, Pt. II, chap. X. 英訳 W. B. Hillis (New York, Harcourt, Brace & Co., 1925), pp. 335 ff. を見よ。ディオニュソス・ザグレウスの伝説については、Rohde, *op. cit.*, pp. 340 f. を見よ。

(11) Euripides, *Bacchae*, vv. 1017 ff. 英訳 Arthur S. Way (Loeb Classical Library, Cambridge, Mass., Harvard University Press, 1930), III, 89.

(12) Rohde, *op. cit.*, pp. 257 ff. を見よ。

(13) Robert M. Yerkes, *Chimpanzees. A Laboratory Colony* (New Haven, Yale University Press, 1943), p. 29.

(14) Angelo Mosso, *Fear*. 英訳 E. Lough and F. Kiesow (London and New York, Longmans, Green & Co., 1896), pp. 10 ff. を参照せよ。

(15) Ribot, *op. cit.*, pp. 3 f.

(16) W. Köhler, "Zur Psychologie der Schimpansen," *Psychologische Forschung*, I (1921), 39. 英訳 Ella Winter, *The Mentality of Apes* (London, Kegan Paul; New York, Harcourt, Brace & Co., 1925), App., p. 335 を見よ。

(17) 本問題の詳細な論述については、E. Cassirer, *An Essay on Man*, chap. III, pp. 27 ff. を見よ。

(18) より詳細については、私の論文 "Le langage et la construction du monde des objets," *Journal de psychologie normale et pathologique*, XXXe Année (1933), 18-44 を見よ。

(19) さらに詳細については、H. Spencer, *Principles of Psychology* (New York, D. Appleton & Co., 1873), Vol. II, §§ 495-502 を見よ。

(20) Goethe, *Dichtung und Wahrheit*, Bk. VII. 英訳 John Oxenford (London, G. Bell & Sons, 1897), I, 240.

(21)　例えば B. Malinowski, *Myth in Primitive Psychology* (London, Kegan Paul, 1926), pp. 80 ff.; (American ed. New York, W. W. Norton, 1926), pp. 60 ff. に報告されている、トロブリアンド諸島の先住民における死の神話を見よ。

(22)　Marett, *The Threshold of Religion*（前掲、註（1）を見よ）を見よ。

(23)　B. Malinowski, *The Foundations of Faith and Morals*, Riddell Memorial Lecture (London, Oxford University Press, 1936; pub. for the University of Durham), pp. 27 f.

(24)　Montaigne, *Essays*, I, 19, in "Works," trans. by W. Hazlitt, revised ed. by O. W. Wight (New York, H. W. Derby, 1861), I, 130. Montaigne, *Essais*, texte établi et présenté par Jean Plattard, Liv. I, chap. 20 (Paris, Fernand Roches, 1931), 117.

(25)　Homer, *Odyssey*, Bk. XI, v. 488.

第二部　政治学説史における神話にたいする闘争

第五章　初期ギリシア哲学における《ロゴス》と《ミュトス》

合理的な国家理論はギリシア哲学に始まった。この分野でも、他の分野におけるのと同じく、ギリシア人が合理的思惟の先駆者であった。神話的歴史観に初めて攻撃を加えたのはトゥキュディデスであったが、《伝説的なもの《ファビュラス》》を排除することが、彼の第一の主たる関心事の一つであった。

> 私の書いた歴史に物語が欠けていることが、その興味をいくぶんか殺《そ》ぐのではないかと恐れる。しかし、もしそれが過去についての正確な知識を求め、未来——それは人間生活の過程において過去そのものの反映ではないまでも、それに必ず似通っているに違いない——を解釈する一助にしようとする研究者によって有益なものと評価されるのであれば、私は満足しようと思う。私の歴史は、束の間の賞讃を博するためのものではなく、永遠の財宝として書かれたのである。[1]

しかし、ギリシアの歴史観は、新しい事実と、さらに従来よりもはるかに深く、かつ包括的な心理学的洞察とに基づいていたばかりではなかった。ギリシア人は、問題をまったく新たな光のもとにみることを可能にする新しい方法を見出した。彼らは政治を学ぶ前に自然を研究した。この領域において、彼らはその最初の偉大な諸発見をしたのであった。この予備的な仕事がなされなかったら、彼らが神話的思惟の力に挑戦することは不可能であったろう。新しい自然観が、人間の個人的および社会的な新しい生活観の共通の基礎となったのである。

その勝利は一挙に勝ち取られることはできなかった。ここでもまた、ギリシア精神のもっとも特徴的な性格の一つであった同じ緩慢な、秩序立った前進が認められる。それはちょうど、個々の思想家たちが、あらかじめ立案された一つの戦略的計画を遂行していったかのようである。一つまた一つと陣地が攻略され、もっとも堅固な堡塁も打ち毀《こぼ》たれて、ついに神話的思惟の牙城はその根底まで揺らぎ始める。偉大な思想家たちや様々な哲学上の学派が、すべてこの共通の仕事に携わった。ギリシアの最初の思想家、つまりミレトス派の思想家たちは、アリストテレスによって《古い自然学者》と呼ばれている。彼らの注意を引く唯一の対象は自然（physis）であるが、その自然にたいする探究方法は、自然現象の神話的な解釈とは正反対のものである。たしかに、初期のギリシア思想では、二つの思考類型の間の境界はまだ明確に限定されず、不明瞭で漠然としていた。「万物は神々に満ちており」(2)、そして磁石は鉄を動かす力をもつがゆえに生きている、とタレスは言った(3)。エンペドクレスは自然を二つの相反する力――愛と憎の力――の間の激しい争闘として記述する。あるときには、すべての物が愛によって一つに結合し、また別のときには、それぞれが憎の反撥によって違った方向に生み出される。(4) 疑いもなく、これらは神話的な考え方である。実際、ある著名なギリシア哲学史家は、その著書において、ギリシアの自然哲学が、まず学問的精神よりも、むしろ神秘的な精神から生まれたことを立証しようとしたのであった。(5) しかし、その問題をこのようにみることは誤りやすい。神話的要素がただちに克服されえなかったのは事実であるが、しかし、それは新しい思考の傾向――それは絶えず発展し、絶えず比重を増し加えていった――によって相殺され、平衡させられたのである。ミレトス派の思想家――タレス、アナクシマンドロス、アナクシメネスたち――は事物の始源、つまり《起源》を探究した。それは思想傾向としては何ら新しいものではない。実際に新しかったのは、《始源（archē）》という概念そのものについて彼らの下した定義であった。あらゆる神話的な宇宙開闢《かいびゃく》説においては、起源とは記憶にもとどめられない遠い昔の神話的過去に属する原始の状態を意味していた。そうした考えは、薄らぎ、消滅して、他のものによって置きかえられ、取って代わられた。ギリシア初期の自然哲学者たちは、始源をまったく異なる意味に理解し、定義する。彼らが求めるのは、偶然的な事実ではなく、実体的な原因である。始源は単に時間におけるはじめではなく、《第一原理》であり、それは年代的というよりもむしろ論理的なものである。タレスによれば、世界はただに水であったただけでなく、現に水である。つまり、水は万物の永続的・恒常的な要素なのである。事物は水または空気の要素から、アナクシマンドロスの《無限定なもの[*1]（apeiron）》から発展するが、それは偶然な仕方で、超自然力の気紛れや出来心に従ってなされるのではなく、規則正しく秩序立って、一般法則に従ってなされるのである。このような不変で不可侵の法則といった考えは、神話的思惟にはまったく無縁のものである。

しかし、結局、自然は神話的世界の周辺にすぎないのであって、その中心ではない。この中心――すなわち神話的な神観念――に攻撃を加えることは、はるかに大胆な企てであり、はるかに大きな知的勇気を必要としていた。ギリシア哲学を構成する二つの相反する力――《存在》の哲学と《生成》の哲学――がこの攻撃において結合され、エレア派の思想家とヘラクレイトスによって同一の論証がホメロスの神々に適用された。ヘラクレイトスは、ホメロスがその神的なものについての誤解ゆえに競技場から追い出され、笞《むち》打たれるべき者である、と言うことさえ憚《はばか》らなかった(6)。詩人や神話作者の想像力が神性の本性のまわりに張りめぐらしたヴェールの背後に、哲学者たちはその真実の顔を発見しようと試みたのであった。詩人や神話作者は、人間通例の誘惑に屈服して、自分自身の形象《イメージ》に従ってその神々を作った。エチオピア人はその神々を色黒く、しし鼻にし、トラキア人はそれに青い眼と赤い髪を与える、とクセノパネスは言っている。もし牛や馬あるいはシシが手をもち、その手で絵を描くことができるとすれば、馬は馬に似た神の形を描き、また牛は牛に似せるであろう(7)。クセノパネスは二つの理由、すなわち思弁的および宗教的な理由から、このような神話的表現を否定した。思弁的な思想家として、彼は神々の複数性は不可解で矛盾したことだと強く主張する。アリストテレスの『形而上学（*ta Meta ta physika; Metaphysica*）』のある一節で、クセノパネスは《一者を唱えた人々のうちの最初の人》と呼ばれている。[8] エレア派の基本的な教理によれば、《存在》と《一》は同義語である（ens et unum convertuntur）。神が真に存在するなら、彼は完全に《一》でなければならない。互いに確執し、争闘や反目に陥っている多くの神々について語ることは、純理的見地からは不合理であり、宗教的あるいは倫理的見地からすれば瀆神的である。ホメロスやヘシオドスは、人間の間で恥ずべき不名誉なこと、つまり盗みや姦通、さらに相互の詐欺といったすべてのものを、その神々に帰したのである。クセノパネスは、これらの似而非《えせ》神にたいして、自らの新しい崇高なる宗教的理想、つまり、あらゆる神話的あるいは擬人観的思惟のもつ限界から抜きん出た神観を対立させる。神々や人々のうちに最大なる唯一の神が存在し、それは姿も思想も人間とはまったく似ても似つかぬものである。彼はあらゆる物を見、すべての物について考え、いかなる物をも聞き、そして労することなく彼の精神の想いをもって万物を震撼させる。[9]

しかし、ミレトス派に発する新たな自然的本性の理解とヘラクレイトスやエレア派の思想家たちによる新たな神的本性の理解とは、ただ最初の準備的段階にすぎなかった。最大の、そしてもっとも困難な課題が、なお着手されぬままに残っていた。ギリシア思想は新しい《自然学》と新しい《神学》を創造し、自然の解釈と神性の概念を根本的に変えたのであるが、しかし、これらすべての合理的思惟の勝利も、神話がなおそのもっとも堅固な牙城を確実に占有しているかぎり、依然として不安定で不確かなままであった。神話が人間の世界にまったき主権をもち、人間の抱く自らの本性や運命についての思考と感情を支配しているかぎり、それは実際には打破されなかったのである。

われわれは、ここでホメロス的な神々の批判におけるのと同じ歴史的な逆説に遭遇する。問題は、二つのまったく異なった正反対の知的努力を結合した、思考の綜合的・集中的な努力によってのみ解かれることが可能であった。ここでも、他の分野におけるのと同じように、ギリシア的思惟の統一性は弁証法的なものであることを示している。ヘラクレイトスの言葉を用いるなら、それは弓やリュラ琴の場合にみられるような対抗しあった緊張の調和（*παλίντροπος ἁρμονίη*）であった。[10]ギリシアの知的文化の発展において、ソフィストの思想とソクラテスの思想の間におけるほど強い緊張、深い矛盾はおそらく存在しないであろう。しかも、この矛盾にもかかわらず、ソフィストたちとソクラテスは一つの根本的な要請において一致していた。彼らは、合理的な人間性の理論が、あらゆる哲学的理論の第一の切実な要求であることを確信していた。ソクラテス以前の思想で取り扱われた他の問題は、ことごとく二の次の従属的なものだと言明された。それ以来、人間は、もはや宇宙の単なる一部分とはみなされず、その中心となったのである。人間が万物の尺度である、とプロタゴラスは言った。この命題は、ある意味において、ソフィストたちとソクラテスのいずれにも妥当する。哲学を《人間化》し、宇宙論や存在論を人間学に変えることが、彼らの共通の目標であった。しかし、目的そのものにおいては一致していたとしても、その手段や方法においてはまったく対立するものであった。《人間》という言葉自体が、彼らによって、二つの異なった正反対でさえある仕方で理解され、解釈された。ソフィストたちにとっては、《人間》とは個々の人間を意味するものであり、いわゆる《普遍的》人間――つまり哲学者の言う人間――は、彼らにとっては単なる虚構にすぎなかった。彼らは人間生活、とくに公生活の絶えず移り変わる光景に惹きつけられ、まさにここにおいてこそ、その役割を演じ、その才能を発揮しなければならなかった。彼らは直《じか》の、具体的な、そして実際的な諸々の課題に当面した。それらのためには、思弁的あるいは倫理的な一般的人間論はまったく役立ちえなかったし、ソフィストたちは、そのような理論を実際の助けというよりも、むしろ障害物とみなしたのであった。彼らは人間の《本性》にはかかずらわないで、人間の様々な実際的な関心に心を奪われた。人間の文化的、社会的および政治的生活の多種多様なことが、まず彼らの学問的好奇心を喚起したのであった。彼らは、これらの様々な非常に複雑な活動をことごとく組織化し、統制して、それを一定の思想の経路へと導き、それにたいして正しい技術的規則を見出さなければならなかった。ソフィストたちの哲学や、彼ら自身の精神のもっとも著しい特徴となったものは、その驚くべき融通性である。彼らは、あらゆる課題に耐えうる力をもつものと感じ、伝統的な観念や一般的偏見、あるいは社会的慣習といったあらゆる障害を突破しながら、すべての問題を新しい精神で探究した。

ソクラテスの問題とソクラテスの観点は、それらとまったく異なっていた。プラトンはその対話篇『テアイテトス（*Theaitētos*）』のある一節で、ギリシア哲学を二つの大軍が遭遇し、互いに絶え間なく争闘している戦場に比している。一方には《多者》の徒党、他方には《一者》の徒党、つまり一方においては《流転の人々》、他方においてはあらゆる物を固定し、あらゆる思想を安定させようとする人々が見出される[11]。これが正しいとすれば、ギリシアの思想史および文化史におけるソクラテスの地位は明白である。彼の第一の主たる努力は、安定させるということであった。クセノパネスや他のエレア派の思想家たちと同じく、彼は断固たる《一者》の戦士であった。しかし、彼は単なる論理学者でも弁証法論者でもなく、存在の統一とか思想の体系的な統一といったものに第一義的な関心をよせたわけではない。彼の求めるものは意志の統一である。ソフィストたちは、その才能や多様な関心にもかかわらず――おそらくは、その多様な才能と関心ゆえに――この問題を解くことができなかった。彼らは絶えず周辺を動きまわるが、決して人間の本性や行為の中心に踏み入ることはない。彼らは、そのような中心が存在し、それが哲学的思惟によって確定されうる、ということさえも悟らなかった。ここにソクラテスの問いが始まる。ソクラテスによれば、ソフィストたちは、ただ人間本性のちりぢりになった残滓をみたにすぎなかった。実際、前五世紀の有名なソフィストたちの著作の中で取り扱われなかったような事柄はほとんどない。ゴルギアス、ヒッピアス、プロディコス、アンティポンは、きわめて多種の問題を取り扱った。彼らは数学や科学の諸問題、歴史や経済学、修辞学や音楽、言語学、文法、語源学に関する多くの論文を書いた。こうした百科全書的な知識は、すべてソクラテスによって退けられ、破棄された。これらの様々な知識の部門については、彼はそのまったき無知を告白する。彼はただ一つの技術を知っているにすぎない。すなわち、それは人間の魂を形成するという技術、人間に近づき、彼が人生の何たるか、何を意味するかに無知なることを自覚せしめ、そして真理をみさせて、それに到達するように彼を助けるという技術であった。

ソクラテス的無知が決して単に消極的な態度でないことは明らかである。かえって、それは人間の認識と行動のきわめて独特な積極的理想を表わしている。いわゆるソクラテス的懐疑なるものは、ソクラテスが例の皮肉なやり方で彼の理想をその背後に隠している仮面にすぎない。ソクラテスの懐疑は、唯一の重大な事柄、つまり人間の自己認識を曇らせ、無効にさせる多種多様な知識の仕方を破壊することを意図している。理論的分野においても倫理的分野においても同じく、ソクラテスの努力は、明瞭にするだけでなく、強化し、集中する努力であった。彼によれば、《智恵（sophia)》あるいは《徳（aretē)》について、それを複数形式で論じることは根本的な誤謬であり、彼は知識の複数性とか徳の複数性が存在することを激しく否定する。

ソフィストたちは、人間の階級が異なっているのと同じだけの多くの《徳》があると断言した。男の徳、女の徳、そして子供の徳、大人の徳、さらに自由人の徳、奴隷の徳が存在する。こうしたものは、ことごとくソクラテスによって否定された。こうした命題が正しいとすれば、人間性は自己矛盾に陥り、それは多様で不一致でまったく共通するところがないであろう。このようにまったく異なる不一致なものを、いかにして真に統一できるであろうか。プラトンの対話篇『プロタゴラス（*Prōtagoras*)』の中で、ソクラテスは次のように尋ねている。身体の部分のように、つまり口とか鼻とか眼とか耳が顔の部分であるのと同じような具合に、徳の部分が存在するのであろうか。人は勇気、正義、節制、敬虔のような個々の徳を、全体の徳をもつことなしに所有できるだろうか。[12] 智恵と徳は何ら部分というものをもたない。それをばらばらに壊せば、その本質そのものが破壊されるゆえに、われわれは、それを不可分の全体として理解し、定義しなければならない。

ソクラテスとソフィストたちとの根本的な相違は、彼らの神話的思惟にたいする態度にも現われている。事柄を表面的に眺めれば、ここにおいて、ついにソクラテスの思想をソフィストの思想と結びあわせる絆が見出されたかのように思われる。互いに相反してはいるが、両者はともに共通の目的のために戦い、ギリシア民衆の伝統的な宗教観を批判し、純化しなければならなかったのである。しかし、この闘争においても、彼らの戦術は非常に違ったものであった。ソフィストたちは神話物語を《合理的》に説明できそうな新しい方法を作り出した。この分野でも、彼らは再び、その精神の融通性と適応性を発揮したのであった。彼らは比喩的解釈という新しい技術の名手となった。この技術によって、一切の神話が、いかに奇妙で奇怪なものでも、突如として《真理》、つまり自然的・道徳的な真理に変えられることができた。[13] しかし、ソクラテスは、こうしたごまかしを否定し、嘲笑した。彼の問題は、異なった、それよりもはるかに厳粛なものであった。プラトンの対話篇『パイドロス（*Phaidros*）』のはじめのところで、ソクラテスとパイドロスが散歩しながらイリソス河に沿って気持ちのよい場所へ歩いていくさまが語られている。パイドロスはソクラテスに尋ねる。古い伝説によれば、ボレアスがオレイテュイアを攫《さら》ったのは、このあたりのことではありませんか。そして彼は、ソクラテスがこの物語を真実のことと信じるのかどうかを尋ねる。ソクラテスは答えて、私がちょうど賢人たち（ソフィストたち）のように、それを信じないとしても困ることはあるまい。私はたやすくきわめて巧みな説明を与えて言うであろう。ボレアスの疾風、つまり北風が遊び仲間と遊んでいたオレイテュイアを岩から押しとばしたのだ。そして、彼女がこのようにして死んだので、ボレアスに攫われたと言われているのだ、と。

しかし、パイドロス、私が思うに、そのような説明は概して立派ではあるが、非常に器用で努力を惜しまぬ人間にできることであり、そのような人は必ずしも羨望に値するものではない。それは他でもない、こうしたからには、その人はケンタウロスの姿や、それからキマイラの姿を説明しなければならず、非常にたくさんのそのようなもの、ゴルゴンとかペガソスとか多くの奇妙な思いもよらぬ異様な性のものが、彼の上に群がり迫ってくることになる。誰かがそれらを信じずに、無風流な智恵で、それら一つ一つをもっともらしく説明しようと企てるなら、それにはずいぶん暇をかける必要があるわけだ。しかし、私はそれにかける暇などまったくもちあわせていない。そして、わが友よ、その理由はこうだ。私は、まだデルポイの銘刻の言葉にあるように私自身を知ることができない。それで、私がまだそれを知らないのに筋違いのことを研究するのは、私にはおかしいように思われる。そこで私は、これらのことを念頭から捨てて、それらについては慣習的な信仰を受け容れながら、私が今も言ったように、私はこうしたものでなく、私自身を考察する。私がテュポンよりもさらに複雑で狂暴な怪物であるのか、それとも生まれながら神的な、穏やかな賦性を与えられた、よりおとなしくて単純な被造物であるのかを知らんがために。(14)

これが、その偉大な弟子に理解され、解釈された真のソクラテス的方法であった。神々や英雄たちの様々な行為についての古い伝説を恣意的に変形したり、再解釈したりすることで神話を《合理化》することは望みえない。すべてこうしたことは空しく徒労に終わる。神話の力を克服するために、われわれは《自己認識》という新しいポジティヴな力を見出し、発展させなければならない。人間性の全体を、神話的な見地ではなく、むしろ倫理的な見地から眺めることを学ばなければならない。神話も人に多くの事柄を教えるかもしれない。しかし、それは、ソクラテスによれば、真に重大な唯一の問い、つまり善と悪についての問いに答えることができないのである。ただソクラテスの《ロゴス》のみが、ソクラテスの始めた自己省察の方法のみが、この基礎的で本質的な問題の解決に到達しうるであろう。

原註

（1）Thucydides, *The Peloponnesian War*, Bk. I, chap. XXII. 英訳 Richard Crawley (Everyman's Library, New York, E. P. Dutton & Co., 1910), p. 15.

（2）Aristotle, *De anima*, Bk. A. 5 411ª 7.

（3）　*Idem*, Bk. A. 2 405^{a} 19. H. Diels, *Fragmente der Vorsokratiker*, by W. Kranz (5th ed. Berlin, Weidmannsche Buchhandlung, 1934), 11 A 22 を見よ。

（4）　Empedocles, Fr. 17, in Diels, *op. cit.*, I, 315 を見よ。

（5）　Karl Joël, *Der Ursprung der Naturphilosophie aus dem Geiste der Mystik* (Basel, 1903) を見よ。

（6）　Heraclitus, Fr. 42, in Diels, *op. cit.*, I, 160.

（7）　Xenophanes, Frs. 15, 16, in Diels, *op. cit.*, I, 132 f.

（8）　Aristotle, *Metaphysica*, Bk. A. 5 986^{b} 21.

（9）　Xenophanes, Frs. 11, 23-25, in Diels, *op. cit.*, I, 132, 135.

（10）　Heraclitus, Fr. 51, in Diels, *op. cit.*, I, 162.

（11）　*Theaetetus*, 181 A.

（12）　Plato, *Protagoras*, 329 D, E.

（13）　本書、第一章、一六頁以下を見よ。

（14）　Plato, *Phaedrus*, 229 C ff. 英訳 H. N. Fowler (Loeb Classical Library, Harvard University Press, Cambridge, Mass., 1933), I, 421.

第六章　プラトンの『国家』

ギリシア文化を形成する偉大な精神的傾向は、ことごとく——そのいずれも本来の形態のままではなかったが——プラトンの学説のうちに受け継がれ、さらに彼の独創力によって新たな形に鋳《い》直された。プラトンは、その存在論においては、エレア派の思想家たちに従った。彼はつねに非常な畏敬と讃美の念をもって《父なるパルメニデス》を口にしたが、しかしそのことは、彼がエレア派の論理の様々な基本原理を鋭い透徹したやり方で批判[*1]することを妨げなかった。さらに、その霊魂の説においては、プラトンはピュタゴラス派やオルペウス教の思想にまで遡ったが、ここでもまた、プラトンは単に「前代の神学者たちの足跡を追う」にすぎず、実際、その霊魂不滅論をこれらの源泉から採ってきた、とするエルヴィン・ローデの説[(1)]に同意するわけにはいかない。プラトンがそのイデア論に基づいて彼自らの理論を提出したとき、彼はピュタゴラス派の霊魂の定義を訂正しなければならなかった[(2)]。思想の同様の独立性は、プラトンのソクラテスにたいする態度にも現われている。彼は、もっとも忠実で献身的なソクラテスの弟子であり、その方法と基本的な倫理観念をともに受け容れたが、その初期、いわゆる《ソクラテス対話篇》の時期[*2]においてさえ、ソクラテスの思想と相容れない一要素が存在している。ソクラテスは、哲学は人間の問題から始めなければならないことを彼に確信させたのであったが、しかしプラトンによれば、このソクラテスの問いは、哲学的考察の領域を拡張しなければ答えることができない。個人生活の限界内にとどまるかぎり、人間について十分な定義を見出すことはできないし、人間の本性はこの狭隘な範域では示されない。個人の魂のうちに《小文字》で書かれ、それゆえほとんど読み取りがたいような事柄は、それを人間の政治的および社会的生活の大文字で読む場合にのみ、明瞭になり、理解できるようになるのである。この原理がプラトンの『国家（*Politeia*）』の出発点をなすものである。[3]それ以後、人間の問題全体は一変し、政治学が心理学にたいする鍵であると言明された。これが、自然を征服する企てから始まり、続いて倫理的生活にたいする合理的な規範と基準を探究した、ギリシア思想の発展にとって不可欠な最後の決定的な歩みであったが、それはついに合理的な国家理論を新たに要請することになったのである。

プラトン自身の精神の発展が、こうした様々な段階をすべて反映している。最近の文献では、プラトン哲学の真の性格に関して非常にまちまちな意見が主張されている。プラトンは何よりもまず形而上学者で弁証法論者である、と確信する一群の学者たちが存在する。彼らはプラトンの論理学にプラトン体系の中心、その核心を認めている。他の学者は正反対の見解を力説して、プラトンの政治や教育にたいする関心が、そもそものはじめから彼の哲学の主要な動機であり、その大きな形成力だと言う。[4]その著『パイデイア（*Paideia*）』において、ヴェルナー・イェーガーは前の見解を厳しく批判しているが、イェーガーによれば、論理学や認識論ではなく、国家（*politeia*）と教育（*paideia*）こそがプラトンの著作の二中心とみなされるべきである。イェーガーは次のように述べている。教育（paideia）は、その著作を締めくくる単に外的な絆ではなく、その真の内的統一を構成するものである。この点では、プラトンの『国家』が、その表題から考えられるように政治体系ではなく、かつて著わされた最初の教育論文である、とするルソーは、十九世紀の実証主義よりも、はるかに正しくプラトンの『国家』を理解していたのであった(5)。

ここでは、このすこぶる論議された問題の詳細に入る必要はない。正しい解答を見出すためには、われわれはプラトンの個人的関心とその哲学的関心を区別しなければならない。プラトンはアテナイの政治生活においてかなりの役割を演じた貴族の家柄の出身である。その青年時代には、彼はなおアテナイの国家の指導者の一人になろうという望みを抱いていたらしいが、初めてソクラテスにめぐりあったとき、この希望を放棄した。それから彼は弁証法の研究者となり、その新たな課題にすっかり心を奪われて、政治的問題をことごとく忘却し、その一切の野心を断念したようにみえる一時期を過ごした。しかし、弁証法そのものによって、彼は政治に引き戻されたのであった。プラトンは、人が根本問題に関して盲目であり、政治生活の性格と目的について真の洞察を欠いているかぎり、ソクラテスの自己認識の要求を実現することはできないということを悟り始めた。個人の魂は社会的性質と密接に関係し、一方のものを他のものから引き離すことはできない。私生活と公生活は相互に依存しあい、後者が腐敗し、堕落していれば、前者もまた発展することも、その目的に到達することもできないのである。プラトンは、その『国家』の中で、個人が不正な堕落した国家においてさらされているあらゆる危険を印象深く書き記している。「最良なるものの腐敗は最悪である（*Corruptio optimi pessima*）」。もっとも善良で高貴な魂ほど、とくにこれらの危険に陥りやすい。

周知のように、すべて種子とか育つものについて、植物でも動物でも、それが適当な養分とか気候とか土地に恵まれなければ、それが強ければ強いだけ余計に、それがもつはずの性質を欠くことになるということは確実である。悪いものは、よくも悪くもないものにとってよりも、よいものにとっていっそう有害なものである。それで、悪い自然条件は、とくに純良な性質のものにあわず、それらの中では下賤な性質のものよりもいっそう悪くなるのである。……そこで、そういうふうに哲学者に当然求められるこの気質に関しても、正しい教育を授かれば、成長して素晴らしく花開くに違いない。しかし、その植物が悪い土地に播《ま》かれ、培《つちか》われるなら、何らかの奇蹟の助けでもないかぎり、正反対の欠陥をことごとく発展させるであろう。[6]

この基本的な洞察によってこそ、プラトンはその最初の弁証法の研究から政治学的研究に引き戻されたのであった。国家を改革することから始めなければ、哲学の改革は期待しえない。これは、われわれが人間の倫理生活を変えようと望む場合、唯一の方法である。正しい政治秩序を見出すことが、第一の、もっとも焦眉の問題なのである。

にもかかわらず、私は、プラトンが国家を《哲学者の真の故国》[7]とみなした、というイェーガーの命題を認めることができない。国家が《地上の国家》を意味するものなら、この判断はプラトン自身によって反駁される。聖アウグスティヌスにとってと同じく、彼にとっても、哲学者の故国は神の国（*civitas divina*）であって、地の国（*civitas terrena*）ではなかった。しかし、プラトンは、こうした宗教的な性向によって、その政治的判断を左右されなかった。彼が政治思想家および政治家となったのは、そうなりたかったからではなく、ならざるをえなかったからなのである。そして、彼はこうした義務意識を、その門下に属する哲学者たちの精神に教えこんだのであった。彼らが勝手に道を選ぶなら、政治生活よりも瞑想の生活をはるかに好むであろう。しかし、彼らは地上に呼び返されなければならず、もし必要なら国家生活に参与しなければならない。哲学者、つまり神的秩序に絶えず親しんでいる人間は、身を下して政治の領域に帰るのは容易なことではないであろう。

真の実在に思いをひそめるものは、人間界の事件を見おろし、彼らの争いに加わり、その嫉妬と憎悪の感化を受けるような暇をもたない。彼は変わることのない、調和に満ちた秩序の世界を観照するが、そこでは理性が支配し、いかなるものも悪をなしえず、また悪をこうむることもない。……かくして哲学者は、神的な世界秩序と絶えず交わりながら、その秩序を彼の魂のうちに再現し、人間の力の及ぶかぎり神のようになるであろう。……そこで彼が自己自身のみならず他のものの性格をも形作る義務があり、彼の目撃した理想に一致して公私の生活の模範を作る義務があることに気づくなら、彼は普通人のうちに存在しうる、そうした節制や正義、またあらゆる徳を作り出す手際のよさも欠きはしないであろう(8)。

プラトンの思想における二つの傾向――その一つは経験的世界のあらゆる限界を踏み越えようとし、いま一つはこの世界に彼を導き返し、それを組織化して合理的に規律化しようとする――の間の葛藤は、決して解決されることがない。彼の生涯を通じて、こうした二つの勢力のいずれかが他を決定的に圧倒したような時期は見出せない。両者は相互に補いあい、闘いあいながら、つねに存在している。その『国家』を著わし、政治的改革者となった後でさえ、形而上学者や倫理思想家としてのプラトンは、この地上の国家に心から親しみを覚えることはないのである。彼は、この人間的な秩序の免れがたい悪と、それに固有の欠陥をことごとく認識する。プラトンは『テアイテトス』の中で、こう言っている。悪が除かれるということはありえない。なぜなら、善にはいつでも対立する何かが存在しなければならないからである。他方において、悪は神々の中にその座を占めることはできず、必然的に、人間の本性やこの地上のまわりをうろつくことにならざるをえない。「したがって、われわれは可能なかぎりすみやかに、ここから神々の住むところへ逃れるように努めなければならない。そして、逃れるとは、できうるかぎり神に似るようになることである。そして、神に似るようになるとは、正しく敬虔に、賢明になることである」[9]。しかし、神秘的合一（*unio mystica*）、つまり人間の魂と神との完全な融合を求める彼の深い憧憬にもかかわらず、プラトンは新プラトン派のプロティノスやその他の思想家たちの意味における神秘主義者にはなりえなかった。彼のうちには、神秘主義的思想や感情の力に平衡させる他の力が、つねに存在している[10]。プラトンは、神秘的な脱我《エクスタシス》によって人間の魂が神との直接的な融合に達しうるということを認めない。最高の目的たる善のイデアの認識にいたることは、こうした方法では不可能である。それには周到な準備と徐々の規則正しい向上とが必要であり、一躍してその目的に到達するわけにはいかない。善のイデアを完璧な美しさにおいてみることは、人間精神が突如、恍惚状態になることによってできるものではない。それを眺め、また理解するには、哲学者は《さらに長い回り道[11]》、つまり算術から幾何学へ、幾何学から天文学へ、数学から弁証法へ通じる道を選ばねばならないのであり[12]、これら中間に介在するいずれの段階も省くことはできない。プラトンにおける神秘主義的思惟は、その論理的思惟によってとともに、その政治的思惟によっても阻止されたのであった。彼の論理学は一定の秩序、つまり規則的な上昇と下降をとるべきことを規定したし、彼の倫理学と政治学は《天上の国家》から人間の地上の国家を顧みて、その要求を実現し、その必要を慮《おもんぱか》ることを命じたのであった。

　神話的思惟にたいするプラトンの態度を規定したのは、この《定言命法》、この秩序と限度を求める要求である。その対話篇『ゴルギアス（*Gorgias*）』には、この根本傾向がもっともよく示されている。プラトンの指摘するように、ロゴス、ノモス、タクシス——理性、法、秩序——という三対のものは、自然的世界とともに倫理的世界の基本原理である。美、真理、道徳を構成するのはこの三対のものであり、それは芸術、政治、科学、さらに哲学にも現われている。家の中に規則性と秩序が見出されるなら、それは善き美しき家であろう。それが人間の身体に現われるなら、それを健康とか強健と呼びうるし、霊魂のうちに現われるなら、それを節制（sōphrosynē）とか正義と名づけることができる。あらゆるもの——それが道具であれ、身体であれ、さらに霊魂であれ、生きものであれ——すべてのものの徳は、偶然によってではなく、それぞれに定められている正しい秩序、あるいは技術によらなければ生じてこない。「ところで、賢人たちは言っている。天と地と神々と人間は、交わりと友愛、秩序、節制、さらに正義によって結合を保たれるのであり、そしてこれこそが、この世界の全体が秩序（kosmos）の名で呼ばれて、無秩序とか放縦とは呼ばれない所以なのである」。この普遍的秩序の原理は、幾何学においてきわめて顕著に示されている。それは、ここでは《幾何学的平等》、つまり幾何学的立体を構成する諸要素の正しい均衡という観念によって表現される[13]。真の国制を見出さんがためには、この原理を、ただ幾何学から政治に移すだけで十分なのである。プラトンは政治生活を独立した領域、存在の隔離された一部とは決して考えなかった。彼はそこにも全体を支配する同じ根本原理を見出す。政治的秩序《コスモス》は、全体としての宇宙《コスモス》のシンボル、しかもその特徴をもっともよく示すシンボルにすぎないのである。

このことは、ただちにプラトンの神話的思惟批判の核心そのものに通じている。一見すると、ギリシア民衆の宗教にたいするプラトンの見解は、それほど独創的ではないようにみえるかもしれない。彼の語っているすべてのことは、ギリシア哲学のそもそものはじめから再三繰り返されたものであった。神性の根本的性格はその善と単一性だと述べることによって、彼はただクセノパネスの論証を再び取り上げるにすぎない[14]。しかし、彼は新しい非常に注目すべき一つの特徴を付け加えている。彼は、人間が自分の神々について、真の、よりふさわしい観念を見出さなければ、自らの人間世界を秩序づけ、支配することはできない、と主張する。伝統的なやり方で、神々を相互に争い、騙しあっているものと考えるかぎり、都市国家は決して悪から離れることがないであろう。なぜなら、人間が神々のうちに認めるものは、ただ自分自身の生活の投影にすぎないからであり、そしてその逆もまた同様である。われわれは、人間の霊魂の本性を国家の本性において読み取り、そしてわれわれの政治的理想をわれわれの神観念に従って形成するのである。一は他を含み、かつ条件づける。したがって、国家の支配者たる哲学者にとっては、その仕事をこの点から始めるのが、きわめて肝要なことである。まず第一になされねばならないのは、神話的な神々を、プラトンが最高の認識と述べたもの、つまり《善のイデア》によって置き替えることである。

このことが、プラトンの『国家』のもつ、もっとも逆説的な特徴の一つを説明してくれる。プラトンの詩にたいする攻撃は、つねに彼の批判者とか註釈者にとって躓《つまず》きの石であった。彼が詩を攻撃したという事実や、攻撃の仕方ばかりでなく、それを試みた場所もまた、奇妙で一風変わっているのである。現代のいずれの著作家も、詩や芸術にたいする反対を、政治を扱った著作の中に挿入しようとは思いもつかないであろう。われわれは、その二つの問題の間に何らの連関をも認めない。しかしながら、こうした連関は、両者を連結している環、つまり神話の問題に留意するなら、明らかになる。むろん、われわれはプラトンが詩の敵対者だったと考えることはできない。彼は哲学史上、最大の詩人であり、その芸術的価値において、彼の多くの対話篇――『パイドン』、『饗宴（*Symposion*）』、『ゴルギアス』、『パイドロス』――はギリシアの偉大な芸術作品に劣るものではない。『国家』そのものにおいてさえ、プラトンはホメロスの詩にたいする彼の愛と深い讃美の念を告白するのを差し控えることができなかった。しかし、ここでは、彼はもはや個人として語っているのではなく、また自分の個人的な好愛によって左右されるわけにはいかなかった。彼は、芸術の社会的および教育的価値を評価し、判断する立法者として語り、思考しているのである。ソクラテスはアデイマントスに話しかけながら言う。「あなたと私は、さしあたり、詩人ではなく国家の建設者なのだ。かかるものとして、われわれの仕事は自ら物語を作ることではなく、ただ詩人が物語を作るときに従わねばならない主たる輪郭と、踏み越えてはならない限界をはっきり知ることである」(15)。いかなる詩人も、叙事詩人であれ、抒情詩人であれ、悲劇詩人であれ、超えることを許されないこうした限界とは、どのようなものであろうか。プラトンが戦い、否定するのは、詩それ自体ではなく、詩のもっている神話を作る機能である。彼にとっても、他のいずれのギリシア人にとっても、この二つのものは不可分のものであった。大昔から、詩人たちは真の神話作者であった。ヘロドトスが述べたように、ホメロスとヘシオドスは神々の系譜を作り、その形姿を描き、その職務や権限を定めたのであった[16]。ここにプラトンの『国家』にたいする真の危険が存在していた。詩を認めることは神話を認めることを意味しているが、しかし神話を認めるなら、すべての哲学的努力は無効になり、プラトンの国家の基礎そのものを掘り崩すことにならざるをえない。理想国家から詩人たちを追放することによってのみ、哲学者の国家は破壊的な敵対勢力の侵入から守られうるであろう。プラトンは神話物語をすべて禁止したわけではない。彼は若い子弟の教育において、それが必須のものであることを認めさえした。けれども、それは厳重に統制されなければならないのである。今後、それは、より高い基準、つまり《善のイデア》を基準にして評価されなければならない。このイデアが神性の本質であり、その核心そのものだとすれば、神が悪の創始者であるという考えは不合理なものとなる。そうした考えが、詩歌でも、散文でも、もはや語られたり、歌われたり、また聴かれたりすることがあってはならない。それは国家にとって不敬虔な、自家撞着した、さらに危険なものだと言明される[17]。

しかし、これらすべては、単にプラトンの命題の消極的な側面を示すものにすぎない。これまでギリシアの生活と文化の形式を規定してきたこの崇高な力の代わりに、どのような補償がなされえたであろうか。彼は、ホメロスやヘシオドスやピンダロスやアイスキュロスの作品に、何を代えることができたであろうか。実際、その損失は償いがたいように思われた。『イリアス（*Ilias*）』や『オデュッセイア（*Odysseia*）』や偉大なギリシア悲劇に対抗することは、成功の覚束ない企てであるようにみえた。しかし、プラトンはこの企てから退かなかった。なぜなら、彼は、以前のあらゆるギリシアの理想よりはるかにまさっていると考えた、新しい思想をもっていたからである。

プラトンよりはるか以前に、国家改革の意志に燃え、そして深い政治的叡知をそなえたギリシアの思想家や政治家たちが現われていた。こうした意味で、ソロンは《アテナイの政治的文化の創始者(18)》と呼ぶことができよう。プラトンをこれら最初の政治思想の先駆者たちから区別するものは、彼の与えた解答というよりも、むしろそこに提出された問いそのものであった。解答に関しては、われわれはそれを非常に厳しく批判することができるであろう。プラトン自身が永久的で普遍的だと考えたその学説のもつ多くの特徴は、今日、容易に付随的なものと認められる。それらはギリシアの社会生活の特殊条件に制約されている。プラトンの与えた人間霊魂の三区分や、それに応じる社会階級の区分、また財産共有制あるいは妻子共有制についての彼の見解、こういったものはすべて、容易ならぬ異論にさらされている。しかしながら、こうした一切の異論も、彼の政治的著作の根本的な価値や功績をそこなうことはできない。その偉大さは、プラトンが提出した新たな要請に基づくものである。この要請は忘れがたいものであり、政治的思惟の未来の発展全体にその刻印をおしている。

プラトンは、その社会秩序についての研究を正義概念の定義と分析から始めた。国家は正義の執行者たることより他の目的、またより以上の目的をもたない。しかし、プラトンの言葉においては、正義という用語の意味するところは通常の言葉におけるのと同一ではない。

それは、はるかに深く包括的な意味をもっている。正義は、人間のもつそれ以外の諸々の徳と同列にあるものではない。それは勇気とか節制のように特殊な性質ではなく、秩序、規則性、統一性、適法性という一般原理なのである。個人の生活においては、この適法性は霊魂のもつ様々な能力すべての調和のうちに現われるが、国家においては、種々の階級間の《幾何学的均衡》のうちに現われ、それによって社会的体軀の各部分がその受けるべきものを受け取り、また協働して一般的秩序を維持するのである。この概念によって、プラトンは法治国家理念の創始者となり、その最初の擁護者となった。[*3]

プラトンは、多種多様な事実の知識としてではなく、一貫した思想体系として、初めて国家の《理論》を提出した。政治的な諸問題は、前五世紀には知的関心の的であった。次第に《智恵（sophia）》は政治的な智恵になる傾きがあった。有名なソフィストたちは、いずれも自分の学説を政治生活にたいする最善の、そして実際、必須の手引きと考えていた。プロタゴラスは、彼の名前をもったプラトンの対話篇の中でこう述べている。「私の言うことに聴き従う人は、自分自身の家をよく整えることを学び、そして国事についてもっともよく語り、また行いうるであろう」(19)。プラトンよりはるか以前に、《最善国家》の問題は、しばしば、かつ熱心に論議されていたが、プラトンはこの問題にかかずらわなかった。彼が求めるのは、最善の国家ではなく、《理想》国家である。このことは根本的な相違をなすものである。経験的な真理と理想的な真理との本質的な差別を強調することが、プラトン認識論の根本原則の一つである。経験の与えるものは、せいぜい事物に関する正当な意見にとどまり、それは真の認識ではない。これら二つの型、つまり臆見（doxa）と学的認識（epistēmē）の相違は抹消しがたい。事実というものは変わりやすく、偶然的であるが、真理は必然的で変わることがない。政治的事象に関して正しい意見を形作り、そしてプラトンの言葉を用いれば、神々の賜物（θεία μοῖρα）と述べられた天賦の才能をもっているという意味では、人は政治家でありうるだろう。しかし、その人は《原因の理解》[20]をもっていないがゆえに、そうしたことは彼に確実な判断を与えることができないのである。

この原理に基づいて、プラトンは単に実際的な国家改革の企てをことごとく否定しなければならなかった。彼の課題はまったく異なるものであり、彼は国家を理解しなければならなかった。彼が要求し、追求したのは、人間の政治的・社会的生活のばらばらで偶然的な諸事実を単に集積することでも、またそうしたものの経験的な研究でもなく、これらの事実を総括し、体系的統一にもたらしうる理念であった。そうした統一的な思考原理がなければ、われわれの実践的な試みはことごとく失敗せざるをえないものと彼は確信していた。単に経験的慣例の決まりきった仕事ではなく、政治の《理論》が存在しなければならない[21]。単なる経験は、すべて弁証法的・概念的な基礎がなければ、空しく無益である、とプラトンは言明する[22]。人が自らの第一原理を知らず、またその何たるかを知らないものから自らの結論を組み立てる場合に、そのような慣習の寄せ集めがいつか学問になりうるなどと、どうして考えることができるであろうか[23]。プラトンがその『ゴルギアス』で述べているように、真の政治は、ちょうど料理術が医術から区別されるように、ふつうの政治的実務や日常仕事から区別される。料理術はまったく理論的でない流儀で（ἀτέχνως）仕事に取りかかるが、これに反して、医術は治療する人の性質や、その処置の原因を究明し、そうした事柄のいずれにも説明を与えることができるのである。[24]

こうした諸々の《原因（aitiai）》や《第一原理》を求める強い衝動が、プラトンの根本的な革新であった。人間的にみても、実際的にみても、彼を急進的な人物だと言うことはできない。われわれは彼を保守的と呼びうるし、反動的だとして非難することさえできるかもしれない。しかし、それは決定的な問題ではない。彼の問題は精神的な革命であって、政治的革命ではなかった。彼は個々の政治的国制を批判することから始めなかった。彼の『国家』では、あらゆる異なった統治形式とそれらの形式に応じる《霊魂》の精神態度について、系統的な概観が与えられている。名誉心に富む気性の人、寡頭制的な気性の人、民主制的な気性の人、さらに専制的な気性の人が存在する。そして、これらはそれぞれ特殊な国制、つまり名誉政治、金権政治、賤民政治、専制政治に応じるものである。[25]すべてこれは、ある一定の法則に従って決定されている。いずれの国制も、その徳と悪徳、長所と短所、建設的原理と堕落や腐敗に導く固有の欠点をもっている。この国制の興亡についての理論において、プラトンは政治現象の鋭い観察者たることを示している。彼の描写はきわめて《リアリスティック》なものである。彼は自分の個人的な好愛とか反感を隠そうとしないが、しかし、これらの感情はすべて、その判断に影響したり、それを曇らせたりすることはない。彼が絶対に否定し、非難するただ一つのものは、専制的な霊魂と専制的な国家である。それは、彼にとって、最悪の腐敗と堕落を意味するものである。その他のものについては、彼は偏見のない精神たることを示す非常に細心で鋭い分析を与えている。彼はアテナイの民主政治のもつあらゆる欠点を強く指摘するが、反面において、スパルタの国家を真の模範とは認めない。彼が追求する模範は経験的・歴史的世界のはるか彼岸に存在するものであり、いかなる歴史的現象も国家の理想的典型たるには不十分である。なぜなら、彼が『パイドン』で述べているように、諸々の現象は、その原型と同じで《あろうと努める》けれども、それに達しえず、それと等しくあることは不可能であるから。[26] プラトンは所与の経験的事実を、その法治国家、すなわち正義国家の理念と同列に置くというようなことを、瞬時たりとも考えることができなかった。それはプラトン主義の根本原理を否定することを意味していたであろう。彼の『法律（*Nomoi*）』の一節で、プラトンは、スパルタ的な勇気の理想を賞讃したテュルタイオスの詩は書き改められねばならず、軍人の勇気を讃美することは、より崇高なものを讃美することで置き代えられねばならない、と言明している。[27]「プラトンはスパルタに敬意を抱き、またそこから様々なものを借り来ったにもかかわらず、彼の教育国家は、実際、スパルタの理想にたいする最高の讃美となるものではなく、その理念がかってこうむった、もっとも深刻な打撃を意味するものである。それはスパルタの理想の弱点を予言者的に予見している」[28]とイェーガーは述べている。

すべてこうしたことは、プラトンが他のいずれの政治的改革者ともまったく異なる問題を解決しなければならなかったということに心を留めるなら、理解できるようになる。彼は単に一つの政治制度とか統治形式を、別の、より善いものに置き替えるというわけにはいかなかった。彼は、政治思想の中に、新たな方法と新たな要請とを導入しなければならなかった。合理的な国家理論を作り出すために、彼は樹に斧を置いて神話の力を打ち砕かなければならなかった。しかし、ここでプラトンは最大の困難に当面した。彼は、ある意味において、自分自身を踏み越え、自分自身の限界を越えていかなければ、その問題を解決できなかった。プラトンは神話の魅力を痛切に感じた。彼自身、人類史における最大の神話作者の一人となりえた、きわめて豊かな想像力に恵まれていた。というのは、プラトンの神話を考えることなしには、プラトン哲学について考えることはできないからである。これらの神話――《天の彼方なる場所》[*4]や、洞窟における囚人[*5]、霊魂によるその未来の運命の選択[*6]、死後の審判[*7]などの神話において、プラトンは彼のもっとも深遠な形而上学的思想と直観を表現した。そして最後に、その自然哲学をまったく神話的な形式で与えた。すなわち、彼は『ティマイオス（*Timaios*）』において、造物主《デミウルゴス》とか善悪の世界霊、世界の二重の創造などの思想をもちこんだのであった。

その形而上学や自然哲学の中に、かくもたやすく神話的概念や神話的用語を取り入れた同じ思想家が、政治理論を展開する場合に、まったく異なった口調で語るというようなことは、どのように説明すべきであろうか。というのは、この政治の領域においては、プラトンは神話の公然たる敵対者となったからである。政治制度において神話を黙認するなら、政治的および社会的生活の再建や改革にたいするわれわれの希望はことごとく失われてしまう、と彼は断言した。ここには二者択一があるだけである。われわれは倫理的な国家観と神話的な国家観のいずれかを選択しなければならない。法治国家、すなわち正義国家においては、神話的神話の諸概念、ホメロスやヘシオドスの神々を容れる余地は残されていない。「われわれは、たまたま誰かが作った物語を何でも無雑作に子供たちに聞かせ、そして彼らが成人したときにもつべきだとわれわれが考えるものとはしばしば正反対の諸観念を、彼らの心に抱かせておくであろうか。否、決してそのようにはさせないであろう。そこで思うに、われわれがまずなすべきことは、寓話や伝説を作るものを監督して、意に満たぬものはすべて退けることだ。そして、われわれは乳母や母親たちを説いて、その子供たちにわれわれの是認したものだけを物語らせ、さらに彼らが子供たちの身体を撫でて強く、形よくしようと今している以上に、こうした物語で、その魂を作り上げることをいっそう考えさせるであろう」。もし、われわれが依然として天上における戦争とか、神々相互の陰謀や闘争、巨人たちの戦い、神々や英雄たちのその他数知れぬ知友一族との争いごとをすべて語り続けるなら、われわれ自らの人間世界のうちに秩序や調和や統一を見出すことは決してないであろう[29]。

こうした思想は、いま一つの重要な結果をともなっている。神話的な神々を棄て去るなら、われわれは突如、拠りどころを喪失したかに思われるであろう。われわれは、もはや、社会生活にとって絶対に必要な契機のようにみえた雰囲気、つまり伝統の雰囲気のうちに生きてはいない。あらゆる未開社会において、伝統は至高で不可侵の法則である。神話的思惟は他の、またはより高い権威を決して承認しない[30]。ここで最高の敬意を払われているのは、

シラーのヴァレンシュタインの言葉を用いるなら、《永遠に昨日なるもの》、すなわち、

　つねにあり、つねに反復され
今日通用したからとて、明日も通用するというもの[31]

である。《永遠に昨日なるもの》の威力を破壊することが、プラトンの政治理論にとって第一の主要な課題の一つとなった。しかし、ここでは、彼はもっとも強い抵抗に打ち克たなければならなかった。近代哲学においてさえ、そして合理主義の偉大な戦士によってさえ、しばしば慣習や習慣が政治生活の構成要素そのもの、その不可欠の条件と言われている。ヘーゲルは、自然法の諸々の学問的取り扱い方に関する彼の論文で、こう述べている。「自己の道徳性を求める努力は、無駄な、その本質上、到達不能なことである。道徳性については、古代のもっとも賢明なる人々の次の言葉だけが真なるものである。すなわち、道徳的とは、自らの国の習俗に従って生きることである」[32]。もしこのことが正しいとすれば、われわれはプラトンを古代のもっとも賢明なる人々の中に数えることはできないであろう。なぜなら、彼は絶えずこうした見解を否定し、攻撃したからである。伝統の上に道徳的および政治的生活を築くことは、流れる砂の上に築くようなものだ、と彼は言明した。伝統の力にのみ頼り、常習や慣例によってのみ事を進める人は、己が道を模索しなければならない盲人のように振る舞う、とプラトンはその『パイドロス』で語っている。しかし、たしかに、学問的方

法（technē）によって何らか追い求めている者は、盲人や聾者になぞらえられるべきではない。彼は導きの星、その思想や行動の指導原理をもたなければならない。[33] 伝統はそれ自身、盲目なるがゆえに、この役割を演じることはできない。それは自らが理解することも立証することもできない諸々の規則に従っている。伝統にたいする盲目的な信仰は、真に道徳的な生活の基準たりえない。プラトンは『パイドン』において、因襲的な道徳の規則をすべて受け容れ、小心翼々とあらゆる成文法規に従うということだけで、自分を正しく、正当なものと考えるようなあるタイプの人々について、軽蔑した皮肉な調子で語っている。これらの人々はおとなしくて悪気のないやつらであるが、より高い、真に自覚的な道徳の見地からすれば、彼らはほとんど何らの価値もない、と彼は述べている。オルペウス教やピュタゴラス派の霊魂の輪廻の教説を受け容れ、人間の死後にその魂が生前の行状に相応した生き物に閉じ込められるものと考えるなら、われわれは、不法や専制や強盗の生活を選んだ者がオオカミやタカやトビの体に変わると言わなければならない。しかし、因襲道徳に従い、自然の素質や習慣で社会的・市民的徳を守ってきた人々は、ミツバチとかキバチとかアリなどのような社会的で従順な種に再び変わるであろう。[34]

しかしながら、プラトンが自らの法治国家の理論を確立する前に取り除かねばならない、いま一つの障害、打ち克たねばならない、いま一つの敵が、なお存在していた。彼は伝統の力と戦わなければならなかったばかりでなく、それと正反対の勢力、つまり一切の因襲的・伝統的な基準を拒否して、政治的および社会的世界をまったく新たな基礎の上に作り上げようとした一つの理論とも戦わなければならなかった。権力国家観がすべてのソフィストの理論において支配的になっていた。それは必ずしも公然と認められ、弁護されたわけではなかったが、しかし、こうした国家観こそ《最善国家》に関するすべての無駄で余計な議論に終止符を打つことのできる唯一のものだ、とする一般的な感情と暗黙裡の同意が存在していた。《力は正義なり》という命題が、そのもっとも簡潔な、もっともらしい徹底した定式であった。[*8]それは《賢人たち》、つまりソフィストたちだけでなく、実際家たるアテナイの政治的指導者たちの心にも訴えた。こうした断定を攻撃し、破壊することが、プラトン理論の主たる関心事であった。

最初の攻撃は『ゴルギアス』のソクラテスとカリクレスの対話において加えられ、第二の攻撃は『国家』第一巻のソクラテスとトラシュマコスの論争においてなされた。プラトンは自分の相手の命題を少しも弱めようとはせず、かえって、それに最大の強さと十分な説得力をもたせたのであった。しかし、その命題は、まさにこうした極点と絶頂に達することによって、決定的に自己を否定するにいたるのである。プラトンの方法は、一種の心理学的な帰謬法（*reductio ad absurdum*）と呼べるかもしれない。あらゆる欲望や激情の本質と目的とは何なのか、と彼は尋ねる。むろん、われわれは欲せんがために欲するのではなく、ある一定の目的を追い求め、その目的を遂げようと努めるのである。しかし、権力欲は、それが達成しえたものに少しも充足することができない。尽きることがないということこそ、権力への意志の特性と本質そのものである。それはつねにやむことがなく、癒やしがたい渇望である。この情熱に捉えられて生涯を送る人々は、底の漏れる樽の中に水を満たそうと努めるダナオスの娘たちに喩えることができる。権力欲は、プラトンの言葉によれば、《貪欲(πλεονεξία)》、つまり《ますます多くを求める渇望》と記述された、あの根本的な悪徳の最適例である。このますます多くを求める熱望は、あらゆる限度を超え、あらゆる限度を破壊する。限度、正しい均衡、《幾何学的均衡》がプラトンによって公私両生活の健全さの基準だと断言されている以上、権力欲が他のすべての衝動に優越しているなら、ついには堕落と破滅に陥らざるをえないということが当然に生じてくる。《正義》と《権力への意志》とは、プラトンの道徳哲学および政治哲学の相反する両極なのである。正義は、その他の優れた高貴な魂の諸特質をすべてうちに含んだ基本道徳であり、逆に権力欲は基本的な欠陥をことごとくうちにもつものである。権力は決して目的自体ではありえない。究極的な満足、一致と調和に導くものだけが、善なるものと呼ばれうるからである。いずれの思想家も、権力国家が実際に何であり、また何を意味するかについて、プラトンがその『ゴルギアス』で示したほど、かくも明瞭な洞察をもったことはなかったし、またいずれの著作家も、権力国家の真の本質と特性について、かくも明瞭で印象的な、透徹した叙述を考えたことはなかったのである[35]。

　プラトン哲学は二つの異なる源泉に由来するが、これら二つの源泉は合流して力強い一つの思想の流れを形作っている。彼はソクラテスの弟子として出発した。彼は、《幸福》があらゆる人間の魂の最高の目的である、とするソクラテスの命題を受け容れた。他面において、彼はソクラテスとともに、《幸福の追求》が快楽の追求と同じでないことを主張した。二つのものは互いに真っ向から対立しあったものである。幸福というギリシア語は《eudaimonia》であるが、エウダイモニアとは《善きダイモン》[*9]を所有するという意味である。このソクラテスの定義にプラトンは新しい特徴を付け加えた。『国家』の末尾で、彼はその有名な魂の来世の選びについて述べている。ここでもまた、神話的な主題が、その正反対のものに変えられている。神話的思惟においては、人間は善いダイモンか悪いダイモンに所有されているのであるが、プラトンの理論においては、人間が自分のダイモンを選ぶのである。この選択が彼の生活と彼の未来の運命を決定する。人間は超人的な、神的な、あるいは魔力的な力によって堅く握りしめられていることをやめる。彼は自らが全責任を負わなければならない自由な行動者なのである。「選ぶ者にこそ責任があり、神には責任がない」(36)。プラトンにとって、幸福、エウダイモニアとは、内的自由、すなわち偶然的で外的な環境には依存しない自由を意味している。それは人間の自らの存在における調和、《正しい均衡》によるものである。《理性（phronēsis）》は節制にして中庸なること（sōphrosynē）の条件であり、そしてこの中庸のみが人間の人格とその一切の行動に正しい気質を与えうるのである(37)。

これらすべては、まったくソクラテス的であるが、それと同時に、ソクラテスのあらゆる倫理思想をはるかに超えている。ソクラテスの理想は、プラトンによって新しい領域、つまり政治生活の領域に移し入れられた。プラトンが比較した個人の魂と国家の魂の相似性によれば、国家もまた同じ義務を負っていることは明らかである。国家は自らの運命を受け取るのではなく、それを創造しなければならない。他の人々を支配するには、まず自己を支配することを学ばなければならない。しかし、これは倫理的な目標であって、純然たる物質的な力を発揮することでは到達しえないものである。この点をまったく見損なったことが、アテナイの政治指導者たちの根本的な誤謬であった。彼らは国家の福祉を物質的幸福と同一視した。ミルティアデスとかペリクレスのような非常に偉大な高貴な人々でさえ、この誤りから免れなかった。彼らは政治的経綸と政治指導という真の課題に耐ええなかった。彼らは「市民の魂をより善くすること」[38]に成功しなかったために、この目標を逸してしまったのである。個々の人間だけでなく、国家もまた自らのダイモンを選択しなければならない。それがプラトンの『国家』の最大にして革命的な原理である。ただ《善きダイモン》を選ぶことによってのみ、国家はそのエウダイモニア、真の幸福を確保することができる。われわれは、この最高の目標の達成を単なる偶然に委ねるわけにはいかないし、またそれを僥倖によって見出せるものと期待することもできない。個人生活におけるのと同じく、社会生活においても、合理的思惟（phronēsis）が指導的な役割を果たさなければならない。それはわれわれに道を示し、全行程を照らさねばならない。国家の福祉は、その物質的な権力の増大にあるのではない。《ますます多く》をもとうとする欲望は、個人生活の場合とまったく同様に、国家生活においても危険なものである。もし国家がこの欲望に身を屈するなら、それは国家の終焉の始まりである。その版図の拡大、その隣国にたいする優越性、その軍事力や経済力の増進、こうしたものは、すべて国家の滅亡を転じることはできず、むしろそれを早めるものでさえある。国家の自己保存は、その物質的な繁栄によって確保できるものではないし、また、ある憲法を維持することによって保証されるわけでもない。成文憲法とか法文化された憲章は、それが市民の心のうちに書かれた憲法の表現でないかぎりは、真の拘束力をもたないのである。この道徳的支柱がなければ、まさに国家の強さそのものが、それに先天的に内在する危険となるのである。

すべてこれらは、再びプラトンの思想のまったき統一性を示している。彼の哲学理論には、後代の思想家たちによって導入された例の特殊化は認められない。彼の全著作は同一の鋳型から作られたものであった。弁証法、認識論、心理学、倫理学、政治学、これらはすべて首尾一貫した不可分の全体に融合され、それはプラトンの哲学的天性とその人格の刻印をおされている。このことはプラトンの神話的思惟にたいする態度にも妥当する。神話にたいする彼の闘争は、彼の弁証法の概念とその定義そのものから生じるものであった。対話篇『ピレボス（*Philēbos*）』で、プラトンは、いかなるものもすべて二つの異なった相反する要素、つまり《限界（peras）》と《限界なきもの》、または《限定なきもの（apeiria）》から作られていることを指摘している。これらの相反する両極間の裂け目を架橋すること、つまり限定なきものを限定し、無限なるものを一定の限度に引き戻し、限界なきものに限界を置くことが弁証法の課題なのである。(39) この哲学および弁証法の定義を認めるなら、プラトンが、なぜ神話を彼の『国家』、すなわち彼の教育体系から放逐しなければならなかったのかが明らかになる。世界のあらゆるものの中で、神話はもっとも放埒な、極端なものである。それはあらゆる限界を踏み越え、あらゆる限界を無視する。つまり、それは、その本性と本質そのものにおいて常軌を逸した法外なものである。この放埒な力を人間の世界や政治の世界から追放することが、『国家』の主たる目的の一つであった。プラトンの論理学と弁証法は、われわれの観念や思想を分類し、体系化する仕方、つまり正しい区分と細分の仕方を教えてくれる。プラトンはこう述べている。弁証法は、事物をその自然の区分のままに種別に区分して、下手な彫刻家の手並みのようにどんな部分も破壊しないようにする技術である。[40] 倫理学は情動を支配する仕方、つまり理性と節制によって、それを中庸を得たものにする仕方をわれわれに示す。政治学は人間の行動を統一し、組織化して、それを共通の目的に向ける技術である。かくして、個人の魂と国家の魂の間のプラトン的な並行関係は、単に比喩的な表現とか、単なる類比を意味するものでは決してない。それはプラトンの根本的な傾向、つまり多様を統一し、われわれの精神、われわれの欲望や激情、またわれわれの政治生活や社会生活の混沌《カオス》を秩序《コスモス》へ、秩序と調和へもたらすという傾向の表現なのである。

原註

（1）Erwin Rohde, *Psyche*（本書、第四章、註（10）を見よ）, pp. 468 ff. を見よ。
（2）Plato, *Phaedo*, 85 E ff. を見よ。
（3）*Republic*, 368 を見よ。

（4）第一の見解については、Paul Natorp, *Platos Ideenlehre* (Leipzig, 1903; 2d ed. increased by an important appendix, Leipzig, Felix Meiner, 1921) を参照せよ。第二の見解については、Julius Stenzel, *Platon der Erzieher* (Leipzig, Felix Meiner, 1928) および Werner Jaeger, *Paideia* (New York, Oxford University Press, 1943), Vol. II を見よ。

（5）Jaeger, *op. cit.*, II, 200, 400 f.

（6）*Republic*, 491. 英訳 F. M. Cornford (Oxford, Clarendon Press, 1941), p. 194.

（7）Jaeger, *op. cit.*, pp. 258 ff.

（8）*Republic*, 500. Cornford trans., p. 204.

（9）*Theaetetus*, 176 A. 英訳 H. N. Fowler (Loeb Classical Library［本書、第五章、註（14）を見よ］), II, 128 f.

（10）プラトン主義と神秘主義の関係については、Ernst Hoffmann, "Platonismus und Mystik im Altertum," *Sitzungsberichte der Heidelberger Akademie der Wissenschaften, Philosophisch-historische Klasse*, 1934-35, 2. Abhandlung (Heidelberg, Carl Winters Universitätsbuchhandlung, 1935) を見よ。

（11）*Republic*, 504 B.

（12）*Idem*, 525 ff.

（13）*Gorgias*, 506 E ff. 英訳 W. R. M. Lamb (Loeb Classical Library［本書、第五章、註（14）を見よ］), pp. 467 ff.

（14）本書、第五章、九四頁以下を見よ。

（15）*Republic*, 379 A. Cornford trans., p. 69.

（16）Herodotus, *History*, II, 53.

(17) *Republic*, 380. Cornford trans., p. 70 を見よ。
(18) Jaeger, *Paideia*（前掲、註（4）を見よ）(1939), I, 134-147 における《ソロン》に関する章を見よ。
(19) Plato, *Protagoras*, 318 E.
(20) *Meno*, 97 A ff., 99 E.
(21) *empeiria*（経験）と *technē*（知識、理論）の区別は、*Republic*, 409 B; *Gorgias*, 465 A ff., 501 A を見よ。
(22) *Symposium*, 203 A; *Republic*, 496 A, 522 B f.
(23) *Republic*, 533 B.
(24) *Gorgias*, 501 A.
(25) *Republic*, 543 ff. を参照せよ。
(26) *Phaedo*, 74 D.
(27) *Laws*, 665, 666.
(28) Jaeger, *op. cit.*, II, 329 f.
(29) *Republic*, 377 f. Cornford trans., pp. 67 f. を見よ。
(30) 本書、第四章、六六頁以下を見よ。
(31) Schiller, *Wallensteins Tod*, Act I, Sc. 4. Coleridge trans.
(32) Hegel, "Werke," ed. Ph. Marheinecke (2d ed.), I, 389 を見よ。ヘーゲルの理論の詳細な論述については、本書、第十六章を見よ。
(33) *Phaedrus*, 270 D, E.
(34) *Phaedo*, 82 A, B.
(35) *Gorgias*, 466 B ff.

（36）*Republic*, 617. Cornford trans., p. 346.

（37）*Gorgias*, 506 C ff.

（38）*Idem*, 503 B ff.

（39）*Philebus*, 16 D ff.

（40）*Phaedrus*, 265 E.

第七章　中世国家理論の宗教的および形而上学的背景

プラトンの法治国家の理論は、人類文化にとって永遠の財宝となった。それは非常に深い、かつ永続的な影響を及ぼすことができた。というのも、それは特殊な歴史的条件とか特定の文化的背景に制約されなかったからである。それはギリシアの生活や政治が崩壊した後にも、なお生命を保ち続けた。七世紀後に聖アウグスティヌスは、プラトンが残したままの形でその問題を取り上げえただけでなく、その著作〔『神の国』〕の題名自体をそこから採ってきたのである。プラトンは『国家』でこう語っていた。「天には、それをみたいと思い、みてそれを自分のうちに作り上げようと思うものにたいして、一の範型が置かれている。しかし、それがどこかに現実に存在するのか、あるいはいつか存在するようになるのかということは、少しも問題ではない。なぜなら、これこそ、彼がその政治に参与しうる唯一の国にほかならないから(1)」。

しかしながら、中世文化はギリシア思想から直接的に生じたものではなかった。キリスト教が台頭するにおよんで、爾来、人間の理論的および実践的関心をことごとく奪い去る、より強大な勢力が出現することになった。プラトンの理想国家は、時空を超えたものであり、

《ここ》と《今》をもたなかった。それは範例（*paradeigma*）、つまり人間の行動にたいする模範と範型を意味していたが、特定の存在論的状態をもたず、現実に場所を占めないものであった。聖アウグスティヌスは、こうした解決を受け容れることができなかった。キリスト教思想においては、《理想の》世界と《現実の》世界は、それがギリシア的思弁においてもったのと同じ関係をとりえない。感覚的経験の世界、つまり過ぎ去り移ろいゆく現象の世界は、叡知的世界を表現し、またそれを象《かたど》るものであるだけでなく、この叡知的世界の結果であり、所産である。キリスト教では、《与り[*1]（methexis）》というプラトン的な範疇は、創造と受肉の教義に移し替えられた。アウグスティヌスの教説においては、プラトンのイデアは神の思想となった。こうした変形に応じて、古代哲学のあらゆる概念は根本的な変化をこうむらなければならなかった。アウグスティヌスは『神の国（*De civitate Dei*）』の中で、新プラトン主義の哲学者たちに向かって次のように言っている。

> あなたがたは、われわれが求むべきものを、あたかもヴェールを通して眺めるかのようにみている。変わり給うことなき神の御子の受肉――これによってわれわれは救われ、また信じるものに近づくことを許される――これこそ、あなたがたの認めようとしないものである。あなたがたはどうにか……おぼろな眼ではあるけれども、われわれの住むべき国をみているが、しかしそこにいたる道を知らない。……しかし、あなたがたがこの真理に黙従するために必要なものは、まさに謙遜であり、しかもこれにあなたが

たを従わせることはきわめて困難である。……これこそ傲慢なる人の悪徳である。学識ある者にとっては、プラトンの門下からキリストの弟子になることは堕落のように思えるのである。このキリストは、聖霊によって漁夫のようなものにも「初めに言《ことば》あり、言は神とともにあり、言は神なりき[*2]」と考え、また語ることを教え給うた。(2)

これはキリスト教思想によってもたらされた偉大な変質、つまり、ギリシア的《ロゴス》からキリスト教的《ロゴス》への転換を示すものであった。アウグスティヌスは、ある別の世界——ギリシアの精神文化の世界からはるか彼方にある世界——に憧れる。プラトンの描いた理想国家のうちにすら、アウグスティヌスは確固不動の中心、そこに憩いうる目標を見出すことができなかった。国家は、それがもっとも完全なものであろうと、われわれの願望を満たすことはできない。人間にとってただ一つの真の平安は、神における平安である。「汝はわれわれを汝に向けて造り給うた。そのゆえに、われわれの心は、汝のうちに憩うまでは安ろうことがない (Fecisti nos ad te domine, et inquietum est cor nostrum, donec requiescat in te)」とアウグスティヌスはその『告白 (*Confessiones*)』の冒頭に述べている。地上や天上のものをことごとく知りながらも汝を知らぬ人は不幸である。しかし、それらのものを知らなくとも、汝を知っている者は幸いである。(3) プラトンの説によれば、善のイデアに到達し、その本質を理解するためには、人は《さらに長い回り道》、すなわち、算術から幾何学へ、幾何学から天文学、和声学、そして弁証法へと続く道を選ばなければならなかった。[4] アウグスティヌスは、この長い迂遠な道をとることを拒否する。キリストの啓示が、それよりもさらにすぐれた、より確実な道を彼に教えてくれたのであった。「魂が求むべき善なるものとは、魂が評価しながらその上に飛翔しうるがごとき善ではなく、愛しつつそれによりすがるべき善である。そして、これこそ神以外の何でありえようか。それは善き魂でも善き天使でも善き天でもなく、善にして善なるものである[5]」と彼は語っている。必ずしも多くの学問、または多くの智恵があるのではない。言いつくされぬ無限の精神的財宝を蔵するただ一つの智恵が存在し、そのうちには、それによって造られた目にみえ、移ろいゆく様々な事物の、目にみえぬ変わることなき原因がひそんでいるのである[6]。

したがって、アウグスティヌスをプラトンから分かつものは、哲学的な思想ではなく、その人生観であった。哲学者としては、彼はプラトンの著作に非常な賞讃の念を覚えていた。彼はこう述べた。「ソクラテスの弟子たちの中で、プラトンは他の者をはるかに抜きん出て異彩を放ち、そしてまさしく他のすべてのものの名前をおおい隠した人物であった[7]」。にもかかわらず、アウグスティヌスは《プラトン主義者》には決してなりえなかった。プラトンの著作に関する彼の知識は貧困であった。彼はギリシア語を知らず、したがって、その対話篇を原典で読むことができなかった。彼はプラトンの教説を一種の屈折レンズを通して、つまりキケロや新プラトン主義の著作家たちの媒介でのみ眺めたのであった[8]。しかし、かりにアウグスティヌスがプラトンの全著作を知り、それを深く研究していたとしても、彼は自分の判断を変えなかったであろう。あらゆる学識や哲学的思弁も、それが第一の目標、つまり神の認識にまで導かないかぎりは無益な空しいものである、と彼は言明した。「神と魂、それこそ私が知りたいと熱望しているものである。その他はいかなるものも知ることを願わないか。然り、絶対的にいかなるものも」[9]。

これらの言葉は、ある意味で、中世哲学全体にたいする手がかりを与える。哲学とは智恵を愛することを意味しているが、中世の体系においては、二つの異なった愛、すなわち智恵を愛することと神を愛することを、ともに容れる余地はなかった。一は他に依存していた。「主を恐れることは智恵のはじめである」[*3]。プラトンがその正義の理想を定義し、確定しようと努めたとき、彼はそれを幾何学の用語で語り、《幾何学的均衡》として記述した。そして、幾何学は、彼にとって、ある永遠で不変なものを意味している。幾何学的真理は、誰かによって《作られ》るのではなく、ただ《ある》だけである。幾何学は永遠に存在するものについての知識であり、時に応じてこれまたはあれになり、またはそうでなくなるというようなものについての知識ではない[10]。倫理学と幾何学に、こうした類比が妥当するなら、倫理的法則の《起源》について語ることはできない。それは何ら起源というものをもたない。それは、つねに、それがあるがままに存在してきたし、またつねに同じく存在し続けるであろう。この点において、プラトンはギリシア思想およびギリシア文化の一般的傾向とまったく軌を一にしている。彼は自分の哲学的な用語で、ギリシアの偉大な悲劇詩人アイスキュロスやソポクレスと同じ確信を表現する。《不文の法》たる正義の法は、何ら始まりの時をもたない。それは人間や神の力によって作られたものではないのである。

昨日、今日成りしものにあらず、
そは万代を通じて変わることなく、
またいずこより来りしか知る人もなし[11]。

こうした不変の非人格的な法則というギリシア的観念は、中世のキリスト教思想家たちにとって、受け容れがたい理解しえぬものであった。彼らは、思弁的な問題を解決することに第一義的に関心をよせていたわけではない。理論的な意味では、彼らは単にギリシア思想の継承者にすぎなかったし、またつねにそうであった。彼らがその真の霊感を見出しえたのは、この領域ではなかった。その哲学思想や宗教理想の最深にして最高の源泉は、ユダヤ的な一神教であった。ギリシア思想家たちの哲学的一神論とユダヤ預言者たちの宗教的一神論との間には、幾多の共通した点が認められるであろう。キリスト教思想家たちは、しばしば両者のまったき一致を主張した。フィチーノは、プラトンを《アテナイのモーセ》と呼ぶのがつねであった。

にもかかわらず、モーセの律法観をプラトンの律法観と同列に論じることはできない。それは非常に異なっているだけでなく、矛盾している。モーセの律法は一人の立法者を前提しており、律法を啓示し、その真理性、妥当性、権威を保証するこの立法者なしには、律法は無意味なものになる。こうした考えは、ギリシア哲学にみられるものとは著しく隔たったものである。ギリシアの思想家たち、ソクラテスやデモクリトス、プラトンやアリストテレス、ストア派やエピクロス派の人々が展開した倫理体系は一つの共通した特徴をもっている。それらはすべて、ギリシア思想の同一の原則的な主知主義の表現にほかならない。われわれは合理的な思惟によってこそ道徳行為の基準を見出すべきであり、そしてこれらの基準にその権威を賦与しうるのは、理性であり、ただ理性のみである。こうしたギリシア的主知主義と比較して、預言者の宗教は、その深い徹底した主意主義によって特徴づけられる。神とは一個の人格であり、そしてこれは一つの意志を意味している。論証や推論といった単なる論理的方法をもってしては、この意志を理解することはできない。神が自身を啓示し、われわれに語りかけ、自らの誡命を知らしめなければならない。預言者たちは、それ以外の仕方による神との交わりをことごとく否定する。身体を動かせることや、儀式や祭儀によって、神的なものに触れることはできない。神を認識するただ一つの方法は、その誡命を成就することであり、神と交わるただ一つの方法は、祈禱や犠牲ではなく、神の意志に服従することにほかならない。エレミヤは述べている。「主は言われる、わたしがイスラエルの家に立てる契約はこれである。すなわち、わたしは、わたしの律法を彼らのうちに置き、その心にしるす」(12)。ミカも言う。「人よ、彼は先によいことの何であるかをあなたに告げられた。主のあなたに求められることは、ただ公義を行い、いつくしみを愛し、へりくだってあなたの神とともに歩むことではないか」(13)。ここでは、神は、ギリシア思想におけるように、精神界の冠冕《かんべん》として、認識の最高の対象、つまり善の認識としては叙述されない。人が善悪を学び知らねばならないのは、まさに神自身から、その意志の啓示からであり、弁証法からではないのである。

これら両傾向の間の葛藤が、全スコラ哲学を貫き、聖アウグスティヌスからトマス・アクイナスにいたる、その発展過程を規定している。《神学者》と《弁証法論者》の絶えざる抗争は、われわれがその歴史的な起源——それはギリシア思想から借り来らねばならなかった思弁的要素と、ユダヤ的・キリスト教的啓示の内容、その倫理的・宗教的意味との間の緊張のうちに存するものであった——にまで遡るなら、明らかになり、理解しうるものとなる。理論上から言えば、キリスト教思想は真の独創性を少しも要求しえないものである。教父たちは、いずれも哲学者として発言しなかったし、また新たな哲学原理を導き入れることも意図しなかったが、しかし、キリスト教教義の信条そのものと教父たちの与えたその註釈とは、ギリシア思想による深い刻印を示している。[14] ヘレニズムは、つねに変わることなく、中世哲学のもっとも強力な要素の一つであった。しかし、ヘレニズムによるこの永続的な影響にもかかわらず、中世文化はギリシア文化とは根本的に相違したものである。継受されたようにみえるこれらの要素さえ、中世的体系のうちに組み入れられる前に、その意味の深刻な変化を経験しなければならなかった。この変化は宗教的および倫理的生活の分野に現われるだけでなく、あらゆる理論的な思想においても、それに劣らず明らかである。たしかに、スコラ哲学の思想家たちは、別個の独立した認識論を展開しなかったし、この点でも、ギリシアの伝統にまったく依存しなければならなかった。この主題に関する彼らの思想は、一種の折衷主義――プラトン、アリストテレスおよびストア派の諸思想を混淆したものにほかならないようにみえる。しかし、ここにおいてすら、それが単なる模倣だとか再構成だと言うことはできない。まったく新しい特徴が添加されたわけではないけれども、万事は宗教的生活という新しい視角において眺められ、そうした新たな中心に関係づけられるがゆえに、新しい形態をとることになったのである。

アウグスティヌスは、こうした思想過程の最初の古典的な証人である。彼の認識論にはプラトン的要素が染み通っており、プラトンの想起（anamnēsis）説[*4]はアウグスティヌスの理論にその刻印をおしている。彼はプラトンの『メノン（*Menon*）』において若い奴隷が自分だけの努力で、まったく合理的な思考過程によって、幾何学の様々な基本的真理をうまく発見し遂げる例を好んで引用する。学ぶとは想起することを意味する。「学ぶということは、想い起こし、思い出すこと以外のなにものでもない[15]（Nec aliud quidquam esse id quod dicitur discere quam reminisci et recordari）」。人間の魂が外界の対象から何事かを学びうるとは考えられない。魂が知り、また学ぶ一切のものは、ひとりで魂内部の源泉から知られるのである。自己認識は不可欠の第一歩であり、それは、あらゆる外的実在の認識だけでなく、またあらゆる神認識にたいしても先要条件となるものである。「汝の外へ出でいかず、汝のうちに立ち返れ。真理は人間の内心にこそ宿る[16]（Noli foras ire, in te ipsum redi; in interiore homine habitat veritas）」とアウグスティヌスは述べている。これは、まったく、ギリシアの古典的伝統、ソクラテス、プラトン、さらにストア派の精神である。しかし、この後に続く言葉は際立った相違を示している。真理は人間の内心に宿ってはいるが、しかしここで見出されるのは、単に移ろいやすく変わりやすい真理にすぎない。不変の絶対的な真理を見出さんがためには、人は自分自身の意識と存在の限界を乗り越え、自分自身を超越しなければならない。「汝が自らの本性の移ろいやすきことを認めたなら、汝自身をも踏み越えよ。……理性の光そのものが点ぜられる彼方に向かえ[17]（Si tuam naturam mutabilem inveneris, transcende et te ipsum … illuc tende, unde ipsum lumen rationis accenditur）」。こうした超越によって、一切の弁証法、つまりソクラテスやプラトンの方法は完全に一変させられる。理性はその自立性と自律性を喪失する。それは、もはや自分自身の光をもたず、反射光によってのみ輝くにすぎない。この光が消え失せるなら、人間理性は効果なき無力なものとなるであろう。

ギリシアの古典的思想のこうした根本的な変化をもっともよく表現したものは、アウグスティヌスの論文『教師論（*De magistro*）』にみることができる[18]。ここでアウグスティヌスは、純粋な人間の智恵という理想や、人間の教師といった観念に異議をさしはさんでいる。キリスト教的な観点からすれば、唯一の教師――人間の行動についてのみでなく、また人間の思想にとっての教師――は、ただ神のみである。神において、しかもひとり神においてのみ、われわれは真の教師（*magisterium*）を見出すことができる。感性界の認識たると、数学的または弁証法的認識たるとを問わず、あらゆる認識は、この永遠の光の源泉による照明に基づいている。思考や論証という理性的な過程は、すべてそのような照明であり、したがって神的な恩寵の行為なのである。神は、《真理の父、智恵の父、……叡明なる光の父、われらを醒まし、輝きもておおい給う父（pater veritatis, pater sapientiae, … pater intelligibilis lucis, pater evigilationis atque illuminationis nostrae）》である。[19]

認識論におけるこうした根本的な変化を単に論理的に説明することは不可能である。論理的に言えば、アウグスティヌスの照明説には、つねに大きな矛盾が残されていた。スコラ哲学の多くの思想家たちは、その理論のもつこの背理的性格を十分に意識し、アウグスティヌス主義の原則を修正しようと努めた。そしてついに、この諸原則は、トマス・アクィナスがアリストテレスの権威のもとに導き入れた新しい認識概念によってくつがえされ、取って代わられることになった。けれども、アウグスティヌスの理論は、われわれがその単なる論理的または思弁的な理由を尋ねるのをやめて、その歴史的な起源の側面から近づくなら、一目瞭然となるであろう。アウグスティヌスは、プラトンの理想的世界説の前提をことごとく受け容れることができた。彼がその『再考録（*Retractationes*）』で指摘しているところでは、プラトンは叡知界の真理性と実在性に関するその根本思想においては正しい。異論があるのは、そうしたプラトンの観念ではなく、プラトンがその思想を表現するときの用語である。[20]というのも、これらの用語はキリスト教や教会の言葉にふさわしいものではないからである。アウグスティヌスが論理学や幾何学について語り、また事物の永遠の原型としてのイデアについて論じ、また最高の精神的善を自然界を照らす太陽の光に喩え、さらに万物がそれに与り、そこから美を引き出してくる数や形相の力を讃える場合、[21]われわれはしばしばプラトン自身が語っているのを聞く思いがする。しかしながら、そこには依然として大きな抹消しがたい差異が残されている。アウグスティヌスのいずれの用語も、彼の宗教的体験の意味するところに従って読まれ、また解釈されなければならない。これこそが、彼のすべての観念に、まったく新たな意味とは言えないまでも、新たな色彩を与えるものである。

中世の瞑想的な思想家によって描かれた神にいたる人間の魂の遍歴[22] (*itinerarium mentis in Deum*) は、魂の叡知界にいたる上昇を描いたプラトンの叙述とは非常に異なるものである。プラトンは人間認識の初歩から始める。彼の道程は、算術から幾何学へ、それから立体幾何学や天文学へ、さらに数学や天文学から弁証法へ――そしてついには最高の認識たる善の認識へと絶えず向上しながら続いている。ただ哲学者、つまり弁証法論者のみが、感性界から叡知界にいたる全行程を歩むことができる。しかも、哲学者にさえ、善のイデアが、その全本質とまったき意味を現わすわけではない。『国家』においてソクラテスが善について述べ始めたとき、彼は試みに、ためらいがちに語り、その本質を定義することを約することができない。彼はただ、その作用について示しうるにすぎない。グラウコンが「正義や節制やその他諸々の徳について説明していただいたようにでも、善について説明していただければ、私たちはそれで十分満足するでしょう」と言うのに答えて、ソクラテスはこう述べている。

　それなら私も満足するどころではない。しかし、それが私の能力に余り、最善の決意をもってしてなお、醜態をさらし、笑われているということではないかと思う。いや、善の意味そのものが何であるかは、しばらく問わないことにしよう。とにかく、私がいま善について考えているところまで到達することは、これだけの熱意をもってしても及ばないのではなかろうか。しかしながら、私にとって善の子供であり、それにきわめてよく似ているように思われるものを……あなたに話してみよう。(23)

プラトンの述べるところによれば、本質的形相、つまり絶対的な善は、最後になって初めて、しかも非常な困難をともなってのみ知覚しうるものである。(24) こうした躊躇とか留保は、すべてアウグスティヌスの精神と著作ではまったく姿を消している。彼の照明説は新しい途を指示した。プラトンの善は神と同一のものと認められ、しかもこの神、預言者とキリスト教的啓示の神は、われわれからかけ離れたものでも、またわれわれに近寄りがたいものでもない。神ははじめにして終わりであり、われわれは神のうちに生き、動き、そして存在をもつ。

こうした考えがアウグスティヌスの哲学全体を貫き、それに特有の性格を与えている。アウグスティヌスは、自分の個人的な宗教体験を全精神界の中心とすることによって、中世哲学の創始者になった。預言者たちは倫理的な律法について語った。この律法は、人格的な立法者なしには無意味であり、また理解することもできないと言明された。アウグスティヌスは、こうした思想を倫理の分野から理論の分野全体へ移し替えるのである。神は智恵の全体である。われわれは神を通してあらゆるものを知り、神なしにはいかなるものも知ることができない。「智恵なる神よ、一切の智恵あるものは、御身のうちに、御身により、御身を通じて智恵あるものとなる。……叡明の光なる神よ、およそ叡知に輝くものは、御身のうちに、御身により、御身を通じて叡知に輝くのである(25) (Deus sapientia, in quo et a quo et per quem sapiunt quae sapiunt omnia. ... Deus intelligibilis lux, in quo et a quo et per quem intelligibiliter lucent, quae intelligibiliter lucent omnia)」。「汝になしうるなら、魂よ、神の真理なることに目を留めよ。……真理の何たるかを尋ねてはならぬ。なぜなら、ただちに形なせる心像の闇と空想の雲が立ちはだかり、そして私が真理を口にしたそのときに、汝にまず閃《ひらめ》くかの平穏な気分をかき乱すであろう。汝は、もしなしうるなら、真理が汝に語られたときに、いわば電光によるかのごとく、眩《くら》まされたかの最初のきらめきのうちにとどまることを心がけねばならぬ(26)」。

アウグスティヌスやその弟子、後継者たちが、哲学者たちの世俗的な智恵に対立させたのは、福音、つまり《喜ばしき音信》である。哲学体系の努力は、すべて矛盾と疑惑のうちに終わらねばならなかった。アウグスティヌスがその論文『アカデメイア派駁論（*Contra academicos*)』で指摘しているように、新アカデメイアの懐疑主義に導いていったのは、まさにプラトンの認識論であった。キリストによる啓示以前には、何人《なんびと》も真理の世界を動かしうるアルキメデスの支点を見出すことはできない。賢者中の最賢者たるソクラテスですら、自分の無知を告白しなければならなかった。新しい宗教的観点からすれば、こうした異論には根拠がないわけではなかった。ソクラテスは、そのキリスト教徒の崇拝者たちから、つねに最高の敬意を払われていたが、実際、彼らは、ソクラテスが特殊啓示を受けたのでなければ、その倫理的な基礎原理を発見しうるはずがないとさえ考えたのであった。ルネサンスの人々もまた、ソクラテスを真の聖徒として語った。「聖ソクラテスよ、われらのために祈り給え」とエラスムスは述べている。しかし、ソクラテス自身は、決して霊感を受けた教師のようには語らなかった。彼はデルポイの神託によって自らを反省し、他者を問いただすその活動を始めたが、しかし自身をアポロンや他のいずれの神の代弁者とも考えはしなかった。彼の確信したところでは、神にせよ、人間にせよ、真理についての教師というものは存在しない。いずれの人も自分の道を自身で見出さなければならないし、また真理には問答という弁証法的な手続きによってのみ到達することができる。ギリシア的な弁証法概念は、あらゆる啓示された真理に明らかに対立している。自分自身によって見出されない真理は、およそ真理ではない。プラトンによれば、いわゆる《学ぶ》という過程は、まったく新しい真理を習得することを意味しない。すなわち、われわれはただ以前に所有していたものを再び取り戻すにすぎず、わがものであった知識を再び見出すのである。[27]アウグスティヌスは、ギリシア哲学の前提をことごとく承認するが、しかし、その結論は受け容れない。彼によれば、唯一の正しい妥当な結論とは、智恵についての人間の教師を求めるのは空しい、ということである。アウグスティヌスは、ソクラテスやプラトンの権威から、より高い神の言葉の権威に身を転じる。「地上の誰をも、父と呼んではならない。あなたがたの父は、ただひとり、すなわち天にいます父である。また、あなたがたは教師と呼ばれてはならない。あなたがたの教師はただひとり、すなわちキリストである」[28]。「尋ねられた御方は教え給う。……これが神の変わることなき徳であり、その久遠の智恵である[29](Ille autem qui consulitur docet, … id est incommutabilis Dei virtus atque sempiterna Sapientia)」。

　中世文化は、しばしば、かつ正しく、その深い統一性と同質性を讃えられてきた。そこには近代文明の烙印たる様々な葛藤とか矛盾、不一致といったものがすべて欠如しているようにみえる。中世においては、人間のあらゆる生活形式——学問、宗教、道徳生活、さらに政治生活——は、同一の精神によって貫かれ、浸透されていた。にもかかわらず、中世生活が互いに抗争する二つの精神的・道徳的勢力の所産であることを忘れてはならない。こうした裂け目を架橋し、思惟と感情の対立しあった両要素を結合するには、偉大なスコラ哲学の思想家たちすべての英雄的な努力を必要としていた。この問題は、ついにトマス・アクィナスの体系において解決されたように思われるが、しかしトマス・アクィナスの神、つまり聖書とキリスト教的啓示の神は、プラトンやアリストテレスの神と決して同じものではないのである。スコラ哲学の思想家たちは、われわれが今日するようなやり方では古典の原典を読まなかったので、この根本的な差異を忘れがちであった。彼らは歴史的な真実性ということに気をかけず、ただ象徴的な真理のみを知り、また認めたのであった。批判的または言語学的な解釈の基準をもたなかった彼らは、中世的な、比喩的で霊的な解釈方法を用いた。こうした方法によって、古典の著作家たちの道徳的意味(*sensus moralis*)、聖喩的意味(*sensus anagogicus*)、神秘的意味 (*sensus mysticus*) を読み取ろうと努めたのであった。中世を通じて、対話篇『ティマイオス』がプラトン主義の唯一ではないまでも、主たる源泉であった。そして、『ティマイオス』におけるプラトンの思想と文体は、この種の象徴的解釈にとって、きわめてうってつけのものであることが明らかになった。ここには、キリスト教の啓示の様々な契機が容易に見出されたのであった。『ティマイオス』の冒頭で、プラトンは、見も触れもすることのできる形をもった世界が創造されたものであり、そして造られたものは必然的に一の原因をもたなければならない、と言明していたではないか。そして、この宇宙の《父なる創造者》を見出すことは、きわめて困難であり、またかりに見出しえたとしても、万人にそれを告げ知らせるのは不可能なことだ、と語っていたではないか。[30] すべてこれらは、より高き、よりすぐれた啓示、つまりキリストの受肉についての予言ではなかったであろうか。

中世の思想家たちがプラトンの原典をこんなふうに読み、また解釈したことは、理解できるだけでなく、実際、それは避けがたいことであった。けれども、さらに驚くべきことは、同様の見解が、プラトンの全著作について十分な知識をもち、近代的な批判的・歴史的解釈の方法を身につけた現代の学者たちによっても、なお主張され、弁護されているという事実である。彼らもまた、結局、プラトンの《造物主《デミウルゴス》》と旧約聖書の人格神が、同一ではないまでも、完全に調和するものであることを納得させようとしているのである。しかしながら、この命題は支持しがたい。何よりもまず、プラトンがその『ティマイオス』で首尾一貫した

《神学》を展開しようと決して意図しなかったのは明らかである。プラトンの真の神観を知るためには彼の他の著作を学ぶ必要があるが、それらの大部分は中世の思想家たちにとって未知のものであった。彼が『ティマイオス』で与えたのは、何ら哲学体系とか神学体系といったものではなかったし、彼自ら、絶えず、そうした見解をとらないように警告を与えているのである。彼は《蓋然的な意見》を述べうるにすぎないことを断っている。

存在の生成にたいするは、真理の思い込みにたいするがごとくである。それで神々や万有の生成についての様々な意見の中で、われわれがまったくあらゆる点で確実な互いに矛盾のない考えを示しえないとしても、驚いてはならない。われわれが他のものに劣らぬ程度の蓋然性を挙げうるなら、十分としなければならない。なぜなら、語る私にしても、判断するあなたがたにしても、死すべき人間にすぎないのであり、われわれは蓋然性のある話を受け容れて、それ以上を求めるべきではない、ということを思い起こさなければならないから。(31)

この言葉からみれば、ここでプラトンがあたかも新宗教の予言者のように語っているようには思われない。実際、彼はその創造物語が一種の気休めの仕事、《賢くほどよい娯楽》(32)以上のものではない、とさえ語っている。思想家が重要な宗教上の真理を明かそうとする場合、それを娯楽とは言わないであろう。プラトンの造物主は宇宙論的な概念であり、倫理的または宗教的な概念ではない。造物主崇拝について語るのは、馬鹿げたことであろう。

そして、プラトンの造物主の神話と旧約聖書の一神教との対比を許さない、別の、さらに重要な理由がある。プラトンの造物主は創造者ではなく、《工匠》である。それは世界を無から創造するのではなく、単に形なき事物に形を与え、規則性と秩序を導き入れるにすぎない。その力は無限のものではなく、その創造の行為に対立し、それを妨害する《必然性》によって掣肘《せいちゅう》される。「創造は必然性と理性が混ざりあって作成される。支配力たる理性は必然性を説き伏せて、被造物の大部分を完成させ、したがって……理性の力が必然性に勝ったとき、宇宙が創造されたのである」[33]。

プラトンの宗教を、その真の意味で理解せんがためには、『ティマイオス』に与えられた叙述だけで足れりとするわけにはいかない。ここで見出されるのは単に副産物にすぎず、プラトンの宗教思想の周辺を示すだけで、その核心に触れるものではない。核心をなすものは、『国家』第六巻の、プラトンが善のイデアを述べたところに見出すことができよう。古来から、また近年においても、善のイデアは、しばしばプラトンの造物主と同一視されてきた[34]。しかし、プラトンの原文と思想をより詳細に調べると、こうした同一視は不可能であることがわかる。論理的にも形而上学的にも、善のイデアを造物主と同列に論じることはできない。造物主が神話的な概念であるのにたいして、他方、善のイデアは弁証法的な概念である。前者は《蓋然的意見》の部類に入るが、後者は真理の部類に属するものである。造物主は人格的な行為者として描かれており、それは《工匠》あるいは《名工》なのである。善のイデアは、決してこんなふうには考えられない。他のあらゆるイデアと同じく、それは客観的な意味と真理をもつものである。それは工匠たる神がその作品を形作る場合によるべき原型であり、模範である。彼は善のイデアを注視しながら世界を作り、その作品を完全なる久遠の典型にできるかぎり近づけようと望む。プラトンの造物主は善なるものではあるが、決して《善》ではない。それは善そのものではなく、その代理人であり、管理者たるにすぎない。プラトンの体系では、このことは根本的な差異を意味しているが、それは『ティマイオス』そのものにおいて明々白々に示されている。「世界が実際、美しく、その工匠がすぐれたものであるならば、彼が永遠なるものに着目したに違いないことは明らかである。しかし、もしそうでないとすれば――ということを口にするのは冒瀆にほかならないが――、彼は造物を模範としたことになるであろう。永遠なるものに注目したに違いないことは、誰の目にも明らかである。なぜなら、世界は諸々の創造物のうちもっとも美しく、その工匠は諸々の原因のうちもっともすぐれたものだからである(35)」。善のイデアは、こうした《原因》として記述することはできない。それは形相因または目的因であり、作用因ではない。それは生成ではなく存在の領域に属するものである。これら二領域の間には、明白な分裂と真の深淵とが存在し、一から他へ移ることは不可能である。善のイデアは、たしかに万有の《原因》とされうるし、またされなければならないが、しかし、この原因とは人格的または個別的な意志ではない。イデアに人格性を帰するのは、それが普遍的なものであって個別的なものではない以上、一の名辞矛盾であろう。『国家』における周知のプラトンの比喩によれば、善のイデアは感性界における太陽と同じ地位を精神界において占めている。太陽の、視覚と目にみえる事物にたいする関係は、善そのものが叡知界において、知性と知性にのみ知りえられる対象とにたいしてとるのと同じ関係である。太陽は、われわれの眺める物を目にみえるようにさせるだけでなく、またそれを存在させ、成長させるものであるが、認識の対象についても同様である。すなわち、それらのものは認識されうる能力とともに、さらにその存在と実在性そのものを善から引き出してくるのである。[36] しかし、プラトンの用語では、実在、つまり真の存在は決して経験的実在性を意味しない。プラトンの体系においては、善とは認識根拠（*ratio cognoscendi*）であるとともに、存在根拠（*ratio essendi*）であるが、生成根拠（*ratio fiendi*）ではない。なぜなら、いかなるイデアも、有限な経験的事物を産むことも、生じることもできないからである。そうした発生について語るとしても、それは存在論的な意味ではなく比喩的な意味で述べうるにすぎない。

　アリストテレスの見解は、それとはまったく異なっているようにみえる。彼は現象界と叡知界のプラトン的な断絶を認めない。彼の体系では、神は作用因でもあれば、また目的因でもある。神は第一の不動の動者である。こうしたアリストテレスの神とキリスト教の神を対比することは、はるかに容易であった。実際、トマス・アクィナスはアリストテレスの神学と形而上学の全体を受け容れることに何らの困難も認めなかった。けれども、彼がアリストテレスの教説を受け容れることができたのは、それを自分自身の意味に解釈し、その著者に自分の個人的な宗教感情を付加することによってのみなしえたのであった。アリストテレス自身の著作を研究してみると、まったく別の姿が認められる。アリストテレスの神は、ギリシア的主知主義のもっともすぐれた古典的な範例を示すものである。たしかに、アリストテレスの『自然学（*Physikē akroasis; Physica*）』や『形而上学』では、神への愛が第一の運動原理とされている。神は機械的な刺激にはよらず、ちょうど愛らしい対象がその愛人を動かすのと同じように、精神的な誘引によって世界を動かす。目的因は愛されることによって運動を引き起こし、さらにそれが動かすものによって他のあらゆるものをも動かすのである。したがって、必然的に第一の動者が存在し、そして必然的であるかぎりにおいて、それは善なるものであり、またこの意味において第一原理である。しかし、この第一の動者は、物理的な意味でも、また倫理的な意味でも、不動のものである。彼は人間の希望には近づきがたく、また人間の願望に従うこともできない。彼は、これらすべてのものを、はるかに超えている。神は純粋の活動（*actus purus*）であるが、それは知的な活動であり、倫理的な活動ではない。神はもっぱら自己を思惟することに耽《ふけ》り、それ以外に何らの対象ももたない。したがって、アリストテレスは神に生命を帰しえたのであったが、この生命、思惟の生命は、人格的な生命ではなく、純粋に理論的で観想的なものであった。

さて、そのような原理に天界も自然界も依拠している。そしてそれは、われわれには束の間しか享楽しえないが、しかもわれわれのもっとも善しとするがごとき生活である（というのも、かく生きることは、われわれには不可能であるが、しかもそれは永遠にかくあるからである）。……思惟は自己自身を思惟する、それは思惟対象と本質をともにするがゆえに。そのゆえは、その思惟するとき、その思惟対象に接触して、自らその対象そのものになるからである。かくして思惟と思惟対象は同一である。……しかし、思惟はこの思惟対象を現に所有しているとき現に活動しているのであり、それゆえ、この現に所有している状態にあるときのほうが、受け容れる状態にあるときより以上に、思惟は神的な要素をもっているようにみえる。そして、観想という活動は、もっとも快く、もっとも善いものなのである。……そして、神には、さらに生命も属している。というのも、思惟の現実態は、すなわち生命であり、しかるに彼はまさにこの現実態だからである。そして、神のそれ自らで独立した現実態は、もっとも善く、かつ永遠なる生命である。[37]

アリストテレスの描いたこの神の永遠の生命は、預言者宗教に見出されるそれと同じではない。預言者たちにとって、神とは自己を思惟対象とする思惟ではない。彼は人格的立法者であり、道徳的律法の源泉である。それが神のもつ最高の、そしてある意味では、その唯一の属性なのである。事物の本性からとられたある客観的な性質といったようなもので神を描写することはできない。ある名称がそうした性質を明示することを意味するのなら、神は何らの名称ももたない。『出エジプト記』にはモーセが神にその名前を尋ねる一節がある。「わたしがイスラエルの人々のところへ行って、彼らに『あなたがたの先祖の神が、わたしをあなたがたのところへつかわされました』と言うとき、彼らが『その名は何というのですか』とわたしに聞くなら、何と答えましょうか」。神はモーセに言われた、「わたしは、あってある者」。また言われた、「イスラエルの人々にこう言いなさい、『「わたしはある」というかたが、わたしをあなたがたのところへつかわされました』と」[38]。これらの言葉は、ギリシア思想とユダヤ思想、プラトンやアリストテレスの神とユダヤの一神教の神とを分かつ、いわば分水界を示すものである。神を何らかの思惟対象になぞらえることはできないし、またその本質を純粋な思惟活動によって述べうるものでもない。神の本質は、その意志であり、神の唯一の啓示は、その人格的意志の表示である。かかる人格的啓示は、倫理的行為であって論理的な活動ではなく、ギリシア精神とはまったく相容れないものである。ギリシア思想においては、倫理法則は超人間的な存在によって《与えられ》たり、示されたりするのではない。われわれは、それを自ら合理的・弁証法的な思考によって見出し、立証しなければならない。これこそがギリシアとユダヤの宗教思想の真の相違をなすものであり、しかも、この相違は克服することも抹消することもできない。E・ジルソンは、中世哲学の精神に関する彼の講演でこう述べている。「ギリシア思想は、『イスラエルよ、聞け、われわれの神、主は唯一の主である (Audi Israel, Dominus Deus noster, Dominus unus est)』という聖書の偉大な言葉によって、一挙に、何らの証明をも要せず、示されたあの本質的な真理にはいたりえなかった[39]」。スコラ哲学のいかなる思想家も、実際、トマス・アクィナスですら、留保することなしには問題のギリシア的な解決を受け容れることができなかった。彼らはいずれも――聖アウグスティヌス、聖ヒエロニムス、聖ベルナルドゥス、ボナヴェントゥラ、ドゥンス・スコトゥスは――『出エジプト記』の言葉「わたしは、あってある者（ego sum qui sum）」を引用したのであった[40]。トマス・アクィナスは言う。「人格は、自然全体の中でもっとも完全なものであり、むろん理性的な自然のうちに存立するものたることを意味する。それゆえ、……この《人格》という言葉が神について言われるのは、ふさわしいことである。しかし、それは被造物について言われるのと同じようにではなく、より卓越した仕方で言われるのである[41]（Persona significat id quod est perfectissimum in tota natura, scilicet subsistens in rationali natura. Unde ... conveniens est ut hoc nomen ›persona‹ de Deo dicatur; non tamen eodem modo quo dicitur de creaturis, sed excellentiori modo）」。

中世思想の体系的発展を理解するには、そのギリシア的思弁とユダヤ預言者の宗教という、この二重の歴史的起源を心に留めておかなければならない。われわれはスコラ哲学の発展全体を通じて、絶えず《信仰》と《理性》、あるいは《神学者》と《弁証法論者》の間の同じ抗争を見出す。これら両極端の間には、何らの了解も調停もありえないようにみえた。理性を全面的に放棄することを要求する狂信家がつねに存在して、あらゆる合理的な活動を否認し、攻撃した。十一世紀にはペトルス・ダミアニ[*6]がこうした性急な神学者の一人だったが、おそらく中世思想家の中で、かくも軽蔑的な調子で理性を論じたものはほかにはいないであろう。そして、彼にとって、理性とは哲学だけでなく自由科や世俗的な学問の全分野をも意味していた。彼は学問の《尊大ぶり》について語ったが[42]、弁証法のみならず文法もまた、真の宗教にとってもっとも危険な敵の一つであると言明した。ペトルス・ダミアニによれば、悪魔は文法の考案者であり、最初の文法学者なのである。文法の第一課は同時に多神論の一課であった。というのは、文法学者こそ、初めて複数形式で《神々》ということを口にした最初の人たちであったから。[43] いやしくも理性が認められうるものとすれば、それは盲目的に服従しなければならない。つまり、理性は信仰の命令に従わなければならない。[44] なぜなら、われわれの論理が完全無欠だったとしても、それは人間的な事物にのみ妥当して、神的な事物には及ばないだろうからである。三段論法によって神を認識することはできないし、また神が些細な人間の論理法則に縛られるわけではない。理性の誘惑や虚妄からわれわれを救い出しうるのは、ただ聖なる単純さ、単純なる信仰のみである。「それゆえ、真の智恵たる神において、探求と認識を終わらしめよ（In Deo igitur, qui vera est sapientia, querendi et intelligendi finem constitue）」。太陽をみんがためには、蠟燭に火をともしてはならぬ、とペトルス・ダミアニは説く。[45]

中世の神秘主義者たちは、いま少し穏やかな調子で語っているが、しかし理性を非難する点では、同じく頑として一歩も譲ろうとはしない。〔クレルヴォーの〕ベルナルドゥスは、その当時の弁証法論者に激しい攻撃を浴びせ、アベラルドゥス〔アベラール〕非難をなし遂げて、その目的を達した。[46] 彼もまた、弁証法を真のキリスト教的生活にとって最大の障害の一つと考えた。あらゆる異端は、いずれも同一の根本悪、つまり人間理性の自負と不遜に、その源泉をもつものである。理性は審判者でも支配者でもありえない。なぜなら、それは神と人間の魂の神秘的合一という最高目的の妨げになるものだからである。ベルナルドゥスは、哲学者や弁証法論者たちが複雑で手の込んだ思弁的問題に没頭して、単純な心をもつ人々の信仰を嘲《あざけ》るような例を作ったことを嘆じたのであった(47)。

十一世紀における弁証法の先駆者、いわゆる《合理主義的》思想家たるカンタベリーのアンセルムスやアベラルドゥスのような人々は、こうした挑戦に応じた。その神学上の論敵は、彼らがキリスト教の啓示の権威を弱め、信仰の基礎を毀《こぼ》つものとして非難したのであったが、彼らはこうした非難を自らの攻撃者と敵手に浴びせ返した。合理的思惟の価値を否認し、軽視することは、信仰から、そのもっとも確実な主要な支えを奪うことを意味している、と彼らは言明した。危険とか障害であるどころか、理性こそ、真の宗教にとってもっとも強力な武器の一つであり、その不可欠の要素の一つなのである。カンタベリーのアンセルムスは、その有名な神の存在に関する本体論的証明を与えるだけでは満足せず、非常に大胆にも、同じ方法をキリスト教教義学の全領域に押しひろげた。その贖罪論において(48)、彼はキリストの受肉が単なる偶然の歴史的事実ではなく、必然の真理であることを証明しようと努め、さらに同じやり方で神の三位格をも論じた。彼の著作においては、キリスト教の教義は、理性がいわば浸透しうるようになり、神秘は影をひそめたようにみえた。

にもかかわらず、両派の極端論者の間に、何ら真の不一致が存在しない一点が残されていた。中世的《合理主義》ということを口にするのは、きわめて不正確で不適切な言い方である。中世的体系においては、近代的合理主義、つまりデカルト、スピノザ、ライプニッツ、または十八世紀の《哲学者》たちに認められる思想傾向を容れる余地はなかった。スコラ哲学のいずれの思想家も、かつて啓示された真理の絶対的優越性について真剣に疑いを抱いた者はいない。この点に関しては、弁証法論者と神学者はまったく一致していた。アベラルドゥスはエロイーズへの手紙の一つ[*8]に書き送っている。「私はパウロと矛盾するくらいなら、哲学者であることを欲しない。キリストの御名から離れるくらいなら、アリストテレスの徒であることを欲しない[(49)]（Nolo sic esse philosophus, ut recalcitrem Paulo; non sic esse Aristoteles, ut secludat a Christo）」。理性の《自律》という原理は、中世思想とはまったく相容れないものであった。理性は自己自身の光たりえない。理性が活動しうるには、より高い照明の源泉を必要とする。この点において、神が教師たること（*magisterium Dei*）を説くアウグスティヌスの理論は、中世思想家たちの精神にたいしてその権威を失うことはなかった。ここでもまた、中世思想を預言者宗教における歴史的起源にまで跡づけることができる。アウグスティヌスは、イザヤの言葉「もし汝ら信ぜずば、理解することを得じ[(50)]（Nisi credideritis, non intelligetis）」を引いているが、この言葉は中世の認識論にとって隅の首《おや》石《いし》となったのである。理性は、それだけでは盲目で無力なものであるが、信仰によって導かれ、照明されるとき、そのまったき力を表わす。信仰の行為から始めるなら、理性の力に頼ることができる。なぜなら、理性は理性自身を独立に用いるために与えられたものではなく、信仰によって教えられるものを理解し、解釈せんがために与えられているのであるから。理性使用にあたっては、つねに信仰の権威が優先しなければならない。「われわれが何事かを学ぶ場合、権威が理性に優先することが、自然の秩序である（Naturae quidem ordo ita se habet, ut cum aliquid discimus rationem praecedat auctoritas）」。ところで、この権威がひとたび承認され、確立されるなら、道は開ける。二つの力は互いに補いあい、強めあうことができる。「それゆえ、信ぜんがために知り、知らんがために信ぜよ[51]（Ergo intellige ut credas, crede ut intelligas）」。

この原則はスコラ哲学のすべての思想家たちによって取り上げられるが、その古典的な表現はカンタベリーのアンセルムスの著作に見出される。そのいわゆる《合理主義》にもかかわらず、アンセルムスはまず、われわれが何らの証明をも待たずにキリスト教の基本的な真理を受け容れなければならないことを強調する。単に弁証法だけでは、これらの真理をつかむことを望みえないし、合理的な方法によって、この真理の確実性に何ものかを加えうるわけではない。教義そのものは、つねに論駁の余地なく、微動だにせず、否みがたい[52]。しかし、宗教的真理は理性によって確立されうるものではないが、また理性に反し、理性に抗《あらが》うものでもない。二領域の間には真の調和が存在する。たしかに、この調和を理解するには、人間は神の恩寵という特殊な行為を必要としている。アンセルムスは、その探求を神への祈りから始め、彼の堅く信じるものを理解しようとするその努力において、神が力を添えんことを祈り求める[53]。これこそが、唯一の正しい途にほかならない。「キリスト教信仰の深い神秘を論じる前に、まず信じるということが正しい順序の命じるところであるように、確固たる信仰を抱いてのちに、信じるところを理解しようと努めるのでなければ、私には怠慢のように思われる」[54]。

これはディレンマから実際に脱却したことを意味しない。それは問題の解決自体というよりも、解決を求める深い憧れを示すものであった。理性と信仰の古い葛藤は、折に触れて繰り返し爆発した。しかし、知解を求める信仰（*Fides quaerens intellectum*）という信条は、爾後のすべての論議にたいして、少なくとも共通の舞台と基盤を提供した。アンセルムスからトマスにいたるスコラ哲学の代表者たちは、いずれもこの信条を受け容れることができたであろう。そして、トマス・アクィナスの体系は究極的な解決を約束しているように思われた。信仰によって強められた理性（*ratio confortata fide*）というトマス・アクィナスの構想によって、理性は、そのあらゆる権利と尊厳を回復させられ、自然界および人間界にたいするまったき支配をもちうることになった。

原註

（1）Plato, *Republic*, 592. Cornford trans., pp. 312 f.
（2）St. Augustine, *City of God*, Bk. X, chap. XXIX. 英訳 M. Dods, "The Works of Augustine" (Edinburgh, T. & T. Clark, 1871 ff.), I, 423-426.
（3）*Confessions*, Bk. V, chap. IV, 7.
（4）*Republic*, 521 C-531 C.
（5）*De trinitate*, Bk. VIII, chap. III. Dods trans., VII, 205.
（6）*City of God*, Bk. XI, chap. x, 3. Dods trans., I, 450.

（7）*Idem*, Bk. VIII, chap. IV. Dods trans., I, 310.
（8）Ernst Hoffmann, "Platonism in Augustine's Philosophy of History," *Philosophy and History, Essays Presented to Ernst Cassirer*（Oxford, Clarendon Press, 1936）, pp. 173-190 を見よ。
（9）*Soliloquia*, Lib. I, cap. I, 7.
（10）*Republic*, 527. Cornford trans., p. 238.
（11）Sophocles, *Antigone*, vv. 456 ff. Gilbert Murray trans.（London, George Allen & Unwin, 1941）, p. 38.
（12）旧約聖書『エレミヤ書』第三一章三三節。
（13）旧約聖書『ミカ書』第六章八節。
（14）E. Gilson, *La philosophie au moyen âge*（Paris, Payot, 1922）, pp. 5 ff. を見よ。
（15）Augustine, *De quantitate animae*, cap. XX, 34.
（16）Augustine, *De vera religione*, cap. XXXIX, 72.
（17）*Ibid*.
（18）"Patrologia Latina," ed. Jacob Migne, Tom. 32, col. 1193-1220.
（19）Augustine, *Soliloquia*, Lib. I, cap. I, 2 を見よ。*De civitate Dei*, Lib. X, cap. II：「……理性的ないし叡知的な魂は、……それ自身の光であることはできず、他の真なる光に与ることによって光り輝くのである（... animam rationalem vel intellectualem ... sibi lumen esse non posse, sed alterius veri luminis participatione lucere）」を見よ。
（20）Augustine, *Retractationes*, Lib. I, cap. III.
（21）Augustine, *De libero arbitrio*, Lib. II, cap. XVI, 42; *De vera religione*, cap. XXX, 56 を参照せよ。
（22）Bonaventura, *Itinerarium mentis in Deum*（1259）を見よ。

（23）*Republic*, 506. Cornford trans., p. 212.

（24）*Idem*, 517. Cornford trans., p. 226.（μόγις ὁρθεῖσα［苦労してやっと見られた］）

（25）*Soliloquia*, Lib. I, cap. I, 3.

（26）*De trinitate*, Bk. VIII, chap. II. Dods trans., VII, 204.

（27）*Phaedo*, 75 E, 76 D, E.

（28）新約聖書『マタイによる福音書』第二三章九―一〇節。Augustine, *De magistro*, XIV, 45, 46を見よ。

（29）*De magistro*, XI, 38.

（30）*Timaeus*, 28 C, 37 C.

（31）*Timaeus*, 29 B f.; 48 D-E. Jowett trans., III, 449, 468を参照せよ。

（32）*Idem*, 59 C-D, *loc. cit.*, p. 480.

（33）*Idem*, 47 E f., *loc. cit.*, p. 467.

（34）この見解を主張する現代の学者の中に、テオドール・ゴンペルツがいる。彼の著書 *Griechische Denker*, Bk. V, chap. XIX. 英訳 G. G. Berry (London, John Murray, 1905), III, 211 f. を見よ。

（35）*Timaeus*, 29 A, *loc. cit.*, p. 449.

（36）*Republic*, 507, 508. Cornford trans., pp. 214 f.

（37）Aristotle, *Metaphysica*, Bk. XII, 1072b. 英訳 W. D. Ross, "The Works of Aristotle" (2d ed., Oxford, Clarendon Press, 1928), Vol. VIII.

（38）旧約聖書『出エジプト記』第三章一三―一四節。

（39）E. Gilson, *L'esprit de la philosophie médiévale*, Gifford Lectures, 1931-32 (Paris, Vrin, 1932), p. 49. 英訳（New York, Charles Scribner's Sons), p. 46. ジルソンの引いている一節は、旧約聖書『申命

記』第六章四節である。

(40) その資料については、Gilson, *op. cit.*, chaps. III, V, X を見よ。

(41) Thomas Aquinas, *Summa theologica*, Pars Prima, Quaest. XXIX, art. 3.

(42) Petrus Damiani, *De sancta simplicitate scientiae inflanti anteponenda*, "Patrologia Latina," Tom. 145, col. 695-704.; J. A. Endres, *Petrus Damiani und die weltliche Wissenschaft*, "Beiträge zur Geschichte der Philosophie des Mittelalters," herausg. von Cl. Baeumker (Münster, Aschendorff, 1910), VIII, 3 を参照せよ。

(43) *De sancta simplicitate*, cap. 1, col. 695 B.

(44) Damiani, *De divina omnipotentia*, cap. 5, "Patrologia Latina," Tom. 145, col. 603 C：「だが、この人間的な学術への造詣は、聖教の言葉を論じるために使用される場合には、傲慢にも主導権を奪取して自らに帰してはならず、ただ、あたかも婢の女主人にたいするごとく、いわば奴隷の服従をもって仕えるべきである。それは、自分のほうが先に進んで道に踏み迷ったり、外面的な言葉の整合性にのみ従って、裡なる徳の光、真理の正しい道を見失うことがないためである (Quae tamen artis humanae peritia, si quando tractandis sacris eloquiis adhibetur, non debet jus magisterii sibimet arroganter arripere; sed velut ancilla dominae quodam famulatus obsequio subservire, ne, si praecedit, oberret, et, dum exteriorum verborum sequitur consequentias, intimae virtutis lumen et rectum veritatis tramitem perdat)」。

(45) *De sancta simplicitate*, cap. VIII, *op. cit.*, Tom. 145, col. 702 A.

(46) Endres, *op. cit.*, p. 14 を参照せよ。

(47) Gilson, *La théologie mystique de Saint Bernard* (Paris, Vrin, 1934) を見よ。

(48) Anselm's treatise, *Cur Deus homo*, "Patrologia Latina," Tom. 158, col. 359-432 を見よ。

(49) Abélard, *Epistolae*, "Patrologia Latina," Tom. 178, col. 375 C: Epistola XVII.
(50) 旧約聖書『イザヤ書』第七章九節。
(51) より詳細については、Gilson, *Introduction à l'étude de Saint Augustin* (3d ed. Paris, Vrin, 1931), chap. I に引用された原文を見よ。
(52) Anselm, *Cur Deus homo*, Lib. I, cap. 2, *op. cit.*, Tom. 158, col. 362 C：「ゆえに、たとえ私が信じていることを何一つ理性によって理解できないとしても、私からこの信仰の堅固さを奪い去ることができるものは何もないのである (Ut etiam si nulla ratione quod credo possim comprehendere, nihil tamen sit quod me ab ejus firmitate valeat evellere)」。
(53) Anselm, *Proslogion*, "Patrologia Latina," Tom. 158, col. 227 C, cap. 2：「信仰の知解を与え給う主よ、汝が益ありと認め給うかぎり、われらの信ずるごとくに汝の在《い》まりし、また、われらが信ずるところのもので在《い》まりし給うことを私が知解するように、私に許し給え (Domine, qui das fidei intellectum, da mihi, ut, quantum scis expedire, intelligam, quia es, sicut credimus; et hoc es, quod credimus)」。
(54) *Cur Deus homo*, Lib. I, cap. 2.

第八章　中世哲学における法治国家の理論[*1]

プラトンの『国家』は、それに最大の讃辞を惜しまぬ人によってさえ、つねに、一種の政治的ユートピアを描いたものとされてきた。それは政治思想の古典的模範とみなされたが、現実の政治生活には、どちらかと言えば、あまり関わりのないもののように思われた。しかし、中世の公的・社会的生活に目を留めると、われわれはこうした評価を訂正しなければならない。ここでは、プラトンの法治国家の理念は、人間行動の強力な推進力となった巨大な力たち、人間の思想に影響を及ぼしただけでなく、現実的・実践的な力たること、すなわることを実証したのであった。国家にとっての第一に重要な課題は正義の維持である、という命題は、中世政治理論の本来の中心となった。それは、あらゆる中世思想家に受け容れられ、また中世文明のあらゆる形式の中に入っていった。初期の教父、神学者や哲学者、ローマ法学者や政論家、市民法学者や教会法学者たちも、この点では一致していた。(1) キケロは、アウグスティヌスが引用した彼の『国家について（*De republica*）』の一節で、正義が法と社会組織の基礎であり、正義の存在しないところには何ら共同体も、真の国家（*res publica*）もありえないことを語っている。(2)

しかし、この点では中世と古典古代の理論は完全に一致しているが、にもかかわらず、そこにはなお、理論的興味のあるだけでなく、きわめて重要な実際的帰結をもともなった一の相違が依然として残っていた。中世の根本原理によれば、抽象的・非人格的な正義というものは少しも考えることができなかった。一神教では、律法はつねに人格的な源泉にまで遡らねばならないのであり、立法者なしには、いかなる法もありえない。しかも、正義というものが、ある偶然的なもの、単なる慣習の事柄とみなされるべきではないとすれば、この立法者は、あらゆる人間的な勢力から超越するものでなければならなかった。正義において現われるのは、超人間的な意志である。ところで、プラトンの善のイデアは、そうした超人的権威を必要とはしなかった。プラトンの思想と用語においては、あらゆるイデアは自体的存在(*αὐτὸ καθ᾽ αὑτό*)、すなわち自己自身による有[*2] (*ens per se*) である。それは自己自身で存在し、存続して、客観的・絶対的な妥当性をもつものである。アウグスティヌスはこうした原理を容認することができなかった。自分の教説の中にプラトンのイデアを位置づけるために、彼はそれを改めて定義し直す、つまり、それを神の思想に移し替えなければならなかった。そのことは、単に形而上学的または存在論的な区別たるにとどまらず、より以上のことを意味していた。善は、もはや自分自身を維持し、保証することができない。弁証法だけでは、善に到達することを望みえないし、その真の意味を把握することもできないのである。ここにおいてもまた、人間の知性は、より高い力に服従しなければならない。神の法から区別された《自然》法がなお語り続けられるであろうが、しかしキリスト教的思惟においては、自然でさえ切り離されて独立した存在をもつものではない。自然は神の業であり、創造である。同じように、倫理上の律法は、すべて神によって造られたものであり、人格的意志の啓示である。当初から、教父たちはこの見解を主張した。オリゲネスは、その『ケルソス駁論（*Contra Celsum*）』において、法が万有の王であることを認めているが、さらに付言して、真のキリスト教徒にとっては、この法が何らそれだけで孤立したものでも独立したものでもなく、神の意志と一致するものであることを述べている(3)。

しかしながら、中世の自然法論をプラトンやアリストテレスから引き離す、いま一つの、さらに重要な特徴がなお存在していた。プラトンは正義を《幾何学的平等》として定義した。あらゆる人が共同体の生活に参与するが、しかし、この参与は決して同一のものではない。正義は権利の平等と同義ではないのである。プラトンの国家では、各人と全社会階級に、共同の仕事において、それぞれに仕事が割り当てられるが、彼らの権利や義務は非常に相違したものである。そのことは、プラトン倫理学の性格だけでなく、何よりもまず彼の心理学の性格に由来している。プラトンの形而上学的な心理学は、人間の霊魂の区別ということを、その基礎としている。人間の性格は、こうした魂の三要素の割合によって決定される。プラトンはこう尋ねている。

われわれは魂の一部によって知識を得、他の部分によって怒りを覚え、さらに第三の部分によって食、性、その他の快楽を欲するのであろうか。……むろん、同一のものが同時に相反するやり方で行動したり、相反する状態にあることは不可能である。……それで当該の諸要素の中に、そうした相反する働きとか状態が認められるなら、そこには一つ以上のものが含まれているに違いないということがわかるであろう[4]。

魂がそれによって思考する部分は、理性的な要素と呼びうるし、飢えとか渇き、またはその他、何らかの感覚的欲求を覚える部分は、欲望的な要素と名づけることができる。

しかし、両者の間には、プラトンの用語で気概あるもの（θυμοειδές）、つまり《怒りやすい》または《気概のある》要素として示される、さらにいま一つの要素が存在している。同様の区別が国家の魂においても現われる[5]。プラトンの国家は様々な階級に分かたれるが、そうした諸階級は、それぞれ異なった魂を所有し、異なった人間類型を代表している。これらの諸類型は一定不変のものであり、それを変えようとすること、すなわち、統治者、守護者および一般人相互の間の差別をなくし、または少なくさせようとする企ては、すべて有害なことであろう。それは、人間本性の不変の法則——社会秩序もそれに準拠しなければならない——にたいする反逆を意味している。哲学的な魂とか《気概のある》魂が、商人とか職人の魂と同じではなく、そのいずれもある一定の不変の構造をもつものである以上、異なる階級に同じ役割を負わせることはできない。それらを同列に扱うわけにはいかないのである。プラトンはこう結論する。

かくして難航の末に、陸地に到達したわけだ。国家のうちにも、個人の魂のうちにも、同じ三要素が存在しているという点では、われわれはまったく一致する。……元来、靴職人とか大工である者はその職業にとどまるのがよい、というわれわれの原則は、正義の影を意味するものだったことがわかる。……正しい人間は、その魂における様々な要素が相互に他事にわずらわされるのを許さず、実際、自制と訓練で自分自身と和らぎ、魂の三要素を、ちょうど諧調の三音程のように調和させて、自分の身辺を整える人なのである。(6)

アリストテレスは、異なった道をとるが、やはり同じ帰結に導かれる。彼の方法は形而上学的または演繹的な方法ではなく、経験的なそれである。彼は、その『政治学（*Politika; Politica*）』において、国制の様々な形態について記述的分析を与えようと努めるが、しかし、まさに経験的な観察家として、彼は人間の根本的な不平等性が否定されえないことを見出す。人間は、天賦の才能においても、また性格においても不平等なものである。ここから奴隷制の必然性が導き出される。奴隷制は単に因襲的な制度ではなく、本性のうちにその根拠をもつものである。プラトンは《生来の大工または靴職人》について語ったが、アリストテレスは生来の奴隷について述べている。自ら治めることのできない数多くの人々が存在する。そうした人々は国家の構成員たりえないし、自己の権利や責任をもたず、よりすぐれた人々によって支配されねばならない。アリストテレスによれば、奴隷制の廃止は、政治的とか倫理的な理想ではなく、単なる幻想にすぎない。同様のことはギリシア人と異民族の関係にも妥当する。プラトンは『国家』の中で、ギリシア都市国家の相互関係に妥当する行動規範が異民族には適用しえないことを指摘した。戦時においてさえ、ギリシア人はつねに味方として、少なくとも潜在的な味方として取り扱われねばならないが、反面において、異民族は生来の敵である。「ギリシア人が異邦人と戦っている場合、われわれは戦争していると言い、彼らを生来の敵と呼びうるであろうが、しかし、ギリシア人は元来ギリシア人の味方であり、彼らが互いに戦う場合にも、それはヘラスが不和に陥っていることを意味し、内乱と呼ばれるべきである。……彼らは、戦争が永久に続くものではなく、やがて再び和解しなければならないことを思い起こさねばならない(7)」。アリストテレスは、さらに徹底して、若干の人間が生来の奴隷であるというその判断を、あらゆる異民族にも拡張するように思われる。ギリシア人が異民族にたいする生来の支配者であるということに、彼は何らの疑念も抱かない。エウリピデスを引用しながら、こう言っている(8)。「ギリシア人が野蛮人を支配し、異邦の軛《くびき》がギリシア人の上に置かれないのは当然である。……彼らは奴隷であり、われわれは自由の民である」。

けれども、自由人と奴隷、ギリシア人と異民族のこうした差別には、ギリシア倫理思想の展開につれて、いずれも疑問がさしはさまれ、そしてついには、こうした差別は一掃されたのであった。ストア哲学の体系において、新たな精神的・道徳的勢力が台頭してきた。単に理論的な観点から言えば、ストア哲学は、その独自性において、ほとんどみるべきものをもっていない。ストア派の人々は、自然学、論理学、さらに弁証法論において、その理論の多くを他の源泉からとってきたのであり、その哲学は単なる折衷主義にすぎないように思われる。彼らはヘラクレイトス、プラトン、アリストテレスから様々な教説を取捨選択する。しかし、その一般的な人間観や宇宙における人間の地位の思想では、ストア哲学者たちは新しい道を拓いたのであった。彼らは倫理、政治、宗教の思想史において転換点となった一つの原理を導入した。プラトンやアリストテレスの正義の理想にたいして、まったく新たな思想、すなわち人間の根本的平等性の思想が付け加えられた[9]。

ストア派の第一の倫理的要求は、《自然と一致して生きること（ὁμολογουμένως τῇ φύσει ζῆν）》であった。しかし、彼らが訴える《自然の法則》とは道徳的法則であって、物理的なそれではない。むろん、ストア派の人々も、物理的な意味では、人間に数多くの差異、つまり家柄、身分、気質、知的能力などの差異があることを決して否定しなかった。しかし、倫理的な観点からすれば、こうした差別はすべて取るに足らないものだと言明される。それらは人間生活の形相的本質には影響を及ぼさないため、どうでもよい事柄である。ただ一つ重要なもの、人間の人格を決定するものは、事物そのものではなく、事物についてのその判断である。これらの判断は、いかなる因襲的規範にも制約されることがなく、それ自身の世界を創造する自由な活動に依存している。ストア派の人々は、人間性における必然的なものと偶然的なものを明確に区別する。《本質》、すなわち人間の道徳的価値に関わるものだけが必然的なものである。外的な境遇や、われわれの力の及ばない条件に依存するようなものは考慮には入らないし、問題にはならない。

人間の間のもっとも重要な差異を抹殺し、軽視することは、一見すると、ユートピア思想、哲学者の夢想にすぎないようにみえる。しかし、われわれは、こうした思想がマルクス・アウレリウス――哲学思想家であったばかりでなく、古代最大の政治家の一人であり、ローマ帝国の支配者でもあった――によって述べられたことを忘れてはならない。このような結合関係が可能であった時代がかつて存在したということは、人間文明の歴史において、もっとも注目すべき事実の一つである。

ストア哲学は、こうした哲学思想と政治思想の明らかな盟約なしには、その歴史的使命を果たすことができなかったであろう。ローマの公生活がストア学説によって征服されるにいたったのは、ごく早くから始まったことであった。それはローマ共和制の全盛期にまで遡ることができる。当時、すぐれた政治指導者たちの多くはストア思想にかぶれていた。小スキピオはストア哲学者パナイティオスの弟子であった。彼はギリシア文化を非常に讃美したが、しかし古代ローマの政治観を忘れたり否定したりすることは決してなかった。彼や彼の仲間は、ローマ共和制の偉大さと軍事的栄光のために戦ってはいたが、しかし同時に、彼らは国家的なだけでなく世界主義的でもあるような新たな理想を形成し、涵養し始めたのであった。われわれがギリシア倫理学の古典的な著作、例えばアリストテレスの『ニコマコス倫理学（*Ēthika Nikomacheia; Ethica Nicomachea*）』を学ぶ場合、そこには雅量、節制、公正、勇気、寛大など、様々な徳についての透徹した体系的な分析が見出されるが、《人間性[*3]

(humanitas)》と呼ばれる普遍的な徳は認められない。そうした用語すら、ギリシアの言葉や文献には存在しないように思われる。フマニタスの理想は、まずローマで形作られたが、そのローマ文化における確固たる位置づけを与えたのは小スキピオを中心とする貴族的サークルであった。フマニタスは曖昧な概念ではなく、明確な意味をもち、ローマにおける公私両面の生活の形成力となったのであった。それは道徳的理想だけでなく、審美的理想をも意味していた。それは、人間生活の全般にわたって、道徳的行為はもちろん、言語、文学様式、趣味のすべてにおいて影響をもつべき、ある一定の生活様式を要求するものであった。このフマニタスの理想は、のちのキケロやセネカのような著作家たちによって、ローマの哲学やラテン文学のうちにしっかりと確立されるにいたった。[10]

こうして政治思想と哲学思想が癒着したことは、きわめて重大な事実であった。それは社会生活観全体を一変させうることとなった。その初期においては、ストア哲学は、とくに社会的な諸問題に関わりをもったわけではなかった。ストア思想家たちの多くは徹底した個人主義者であった。賢人があらゆる外的束縛から自由にならなければならないものとすれば、まず社会的なすべての因襲や拘束から自己を解き放たねばならない。ストア哲学者たちは、その心の独立、自恃、確固不動の判断を、政治的激情の騒然たる中で、政治的な闘争場において、いかにして維持しえたであろうか。けれども、ローマの著作家たち、キケロ、セネカ、マルクス・アウレリウスといった人々がストア哲学の理想を理解し、解釈したやり方は、このようなものではなかった。彼らは個人と政治の領域の間に何らの裂け目を認めなかった。というのも、彼らの確信したところでは、実在は全体としてみれば、道徳生活でも物質的な実在でも同じく、一の大なる《国家》にほかならなかったのである。この国家は、あらゆる民族にとって同一のものであり、さらに神々や人間にとっても同一のものであった。すべての理性的存在がこの同じ共同体の成員なのである。「この全世界は、神々と人々のともなる、ただ一つの国家だと考えられる[11]（Universus hic mundus, una civitas communis deorum atque hominum existimanda est）」とキケロは語った。自己と調和し、自らの《ダイモン》と調和して生きる人は宇宙と調和して生きている[12]、とマルクス・アウレリウスも述べている。人格的秩序と宇宙の秩序は、両者の基礎にある同一の原理が異なって現われたものにすぎない。

こうした見解が非常に重大な実際的帰結を蔵するものであったことは、その奴隷問題の取り扱い方において明らかになる。ストアの著作家たちは、《本性上の》奴隷が存在するというアリストテレスの言葉を誰一人として受け容れることができなかった。《本性》とは倫理的自由を意味し、社会的隷属を意味しない。ある人間を奴隷にするのは本性ではなく運命である。セネカはこう語っている。「奴隷としての身分が人間の全存在をあまねく規定するものと考えるのは誤りである。人間の高貴な部分は、それとは関わりをもたない。たしかに、肉体は主人に従属し、その支配下にあるけれども、しかし精神は自主のものであり、実際、それが閉じこめられたこの肉体という牢獄によってさえ止めがたいほどに、精神は自由であり、手に負えないのである」。精神はつねに自由であり、独立であり、自主（*sui juris*）である[13]。ストア思想の歴史は、このマキシムを確証し、説明してくれる。偉大なストア思想家の一人マルクス・アウレリウスはローマ皇帝であったが、逆に、いま一人のエピクテトスは奴隷であった。

このストア的な人間観は、古代思想と中世思想を結ぶもっとも強固な絆の一つとなり、実際、ギリシア古典哲学よりも、より強固でさえある結合環となった。中世初期には、プラトンやアリストテレスの著作は、そのごくわずかのものしか知られていなかった。アウグスティヌスがアリストテレスについて知っていたのは、その『オルガノン (*Organon*)』のラテン語訳だけにすぎなかった。しかし、彼自身、キケロの『ホルテンシウス (*Hortensius*)』の研究が彼の思想にいかに深い影響を及ぼしたかを告白している。彼が初めてストアの賢人の理想を見出したのは、この書物においてであった。中世全体を通じて、キケロとセネカは、つねに倫理思想についての偉大な権威者であった。キリスト教の著作家たちは、彼ら自身の宗教的な見解を、こうした異教の著作家たちのうちに見出して非常に驚かされたのであった。人間の根本的平等というストア哲学のマキシムは、一般に容易に受け容れられ、そして中世理論の基点の一つとなった。それはキリスト教の教父たちによって説かれたばかりでなく、ローマの『学説彙纂 (*Digesta*)』と『法学提要 (*Institutiones*)』[*4]の法学者たちによっても確立され、確認された。この点に関しては、中世の様々な思想の流れや哲学上の学派間に、ほとんど意見の不一致が存在しなかった。彼らはすべて、一つの共通の課題において互いに協働することができたのである。《本性》に従うなら、かつまた事物の本源的秩序においては、万人が自由であり平等であるということこそ、中世神学と法学の一般的なマキシムであった。「なぜなら、われわれ人間は、すべて本性上、平等であるから（Omnes namque homines natura aequales sumus）」とグレゴリウス・マグヌスは述べているが、ウルピアヌスも「自然法に関するかぎり、万人は平等である（Quod ad jus naturale attinet omnes homines aequales sunt）」と語っている。[14]すべての人間は同一の理性を賦与されているがゆえに自由である、とするストア派の思想は、この理性そのものが神の似像だと付言されることで、その神学的な解釈と正当化を与えられたのであった。「主よ、願わくは、御顔の光をわれらの上に照らしたまえ（Signatum est super nos lumen vultus tui, Domine）」と詩編の作者は述べている。[15]アウグスティヌスは、その『神の国』において、神が人間を動物の主としたけれども、他の人間の魂にたいする権力を決して与えはしなかった、と言明した。そうした権力を簒奪しようとする企図は、すべて許しがたい傲慢であろう。ここでも、ストア思想におけるのと同じく、あらゆる魂は自主のもの（*sui juris*）だと言明される。それは、その本来的自由を喪失することも放棄することもありえないのである。[16]

そこから引き出されてくるのは、いかなる政治権力の権威も、つねに絶対的たりえないということである。政治権力はつねに正義の法に制縛される。こうした法は、神的な秩序そのもの、至高の立法者の意志を表現するものであるゆえに、変えることも犯すこともできないものである。たしかにローマ法からは、のちになされたように、主権者はあらゆる法律的拘束から自由であるという結論も引き出されることができた。しかし、中世思想においては、王権神授説[*5]の原理は、つねにある一定の根本的な制限を受けていた。神学者もローマ法学者もともに、君主は法より解放せらる（*Princeps legibus solutus*）というマキシムを、君主は法律的強制からは自由であるが、この自由は彼をその義務と責務から解放するものではない、という意味に解釈した。主権者は法律に服すべく外的に強制されることはない。しかし、《自然法》の権力と権威は、つねに絶えることなく存続する。王侯は法に基づいてないうるよりほかをなすことあたわず（*Rex nihil potest nisi quod jure potest*）という格言は、つねに十分な効力をもっていた。それが中世の著作家によって、かつて疑われたり、または真剣に攻撃されたりしたことは決してなかったように思われる。トマス・アクィナスは、法が強制の権力に関するかぎり（*quoad vim coactivam*）ではないが、統治の権力に関するかぎり（*quoad vim directivam*）、主権者を拘束すべきである、という原則から出発する[17]。彼はこの原則を特別の論文『君主の統治について（*De regimine principum*）』で説いているが、そこでは中世思想家の体系において、まことに驚くべき、かつ革命的な要素を蔵するきわめて大胆な結論に到達したのであった。中世哲学では、支配者にたいする公然たる抵抗権は容認されえなかった。君主の権威が直接に神に由来するものである以上、あらゆる抵抗は神の意志にたいする公然たる反抗ということになり、したがってまた永劫の罰を受けるべき大罪となる。不正な支配者さえ神の代理者たることをやめず、したがって、それに服従しなければならない。トマス・アクィナスは、こうした論証を否認したり、くつがえしたりすることはできなかった。けれども、彼は当時の通説を当然（*de jure*）受け容れはしたが、実際上、その意味を一変するような解釈を与えたのであった。彼はこう言明した。人間は世俗的権威に服さなければならないが、しかし、この服従は正義の法によって制限され、したがって臣下の者は不正な権威や簒奪者の権威に服従すべき義務はない。たしかに反乱は神の法によって禁じられているが、しかし、不正な権威や簒奪者の権威に抵抗し、《暴君》に服従しないことは、反抗や反乱という性格のものではなく、むしろ正当な行動なのである。[18]すべてこうしたことは、教会と国家、霊的秩序と世俗的秩序の絶えざる葛藤にもかかわらず、両秩序が共通の原理によって結びあわされていることをきわめて明瞭に示している。君主の権力は、ウィクリフがかつて述べたように、《霊的で福音的な権力[19]（potestas spiritualis et evangelica)》である。世俗秩序は単に《時間的》なものではなく、それは真の永遠性、法の永遠性をもち、それゆえに固有の霊的価値をもつものである。

原註

（1）本問題については、R. W. & A. J. Carlyle, *A History of Medieval Political Theory in the West* (3d ed. Edinburgh & London, W. Blackwood & Sons, 1930). 6 vols. における豊富な資料を見よ。
（2）Augustine, *City of God*, Bk. II, chap. XXI. Dods trans., I, 77 を見よ。
（3）Origen, *Contra Celsum*, V, 40; Carlyle, *op. cit.*, I, 103 f.
（4）Plato, *Republic*, 436 A f. Cornford trans., p. 129.
（5）*Idem*, 434 D ff. Cornford trans., p. 127 ff.
（6）*Idem*, 441 C ff. Cornford trans., p. 136 ff.

（7）　*Idem*, 470. Cornford trans., p. 169.

（8）　Aristotle, *Politica*, Bk. A. 2 1252b 8. Euripides, *Iphigenia in Aulis*, v. 1400. 英訳 A. S. Way (Loeb Classical Library, 1930), I, 131 を見よ。

（9）　歴史的には、この思想を前五世紀のソフィストたちの一部にまで跡づけうるが、しかし、その真の意味とその徹底した帰結はストア哲学にいたるまで現われなかった。

（10）　《フマニタス》という観念と用語のギリシアおよびローマの生活における発展は、Richard Reitzenstein, *Werden und Wesen der Humanität im Altertum* (Strassburg, Trübner, 1907) 中の一論文で究明されている。なお、Richard Harder, "Die Einbürgerung der Philosophie in Rom," *Die Antike*, V (1929), 300 ff. および "Nachträgliches zu Humanitas," *Hermes*, LXIX (1934), 64 ff. を見よ。

（11）　より詳細については、Julius Kaerst, *Die antike Idee der Oekumene in ihrer politischen und kulturellen Entwicklung* (Leipzig, B. G. Teubner, 1903) を見よ。

（12）　なお、*The Communings with Himself of Marcus Aurelius Antoninus*, II, 13, 17. 英訳 C. R. Haines (Loeb Classical Library, 1916), pp. 37, 41 を参照せよ。

（13）　Seneca, *De beneficiis*, III, 20. 英訳 Aubrey Stewart (London, G. Bell & Sons, 1900), p. 69.

（14）　本問題の詳細な論述と資料については、Carlyle, *op. cit.*, Vol. I, Pt. II, chaps. VI, VII, 63-79 を見よ。

（15）　旧約聖書『詩編』第四編六節。

（16）　Augustine, *City of God*, Bk. XIX, chap. xv. Dods trans., II, 323 f. を見よ。

（17）　*Summa theologica*, Prima Secundae, Quaest. XCVI, art. 5 を見よ。

（18）　*Idem*, Secunda Secundae, Quaest. XLII, art. 2.

（19）　*De officio regis*, chap. I, pp. 4, 10 ff. 引用は、J. Hashagen, *Staat und Kirche vor der Reformation* (Essen, G. D. Baedeker, 1931), p. 539 による。

第九章　中世哲学における自然と恩寵

中世国家理論は、二つの前提、つまりキリスト教の啓示の内容と人間の本来的平等というストア的観念に基づく首尾一貫した体系であった。こうした前提から、そのあらゆる帰結がまったく論理的に整然と導き出されることができた。にもかかわらず、その体系は根本的な異論にさらされていた。その形式は正当で批判の余地がなかったが、しかし実質的な意味においては、それはまったく基礎薄弱のようにみえた。人間の平等という要請は、絶えず歴史と社会の諸々の事実によって反駁され、人間の本来的自由と自然的権利という理論は、つねにこの歴然たる矛盾に直面させられたのであった。ルソーは、その『社会契約論（*Contrat social*）』の冒頭で、こう述べている。「人間は生まれたときには自由である。しかるに、人間はいたるところで鉄鎖につながれている。多くの者は自分が他人の主人だと信じているが、しかしかえって自分が支配している人よりもいっそう奴隷的状態にあるのである。いかにしてこの変化が生じたのか。私は知らない。しからば、それを正当なものとなしうるのは何か。この問いには、私は答えることができると思う[1]」。

この問いに答えんがために、ルソーは自ら非常に精緻な理論を構成しなければならなかった。彼は人間社会にたいする初期の否定的な態度から新しい肯定的・建設的な原理にいたる長い道程を歩まねばならなかった。彼は一つの極からいま一つの極へ、すなわち彼の初期の『論文[*1]（*Discours*）』から、その『社会契約論』へ移っていかなければならなかったのである[2]。中世の思想家にとっては、そのような態度の変更は可能でもないし、また必要でもなかった。彼には、ルソーの問いは実際、提起されるまでもない自明の事柄であった。というのも、彼はルソーのように二つの相反する原理を調和させるには及ばなかったからである。人間社会に存する明白な諸々の悪、腐敗、暴政、隷属が人間の《本来的な善性》といかにして両立しうるかという問題を、彼は解く必要がなかったのである。中世哲学は社会秩序に固有な、免れがたい欠陥をすべて容易に説明することができた。なぜなら、国家そのものは、それがもつ偉大な倫理的課題にもかかわらず、絶対的な善とは決してみなしえなかったからである。中世の思想家たちは、神と人々に共通した一の大なる国家が存在するというストア学説を、いかにもよく受け容れることができたのであった。彼らはまた、霊的秩序と世俗秩序が、それらの差異にもかかわらず、一の有機的統一体を形作るものと確信した。初代教会では一律の社会哲学が発展させられなかった。社会構造は教会の内と外ではっきりと引き裂かれていた[3]。しかし、中世思想の展開につれて、その裂け目は架橋され、次第にキリスト教共同体（*corpus Christianum*）は破れざる全体と考えられるようになった。道徳的・政治的共同体（*corpus morale et politicum*）は同時に神秘的共同体（*corpus mysticum*）でもあった。その部分相互における差異や対立にもかかわらず、トマス・アクィナスが述べたように、帰一的な秩序（*ordinatio ad unum*）が存在し、抗争する異なった諸力も一の共通目的に向けられたのである。この統一原理（*principium unitatis*）が忘れ去られることは決してなかった。人類全体は、神自身によって基礎づけられ、この唯一の支配者によって統治される単一の国家として現われ、その部分における統一は、教会のものにせよ、世俗的なものにせよ、いずれもその権利をこの本源的な統一から引き出したのである(4)。

ダンテは、こうした考えにもっとも明瞭で的確な表現を与えた。彼の論文『帝政論（*De monarchia*）』では、国家は最高位にまで高められた。国家は正当化されただけでなく、賞揚され、讃美された。それはこの世の安寧と福祉にとって不可欠のものと言明された(5)。けれども、中世的体系の限界内においては、こうした主張はすべて、ある意味で、つねに空しく、十分には実現されえなかった。というのも、そこにはつねに、完全には克服しえない根本的な障害が存在していたからである。国家は、その目的、つまり正義の施政という点では善いものであったが、しかしキリスト教の教義によれば、その起源においては邪悪なものであった。国家は原罪と人間の堕罪から生じたものであった。この点に関して、初期のキリスト教思想家たちは、いずれもまったく一致していた。二世紀のエイレナイオスや、五世紀のアウグスティヌス、六世紀のグレゴリウス・マグヌスには同一の思想が見出される。エイレナイオスは、こう述べている。人間が神から離れ、その同胞を憎み、様々な紛糾と混乱に陥ったがために、統治が必要になった。したがって、神は人間の恐怖を人間の上に置き、人間を支配服従の関係に入れ、そうすることによって人間が多少とも公正と正しい行動に出ざる

をえないようにさせたのである。(6)

この教父の教説は、ギリシア・ポリスの理想とは正反対のものであった。アウグスティヌスは、プラトンの国家理論が哲学的には正しいことを承認した。プラトンは正しかった。けれども、哲学者として、つまり啓示からではなく理性から語った人間として、プラトンはもっとも重要なことを無視し、否認することにならざるをえなかったのである。神はまさに、その啓示によって賢き者の智恵を打ち毀《こぼ》ち、思慮ある者の悟性を無に帰せしめた。人間の理性は腐敗しており、この腐敗した理性が唯一の真の国家、すなわち神の国を見出すことは決してないであろう。アウグスティヌスはこう述べた。真の正義が支配するのは、キリストがその創始者にして支配者である国家においてのみである。

プラトンは、その理想国家の正しさを賞讃しただけでなく、さらにその美しさをも讃美した。彼にとっては、国家はただに爾余の美しいもののなかの一つであっただけでなく、ある意味において、それは美そのものであった。多くの人々が美について知っているものは、単に錯覚にすぎない。芸術家や詩人たちでさえ、その色褪《いろあ》せた影像しかみていないのである。かの真の原型、理想国家によって表わされる美の典型を見出すことは、哲学者に担わされた任務である。なぜなら、秩序、正義、正しい均衡にまさる美がありうるであろうか。

みたり聞いたりすることを愛する人は、諸々の美しい調子や色彩や形態、さらにこれらから作られたすべての芸術品を喜ぶものだ。けれども、彼らの思惟は美そのものの本質をみることも、また喜ぶこともできない。美に近づき、美そのものをあるがままの姿でみうるものは、実際、きわめて稀なのである。さて、美しいものの存在を信じながら、美そのものの存在を信じないし、またその認識へ導く案内者に従いえないような人は、夢みながら生活しているのではないだろうか。(7)

理想国家像を描いてみせてから、プラトンは誇らしく叫ぶ。「各々のものはその受くべきものを与えられ、かくして全体は美しいものとなった」。

こうした国家観は、初期のキリスト教思想には容認しがたいものであった。国家は、ある程度までは正当なものとみなされたけれども、それに美を帰することは決してできなかった。国家を清らかな、汚れなきものと考えるわけにはいかなかった。というのも、それはつねに、その起源の印を身に帯びていたからである。原罪の烙印は、拭いがたくその上に焼きつけられていた。これこそ、古典ギリシアの思想と初期キリスト教の思想を判然と区別するところのものである。この点に関しては、何らの妥協も不可能であった。新プラトン主義は中世思想における第一の、かつもっとも本質的な構成要素の一つであった。天上や教会の階層秩序を論じたディオニュシオス偽書*2は、スコラ哲学の全体系にたいして深い永続的な影響を及ぼした。九世紀にはスコトゥス・エリウゲナが『自然区分論（*De divisione naturae*）』を著わし、キリスト教の全教義を新プラトン主義の用語で説明した。(8)けれども、その反面において、新プラトン主義体系の創始者その人は、キリスト教グノーシス派*3にたいして激しい攻撃を開始した当の人であった。彼は、グノーシス派の人々が世界の美しさを認めえなかったことのゆえに、その不信仰を非難した。プロティノスは言う。

いま一度言おう。世界や、またそこに包含される神々や、その他、美しいものを蔑《さげす》むことは、正しい人間たる所以ではない。……というのも、何かを愛する人は、その愛の対象に属するものをすべて喜ぶものだ。彼は自分が愛する父の子孫をもまた愛する。……なぜなら、この世界や、またそこにおける神々が叡知界から切り離されるというようなことが、どうしてありうるだろうか。……こうした事柄を探究するのは、賢明なる人のなすべきことではなく、精神的に盲目で、感性をも知性をもともにまったく欠如して、さらに叡知界の認識から程遠く、感性界に注意を払わないような人のすることである。というのは、叡知界の調和を認めていながら、耳にしうる響きから生じる調和を聞いて、心を動かされないような音楽家が、いったいあるだろうか。あるいはまた、すぐれた幾何学者や算術家が、その目を通して釣りあいがとれ、相似し、さらに整然としたものを眺めて、こうした観察を喜ばないようなことがそもそもあるだろうか。……しかし、感性界におけるすべての美しい対象、諸々の事物のこうしたすべての均斉美やすぐれた排列、さらにはるかに離れてはいるが星辰《せいしん》のうちに明らかな形相などをみていながら、こうしたものを眺めることによって精神的に動かされることもなく、またそれらのものを、なおいっそう讃嘆すべき原因の讃嘆すべき所産として尊ぶこともしないような人の心は、きわめて鈍感であり、およそいかなるものにも動かされることがないに違いない[9]。

こうしたことが自然界に妥当するとすれば、それは、さらに強い理由によって(a fortiori)、法と秩序の世界にも妥当しなければならない。中世の思想家たちが古代の思想家たちの諸著作、とくにアリストテレスの諸著作に次第に通じるにつれて、彼らは社会秩序にたいして単に消極的な態度を持することができなくなった。十一世紀に入るに及んで、緩慢な、そして執拗な闘争が開始される。われわれの一般的な問題意識からみれば、この闘争は非常に興味深く、またきわめて重要なものである。ここには、公然と攻撃されることのできない特定の神話的要素が存在していた。原罪という事実を疑うことは、中世のいずれの思想家にとっても不可能であった。他面において、人間の堕罪の教義は、明らかに弁証法的思考のあらゆる努力を拒むものであり、それは理性的な解釈には近づきがたく、手に負えないものであった。けれども、スコラ哲学の思想家たちは、そうした理性の挫折を認めようとはしなかったであろう。彼らは、いずれも哲学を単なる神学の侍女(*ancilla theologiae*)とは考えなかったし、またそのように語りもしなかった。彼らは哲学の課題と尊厳について非常に崇高な見解をもっていた。したがって、彼らはその問題を改めて言い直し、そうした新たな言い直しによってその二律背反を解決し、理性にその権利と尊厳を回復させようとしたのである。

人間の堕罪は依然として神秘のままであったが、いまや神秘そのものが、新たな光のもとに眺められ、不可解なものとは考えられなくなった。理性は、完全に、回復不能なほど腐敗させられているのではない。理性は、それ自身の権利とそれ自身の領域を保持している。この権利を確保し、この領域の限界を定めることが、哲学の果たすべき任務である。十一世紀以降のあらゆるスコラ哲学の体系——カンタベリーのアンセルムス、アベラルドゥス、アルベルトゥス・マグヌス、トマス・アクィナスなどの体系——は、もっぱらこの問題に携わり、ともにその解決にあたったのであった。自然論も政治論も同じく、こうした思想の一般的傾向の影響下にあった。なるほど、十一世紀には、新たな思想傾向を厳しく批判し、非難する多くの思想家たちが、なお存在していた。彼らは依然として、人間社会は人間の悪と罪の結果だと主張し続けた。およそ七世紀後においても、アウグスティヌスの命題は、なおグレゴリウス七世によって重ねて述べられ、彼は国家が罪と悪魔の所産だと言明した。[10] しかし、他面において、こうした極端な理論でさえ、地上の国家を、ある程度は酌量せざるをえなかった。それは政治的秩序が少なくとも条件付きの価値をもっていることを認めなければならなかった。それ自体としては無価値なものとはいえ、その限界内にあっては、国家は積極的な、なくてはならない役割を果たすのである。それは真の目的にわれわれを導くことはできないとしても、しかし人間を最大の悪——社会的無秩序という悪から救い出すものである。国家の悪——それは人間の原罪のうちに宿るものである——は深く、かつ癒やしがたい。しかし、それはただ相対的な悪であるにすぎない。至高の絶対的な宗教的真理に比べるとき、明らかに国家はきわめて低いレヴェルに存在する。けれども、国家なしには無秩序に通じるわれわれ人間の一般的水準に比すれば、やはり善いものなのである。加うるに、国家は自らのうちに、その固有の欠陥にたいする救済策をも含んでいる。国家は人間の悪徳や過失にたいする懲罰であるゆえに、そうした過失からそのもっとも危険な作用を取り除く一種の神的な治癒にほかならない。堕落し、混乱した世界の中で、地上の国家こそ、一の均衡、ある一定の釣りあいと平衡を維持しうる唯一の勢力なのである。[11]

　トマス・アクィナスの体系においては、社会的・政治的秩序の評価はまったく一変した。むろん、トマス・アクィナスはキリスト教会のいずれの教義にも疑いをさしはさんだわけでは決してない。けれども、彼は教会のほかに、一の新たな教師と新たな権威を見出したのであった。トマス・アクィナスには、ダンテにとってと同じく、アリストテレスが知識ある者たちの教師（*il maestro di color che sanno*）であった。そして、アクィナスは信じるだけでなく、知ることをも欲した。彼によれば、これら二つの欲求の間には何ら矛盾というものはない。——それは両立しうるだけでなく、互いに補いあうものである。理性と啓示が同一の真理、つまり神の真理の異なった二つの表われにほかならない以上、両者の間には何らの不一致もありえない。そうした不一致が現われるとしても、それは、まったく主観的な原因によるものに違いないのである。このような場合に、こうした原因を発見し、それを取り除くことが哲学の任務である。理性は誤りを犯すかもしれないが、啓示は不可謬である。したがって、両者の間に何らかの不調和と不一致が存在するようにみえるなら、われわれははじめから、誤謬が理性の側にあることを確信しうるのであり、さらにわれわれはこの誤謬を見出し、訂正することに努めなければならない。これこそが哲学と神学の正しい関係である[12]。われわれは、あらゆる哲学的努力において、つねに啓示された真理によって導かれ、照らされねばならない。けれども、この導きを受け容れた後には、理性は自己の力により頼むことができる。かくして二つの領域は明確に区別されてくる。自然と恩寵という二領域には何ら混乱はありえない。そのいずれも自己の固有の対象と自己の固有の権利をもつ。すなわち、信仰と知識が同一の領域に属することは不可能である[13] (impossibile est quod de eodem sit fides et scientia)。

　こうした一般的原理がトマス・アクィナスの自然哲学と社会哲学をともに特質づけている。自然学は自立的になり、自らの道を追求していくことができる。それはもはや神学思想の支配下にはない。この《独立宣言》は、すでにトマス・アクィナスの師たるアルベルトゥス・マグヌスの著作でなされていた。アルベルトゥス・マグヌスは、われわれが自然学上の何らかの問題を単に神学思想の権威に基づいて、あるいは単なる三段論法の力によっては解決しえないということを疑惑なきまでに明らかにした。個々の自然現象に関する問題においては、すべて経験のみがわれわれの手引きでありうる。神学上の論議や神の意志をひきあいに出して個々の現象を説明するのは馬鹿げたことであろう。こうしたマキシムに基づいて、アルベルトゥス・マグヌスは多くの創意に富んだ彼の自然論を展開した。彼は、ある点では、ガリレオの力学を用意するような新たな運動理論の先駆者の一人になった[14]。トマス・アクィナスも同じ方法に従った。神が万物の創造者である以上、当然われわれは、つねに神を第一の主要な原因と考えねばならない。この一般的原理は、キリスト教の啓示によっても、またアリストテレスの権威によっても、ともに確証される。その『神学大全（*Summa theologica*）』や『対異教徒大全（*Summa contra gentiles*）』の冒頭において、トマスは、形而上学、すなわち《第一哲学》の主題が事物の第一原因の究明である、というアリストテレスの定義から出発する。[15] 他面において、第一原因を唯一の原因と考えるのは重大な誤謬であろう。神が働く場合、神は自分の意志をあらわに示すことによって働くのではなく、規則的に、かつ諸々の媒介的な原因を通して働くのである。こうした媒介的な諸原因を究明することが、まさに自然学の課題である。副次的原因（*causae secundae*）を洞察しなければ、自然界は理解しえないし、それはつねに奇蹟であり続けるであろう。副次的原因を認めず、あるいは軽視することは、神の偉大さや栄光を賞揚することを意味しない。かえって、それは神の栄光を損なうことである。「事物から特殊な諸原因を引き去るのは、神の善を認めないことである（Detrahere rationes proprias rebus est divinae bonitati derogare）」。有限な、知覚しうる経験的な事物は、すべて神の創造であり、所産である。しかし、まさにこの理由によって、それらのものは神の完全性に与《あずか》り、その固有の秩序と美をもつのである。たしかに、この秩序と美は、与りによる美であって、その原型のもつ完全性には決して到達しえない。にもかかわらず、それは自己の立場を維持し、それ自身の限界内では完全なのである。したがって、万物にたいして同一な本源的な善と美があるとともに、さらにそれは個々の無数の善にたいして、その存在のための余地を残し、両者の間には何らの矛盾もありえないのである(16)。

こうした経験界や学問的思考の新しい評価は、一般的な認識論がまったく新しい方向づけをとることがなければ、不可能であったろう。プラトンやアウグスティヌスの権威に基づいて、以前のあらゆる中世哲学の体系は、叡知界と感覚経験の世界を画然と区別することから出発した。これら二領域の間には広い裂け目が存在していた。一は存在の領域であり、他は生成の領域である。一はわれわれに真理を与え、他は単にその影像を与えるにすぎない。こうした二つの認識類型の区別は、肉体と霊魂という根本的な二元論に、その形而上学的根拠をもっていた。肉体と霊魂は同一の世界には属さない。その本性と本質によって、霊魂は身体に対立している。霊魂が肉体のうちに宿る場合には、そこで異邦人か虜囚のように過ごすのである。この鉄鎖を断ち切ることこそ、哲学の最高の課題の一つである。しかし、感覚的経験は逆の作用をもっている。われわれの感覚的経験が一歩進むごとに、鎖に新しい鐶《かん》が加わってくる。こうした束縛から解放され、肉体という桎梏から自由になることが、認識の最高の目的である。プラトンは、こう尋ねる。

いかなる場合に霊魂は真理に到達するのであろうか。というのは、霊魂が肉体と一緒になって何かを考えようとするときには、明らかにそれによって欺《あざむ》かれるのだ。それで、いやしくも実在のあるものが霊魂に明らかになることがあるとすれば、思惟の中においてである。ところで、霊魂がもっともよく思惟しうるときというのは、それが聴覚や視覚……といったこれらのいずれのものにもわずらわされず、できるかぎりそれひとりだけで存在し、そして肉体に別れを告げて、できるかぎり肉体とのあらゆる結合や接触を避けながら実在を追い求めるときなのである[17]。

トマス・アクィナスは、こうした考えを逆転させる。彼にとって、肉体とは、もはや霊魂の活動にたいする障害ではない。かえって、それは真の思惟の活動が人間の世界で実現されうる唯一の手段なのである。アリストテレス的見解に従いながら、トマス・アクィナスは、アウグスティヌスや初代教会の教説とは正反対の仕方で、肉体と霊魂の結合を説明しなければならなかった。人間は混成物（*mixtum compositum*）、つまりまったく異なった二要素からの単なる合成物ではない。それは有機的な統一体であり、またそのような統一体として行動する。したがって、人間の理性的活動を知覚行為から区別することはできない。人間のあらゆる認識形式は、高いものも低いものも、ともに繋ぎあわされて同一の目標に向けられるのである。感覚経験は、知的認識の障害であるどころか、その端緒であり、前提条件なのである。「われわれの認識の始まりは感覚からである[18]（Principium nostrae cognitionis est a sensu）」。

トマス・アクィナスの道徳哲学と政治哲学は同じ思想傾向に従うものである。道徳的世界の構造は自然的世界のそれと同型である。神は自然的世界の創造者であるだけでなく、何よりもまず道徳法則の立法者、その源泉なのである。しかし、ここでもまた、次の一般的原則を心に留めておかなければならない。つまり、副次的原因（*causae secundae*）を看過したり、その作用を否定したりすることは、神の栄光を増す所以ではなく、むしろこの栄光を毀損することである。これらの《副次的原因》には、当然帰すべきものを帰さなければならない。神は第一原因であり、究極目的である。しかし、道徳的秩序は、人間の自由な協働によってのみもたらされうる人間の秩序にほかならない。それは超人的な力によってわれわれに押しつけられるのではなく、われわれ自身の自由な行為に依存するものである。したがって、トマス・アクィナスは、国家は単に人間の罪のための救済策として神によって定められた神的な制度である、という神学上の通説を受け容れることができなかった。

アリストテレス主義者として、アクィナスは社会秩序を超越的な原理からではなく経験的な原理から引き出さなければならなかった。国家は、人間の社会的本能にその起源をもつものである。この本能がまず家族生活を営ませ、それから次第に発展して、あらゆる他の、より高い共同生活形式に導いていく。それゆえ、国家の起源を何らかの超自然的な出来事に結びつけることは、必要でもないし、また可能でもない。社会的本能は人間と動物に共通するものである。しかし、それは人間においては新しい形態をとるのである。それは自然的な所産であるばかりでなく、自由な意識的活動に依存する理性的な所産でもある。むろん、神は、ある意味では、依然として国家の原因たることをやめない。しかし、ここでも自然界におけるのと同じく、神はただ遠因（*causa remota*）または動機（*causa impulsiva*）として働くにすぎない。この本源的な刺激は、人間をその根本的な義務から解除するものではない。人間は自己の努力によって権利と正義の秩序を打ち立てなければならない。道徳的世界と国家をこのように組織化することによってこそ、人間はその自由を証明する。ここでは、自然の領域と恩寵の領域という二領域の裂け目が架橋されるのではなく、両者は完全な統一体の中に融合されるのである。恩寵の力は弱められるわけではない。

トマス・アクィナスは、古代の哲学者たちの最高善[*4]（*summum bonum*）が理性のみによっては到達されえないものと確信する。至福の直観（*visio beatifica*）、神の神秘的直観は依然として絶対の目標であり、そしてこの目標はつねに神の恩寵の自由なる賜物如何によるものである[19]。しかし、人間は自らその業を始め、また恩寵の生起のために備えなければならない。神の権利は、理性に由来する人間の権利を廃棄するものではない[20]。恩寵は自然を破壊せず、かえってそれを完成する（Gratia naturam non tollit, sed perficit）。したがって、堕罪にもかかわらず、人間はその力を正しく用い、かくして自分自身の救済のために備えをなす能力を失ってはいないのである。人間は偉大な宗教劇で受動的な役割を演じるのではなく、その能動的な寄与が求められ、実際、それは不可欠なのである[21]。こうした思想において、人間の政治生活は新たな尊厳を獲得した。地の国と神の国は、もはや対立しあった両極ではなく、二つのものは互いに関わりあい、互いに補いあうのである。

原註

（1）Rousseau, *Contrat social*, Liv. I, chap. I.

（2）Cassirer, *Philosophie der Aufklärung* (Tübingen, Mohr, 1932), chap. VI, "Recht, Staat und Gesellschaft" を見よ。

（3）Ernst Troeltsch, *Die Soziallehren der christlichen Kirchen und Gruppen*, in "Gesammelte Schriften," I (Tübingen, Mohr, 1912), 286 ff. 英訳 Olive Wyon, *The Social Teaching of the Christian Churches* (London, George Allen & Unwin; and New York, Macmillan, 1931), I, 280 ff. を見よ。

（4）本問題のさらに十分な論述については、Otto von Gierke, *Johannes Althusius und die Entwicklung der naturrechtlichen Staatstheorie* (3d ed. Breslau, M. and H. Marcus, 1913). 英訳 Bernard Freyd, *The Development of Political Theory* (New York, W. W. Norton & Co., 1939), Pt. II, chap. I, "Religious Elements in the Theory of the State," 69 ff. および p. 80, n. 12 に引用された原文を見よ。

（5）Dante, *De monarchia*, Lib. I, cap. III and cap. V-IX を見よ。

（6）Irenaeus, *Adversus haereticos*, Bk. V, chap. XXIV. 引用は Carlyle, *op. cit.*, I, 129 による。

（7）*Republic*, 476. Cornford trans., p. 179.

（8）Saint René Taillandier, *Scot Érigène et la philosophie scolastique* (Strasbourg, 1843) を見よ。

（9）Plotinus, "Against the Gnostics," in *Enneads*, II, 9, chap. XVI. 英訳 Thomas Taylor, "Select Works of Plotinus" (London, G. Bell & Sons, 1914), pp. 72-75. わずかばかり文章の順序を変更した。

（10）Gregory VII, *Epistulae*, Lib. VIII, epist. XXI, in Jaffé, *Monum. Gregor.*, p. 456. 引用は von Gierke, *op. cit.* 英訳 p. 72 による。Augustine, *City of God*, Bk. IV, chap. I を参照せよ。

（11）初代教会におけるこの理論の発展については、Ernst Troeltsch, *op. cit.* 英訳 I, 145 ff. を見よ。

(12) Thomas Aquinas, *Summa contra gentiles*, Lib. I, cap. I, 2, 9.
(13) Thomas Aquinas, *De veritate*, Quaest. XIV, art. 9を見よ。
(14) アルベルトゥス・マグヌスの自然学にたいする貢献および彼の一般的方法については、Pierre Duhem, *Le système du monde* (Paris, A. Hermann, 1917), Tome V, chap. XI, 412 ff. を見よ。
(15) *Summa theologica*, Pars Prima, Quaest. I, art. 6; *Summa contra gentiles*, Lib. I, cap. I.
(16) *Summa theologica*, Pars Prima, Quaest. VI, art. 4.
(17) Plato, *Phaedo*, 65 B, C. 英訳 H. N. Fowler (Loeb Classical Library), I, 227.
(18) 本問題の詳細な歴史的論述については、E. Gilson, *Le Thomisme* (Nouvelle éd. Paris, Vrin, 1922), chap. IX, 138 ff. を見よ。
(19) *Summa theologica*, Prima Secundae, Quaest. XCI, art. 4.
(20) *Idem*, Prima Secundae, Quaest. X and XI.
(21) *Idem*, Prima Secundae, Quaest. XCI, art. 3.

第十章　マキャヴェッリの新しい政治学

マキャヴェッリ伝説

文学史全体を通じて、マキャヴェッリの『君主論（*Il Principe*）』の運命ほど「書物の運命は読者の理解力にかかっている[1]（Pro captu lectoris habent sua fata libelli）」という格言の真理をよく立証するものはない。この書物の評判は独特で未曾有のものであった。これは学者や政治哲学者たちによって研究され、批評されるべき、単に学者じみた論文ではなかった。この書物は知的好奇心を満足させるために読まれたのではない。マキャヴェッリの『君主論』は、その最初の読者たちの掌中でただちに実行に移され、また近代世界の偉大な政治的闘争においても、強力な、しかも危険な武器として使用された。それが与えた効果は、まぎれもなく明らかであるが、しかし、それのもつ真意は、ある意味で秘められたままであった。この書物があらゆる角度から取り上げられ、哲学者、歴史家、政治家、あるいは社会学者たちによって論議されたのちの今日においてさえ、この秘密はまだ完全には明かされていない。一世紀ごとに、否、ほとんど一世代ごとに、『君主論』に関する評価は一変するだけでなく、まったく逆転するのが認められる。同じ事情は、この書物の著者にも妥当する。党派的な愛憎によって混乱させられ、マキャヴェッリの像は歴史を通じて移り変わったが、こうした様々な変化の背後に、その人の真の相貌や、その著書の主題を見分けることはきわめて困難である。

最初の反応は恐怖と嫌悪のそれであった。マコーリーは、そのマキャヴェッリに関する小論の冒頭に次のように書いている。

　われわれがいまその性格と作品について検討しようとしている人の名前ほど一般に不評な名前が文学史上ほかにあろうとは思われない。通常彼について述べた言葉は、彼こそが悪魔、悪原理、野望と復讐の発見者、あるいは偽誓の最初の発明者であり、そして彼の運命的な君主論が出版される以前には、偽善者、暴君、叛逆者、みせかけの徳や巧妙な犯罪といったものはかつて存在しなかった、と言わんばかりである。……彼の姓は無頼漢を意味する異名となり、その名前は悪魔の同義語となった。(2)

やがて、この評価はくつがえされた。過度の非難の時代には過度の賞讃の時代が続いた。排斥と酷評は一種の畏怖と崇敬に変わった。暴君の助言者たりしマキャヴェッリは自由の殉教者となった。つまり、悪魔の化身たりしものが英雄となり、そしてほとんど聖者にまでなったのである。

マキャヴェッリのような場合には、いずれの態度も不適当であり、誤解に導くものである。私は、彼の著書を道徳的見地から読み、かつ判断してはならないと言うのではない。このような恐るべき道徳的効果をもつ著作にたいしては、そのような評価がなされるのは避けがたいし、また実際、やむをえない。しかし、われわれは否認あるいは是認、非難あるいは賞讃ということから始めるべきではない。他のいずれの著作家の場合より以上に、おそらく彼に関しては、「笑わず、嘆かず、呪詛もせず、ただ理解する[*1](Non ridere, non lugere neque detestari, sed intelligere)」というスピノザのマキシムを思い浮かべることが必要であろう。われわれは特定の人物とその作品について評価を下す前に、それを理解するように努めるべきである。しかし、こうした知的態度は、従来、二つのマキャヴェッリ伝説の影響を受けて妨げられてきた。『君主論』を研究するにあたって、われわれは絶えずそうした伝説、すなわち憎悪の伝説と愛の伝説に用心しなければならない。前者は十七世紀にイギリスで作り出された。政治家や哲学者のみならず、偉大なイギリスの詩人たちもまた、マキャヴェッリ神話を普及させることに一役買ったのである。エリザベス朝の有名な作家で、マキャヴェッリの名前に言及せず、その政治理論に何らかの評価を下さないような者は、ほとんどいなかった。エドゥアルト・マイヤーは、その著『マキャヴェッリとエリザベス朝の演劇[3](*Machiavelli und das elisabethanische Drama*)』の中で、エリザベス朝の文学でマキャヴェッリに言及した、少なくとも三九五の箇所を書きとめたのであった。そして、いたるところで――マーロウ、ベン・ジョンソン、シェイクスピア、ウェブスター、ボーモント、さらにフレッチャーの劇において――マキャヴェリズムは狡猾、偽善、残酷、さらに犯罪の化身を意味させられている。作中の敵役は、通常、自分をマキャヴェリストと呼んでいる。(4) おそらく、こうした一般的な感情がもっともよく表われたものは、シェイクスピアの『ヘンリー六世（*King Henry the Sixth*）』の第三部におけるグロスター公リチャードの独白の中に見出しうるであろう。

はて、おれは笑い顔をしていて人を殺すこともできる、
悔しがっていながら満足です、とわめくこともできる。
空涙で頬を濡らし、
臨機応変に顔つきを変え、
人魚以上に船乗りを溺死させ、
バシリスク以上に目で人を殺すこともできる。
弁舌はネスターに劣らんし、
計略はユリシーズ以上だ。
サイノン流に第二のトロイを陥れる技量もある。
色を変えることは七色蜥蜴《とかげ》にもまさり、
変形にかけてはプロテウスをも凌《しの》ぎ、

残虐なマキャヴェッリをさえ教えうるおれだ。(5)

リチャード三世がマキャヴェッリの名を口にしたというのは、むろん一の時代錯誤であるが、しかし、この時代錯誤はシェイクスピアによっても、またその観衆によってもほとんど気づかれなかった。なぜなら、シェイクスピアがこの劇を書いたときには、マキャヴェッリという名は、その歴史的な個性をほとんど失っていたからである。それは一の思想類型を表わすのに用いられたのであった。さらにのちになっても、マキャヴェッリあるいはマキャヴェリズムという言葉は、つねに憎悪や嫌悪の魔力的な雰囲気に包まれていた。レッシングの『エミリア・ガロッティ (*Emilia Galotti*)』において、大臣兼侍従たるマリネリは、なお伝説的なマキャヴェッリのもつ様々な特徴を具現している。[*2] レッシングの悲劇の最後で、公爵は絶叫する。「王侯が人間であるばかりに、多くの人々が不幸な目にあうのではあるまいか。それにまた、悪魔までが王侯の友人を装わねばならないのか」。(6)

しかし、こうした憎悪や軽蔑にもかかわらず、マキャヴェッリの理論はその妥当性を決して失わなかった。それは一般的な関心の的であった。まことに奇妙にも、彼の不倶戴天の敵でさえ、しばしばこうした関心を強めることに非常に与ったのである。その嫌悪は、つねに一種の驚嘆と魅惑の感じを交えたものであった。マキャヴェッリの政治体系に真っ向から対立したその同じ人々が、彼の政治的天稟《てんぴん》に敬意を表するのを差し控えることができなかった。ユストゥス・リプシウスは、その『政治学 (*Politica*)』の中でこう書いた。「だがしかし、私は、かのマキャヴェッリその人の鋭敏、緻密にして熾烈なる天分を軽視するものではない[(7)]（Unius tamen Machiavelli ingenium non contemno, acre, subtile, igneum)」。この点では、マキャヴェッリの帰依者とその熱烈な反対者の間にはほとんど相違がなかった。こうした奇妙な盟約が、現代の政治思想においてマキャヴェリズムのもつ変わることのない力の主たる原因の一つになった。マキャヴェッリは死んだが、しかしその理論はつねに新たに生まれ変わって現われてきた。マーロウは、その『マルタ島のユダヤ人（*Jew of Malta*)』の序詞の中で、マキャヴェッリを登場させて次のように言っている。

世間ではマキャヴェッリは死んだと思っているが、
ただ魂がアルプスの彼方に飛び去ったまでのこと。
さて、ギーズも死んでしまったいま、フランスからやってきて、[*3]
この国を見てまわり、自分の友達とうち興じようというわけだ。
ある輩《やから》には、おそらくわしの名は厭《いと》わしかろう。
ところが、わしを愛するやつは、口さがなき輩からわしを庇《かば》って、
わしがマキャヴェッリであり、人間や、したがってまた
その言葉に頓着せぬことを、そいつらに知らせてくれる。
わしはわしを忌み嫌う輩からいちばん高く買われているのだ。
わしの本を大っぴらにこきおろすやつもいるにはいるが、

それでも、やつらはわしの本を読み、そのおかげで
ペテロの椅子を手に入れもする。やつらがわしを投げ捨てようものなら、
よじのぼってくるわしの帰依者どもに一服盛られるというわけだ。

この伝説的なマキャヴェッリ像がくつがえされるには、長い時間が必要であった。こうした通俗的評価に初めて攻撃を加えたのは、十七世紀の哲学者たちであった。ベーコンはマキャヴェッリのうちに自分に似通った精神を見出した。つまり、あらゆるスコラ的方法を打ち壊し、政治を経験的方法に従って究明しようと努める哲学者を彼の中に認めたのであった。「われわれは、マキャヴェッリやその他、彼と同類の人々に非常なおかげをこうむっている。彼らは、人間のなすべきことではなく、人間がなすことについて、あからさまに、またありのままに述べ、あるいは記す(8)」とベーコンは言っている。しかし、近代の偉大な思想家たちのうち、スピノザほどマキャヴェッリに関する評価を修正し、彼の汚名をそそぐ上につくしたものはいない。この目的を追求して、スピノザは奇妙な仮説に到達した。彼は、自由の戦士とみなしたマキャヴェッリが専制政治のもっとも危険な格率を内にもった一の著書を著わしえたという事実にたいして、説明をつけなければならなかった。このことは『君主論』が隠された意図をもっているということを仮定する場合にのみ理解できるように思われた。スピノザは、その『政治論（*Tractatus politicus*）』でこう述べている。

単に支配欲にのみ駆られている君主が、その支配を確立し、維持しうるためにいかなる手段を用いなければならないかについては、きわめて明敏なるマキャヴェッリが詳細に説いている。しかし、どのような目的でそれを説いたのかは十分に明らかではないようである。……彼はおそらく、自由な民衆が自己の安寧をただ一人の人間に絶対的に委ねきることに、いかに用心すべきであるかを示そうと欲したのである。その委ねられた人間は、……たえず策謀を恐れねばならず、したがって、もっぱら自己自身の利益を追い求め、さらに民衆に関しては、その利益を計るというよりも民衆にたいして策謀をめぐらすことを余儀なくされるからである。マキャヴェッリが自由の味方であり、また自由を守るために、きわめて有益な助言を与えたことはよく知られているとおりであるから、それにつけても私は、このいたく賢明な人間について、このような見解を抱く気持ちにされるのである(9)。

スピノザは、この解釈をただ仮説的に提出したにすぎない。彼は、むしろためらいがちに語り、自分の仮説についてあまり確信をもってはいなかった。事実、彼は一つの点で誤解しており、ある意味で、彼が破壊しようと努めたその同じ錯誤の中になおとどまっていた。というのは、彼にとっても、マキャヴェッリは非常に賢明で明敏なばかりでなく、また非常に狡猾な著作家でもあったから。彼はマキャヴェッリを巧妙なる策士とみなしたが、しかしこの評価は歴史的事実には一致しがたい。マキャヴェリズムが欺瞞とか偽善を意味するものなら、マキャヴェッリは決してマキャヴェリストではなかった。彼は何ら偽善者ではなかった。彼の私信を読んでみると、われわれがいたずらにとらわれている観念や先入主とはまったく異なる別のマキャヴェッリ、つまり、腹蔵なく、偏見なく、ある率直さをもって語る人間を見出して驚かされるのである。その人間について妥当することは、また著作家その人についても妥当する。この政治的策略や背信についてのすぐれた教師は、おそらくもっとも誠実な政治的著作家の一人であった。「言葉というものは、自己の思想を偽らんがために人間に与えられたものだ（La parole a été donnée à l'homme pour déguiser sa pensée）」というタレーランの有名な格言は、しばしば外交術策の真の定義として賞讃されてきた。これが事実だとすれば、マキャヴェッリは決して外交家ではなかった。彼は自己を偽りしめすことも、またその意見や判断を隠すこともせず、自分の考えていることをはっきりと、あからさまに口に出した。もっとも大胆な言葉が、彼にとっては、つねに最善の言葉であった。彼の思想や文体には少しも曖昧なところがなく、まぎれもなく、明らかで、鮮やかである。

十八世紀の思想家、つまり啓蒙主義の哲学者たちは、マキャヴェッリの性格をより好意的にみるようになった。ある意味で、マキャヴェッリは彼らの当然な盟友であるように思われた。ヴォルテールがカトリック教会にたいする攻撃を開始し、その有名な醜悪なるもの破壊（*Écrasez l'infâme*）を説いたとき、彼はマキャヴェッリの事業を続けているものと信じこむことができた。マキャヴェッリは、イタリアの悲惨な境遇はことごとく、もっぱらカトリック教会に責任がある、と言明していたではないか。彼はその『ディスコルシ*4（*Discorsi*）』で、こう述べていた。「われわれイタリア人は、ローマ教会とその僧侶どもに、彼らのおかげで何よりもまず不道徳で不信心な者になったという恩義を負うている。ところが、さらに大きな恩義、われわれの破滅の直接の原因となるものをも彼らに負うているのである。すなわち、教会によってわが国は絶えず分裂させられたままである」(10)。このような言葉は、フランスの哲学者たちをますます鼓舞するものであった。他面において、彼らはマキャヴェッリの理論に決して同調できなかった。フリードリヒ二世の『反マキャヴェッリ論（*Anti-Machiavel*）』(11)の初版への序文で、ヴォルテールはなお《有害なマキャヴェッリ》ということを口にした。プロイセンの若き皇太子としてこの論文を書いたフリードリヒ二世は、そこに啓蒙主義の思想家たちの一般的な感情と評価を表現したのであった。*5彼はこう述べた。「私は人間性を擁護して、この怪物、この人間性にとっての公然たる敵にあえて挑戦し、詭弁と不正な論議にたいして理性と公正で自ら武装し、……かくして読者が一方に見出す毒にたいして、すぐさま他方において解毒剤を備えられているようにするであろう」(12)。

これらの言葉は一七三九年に書かれたものであるが、しかし、その次の世代では、まったく別の調子が聞かれる。マキャヴェッリに関する評価は、まったく突如として一変する。その『人間性促進のための書簡（*Briefe zur Beförderung der Humanität*）』において、ヘルダーはマキャヴェッリの『君主論』を諷刺とか、政治に関する有害な著書とか、あるいはそれらの混じりあったものというように考えるのは誤りである、と言明した。マキャヴェッリは誠実で高潔な人間であり、鋭い観察家、ひたすらな、その祖国の友であった。彼の著書のどの一行といえども、彼が人間性にたいする叛逆者でないことを証しせぬものはない。彼の著書が誤解されたのは、それが正しい状況のもとでみられなかったという事実によるものであった。その書物は諷刺的な著作でも、また道徳の教科書でもなく、マキャヴェッリの同時代人のために執筆された政治的傑作である。マキャヴェッリの意図するところは、決して一般的な政治理論を提供することではなく、彼は単に当時の様々な慣習、思考や行動の様式を描写したにすぎない[13]。

こうした評価はヘーゲルにも受け容れられた。彼は、はるかに断固とした調子で語り、最初のマキャヴェッリ賞讃者となった。この事実を理解するためには、ヘーゲルがどのような特殊な状況のもとでマキャヴェッリの政治理論を学ぶにいたったかを心に留めておく必要がある。それは、ナポレオン戦争の時代――つまり、フランツ二世がドイツ帝国の帝冠を放棄した後の時期であった。ドイツの政治的崩壊は既成事実であるかに思われた。一八〇一年に執筆された未刊の論文『ドイツ国制論（*Die Verfassung Deutschlands*）』を、ヘーゲルは「ドイツは国家たることをやめた」という言葉から始めている。このような気分のうちに、まったく絶望的にみえる政治的状況において、ヘーゲルはマキャヴェッリの『君主論』を読んだのであった。そして、この当時に、彼はこの大いに非難され、また大いに賞讃された書物の手がかりを見出したように思われる。彼は、十九世紀におけるドイツの公的生活とマキャヴェッリの時代におけるイタリアの国家生活との間に正確な並行性があるのを認めた。新たな関心と新たな野望が心のうちに目覚め、彼は第二のマキャヴェッリ——自らの時代のマキャヴェッリたらんことを夢みた。ヘーゲルは次のように述べている。

イタリアがまさに崩壊せんとし、他国の諸侯によって行われる戦いの戦場となり、またイタリアがこうした戦争のための手段を提供すると同時に、その目指す目的物でもあり、さらにドイツ人、スペイン人、フランス人、スイス人たちがイタリアを掠奪し、他国の政府がこの国民の運命を決したような不幸な時代に——そして、こうした一般的な悲惨、怨恨、混乱、不明の痛ましい気分のうちに、イタリアの一政治家が冷静かつ慎重に、国家的統一によるイタリアの救済という不可欠の思想を抱懐した。〔したがって〕イタリアの状況を観察して形作られた観念の発展を、道徳的・政治的諸原則を無関心に要約したもの——それはあらゆる事情に適合し、それゆえ、いずれの事情にも実際には適合しない——というように取り扱うのは、きわめて不合理なことである。君主論は、マキャヴェッリに先立つ数世紀の歴史と当時のイタリアの歴史を考慮に入れて読まなければならない。そうすれば、この書物は正当なものと考えられるだけでなく、もっとも偉大で高貴な精神をもった真の政治的天才の、まことにすぐれた真の思想であることがわかるであろう。*6

これはたしかに、新しい一歩、しかも十九世紀における政治的思惟の発展にとって非常に重要な意味をもつ一歩であった。「マキャヴェリズムは、従来、倫理的世界の外部にのみ存在してきたのに、それが一切の倫理的価値を包み支えようとする理想主義的体系の中に組み入れられるにいたったことは、新たな、そして途方もない出来事であった。この出来事は、あるいは庶子を嫡出のものと認める行為に比しえられるかもしれない」(14)とフリードリヒ・マイネッケは述べている。

同じような傾向は、フィヒテの政治哲学の発展のうちにも認められる。一八〇七年、フィヒテはケーニヒスベルクにおいて評論雑誌『ヴェスタ（*Vesta*）』でマキャヴェッリに関する小論を公にした(15)。彼が自ら言明したように、この論評の目的は《雄々しい人物の名誉回復（Ehrenrettung eines braven Mannes）》――廉直な男の声望を救い出すのに寄与することであった。ここに現われるフィヒテは、従来考えられてきたのとはまったく別人である。一般に、彼はきわめて厳格な道徳的厳粛主義者とみなされてきた。しかし、マキャヴェッリについての彼の評価には、こういった類いのものはまったくみあたらない。彼はマキャヴェッリの政治的現実主義を賞讃して、あらゆる道徳的非難から彼を救い出そうとしたのであった。彼は、マキャヴェッリが断固として異教信仰を告白し、また憎悪と侮蔑の念をもってキリスト教について語ったことを認めたが、しかしこうしたすべてのことも、彼のマキャヴェッリにたいする評価を改めさせはしなかったし、また政治思想家としてのマキャヴェッリにたいするその讃美の思いを損なうものでもなかった。

マキャヴェッリの著作についてのこうした解釈は、十九世紀を通じて支配的であった。爾来、役割は一変した。以前には侮辱的言辞であったマキャヴェッリの名前が、突如として一種の修飾的形容詞（*epitheton ornans*）になった。十九世紀文化では、二つの強い勢力、すなわち知的な力と社会的な力がこうした帰結を生み出すのに与った。十九世紀文化では、歴史が指導的な役割をとり始めた。暫時にして、歴史は他のあらゆる知的関心に取って代わり、ほとんどそれらを影の薄いものにした。この新しい視角からすれば、マキャヴェッリの『君主論』にたいする以前の評価は、もはや承認しがたいものであった。というのも、それはこの書物の歴史的な背景を完全に看過していたからである。他面において、ナショナリズムが十九世紀初頭以来、政治的・社会的生活のもっとも強力な衝動と推進力になってきた。こうした二つの運動が、マキャヴェッリ理論の真価を認めることに深い影響を及ぼしたのであった。十七世紀の文学では、マキャヴェッリは悪魔の化身のように描かれ、やがて奇妙に誇張されて、悪魔そのものが時にマキャヴェリストと名づけられ、マキャヴェリズムで彩られた。[16] しかし、二世紀後には、こうした評価はまったく逆転した。マキャヴェッリの悪魔化は一種の神格化に取って代わられた。イタリアの愛国者たちは、いつもマキャヴェッリの『君主論』の最後の章を熱狂的に歓迎した。ヴィットーリオ・アルフィエーリがその『君主論並びに書簡について（*Del Principe e delle lettere*）』を著わしたとき、彼は《神のごときマキャヴェッリ（divino Machiavelli）》と言うのを躊躇しなかった。彼はその書物の中に、マキャヴェッリの有名なイタリアの異邦人からの解放の勧めをまさに論じるためにあてられた、特別な一章を挿入した。[17]

しかしながら、この場合には、われわれの《歴史主義》やナショナリズムは、われわれの判断を明瞭にするというよりも、むしろ混乱させることのほうがはるかに多かったのではなかろうか。ヘルダーやヘーゲルの時代以来、マキャヴェッリの『君主論』を体系的な著書——政治理論とみるのは誤りだと言われてきた。マキャヴェッリは、そうした理論を提出しようと意図したのでは決してなく、特殊な目的のために狭い範囲の読者にたいして書いたのだと言われている。L・アーサー・バードは、彼の編んだマキャヴェッリの著作の序文において「『君主論』はイタリア人、しかも特定の時期のイタリア人以外のために書かれたものではない。実際、さらにつきつめて、それが、そもそも、あらゆるイタリア人のために書かれたものかどうかということさえ疑問とするに足る」(18)と述べている。しかし、こうした通説が、マキャヴェッリ自身の見解と、さらに彼の第一に意図したところとを正確に表現するものだ、という何らかの証拠があるだろうか。マキャヴェッリは、イタリアの代弁者として行動するよりほかに何らの関心も抱負ももたず、そして彼の勧告はいずれもイタリア史の特定の時点に限られていたのであろうか。彼は、自分のそうした見解が後代の政治生活やその諸問題には適用しえないものと思いこんでいたのだろうか。

私は、この命題について、それだけで決定的な証明になるといったものを見出すことはできない。このように判断する場合には、われわれは一種の錯覚に悩まされることになりはしないかと思う。われわれは《歴史家の誤謬》と呼びうる誤りに陥りやすい。この場合、われわれ自身の歴史観や歴史の方法が、そうした考え方をまったく知らないし、またそれをほとんど理解することもできないような著作家に押しつけられているのである。あらゆるものをそれが置かれた環境において考察するのは、われわれにはまったく当然のことのように思われる。今日では、このマキシムは、つねに人間の行動や文化現象を正しく解釈するための一種の定言命法のように考えられている。したがって、われわれは事物の個性と判断の相対性にたいする感覚――それは、しばしば、われわれを過敏ならしめる――を発達させてきた。われわれは、ほとんど一般的な確言をあえてしようとしないし、またあらゆる明確な定式に不信の念を抱き、永遠の真理や普遍的な価値の可能性にたいして懐疑的である。しかし、このような態度はマキャヴェッリのものではなかったし、またルネサンスのものでもなかった。ルネサンスの芸術家や科学者や哲学者たちにとっては、近代の歴史的相対主義は未知のものであり、彼らはなお絶対的な美や絶対的な真理を信じていた。

マキャヴェッリ自身の場合には、さらに特別な理由から、こうした近代の註釈者が彼の政治理論に導入した規定は、いずれも許されないであろう。彼は偉大な歴史家ではあったが、彼の歴史の課題についての考えは、今日のそれとはまったく異なるものであった。彼は歴史的生の動態というよりも静態に興味を覚えた。彼は、ある歴史的時期の特殊な性質といったものに関心をもたず、繰り返し現われてくる特徴、あらゆる時代を通じて変わらない事物を見出そうと努めた。われわれの歴史叙述の方法は個性化的であるが、マキャヴェッリのやり方は普遍化的であった。つまり、われわれは歴史が繰り返されるものとは考えないが、彼は絶えず繰り返されるものと考える。彼はこう言っている。

現在と過去を比べてみると誰しもすぐ気づくことだが、いずれの都市、いずれの国民においても、同じ欲求や同じ欲情がつねに支配してきたし、また現に支配している。したがって、過去の出来事を慎重に検討する人にとっては、いずれかの国で将来起こる出来事を予知し、古人がそれと同じような場合に用いた対策をそれに施すというのは容易な事柄であろう。……しかし、こうした教訓も、それを読む人によって無視されたり、理解されなかったりして、たまたま理解されたとしても、肝心の施政の局にある人がそれを知らずに過ごすというわけで、結局、同じような無秩序が、いつの世にも繰り返されることになるのである。(19)

したがって、将来の出来事を予知せんとする人は、つねに過去の出来事を顧みなければならない。というのも、この世のあらゆる出来事は、それが現在のものにせよ、未来のものにせよ、過去の出来事とまったく似通っているものだからである。「こうした出来事は、昔もいまも変わらない同じ情念や気質をもった人間によって引き起こされるものであるため、同じ結果がもたらされることにならざるをえないというわけである(20)」。

こうした静態的な歴史観から、いずれの歴史的な出来事も相互に取り替えうるということが導き出される。そうした出来事は物理的には空間と時間のうちにある一定の位置を占めているが、しかし、その意味や性格はつねに変わることがない。ところで、ティトゥス・リウイウスの著作にたいする論評において、自分の政治的格率や理論を説明しえたような思想家が、いずれの時代もそれ自身の基準に従って測られねばならないという近代の歴史家の見解に与《くみ》しなかったのは当然である。彼にとって、あらゆる人間やあらゆる時代は同列に論じうるものであった。マキャヴェッリはギリシアやローマの歴史から取り出された事例も、その当時の歴史から取り出された事例もまったく区別しない。彼はアレクサンドロス大王とチェーザレ・ボルジア、ハンニバルとルドヴィーコ・イル・モーロを同じ調子で論じている。ルネサンスの《新たな君主権》を扱った同じ章で、彼はモーセ、キュロス、ロムルス、テセウスについて論じている。(21) こうした彼の方法上の欠陥は、マキャヴェッリ自身と同時代の人々、つまりルネサンスのすぐれた歴史家たちによってさえ指摘され、批判されたが、とくにグイチャルディーニは、この点について非常に興味深い適切な批評を与えたのであった。(22)

　こうした型の思想家が新しい建設的な理論、つまり真の政治学を形成しようと試みるとき、たしかに、この政治学を特殊な場合に限定するつもりはないであろう。このような場合、われわれは、それがいかに逆説的に響くとしても、現代的な歴史意識がわれわれの眼を曇らせ、明白な歴史的真実をみることを妨げるものと言わざるをえない。マキャヴェッリは、イタリアのためでも、彼自身の時代のためでさえなく、世界のために――しかも彼に耳を傾ける世界のために筆をとったのである。マキャヴェッリは、現代の批評家たちが彼にたいして与える評価に決して同意しなかったであろう。そうした人々が彼について賞讃したことは、彼には欠陥のように思えたであろう。彼は自分の政治的著作を、ちょうどトゥキュデイデスが自己の歴史の著作について抱いたのと同じ思いで眺めた。彼はその著書を束の間のための作品ではなく、永遠の財宝（*κτῆμα ἐς ἀεί*）[*7]と考えたのであった。実際、マキャヴェッリは自分のあらゆる判断に満々たる自信をもっていた。彼は非常に好んで、すこぶる大胆な一般化をやってのけた。古代や近代の歴史から取り出されたわずかな事例から、彼はすぐさま、きわめて一般的な結論を引き出したのであった。こうした演繹的な思考や論証の仕方は、われわれがマキャヴェッリの理論の帰結を理解しようと思うなら、つねに考慮されなければならない。彼自身の個人的な経験を述べたり、特殊な読者層を対象に語ったりすることは、彼の意図するところではなかった。むろん、彼は自分の経験を利用した。その『ディスコルシ』の献題において、彼は友人であるツァノービ・ブオンデルモンティとコジモ・ルッチェライに、いま献呈せんとする著作が、彼のおびただしい読書と永年にわたる世事における経験から集められたあらゆる政治的知識から成るものであることを語っている。しかし、マキャヴェッリのどちらかといえば貧しい世事の経験では、『君主論』というすぐれた重要な著作を書くことは決してできなかったであろう。そのためには、まったく別の知的な能力、つまり論理的演繹および分析の力と真に物分かりのよい精神の力が必要であった。

近代の多くの著作家たちが、マキャヴェッリの『君主論』を正しい観点からみるのを妨げられてきた、なおいま一つの偏見がある。これらの著作家たちのほとんどの人は、その全部とは言わないまでも、マキャヴェッリの生涯を研究することから始めたのであった。そこにこそ彼の政治理論にたいする手がかりを見出さんものと、彼らは期待した。人間マキャヴェッリについてまったき知識をもてば、その著作の意味を完全に洞察するのに十分である、ということが当然のことのように考えられた。近代の伝記的研究のおかげで、以前のマキャヴェッリ、エリザベス朝の演劇における《凶悪な》マキャヴェッリは、まったく影をひそめてしまった。われわれはマキャヴェッリを、そのあるがままの姿で、正直で高潔な人間、熱烈な愛国者、誠実な祖国の僕《しもべ》、忠実な友、その妻子を熱愛する人間としてみるのである。[23] けれども、こうした様々な個人的性質をもって、その著書の意味だと解釈するなら、誤りを犯すことになるであろう。われわれはその重要な長所も短所もともに見損なってしまう。われわれの歴史的関心の異常発達ばかりでなく、また心理学的関心のそれも、しばしばわれわれの判断を混乱させてきた。以前の世代は著書それ自体に関心をもち、その内容を研究したが、われわれはその著者の精神分析をすることから始める。マキャヴェッリの思想を分析し、批判する代わりに、現代の註釈者の多くは、ただ彼の動機のみを問題にする。こうした諸々の動機を明らかにするために、非常な努力が重ねられてきた。この問題は、その主題についての文献全体の中でも、もっとも激しく論議された問題の一つになった。

　私はこうした論議の詳細に入っていこうとは思わない。動機の問題は、いつでも困難で不確かなものであり、ごく稀な場合にしか絶対的な確実さをもっては確定しえない。しかし、たとえ明白な満足のいく仕方でそれに答えうるとしても、そのことは大して役に立たないであろう。ある著書の動機や、それが著わされた目的は、その著書自体ではない。それらはただ副次的な原因にすぎず、その体系的な意図を理解させるものではない。以前には伝記的資料が相当不足していることが悩みの種であったが、今日では、おそらくその正反対の事実で悩まされている。われわれはマキャヴェッリの私信を読み、また彼の政治的経歴を詳細に調べ、さらに『君主論』だけでなく彼の他のあらゆる著作をも読んでいる。けれども、『君主論』の体系的意義とその歴史的影響を判断するという決定的な点になると、われわれは困惑してしまうのである。現代の多くのマキャヴェッリ研究家は、彼の生涯の詳細を明らかにすることに熱中するあまり、その全体の把握を見失い始めている。彼らは木をみて森をみない。著者の名声を救わんがために、彼らはその著作の重要性を軽視する。最近のある伝記作者は、こう尋ねている。

『君主論』には、こうした激しい同情と論争を引き起こす何かが存在していたのであろうか。……この問いにたいする解答は、実際それがつねにそうであったように、今日でも何もないということにつきる。『君主論』には、それが呼び起こした憎悪、軽蔑、嫌悪、恐怖の正当なことを立証する何ものも存在しない。ちょうど、その中には、自分自身の行動や理想を読み取ろうとしたその熱烈な讃美者たちによって与えられた、賞讃に値する何ものも存在していないのと同じように。この君主自身も、彼に勧められた行動も、彼が心に留めるように教えられた目的も、すべてはその時代の産物であり、そしてマキャヴェッリの与えた勧めは、彼が経験から教えられ、その時代にとって最善と考えるもの――その時代においてただ一つ理解され、尊重されるらしく思われたものなのである。[24]

こうした判断が正しいなら、マキャヴェッリについての世評全体は多分に誤解に基づいているることになるであろう。マキャヴェッリ自身ではなく、その読者が彼の世評を作り出したのであり、しかも彼の著作の意味をまったく誤り解することによってのみ、そうすることができたのである。

これはディレンマからの非常にまずい逃避であるように思われる。ディレンマは現に存在している。マキャヴェッリの政治学説と彼の個人的・道徳的性格の間には、甚《はなは》だしい不一致が存在しているかにみえる。しかし、われわれはマキャヴェッリ理論の独創性とか普遍性を否定するのではなく、その問題について、もっとよい説明をぜひとも探さなければならない。こうした解釈が正しいとすれば、むろんマキャヴェッリを、なお偉大な政論家として、特殊な政治的・国家的利害の代弁者および宣伝家として考えることはできよう。けれども、彼に新たな政治学の創始者——その思想や理論が近代世界に大変革を引き起こし、社会秩序を根底から震撼せしめた偉大な建設的思想家をみることはできないであろう。

原註

（1）Terentianus Maurus, *De litteris, syllabis et metris*, v. 1286.

（2）Macaulay, *Critical, Historical and Miscellaneous Essays*（New York, 1860）, I, 267 f.

(3) "Literarhistorische Forschungen," Band I (Weimar, 1907).

(4) その資料については、Mario Praz, *Machiavelli and the Elizabethans*, "Proceedings of the British Academy," Vol. XVIII (London, 1928) を見よ。

(5) *King Henry the Sixth*, Third Part, Act III, sc. 2〔訳文は坪内逍遥訳によったが、わずかに変更した〕.

(6) Lessing, *Emilia Galotti*, Act V, sc. 8.

(7) Justus Lipsius, *Politicorum sive civilis doctrinae libri sex* (Antwerp, 1599), pp. 8 f.

(8) Bacon, *De augmentis scientiarum*, Lib. VII, cap. II, sec. 10.

(9) Spinoza, *Tractatus politicus*, cap. v, sec. 7. 英訳 R. H. M. Elmes (Bohn's Philosophical Library, London, G. Bell and Sons, 1900), "Works," I, 315.

(10) *Discourses on the First Decade of Titus Livy*, Bk. I, chap. XII. 英訳 N. H. Thomson (London, 1883), pp. 56 f.

(11) ヴォルテールの序文の英訳は、Ellis Farneworth, "The Works of Nicholas Machiavel" (2d ed. London, 1775), II, 181-186 に載せられている。

(12) *Anti-Machiavel*, Preface, Farneworth, *op. cit.*, II, 178 f.

(13) Herder, *Briefe zur Beförderung der Humanität*, Brief 58, "Werke," ed. B. Suphan, XVII, 319 ff.

(14) *Die Idee der Staatsräson in der neueren Geschichte* (München and Berlin, R. Oldenbourg, 1925), p. 435.

(15) のちに、Fichte, "Nachgelassene Werke" (Bonn, 1835), III, 401-453 に再録された。

(16) Mario Praz, *op. cit.*, p. 37 を見よ。

(17) 「かの神のごときマキャヴェッリは、その君主論の最終章に、この主題をつけた。ところで、それがさらにここで繰り返されたのは、異なる仕方をもってしても同じ結果が得られるということを示すためにほかならない(Così intitolò il divino Machiavelli il suo ultimo capitolo del *Principe*; e non per altro si è qui ripetuto se non per mostrare che in diversi modi si può attenere lo stesso effetto)」。Alfieri, *Del Principe e delle lettere Libri III*, Cap. XI, "Opere di Vittorio Alfieri" (Italia, 1806), I, 244.

(18) Niccolò Machiavelli, *Il Principe*, ed. L. Arthur Burd (Oxford, Clarendon Press, 1891), p. 14.

(19) *Discourses*, Bk. I, chap. XXXIX. 英訳 p. 125.

(20) *Discourses*, Bk. III, chap. XLIII. 英訳 p. 475.

(21) *The Prince*, chap. VI を見よ。

(22) Guicciardini, "Considerazioni intorno ai Discorsi del Machiavelli," *Opere inedite di F. Guicciardini* (2d ed., Florence, 1857), I, 3-75 を見よ。

(23) 詳細については、本問題に関する代表的著作 Pasquale Villari, *Niccolò Machiavelli e i suoi tempi* (Florence, 1877-82). 3 vols. 英訳 (London, Kegan Paul, Trench & Co., 1878). 4 vols. を見よ。

(24) Jeffrey Pulver, *Machiavelli, the Man, His Work and His Times* (London, Herbert Joseph, 1937), p. 227.

第十一章　マキャヴェッリ主義の勝利とその帰結

マキャヴェッリとルネサンス

マキャヴェッリの著作や彼の人格については非常に意見が分かれているが、にもかかわらず、完全な一致の認められる少なくとも一つの点がある。いずれの著作家も、マキャヴェッリが《彼の時代の子》であり、ルネサンスの典型的な証人であることを強調する。しかしながら、このように述べることも、ルネサンス観そのものが明白で一義的でないかぎりは、まったく用をなさない。しかも、この点に関して、事態は絶望的なほど紛糾しているように思われる。最近の二十〜三十年の間に、ルネサンス研究にたいする関心は絶えず高まってきた。われわれは、今日、驚くべき豊富な資料、政治史家や、文学、芸術、哲学、科学、宗教などの歴史家たちが蒐集した諸々の新たな事実を意のままに用いることができる。けれども、最大の問題、つまりルネサンスの《意義》如何という問題については、依然、暗黒に閉ざされたままであるようにみえる。現代のいずれの著作家も、ヤーコプ・ブルクハルトがルネサンス文明を叙述するために用いた有名な定式[*1]を繰り返すわけにはいかないであろう。反面において、ブルクハルトの著作の批判者たち[*2]が与えてきたあらゆる叙述も、同じく異論の余地のあるものである。このゴルディアスの結び目を断ち切ろうと決意した学者、しかもその専門領域においてきわめて権威ある学者がたくさんいる。彼らは《ルネサンス》という用語そのものを使用しないように警告している。リン・ソーンダイクは、この問題に関する最近の論議でこう書いた。「ルネサンスを問題にするなどのような必要があるだろうか。何人《なんびと》もかつてその存在を証明したことはなかったし、実際、証明しようとした者もいない」[(1)]。

しかし、われわれは単に名称や用語だけを議論すべきではない。ルネサンスが単なる声の、風（*flatus vocis*）ではなく、その用語がある歴史的事実に一致していることは否定しえない。この事実を証明することが必要なら、二人の古典的な証人を召喚して、二つの著作を指摘するだけで十分であろう。つまり、ガリレオの『新科学対話（*Discorsi e dimostrazioni matematiche intorno a due nuove scienze*）』とマキャヴェッリの『君主論』の二つである。これら二つの著作を結びつけるのは、一見すると、すこぶる恣意的なようにみえるかもしれない。両者はまったく異なる主題を扱い、またそれぞれ属する世紀を異にし、さらにその思想、学問的関心、才能、人格をまったく異にした筆者によって書かれたものである。にもかかわらず、両者はある共通したものをもち、そのいずれにも、それを近代文明史における重大な二大事件たらしめた、ある一定の思惟傾向が認められる。最近の研究が教えるところによれば、マキャヴェッリとガリレオのいずれにも、その先駆者が存在した。彼らの著作は、準備万端整えて、その著者の頭脳から一足飛びに出現したものではない。それは長く慎重な準備を必要とした。しかし、こうしたことはすべて、その独創性を損なうものではない。ガリレオがその『対話』で、またマキャヴェッリがその『君主論』で述べたものは、実際、《新しい科学》であった。ガリレオはこう言った。「私の目的は、非常に古い主題についての、まったく新しい科学を打ち立てることである。自然界には、おそらく運動より古いものはないであろう。したがって、これについての哲学者たちの著書は数・量ともに決して少なくはない。にもかかわらず、私は実験によって、認識に値するが従来観察もされず、証明もされなかった、自然の重要な特性をいくつか見出したのである」[2]。マキャヴェッリも自分の著書について同じように語る資格が十分にあったであろう。ガリレオの力学が現代の自然科学の基礎になったのとまったく同じように、マキャヴェッリは政治学の新しい道を拓いたのであった。

これら二つの著作の新機軸を理解せんがためには、中世的思惟を分析することから始めなければならない。単に年代的な意味においては、ルネサンスを中世から切り離しえないことは明らかである。無数の目にみえる糸や目にみえない糸で、一四〇〇年代《クワトロチエント》はスコラ的思惟や中世文化につながっている。ヨーロッパ文明史においては、連続性が中断されることは決してなかった。この歴史において中世が《終わり》、近代世界が《始まる》時点を探すのは、まったく馬鹿げたことである[3]。しかし、そのことは二つの時代の精神的な境界線を探す必要性をなくさせるわけではない。

中世の思想家たちは様々な学派に分かれていたが、こうした諸々の学派、弁証法論者と神秘主義者、実念論者と唯名論者の間では、果てしない議論が続けられた。にもかかわらず、そこには幾世紀にもわたってつねに確固と変わることのなかった、ある共通した思想の中心があった。中世思想の統一性を把握するには、『天上位階論（*Περὶ τῆς οὐρανίας ἱεραρχίας*）』と『教会位階論（*Περὶ τῆς ἐκκλησιαστικῆς ἱεραρχίας*）』の二著を学ぶのが、おそらくもっともよい、もっとも容易な方法であろう。これらの書物の著者が誰であったかは明らかでない。中世においては、一般にディオニュシオス・アレオパギテス――聖パウロの弟子で、彼によって改宗させられ、洗礼を授けられた人物――がその著者だとされていた。しかし、これは伝説にすぎない。これらの著書は、おそらくプロクロスの弟子であった新プラトン主義の著作家によって書かれたものであろう。それが前提としているのは、新プラトン派の創始者プロティノスによって展開された流出説である。この学説によれば、事物を理解するためには、つねにその最初の本源まで遡り、それがこの本源からいかにして発展してきたかを示さなければならない。この最初の本源、万有の原因にして始源は、絶対者たる一者である。この絶対的な一者が諸々の多様なる事物に発展する。しかし、それは現代的な意味における進化の過程ではなく、むしろ退化の過程である。世界全体が、黄金の鎖――ホメロスがその『イリアス』の有名な一節で語った、かの黄金の鎖（aurea catena）――によって統一を保たれる。精神的なものも、物質的なものも、あらゆるもの、首天使、天使、セラフィムやケルビムやその他あらゆる天使の群れ、人間、生命あるもの、物質ことごとくのものが、この黄金の鎖をなして神の脚下に結びあわされる。そこには二つの異なる階層秩序、つまり存在の階層秩序と価値の階層秩序が存在する。しかし、それらは互いに対立しあうのではなく、完全な調和をなして互いに相応じるものである。価値の位階は存在の位階に依存する。存在の階梯が低いものは、価値の階梯もまた低い。あるものが最初の本源、つまり万有の源泉から遠ざかれば遠ざかるほど、それの完全性の度合いは、それだけ少ないものになるわけである。

天上と教会の階層秩序について論じたディオニュシオス偽書は、中世全体を通じて広く、また熱心に研究されたものであった。それはスコラ哲学の主要な源泉の一つになった。この偽書で展開された体系は、人々の思想に影響を及ぼしただけでなく、非常に深く人々の感情にも結びつき、様々な仕方で倫理的・宗教的・学問的・社会的秩序の全体のうちに表現されたのであった。アリストテレスの宇宙論では、神は宇宙の《不動の動者》と述べられた。神は自らは動くことのない運動の究極的源泉である。神は、その運動の力を、まず自分のもっとも近くにあるもの、すなわち最高の天球に伝え、ここからその力は様々な段階を経て、われわれ自身の世界へ、月下の世界なる地上へ下降して伝えられる。しかし、ここでは、もはや最初におけるのと同じ完全性は認められない。より高き世界、様々な天体の世界はエーテル[*3]、すなわち第五実体（*quinta essentia*）の不朽・不滅の実体から作られており、これらの天体の運動は永遠にやむことがない。われわれの世界では、あらゆるものが滅びやすく、朽ちやすい。そして、いずれの運動も束の間に静止してしまう。低き世界と高き世界の間には、判然とした区別が存在し、両者は同じ実体から成るものではないし、また同一の運動法則に従うのでもない。同じ原則は政治的・社会的世界の構造にも妥当する。宗教生活においては、頂点たる教皇から枢機卿、大司教、司教へと下降して下位の聖職者にいたる教会的階層秩序が見出される。国家においては、最高の権力は皇帝に集中され、これはその下位にあるもの、王、大公、およびその他すべての家臣に委任される。この封建制度は、まさに普遍的な階層的体系の表われであり、それに対応するものである。それは神によって打ち立てられ、したがって永遠で変わることのない普遍的宇宙秩序の表現であり、象徴である。

この体系は全中世を通じて支配的であり、人間生活のあらゆる領域でその力を実証した。しかし、ルネサンスのはじめの世紀、一四〇〇年代《クワトロチエント》と一五〇〇年代《チンクエチエント》には、それはその形態を変えたのであった。この変化は突如として生じたのではなかった。中世的思惟の基本原理の全面的な崩壊、廃棄、あるいは公然たる否定といったものは認められない。にもかかわらず、あれほど強固に確立されたかにみえ、また幾世紀にもわたって人々の思考や感情を支配してきた階層的体系にも、一つまた一つと破壊口が開けられる。その体系は破壊されはしなかったが、しかし色褪《いろあ》せて、その疑われることのなかった権威を失い始めた。

アリストテレスの宇宙論体系は、コペルニクスの天文学体系に取って代わられた。後者には、もはや《高き》世界と《低き》世界の区別は認められない。あらゆる運動は何であれ、地球の運動も天体のそれも同一の普遍的法則に従うのである。コペルニクスの体系に初めて形而上学的解釈を与えた思想家はジョルダーノ・ブルーノであったが、彼によれば、世界は同一の無限な神的精神によって満たされ、生かされた無窮の全体にほかならない。宇宙のどこにも特権を有する場所はなく、《上》や《下》といったものは何ら存在しない。政治の領域でも、封建的秩序が解体して、崩壊し始めた。イタリアでは、新しいまったく別の型の政体が現われた。個人の手で、つまりルネサンスの偉大なコンドティエリ[*4]（*Condottieri*）によって作り出され、あるいはまた偉大な一族、例えばミラノのヴィスコンティ家とか、スフォルツァの一族、フィレンツェのメディチ家、マントヴァのゴンザーガ家などによって作り出されたルネサンスの専制政治がここに登場する。

近代的・世俗的国家

こうした舞台が、一般的にマキャヴェッリの『君主論』の政治的・精神的な背景をなすものであった。そして、この観点から彼の著書に近づくなら、ヨーロッパ文化の発展において、それがもつ意味やその正しい地位を確定するのに少しも困難はない。マキャヴェッリがその著書を着想したとき、政治的世界の重心はすでに移動していた。新たな勢力が台頭してきたが、こうした中世体系にとってまったく未知であった勢力が解明されなければならなかった。マキャヴェッリの『君主論』を研究してみると、彼の全思考が、いかにこの新しい現象に集中されているかに驚かされる。在来の政体、都市共和国、あるいは世襲の君主国については、彼は非常に簡潔に論じている。あたかもこれらの古い昔ながらの政体が、いずれもマキャヴェッリの好奇心をほとんど引き起こすこともなく、彼の学問的関心に値しなかったかのごとくに。けれども、マキャヴェッリが新しい人間たちについて書き始め、《新たな君主権》を分析するとき、彼はまったく別の調子で論じている。彼は興味を覚えるだけでなく、心を奪われ、魅了しつくされる。チェーザレ・ボルジアについて述べたどの言葉にも、この強い奇妙な魅惑が感じとられる。チェーザレ・ボルジアがその敵を除くためにとった手段を論じたマキャヴェッリの叙述は、文体・思想の両面において、彼のもっとも特色ある著作の一つである。[4] そして、チェーザレ・ボルジアの没落したずっと後にも、彼はなお同じように感じていた。《ヴァレンティーノ公[*5]（Duca Valentino）》は、つねに変わることなく彼の古典的な模範である。新しい国家を建設しなければならないときには、つねにチェーザレ・ボルジアの世に聞こえた先例を踏襲するであろう、と彼は率直に告白している。[5]

すべてこれらのことは、チェーザレ・ボルジアにたいする個人的な共感ということで説明するわけにはいかない。マキャヴェッリには彼を愛すべき何らの理由もなく、かえって彼を畏れるべき有力な理由をもっていた。彼はつねに教皇の世俗的権力に反対した。彼はそれをイタリアの政治生活にとって最大の危険の一つと考えていたが、しかもチェーザレ・ボルジア以上に、カトリック教会の世俗的支配を伸張することにつくした者はいなかった。他面において、マキャヴェッリはチェーザレ・ボルジアの政策の勝利がフィレンツェ共和国の破滅を意味することをあまりにもよく知っていた。こうした事実にもかかわらず、彼が自分の故国たる都市の敵について論じるとき、讃美の念とともに一種の畏敬の思いを抱いて――おそらく他のいずれの歴史家もかつてチェーザレ・ボルジアにたいして払ったことのない敬意をもってしたのは、どうしてであろうか。これは、マキャヴェッリの讃美の真の対象が、その人物自体ではなく、その人によって作り出された新たな国家組織であったことを心に留めなければ、理解しえない。この新しい政治組織が真に意味したところを初めて完全に悟った思想家がマキャヴェッリであった。彼はその成立の由来を観察し、その帰結を予測した。彼はヨーロッパの政治生活の未来の全行程を、その思想のうちに先取りして論じた。こうした理解に促されて、彼は新しい君主権の形態を非常に慎重かつ徹底的に究明してみる気持ちになった。彼は、以前の政治理論に比べて、この研究がある異常なものとみなされうることを十分に自覚し、そこで自分の変わった考え方にたいして弁解を試みている。彼は『君主論』の第六章で、こう述べている。

まったく新たな君主権や君主や国家について論じようとして、私が甚《はなは》だすぐれた人物の先例を引用しても、奇妙なことのように考えないでもらいたい。……かつて君主ではなかった者が新たに獲得した君主権を維持するについては、それを得た人物の器量如何によって困難の多少があることを指摘しておこう。一私人たることから君主の地位にまで上るには、その者の力量、または少なくとも幸運が与《あずか》って大いに力あることからみて、こうした力量と幸運のいずれかが、その人物に次々と生じる様々な困難を切り抜けさせる、ということは大いにありそうなことである[6]。

単なる伝統や正統性原理に基づいた国家を、マキャヴェッリはかなり軽蔑的に、あるいは公然とした皮肉な口調で論じている。教会的支配権は非常に幸運なものである、と彼は言明する。というのも、それは古来の神聖な権威をもつ宗教的制度で強化されるので、自己を維持するのが容易だからである。「しかしながら、こうした支配権は、それを起こし支える全能者によって直接に指導・管理されており、しかもその働きは、われわれの弱き理解力をはるかに超えているがゆえに、これらのものについてあえて説明しようと企てる人がいるなら、それは軽率で僭越なことであろう。したがって、私は、こうした類いの解明に入ることを、よろしく御免こうむりたいと思う(7)」。マキャヴェッリの関心を惹くには、こうした平穏無事な国家形態とは異なった別のもの——実力によって作り出され、そして実力によって維持されねばならない政体が必要であった。

しかし、こうした政治的側面がすべてではない。マキャヴェッリ理論の意味を全体として理解するには、それをはるかに広い観点から眺めなければならない。われわれは政治的観点に哲学的観点を付け加えなければならない。その問題の解決をこうして助成するということは、従来、不当にも無視されてきた。多くの政治家や社会学者、さらに歴史家たちが、互いに競ってマキャヴェッリの『君主論』を分析し、論評し、批判してきたが、しかしわれわれの近代哲学史の教科書にはマキャヴェッリに関する章はどこにもみあたらない。このことは、ある意味で理解できるし、また正当なことでもある。マキャヴェッリは語の古典的または中世的意味における哲学者ではなかった。彼は何ら思弁的体系をもたなかったし、実際、政治学の体系さえもっていなかった。にもかかわらず、彼の著書は近代哲学思想の一般的な展開にたいして非常に強力な間接的影響を及ぼしたのであった。なぜなら、スコラ哲学の一切の伝統を初めて断固として明々白々に断ち切ったのはマキャヴェッリだったからである。彼はこの伝統の隅の首石《おやいし》——階層的体系を破壊した。

　中世の哲学者たちは、つねに繰り返し、あらゆる権力は神に由来するものである、という聖パウロの言葉[8][*6]をひきあいに出した。国家の神的な起源は一般に承認されており、近代の初頭においても、この原理はなお十分な力をもっていた。それは、例えばスアレスの理論[*7]においてまったく円熟した形で表われている[9]。世俗的権力の独立性と主権をもっとも強く主張する者でさえ、この神政的原理をあえて否定しようとはしなかった。マキャヴェッリについて言えば、彼はこの原理を決して攻撃せず、あっさりとそれを無視する。彼は自分の政治的経験から論じているが、その経験は権力、つまり現実の実際の政治権力が決して神的なものではないことを教えたのであった。彼は《新たな君主権》の創始者たる人々を観察し、その諸々の手段を鋭く究明した。これらの新たな君主権力が神に由来するものと考えるのは、馬鹿げているだけでなく、瀆神的でさえあった。政治的現実主義者として、マキャヴェッリは中世的政治体系の基礎全体を、断然、廃棄しなければならなかった。いわゆる王権の神的起源ということは、彼にはまったく非現実的であるように思えた。それは空想の産物であって、政治的思惟から生まれたものではない。マキャヴェッリは『君主論』の第十五章で、こう述べている。

いまや残っているのは、君主がその臣下または友人にたいして、いかに振る舞うべきかを示すことである。ところで、この題目については、すでに多くの人たちによって書かれてきているので、さらに何かを提議するのは、とくに私の見解が他の人々のものとひどく違ったものであることからも、おそらく傲慢のようにみえはしないかと思う。けれども私は、自分がその事物の本性をよくわきまえているようなことを教える、という意図のもとにのみ筆を執るのだから、それらを事実あるがままに示すほうが、(多くの人々がやってきたように)存在もしなかったし、また存在することもできない共和国や公国の架空の模型を空想して楽しむことよりよいだろうと考えたのである。(10)

マキャヴェッリは、通常のスコラ的論議の方法には従わない。彼は政治的な学説とか格率について決して論じない。彼には政治生活の諸々の事実が、唯一の確実な根拠のある議論である。階層的・神政的体系を破壊するには、《事物の本性》を示すだけで十分である。

ここでもまた、ルネサンスの新しい宇宙論と新しい政治学の密接な関連が認められる。そのいずれにおいても、《低き》世界と《高き》世界の区別は消滅する。同じ原理と自然法則が《下なる世界》にも《上なる世界》にも妥当する。諸々の事物は、物理的秩序においても、政治的秩序においても、ともに同列にある。マキャヴェッリは、ちょうどガリレオが一世紀後に落体の運動について試みたのと同じ精神で、政治の運動を究明し、分析した。彼は政治の静態と動態に関する新しい型の科学の創始者になった。

他面において、ある一定の政治的事実をできるかぎり明確かつ正確に記述することだけが、マキャヴェッリのただ一つ目的とするところであった、というのは誤りであろう。このような場合には、彼は歴史家として行動したことにはなっても、政治理論家として行動したことにはならないであろう。理論というものは、それよりはるかに以上のものを要求する。それは諸々の事実を統一し、綜合する構成原理を必要とする。世俗的な国家は、マキャヴェッリの時代のはるか以前から存在していた。政治生活がまったく世俗化してきたことを示す最初の事例の一つは、南イタリアにフリードリヒ二世が建設した国家である。この国家は、マキャヴェッリがその著書を書くより三百年も前に創設されたものであった。それは近代的意味における絶対君主制であり、教会のあらゆる影響から解放されていた。この国家の官吏は聖職者ではなく、一般の俗人《なんぴと》であった。キリスト教徒、ユダヤ人、サラセン人たちが、平等な立場で行政に参画した。何人も単に宗教的な理由だけで排斥されはしなかった。フリードリヒ二世の宮廷では、様々な宗派、様々な国民や人種間に差別を置くことは未知のものであった。至上の利害は、世俗の、《地上の》国家のそれであった。

それは、まったく新しい事実、中世文明のうちに匹敵するもののない事実であった。けれども、その事実には、まだ理論的な表現や正当化が与えられていなかった。フリードリヒ二世は、つねに最高の異端者とみなされ、再度にわたって教会から破門された。ダンテは彼にたいして個人的には非常な讃美の念を覚え、また彼のうちに偉大な君主の真の典型を認めたが、にもかかわらず、その〔『神曲』の〕「地獄篇（*Inferno*）」では、彼を異端者の燃える墓の中に落としたのであった(11)。フリードリヒ二世の法典は《近代官僚制の出生証書》と呼ばれてきた*8。しかし、その政治行動においては近代的であったけれども、フリードリヒはその思想においては決して近代的ではなかった。彼が自己について語り、その帝国の由来について語るときには、懐疑主義者とか異端者としてではなく、神秘主義者として語っている。彼はつねに神との直接的な人格的関係の事実の承認を求める。彼が教会のあらゆる影響や要求からまったく独立しえたのは、この神との人格的関係によるのである。彼の伝記作者は、その思想や感情をこう記している。

神の御摂理は彼を、ひとり彼のみを選び分かち、直接に帝位に就かせ、その恩寵の奇蹟は、ホーエンシュタウフェン家のこの最後の君を、他のいずれの君主にもはるかにまさって、美しい栄光の霞《かすみ》に包み、世俗的なものの視界の外に遠ざけ給うた。計画に従って働き給う神の御摂理は、皇帝をおおい隠すものではなく、彼のうちに、最高の理性として自らを顕わし給うた。かくして、彼は《理性の歩みにおける嚮導者《きょうどうしゃ》》と呼ばれる(12)。

宗教と政治

こうした神秘主義的思想はすべて、マキャヴェッリにとっては、まったく理解しえないものになった。彼の理論においては、以前のあらゆる神政的な観念や理想は根底的に一掃される。しかし、他面において、彼は政治と宗教を切り離そうとは決して考えなかった。彼は教会の反対者ではあったが、宗教の敵ではなかった。かえって、彼は宗教が人間の社会生活において不可欠の要素の一つであることを確信していた。けれども、彼の体系においては、この要素は何ら絶対的・独立的な、さらには独断的な真理性を要求しえない。それの価値と妥当性は、まったく、それが政治生活にたいして及ぼす影響力に依存している。

しかしながら、こうした基準では、キリスト教は最低の地位を占めることになる。というのも、それはあらゆる真の政治的徳[*9]（*virtù*）に厳しく対立するものだからである。それは人間を柔弱にしてきた。マキャヴェッリは述べている。「われわれの宗教は、英雄たちを崇《あが》める代わりに、柔和で謙遜な人々だけを聖徒として崇めている」。ところが、「異教徒たちは、現世の栄誉にみちた偉大な武将や、すぐれた一国の統治者といった人々しか神聖視しない[13]」。マキャヴェッリによれば、こうした異教徒のする宗教の用い方だけが、合理的なものなのであった。ローマでは、宗教は弱さの源泉たる代わりに、国家の偉大さの重要な源泉となった。ローマ人たちは、つねに宗教を用いてその国家を改革し、戦争を遂行し、騒擾《そうじょう》を鎮定した[14]。彼らがまことに信じてそうしたのか、打算からそうしたのかは、さして重要ではない。ヌマ・ポンピリウスが、その法律を超自然的な源泉から引き出して、ローマの人民に、これらの法律は自分が水の精エゲリアとの対話から示唆されたものだと確信させたのは、彼のすぐれた政治的叡知を明らかに示している[15]。したがって、マキャヴェッリの体系においても、実際、宗教は必要欠くべからざるものである。しかし、それはもはや目的自体ではなく、政治的支配者の掌中における一個の道具にすぎなくなった。それは人間の社会生活の基礎そのものではなく、あらゆる政治闘争における強力な武器の一つである。この武器は、行動においてその力を立証しなければならない。まったく退嬰的な宗教、つまり世界を秩序づける代わりに世界から逃避するような宗教は、多くの王国や国家を崩壊させるものであった。宗教は、それが善き秩序を生み出してこそ、善きものである。しかも、善き秩序は通常、幸運をもたらすことになり、そしてその事業は何によらず成功するということになるのである[16]。ここにおいて、最終的な一歩が踏み出された。宗教は、もはや事物の超越的秩序と少しも関連するところがなく、またそのあらゆる精神的価値をも喪失した。世俗化の過程は、その終局に達した。というのも、世俗的国家が事実上（*de facto*）存在するだけでなく、また権利上（*de jure*）も存在し、その決定的な理論的正当性を与えられたからである。

原註

（1）*Journal of the History of Ideas*, IV, No. 1 (January, 1943); Hans Baron, Ernst Cassirer, Francis

R. Johnson, Paul Oskar Kristeller, Dean P. Lockwood, and Lynn Thorndike による諸論稿を収める。

（2）Galileo, *Dialogues Concerning Two New Sciences*, Third Day. 英訳 H. Crew and Alfonso de Salvio (New York, The Macmillan Co., 1914; now Evanston and Chicago, Northwestern University, 1939), p. 153.

（3）以下の文章において、私は論文 "The Place of Vesalius in the Culture of the Renaissance," *The Yale Journal of Biology and Medicine*, XVI, No. 2 (December, 1943), 109 ff. に述べた言葉を重ねて用いた。

（4）*Descrizione del modo tenuto dal duca Valentino nell' ammazzare Vitellozzo Vitelli*, etc. 英訳 Farneworth, "The Works of Nicholas Machiavel," II, 481-490.

（5）*Lettere familiari*, CLIX, ed. Ed. Alvisi (Florence, 1883), p. 394.

（6）*The Prince*, chap. VI, *op. cit.*, II, 223 f.

（7）*Idem*, chap. XI, *op. cit.*, II, 281.

（8）新約聖書『ローマの信徒への手紙』第一三章一節を見よ。

（9）von Gierke, *op. cit.* 前掲（第九章、註（4））英訳 pp. 71 ff. を見よ。

（10）*The Prince*, *op. cit.*, II, 320.

（11）Dante, *Inferno*, X, 119 ff.

（12）Ernst Kantorowicz, *Frederick the Second*. 英訳 E. O. Lorimer (London, Constable & Co., 1931), p. 253. 詳細については、chap. V, pp. 215-368 を見よ。

（13）*Discourses*, Bk. II, chap. II.

（14）*Idem*, Bk. I, chap. XIII.

（15）*Idem*, Bk. I, chap. XI.

(16)　*Ibid.*

第十二章　新しい国家理論の意味

国家の孤立化とその危険

マキャヴェッリの論証全体は明瞭で首尾一貫している。彼の論理には一点の瑕疵《かし》もなく、彼の前提を認めるなら、その結論を避けることはできない。マキャヴェッリとともに近代世界が始まる。望まれた目的は達せられ、国家はそのまったき自律性を獲得した。しかし、こうした帰結は値高く購《あがな》われねばならなかった。国家は完全に自立するが、同時にまったく孤立させられる。マキャヴェッリ思想の鋭い刃は、以前の時代に国家が人間存在の有機的全体に結びあわされた諸々の糸をすべて切断してしまった。政治的世界は、宗教あるいは形而上学だけでなく、人間の倫理的・文化的生活のあらゆる形式との連関をも喪失した。それは空虚なる場所の中に孤立する。

こうした完全な孤立化が非常に危険な諸々の帰結をはらんでいたことは否定しえない。これらの帰結を看過したり、あるいは軽視することは無意味である。われわれはそれに面と向かいあわなければならない。私はマキャヴェッリがその政治理論の一切の帰結を十分に意識していたと言おうとするのではない。ある思想家が彼自身にとってその完全な意味や意義がなお未知であった理論を展開するということは、精神史においては決してめずらしくはないのである。この点に関して、実際、われわれはマキャヴェッリとマキャヴェリズムをはっきり区別しなければならない。後者にはマキャヴェッリが予想しえなかった多くの事柄が含まれている。彼は自分の個人的な経験から、つまりフィレンツェ共和国の書記官の経験から語り、また判断した。彼はきわめて熱烈な関心を抱いて《新たな君主権》の盛衰を学んだ。けれども、十七世紀の絶対君主制や現代の独裁形態と比べるとき、一五〇〇年代《チンクェチェント》イタリアの小専制政治が、いったい何であったろうか。マキャヴェッリは、チェーザレ・ボルジアがその敵対者を一掃するために用いた様々な方法を非常に讃嘆した。しかし、のちのはるかに発達した政治的犯罪の技術に比較すれば、これらの方法は、ほんの児戯に等しいようにみえる。マキャヴェリズムは、その諸原理がのちに、より大規模な舞台や、まったく新たな政治的状況に適用されるに及んで、その真の相貌とまぎれもない危険性を表わしたのであった。その意味では、マキャヴェッリ理論の帰結は、現代にいたって初めて暴露されたと言うこともできよう。いまや、われわれはマキャヴェリズムを、いわば拡大鏡を通して研究することができるのである。

マキャヴェリズムがそのまったき成熟を遂げることを妨げた、なおいま一つの事情があった。それに続く世紀、つまり十七世紀と十八世紀においては、彼の学説は実際の政治生活では重要な役割を演じたが、理論的には、なお偉大な精神的・倫理的勢力が存在して、それが及ぼす影響を相殺された。この時期の政治思想家たちは、ホッブズを唯一の例外とするほかは、いずれも《自然法的国家理論》[*1]の一派であった。グロティウス、プーフェンドルフ、ルソー、ロックは、いずれも国家を目的自体としてではなく、一の手段とみなした。《全体主義的》国家観[*2]は、これらの思想家たちにとって未知のものであった。国家が侵すことのできない個人生活や個人的自由のある一定の領域がつねに残されていた。国家や主権者は一般に法より解放されたるもの（*legibus solutus*）であったが、しかしこのことは彼らが法律上の強制から自由であることを意味するにとどまり、道徳的義務からも解放されていることを意味しなかった。しかしながら、十九世紀初頭に及んで、こうした理論はいずれも突如として異論をさしはさまれることになった。ロマン主義が自然法理論を激しく攻撃し始めた。ロマン主義の著作家や哲学者たちは徹底した《唯心論者》として語ったが、しかし、まさにこの形而上学的な唯心論こそが、政治生活におけるもっとも粗野で強硬な唯物主義に道を開くものであった。この点に関して、十九世紀の《観念論的》な思想家たち、フィヒテやヘーゲルがマキャヴェッリの弁護者となり、マキャヴェリズムの擁護者になったというのは、非常に興味深い注目すべき事実である。自然法理論の崩壊後には、それが勝利を占めるのを妨げる最後の障害も取り除かれたわけであり、マキャヴェリズムを阻止し、それと拮抗しうるすぐれた精神的または道徳的な勢力は、もはや存在しなかった。その勝利は完璧であり、争いえないようにみえた。

マキャヴェッリにおける道徳の問題

マキャヴェッリの『君主論』にはきわめて非道徳な事柄が含まれており、またマキャヴェッリが少しのためらいもなく支配者に種々様々の詐欺、背信、残虐を勧めたという事実は議論の余地がない。しかしながら、近代の著作家の中には、この明白な事実にたいして意識的に目を閉ざすものが少なからず存在する。そうした人々は、その事実を解明する代わりに、それを否定しようとして非常に骨折るのである。彼らの言うところによれば、マキャヴェッリの勧めた方策は、それ自体としてはたしかに非難すべきものであるが、それはただ《公共の福祉》のためにのみあてられたものである。支配者は、この公共の福祉を尊重しなければならない。しかし、こうした心裡留保はどこに認められるであろうか。『君主論』は全然別の、まったく頑とした調子で語っている。その書物は、いかなる方法や手段で政治権力が獲得され、維持されうるかということを、まったく無頓着に提示している。この権力の正当ないい行使といったことについては、それは一言も触れていない。この権力の行使は、公共の福祉を顧慮することによって何らかの制限を受けるものではない。わずか二、三世紀後には、イタリアの愛国者たちが、マキャヴェッリの著書を彼ら自身の政治的・国民的な理想主義の意味に解釈し始めた。アルフィエーリは、こう言明した。マキャヴェッリのどの言葉にも、同じ精神、つまり正義、自由にたいする熱烈な愛、雅量および真理の精神が認められる。マキャヴェッリの著作を正しく理解した者は、自由の熱烈な信奉者、あらゆる政治的徳の重要さを啓蒙された、その愛好者とならざるをえない。(1)

しかしながら、これはわれわれの疑問にたいする修辞的な解答にすぎず、理論的な解答ではない。マキャヴェッリの『君主論』を一種の倫理学の論文とか政治的徳についての教科書と考えるのは不可能である。ここでは、われわれは『君主論』の最後の章、つまりイタリアを異邦人の軛《くびき》から解放することを勧めた有名なくだりが、その著書全体にとって不可欠の部分なのか、それとも後世の付加物なのか、という盛んに論じられた問題の論議に入るには及ばない。近代の多くのマキャヴェッリ研究家たちは、『君主論』について、あたかもその書物全体がこの終章にたいする準備にほかならず、この章がマキャヴェッリの政治思想の頂点であり、またその精髄であるかのように論じてきた。私には、こうした見解は誤りであり、そして私のみるかぎりでは、この場合の立証の責任 (*onus probandi*) は、こうした命題の主張者の側にあるように思われる。というのも、その著書を全体としてみた場合、最後の章との間には明白な相違——思想上の相違とともに文体上の相違が存在するからである。この著書そのものにおいては、マキャヴェッリはまったく偏見のない精神で語っている。いずれの人も彼が語るのを聞き、そしてその助言を思いのままに用いることができるであろう。それはイタリアにとって役立つとともに、またイタリアのもっとも危険な敵にとっても役立ちうる。その第三章において、マキャヴェッリは、ルイ十二世がイタリア侵入に際して犯したあらゆる失策をきわめて詳細に論じている。こうした失策がなければ、ルイ十二世はその目的たるイタリア全土の征服を困難なく達成したであろう、と彼は断言する。政治行動の分析にあたって、マキャヴェッリは同感とか反感といった個人的な感情を決して洩《も》らさなかった。スピノザの言葉を用いるなら、[*3]彼はこれらのものがあたかも直線や平面や立体であるかのように語るのである。彼は道徳原理を攻撃しなかったが、しかし、政治生活の諸問題に没頭しているときに、こうした原理は必要ではなかった。マキャヴェッリは政治闘争を、あたかもそれがチェスのゲームであるかのように眺めたのであった。彼はこのゲームの種々の規則を徹底的に研究したが、しかしこれらの規則を変更したり批判したりしようとは少しも考えなかった。彼の政治的経験は、政治のゲームが詐欺、虚偽、変節、重犯罪といったものがなければ演じられないことを教えたのであった。彼はこうした事柄を非難もしなかったし、また推奨もしなかった。彼のただ一つの関心は、最善の駒の動き、すなわち、そのゲームに勝つ手番を見出すことであった。チェスの名人が奔放な布石を試み、様々な策略や計略をめぐらして相手を欺《あざむ》こうとするとき、われわれはその手際のよさを喜び、讃嘆する。これこそ、まさにマキャヴェッリが、その眼前で演じられた巨大な政治的ドラマの移り変わる光景を眺めたときの態度であった。彼は非常な興味を覚えたばかりでなく、魅了された。彼は意見を述べざるをえなかった。ときには悪い駒の動きに首を横に振り、時には讃嘆と賞讃の声が迸《ほとばし》り出た。誰がそのゲームをやっているかは、彼の問うところではなかった。ゲームをやっているのは、貴族主義者かもしれないし、共和主義者かもしれない。また異邦人かもしれないし、イタリア人かもしれない。さらに正統な君主かもしれないし、また簒奪者であることもあろう。明らかに、そういったことはゲームそのものに興味をもち、そのゲーム以外に何ら興味を抱かない人間にとっては、どうでもよいことである。彼の理論においては、マキャヴェッリは政治のゲームがチェスの駒を用いるのではなく、現実の人間、生身の人間を用いて行われ、さらにこうした人間の禍福が賭けられていることを忘れがちである。

たしかに、最後の章では、彼の冷静で偏見のない態度は、まったく新しい調子に席を譲っている。マキャヴェッリは突如として彼の論理的方法の重荷を振り落とす。彼の筆致は、もはや分析的ではなく修辞的である。この終章がイソクラテスのピリッポスにたいする勧め[*4]に比されたのは理由のないことではない[(2)]。個人的に言えば、われわれには、この終章の感動的な調子のほうが、その著書のその他の箇所の冷たい無関心な調子よりも好ましいかもしれない。けれども、マキャヴェッリはその著書では彼の思想を隠したのであり、そこで言われていることは誤魔化しにすぎない、というように考えるのは誤りであろう。マキャヴェッリの著書は真摯で誠実なものであった。しかし、それは政治理論というものがもつ意義と課題について、彼が抱いた考えに基づいて書き記されたのであった。そうした理論というものは、記述したり分析したりすべきもので、非難したりあるいは賞讃したりすることはできないのである。

何人《なんびと》もかつてマキャヴェッリの愛国心に疑いをはさんだ者はないが、しかし、われわれは哲学者と愛国者を取り違えてはならない。『君主論』は政治思想家の、しかも非常に過激な思想家の著作であった。近代の多くの学者たちは、マキャヴェッリ理論のこの急進主義を見落としがちであり、さもなくば少なくとも軽視しがちである。彼らはマキャヴェッリの名前をあらゆる非難から清めようとして、その著作の意義を曇らしてしまった。彼らは無害ではあるが、同時に、すこぶる平凡なマキャヴェッリ像を描いたのであった。実際のマキャヴェッリは、はるかに危険な――その人格ではなく、その思想において危険な存在であった。彼の理論を和らげることは、それを偽ることを意味する。温和な、あるいは微温なマキャヴェッリ像は、真の歴史像を伝えるものではない。それは《悪魔的》マキャヴェッリ観と同じく、歴史的真実に著しく反した《ありきたりの作り話（fable convenue）》である。その人物自身が妥協ということを忌み嫌った。彼はその政治行動の判断において、繰り返し優柔不断と躊躇を避けるように戒《いまし》めた。ローマの政治生活では姑息な手段が一切とられなかったことが、ローマの偉大さでもあり、また光栄でもあった(3)。ただ弱小な国家のみが、つねに、その決定において狐疑逡巡《こぎしゅんじゅん》するのであり、そして悠長な決定はつねに厭《いと》うべきものである(4)。たしかに、人間というものは、一般に完全な善人にも、また完全な悪人にもなりきれるものではない。けれども、真の政治家、偉大なる政治家がふつうの人間と異なるのは、まさにこの点においてである。そうした人は歴とした大罪をもたじろがずにやるであろう。彼は幾多の善行をするかもしれない。しかし、事態が違った経過を要求するとき、彼は《素晴らしく極悪無道》でもあるだろう(5)。ここでは、ありきたりのものでない、真のマキャヴェッリの声が聞かれる。そして、マキャヴェッリの勧告がすべて《公共の福祉》のみをその目的とするものであったということが事実だとしても、この公共の福祉について誰が判断を下すのであろうか。明らかに、君主その人のほかの何人でもない。そして、彼はつねにそれを自己の私的利益と同一視しがちであり、朕は国家なり（*L'état c'est moi*）というマキシムに従って行動するであろう。さらに、公共の福祉がマキャヴェッリの著書で勧められたあらゆる事柄を正当化しうるものであり、それが詐欺や虚偽、重犯罪、残虐などの口実に用いられうるとすれば、公共の福祉は公共の害悪とほとんど区別しえないことになるであろう。

けれども、マキャヴェッリのような人間、すぐれた高貴な精神の持ち主が、どうして《素晴らしい極悪無道》の主張者になりえたのであろうかということは、文明史において、つねに大きな謎の一つである。そして、われわれが『君主論』をマキャヴェッリの他の著作に比べてみると、この謎はいよいよ不可解なものになる。これらの他の著作には、『君主論』に示された見解に歴然と対立するように思われる点が少なくない。その『ディスコルシ』では、マキャヴェッリは断固たる共和主義者として語っている。ローマの貴族と平民間の闘争において、彼の同情は明らかに民衆の側にある。彼は、民衆ほど移り気で気まぐれなものはないという非難にたいして、それを弁護している[6]。公共の自由は民衆の手に委ねるほうが、貴族の手に委ねるよりも確実に護られる、と彼は言明する[7]。彼は、貴族（*gentiluomini*）、つまりその所領からの年貢によって富裕と怠惰のうちにその日を過ごすような輩《やから》について、非常に侮蔑的な調子で語っている。そうした人々は、いずれの共和国にも、またいずれの国にもきわめて有害なものである。しかし、それよりもさらに害があるのは、今言った収益に加えて、城郭の主であり、さらに服従を誓う家臣や従者を擁する連中である。こうした両階級の人々は、ナポリ王国、ロマーニャ、ロンバルディアなどにひしめいていた。それゆえにこそ、これらの地方には、共和国とか自由な政体がかつて存在したことがなかったのである。それというのも、このような類いの人々は、あらゆる自由な制度の不倶戴天の敵だからである[8]。要するに、民衆は君主よりはるかに賢明であり、気移りすることも少ない、とマキャヴェッリは断言する[9]。

『君主論』では、こうした信念についてはほとんど語られない。ここでは、チェーザレ・ボルジアの魅力があまりにも強く、あらゆる共和主義的理想はまったく影をひそめたかのように思われる。チェーザレ・ボルジアの方法がマキャヴェッリの政治的省察の隠れた中心となり、彼の思考は、抗しがたく、この中心に引きつけられる。マキャヴェッリは語っている。

大公の行動や処置を回顧してみて、私はそれらのうちに非難に値する何ものをも認めない。かえって、それらを他人の力とか幸運によって支配者たる地位についた人々の倣うべき模範として推奨してきたし、またここでも推奨したい。というのも、高邁な精神と遠大な志をもちながらも、彼はその置かれた状況の下では、それ以外にはうまく行動しえなかったからである。そして、その企てが画餅に帰したのは、一に、その父が急死したことと、その危急の時にあたって、たまたま彼がひどい病気に倒れたことによるのである[10]。

マキャヴェッリがチェーザレのうちに何か非難するところを認めるとしても、それはチェーザレの性格ではない。その残酷さでも、その無慈悲さでも、その不実でも、強欲でもない。こうしたすべてのものにたいして、彼は非難の言葉を発さない。彼が責めるのは、その政治的経歴における唯一の重大な失策、すなわち、アレクサンデル六世の死後、彼がその不倶戴天の敵ユリウス二世の教皇選出を許したという事実である。

ナポレオン・ボナパルトによるアンギャン公の処刑後、タレーランは「それは犯罪というより以上のことだ。それは失策である！（C'est plus qu'un crime, c'est une faute!）」と叫んだという話がある。この逸話が事実だとすれば、タレーランはマキャヴェッリの『君主論』の真正の弟子として語ったものと言わなければならない。マキャヴェッリの判断は、すべて政治的な判断であって、道徳的な判断ではない。彼が政治家にあるまじきこととして非難するのは、その人の犯した罪悪ではなく、その失策である。

共和主義者がヴァレンティーノ公を自らの英雄や模範になしえたということは、チェーザレ・ボルジアのような支配者のもとでイタリアの諸々の共和国やそのあらゆる自由な制度がどのようになったかを考えると、すこぶる奇妙なことのように思える。しかしながら、マキャヴェッリの思想におけるこの外観上の矛盾には、二つの理由、つまり一般的な理由と特殊な理由がある。マキャヴェッリは、自分のあらゆる政治思想がまったく現実主義的なものだと確信していた。しかし、彼の共和主義を検討すると、こうした政治的現実主義はほとんど認められない。彼の共和主義は、実際的というよりは、はるかに《アカデミック》であり、行動的というよりも、はるかに思弁的なものであった。マキャヴェッリはフィレンツェ都市国家のために誠実かつ忠実に奉仕し、この国家の書記官としてメディチ家と闘った。けれども、メディチ家の権力が再興されると、彼は自分の地位を保とうと望み、この新たな支配者と和解するために非常に骨折った。それは容易に理解しうる事柄である。マキャヴェッリは何らかの政治的綱領の文句で誓ったわけではなく、彼の共和主義は断固たる不《ふ》撓《とう》不《ふ》屈《くつ》のものではなかった。彼はやすやすと貴族政体を受け容れることができた。というのも、彼は賤民政治、つまり一般民衆の支配を決して推奨したことがなかったからである。民衆の声が神の声に比されてきたのは、あながち道理がないわけでもない、と彼は言明している。(11) けれども、他面において、一の国家に新しい制度を設立したり、あるいは古来の制度をまったく新たな基盤の上に再建したりするのは、ひとりの人の業でなければならない、とは彼の確信したところであった。(12) 頭のない民衆は、ものの役には立たないのである。(13)

マキャヴェッリはローマの平民を賞讃しはしたが、近代国家の市民の自治能力については同じような信念をもたなかった。ルネサンスの他の多くの思想家たちとは異なり、彼は古代人の生活を復興するという望みを抱かなかった。ローマの共和制はローマの徳（*virtù*）に基づくものであったが、この徳《ヴィルトゥ》は一度かぎりで失われてしまった。古代の政治生活を甦らせようとする企ては、マキャヴェッリには無用な夢想のようにみえたのである。彼は鋭く透徹した、冷静な精神の持ち主であり、コーラ・ディ・リエンツォのような熱狂者流の精神とは異なっていた。十五世紀のイタリアの生活の中に、マキャヴェッリはその共和主義的理想を力づける何ものをも認めなかった。愛国者としては、彼はその同胞の市民に強い同情を覚えたが、しかし哲学者としては、非常に厳しく判断を下したのであった。彼はほとんど軽蔑に近い感情をもった。ただ北欧においてのみ、彼はなお自由を愛する精神と古代の徳《ヴィルトゥ》の痕跡がいくらか残っているのを見出すことができた。北欧の諸国民は、フランス人なり、イタリア人なり、イスパニア人なりの風習、世にもひどいこうした堕落を取り入れることがなかったので、ある程度までは救われているのだ、と彼は述べている。[14] 彼自身の時代にたいするこうした判断は不動のものであり、マキャヴェッリは誰かがそれに疑いをさしはさむことさえ認めなかった。彼はこう言っている。

こうした私の論議において、私が古代ローマ人の時代をあまりに賞讃しすぎて、己が時代を酷評するようなら、例の思い違いをしている連中の仲間入りをさせられることになるかもしれない。そして、実際のところ、当時においてすぐれた美徳が支配し、今日において堕落が横行しているのは、火をみるよりも明らかではないか。私はせいぜい慎重に話を進めるほうがよいであろう。……とはいっても、誰の目にもわかるほど事態は明らかなのだから、古代や現代について私が考えるところをことごとくあえて率直に開陳し、こうした私の著作をたまたま読む若い人々の精神が幸運に恵まれて機会を得たなら、いつでも今の世の様々な例を避けて、古代の先例に従うことができるようにしたいものだ。[15]

マキャヴェッリは、新たな君主権 (*principati nuovi*)、つまり近世の専制政治を、とくに好んだわけでは決してなかった。彼はそれのもつあらゆる欠陥や害悪を見逃さなかった。しかし、当時の生活の状況と条件のもとでは、こうした諸々の悪は、彼には避けがたいもののように思えたのである。マキャヴェッリが新たな国家の支配者たちに勧めた方策の多くを個人的には嫌悪したということは疑いない。こうした方策はまことに残酷な方便であり、あらゆるキリスト教的な行動準則に悖《もと》るだけでなく、またあらゆる文明の行動準則にも悖り、かくしていかなる人も、人類にとってかくも有害な関係において国王たるよりも、むしろ隠遁した生活を送るほうを選び、それを避けるのがよいであろう、と彼は多くの言葉を費やして語っている。しかし、すこぶる特徴的に彼は付言しているが、正しい徳の道を歩み続けようとしない者は、すべて自己保存のために悪の道に踏み入らざるをえないのである[16]。カエサルたるか無たるか (*Aut Caesar aut nihil*) ――私的な、害なき、罪なき生活を送るか、それとも政治の闘争場裡に身を投じて、権力をめぐって闘い、残忍で過激な手段を用いてそれを維持するか。こうした二者択一の間には何ら優劣がない。

しかしながら、マキャヴェッリの《非道徳主義》について語るとき、この言葉を現代的な意味で理解してはならない。マキャヴェッリは《善悪を超える》[*5]立場から人間の行為に評価を下したのではない。彼は決して道徳を軽蔑はしなかったが、しかし人間にたいしてほとんど尊敬の念をもたなかった。もしも彼が懐疑家だったとすれば、その懐疑主義は哲学的な懐疑主義というよりも、むしろ人間的な懐疑主義であった。この根深い懐疑主義、人間性にたいするこの深い不信は、彼の喜劇『マンドラゴラ（*Mandragola*）』にもっともよく示されている。この喜劇文学の傑作は、マキャヴェッリの同時代の人々にたいする評価を、おそらく彼のどの政治的・歴史的著作よりも明らかに示すものであろう。彼自身の世代や彼自身の国にたいして、彼は何らの希望も認めなかった。そして、その『君主論』において、彼は人間の深い道徳的堕落についての同じ確信を、国家の支配者たちの精神に教えこもうと努めたのであった。これは彼の政治的叡知の不可欠の一部をなすものであった。人々を支配するための第一の条件は、人間を理解することである。そして、われわれは、人間の《性善》といった幻想にわずらわされているかぎりは、人間を理解しえないであろう。そうした考えは、きわめて人間的な慈悲深いものかもしれないが、しかし政治生活においては、それが馬鹿げたものであることがわかる。マキャヴェッリはこう述べている。市民政体について書いた人々が――そして、あらゆる歴史家も同じことを証明しているのだが――第一原理として設定したことは、国家を建設し、その統治のための適当な法律を制定しようとする者は、何よりもまず、人間がすべて生来悪いものであり、十分な機会さえあれば、いつでもその心の生来の悪風を発揮せずにはいないことをつねに考えていなければならない、ということである(17)。

こうした堕落は、法律によって矯《た》め直しえないものであり、強制によって矯められねばならない。たしかに、法律はいずれの国家にとっても不可欠のものであるが、しかし支配者たるものは、別の、さらに説得力のある議論を使用しなければならない。あらゆる国家の最善の基礎は、その国家が新しいか、古いか、また混合したものかを問わず、よき法律とよき武力にある、とマキャヴェッリは述べている。しかるに、よき法律は武力なしには効果がなく、他面において、よき武力はつねにかかる法律に至高の重要性を帰するものであるゆえ、私は、ここでは、もはや法律についての論議をしないで武力について論じてみよう。[18]《聖者》や宗教的預言者たちでさえ、国家の支配者となるや、すぐさま、この原則に従ってつねに行動した。そうしなければ、彼らはその当初から失敗していたであろう。サヴォナローラは、彼の使命を信じた人々にその信念を確固ともち続けさせる力をも、また信じない人々に信じこませる力をももたなかったがために、その目的を成就することができなかった。かくして、すべて武力によって支えられた預言者は、その企図をなし遂げるが、そうした依存しうる兵力をもたない者は、打ち破られ、滅亡させられたのである。[19]

むろん、マキャヴェッリには悪しき残酷な支配者よりも、善き、賢明な、高潔な支配者のほうがはるかに好ましい。彼はネロのような人物よりもマルクス・アウレリウスのような人物を好む。しかし、こうした善き正しき支配者のみにたいして書かれた場合、その著書自体としてはすぐれたものかもしれないが、多数の読者を見出すことはないであろう。このような君主は、例外であって一般的ではない。君主が信義を重んじ、誠実に生きることは、万人が認めるようにきわめて賞讃に値する。にもかかわらず、現状では、君主はそれと正反対のやり方、すなわち狡猾で不実な術策を身につけなければならないのである。

君主は、必要に応じて、人間にとともに獣にも似せるすべを心得ておかねばならない。このことについては、古代の著作家たちの次のような話で漠然と暗示されている。それによれば、アキレウスをはじめ古代のいくたりかの君主たちは、ケンタウロス族のケイロンのもとに送られて訓育されたのであった。つまり、半人半獣の者をその教師としてもったように、君主たちは、この二つの性質が互いに欠くことのできないものであるゆえに、それを兼ねそなえるべきことを教えられたというわけである。さて、君主は、ときに獣の役を演じるすべを心得ておく必要があるので、シシとキツネをその模範にすべきである。というのも、シシは罠にたいして何ら防ぐのに十分な賢明さをもたず、キツネはオオカミに打ち勝つだけの十分な強さをもたないから。したがって、君主は罠を見出しえんがためにはキツネたるべきであり、またオオカミを恐れさせるためにはシシたらねばならない。(20)

この有名な比喩は非常に特徴的であり、また示唆的である。マキャヴェッリは、君主の教師が獣たるべきことを言おうとしたのではない。しかし、君主は獣的な事柄とも関わりをもち、ひるむことなくそれを面と向かって眺め、獣的なことを獣的なこととはっきり言わなければならない。政治においては人間性だけでは不十分である。最善の場合においてさえ、政治はなおつねに人間性と獣性との中間物である。したがって、政治の教師は二つの事柄を理解しなければならない。すなわち、彼は半人にして半獣たらねばならないのである。

マキャヴェッリ以前の政治的著作家で、かつてこんな具合に語った者はいなかった。ここに、彼の理論とそれ以前の——古典や中世の著作家たちすべての理論との明白な差異、両者をまぎれもなく、抹消しがたく区別する点が見出される。突如思いがけなく著書全体の意味を明らかにする、ある種の言葉があるものだ、とパスカルは述べている。ひとたびこうした言葉に出くわすと、その著書の性格に関しては、もはや何らの疑問も残らず、あらゆる曖昧さは消えうせてしまう。君主の教師たるものが半獣にして半人（*un mezzo bestia e mezzo uomo*）たらねばならぬ、というマキャヴェッリの言葉は、そうした種類のものである。それは突如発した閃光にも似て、彼の政治理論の本質と意図を明らかにする。政治生活が、現状においては、非行や背信、重犯罪に満ちたものであることを、かつて疑った者はいない。しかし、マキャヴェッリ以前の思想家には、こうした犯罪の技術を教えようと試みた者はいなかった。こうした犯罪はなされはしたが、教えられはしなかった。マキャヴェッリが狡猾、背信、残虐についての技術の教師たることを断言したのは、前代未聞の事柄であった。しかも、彼はその教育にあたって非常に徹底的であり、逡巡も妥協もしなかった。彼は支配者に、残虐さが必要であるゆえに、すみやかにまた容赦なくなされねばならない、と説く。かくしてこそ、しかもかくすることによってのみ、それは望ましい成果をあげうるであろう。それは善用された残酷な行為（*crudeltà bene usate*）たることを実証するであろう。残酷な方策を猶予し、あるいは緩和することは無駄であり、それは一挙に一切の人間的感情を無視してなされねばならない。王位を得た簒奪者は、他のいずれの男女にも彼の道に立ちふさがることを許してはならない。彼は正統な支配者の家族全員を絶滅しなければならない。[21] こうした事柄はすべて恥ずべきことのように考えられるかもしれない。しかし、政治生活においては、《徳》と《悪徳》を判然と区別することはできない。こうした二つのものは、しばしば立場を取り替えるのである。万事をよく考慮するなら、一見きわめて善事のように思えるものも、いざ実行に移されると君主に破滅をもたらすことがあり、逆に悪事のようにみえることでも有益なことがわかるであろう。[22] 政治においては、万事その所を変えるのであり、正は不正であり、不正は正なのである。

近代のマキャヴェッリ研究家の中には、たしかに、まったく別の観点から彼の著作をみる者がいる。そうした人々は、この著作が何ら根本的な新機軸を意味するものではないと説いている。それは、結局のところ、むしろ陳腐なものであり、よく知られたタイプの著作物の一つであった。これらの著作家たちの確言するところによれば、『君主論』は、様々な表題のもとに、王を教育するために著わされたおびただしい著書の一つにすぎない。中世やルネサンスの文献は、こうした論文で満たされていた。八〇〇年代から一七〇〇年代の間には、王が《その偉大な任務によく通じる》ために、どのように振る舞うべきかを説いた無数の著書が容易に手に入れられた。いずれの人も、こうした著作、例えば『王の任務について(*De officio regis*)』、『君主の教育について(*De institutione principum*)』、『君主の統治について(*De regimine principum*)』を知っていたし、また読んだのであった。マキャヴェッリは、こうした長い目録に新しい一冊を加えたにすぎない。彼の著書は少しも特殊な(*sui generis*)ものではなく、むしろ典型的なものであった。『君主論』には、何ら真の新しさ——思想の新しさも様式の新しさも存在しないのである。(23)

しかしながら、このような判断にたいしては、二つの反証——マキャヴェッリ自身と彼の読者の証言を求めることができる。マキャヴェッリは自分の政治観の独創性について深い確信をもっていた。彼はその『ディスコルシ』にこう前置きして書き始めた。「生来私のうちに存する欲求——万人にとって公共の福祉になると信じるものは何でも恐れることなくやってみるという、かの欲求に促されて、私は前人未踏の路をとって進む決意をしたわけである。それは私を困難に巻きこむものではあるが、しかし、思いやりのある気持ちで私の努力を評価してくれる人々からは感謝されることもあるだろうと思う」(24)。こうした期待は外れなかった。マキャヴェッリの読者たちも同じように判断した。彼の著作は、学者たちや政治の学徒たちによって読まれただけでなく、はるかに広く普及した。近代の大政治家の中で、マキャヴェッリの著書を知らず、またそれに魅惑されもしなかったような者はほとんどいない。そうした読者や讃美者には、カテリーナ・デ・メディチ、カール五世、リシュリュー、スウェーデンのクリスティーナ女王、ナポレオン・ボナパルトの名前が見出される。これらの読者にとっては、この書物は一冊の書物というよりはるかに以上のものであり、彼らの政治的行動における指針、導きの星であった。『君主論』のそうした深甚かつ永続的な影響力は、その書物がよく知られたタイプの著作物の一つの見本にすぎないというのなら、まず理解しえないことであろう。あらゆる政治的著作のうち、マキャヴェッリのものだけが一読に値するものだ、とナポレオン・ボナパルトは言明した。リシュリューやカテリーナ・デ・メディチやナポレオン・ボナパルトのような人々が、トマス・アクィナスの『君主の統治について（*De regimine principum*）』や、エラスムスの『キリスト教君主教育論（*Institutio principis Christiani*）』、あるいはフェヌロンの『テレマック（*Télémaque*）』[*6]といったような著作を熱狂的に読むものとわれわれは想像しうるであろうか。

しかしながら、『君主論』と君主の統治について（*De regimine principum*）論じた他のあらゆる著作との著しい対照を示すには、個人の評価に頼る必要はない。マキャヴェッリと彼以前のあらゆる政治的著作家との見解の間にある真の懸隔を明らかにする、別の、よりすぐれた理由が存在する。むろん、『君主論』はその先駆者をもっていたが、いったい先駆者をもたない著書があるだろうか。そこには他の著作家たちと類似する多くの箇所が見出されるであろう。バード版には、こうした類似の箇所の多くが綿密に蒐集され、註釈されている。しかし、文字上の類似性は必ずしも思想の類似性を証明するものではない。『君主論』は、その主題について論じた以前の著作家たちとまったく異なる《思想的風土》に属している。そうした差異は二語で述べることができよう。従来の論文『王と統治について（*De rege et regimine*）』、『王の教育について（*De institutione regis*）』、『王権と王の教育について（*De regno et regis institutione*）』は教育学的な論文であり、君主を教育することを意図するものであった。マキャヴェッリはこうした仕事をやっていける野心も、また望みをもたなかった。彼の著書は、まったく別の問題に携わり、君主がその権力を獲得し、困難な状況下でそれを維持するにはいかにすべきか、ということのみを説くものである。マキャヴェッリは、新たな君主権（*principati nuovi*）を得た支配者たち、チェーザレ・ボルジアのような人間が《教育》しやすい対象である、と考えるほどナイーヴではなかった。『王の鑑』と自称する、以前やまたのちの著書においては、君主があたかも鏡をのぞくように、自分の基本的な任務や義務をみるものと考えられた。しかし、マキャヴェッリの『君主論』において、そうしたものはどこに見出されるであろうか。《義務》という言葉そのものが、彼の著書には見あたらないように思われる。

政治の技術

しかし、『君主論』が道徳論文あるいは教育論文では決してないとしても、こうした理由から、それが非道徳的な著書であるということにはならない。いずれの判断もひとしく誤っている。『君主論』は道徳的な書物ではないし、また非道徳的な書物でもない。それは単に技術的な書物であるにすぎない。技術書のうちに、われわれは倫理的行為や善悪の準則を求めはしない。何が有用であり、また無用であるかがわかれば十分なのである。『君主論』のいずれの言葉も、まさにこのように読まれ、解釈されねばならない。この著書には、支配者にたいする道徳的規定といったものは別段含まれていないし、また、それは支配者に犯罪や悪事をするように勧めているのでもない。それは、とくに《新たな君主権》に関わり、それにたいして書かれたものである。それは新たな君主権にたいして様々な危険から身を守るのに必要なあらゆる助言を与えようとする。これらの危険は、明らかにふつうの国家——宗教的支配権や世襲の君主国を脅かす危険よりもはるかに大きい。それを避けるために、支配者は非常手段に訴えざるをえない。しかし、災禍がすでに国家を襲ってからのちに対策を求めるというのでは遅すぎるわけである。マキャヴェッリは好んで政治家の技術を老練な医師のそれに比較している。医術は診断、予後、治療という三つの部分から成っているが、これらの中で正しい診断を下すことがもっとも大事な仕事である。重要なのは、病気を適当な瞬間に認識して、それがもたらす様々な結果にたいしてあらかじめ備えをなしうるようにすることである。こうした試みがなされないなら、その病症は絶望的なものになるであろう。マキャヴェッリは、こう述べている。

　消耗熱に関して医師の言うところによれば、その病気の初期においては、治癒することは容易であるが、検出することは困難である。しかし、時が経つに従って、それが正しく検出され、治癒されなければ、検出することは容易であるが、治癒することは困難である。国家についても同様であり、ある政体において将来起こりそうな災禍や騒擾が予見されれば——それは明敏な先見の明ある人にのみなされうるものであるが——、それを防ぐことは容易である。しかし、それが生じるにまかせ、その災害が何人《なんぴと》の目にも

明らかなほど大きくなるなら、それを抑えるのに十分有効な対策はまずみあたらないであろう。(25)

マキャヴェッリのいずれの勧告も、こうした精神において解釈されなければならない。彼は様々な統治形態を脅かす、起こりうるあらゆる危険を予見して、それにたいして備えをする。彼は支配者に、その権力を確立し、維持し、内的な軋轢《あつれき》を避け、謀叛を予知して防ぐために何をなすべきかを説く。こうした勧告はすべて《仮言的命法》、カントの言葉を用いるなら《熟達の命法》である。カントはこう述べている。「ここでは、目的が理性的で善であるかどうかは少しも問題ではなく、目的を達するには何をしなければならないか、ということだけが問題なのである。医師がその患者を徹底的に健康にするための処方箋と、毒殺者が確実に人を殺さんがための処方箋とは、いずれもその目的を完全に遂げるのに役立つという点では、同じ価値のものである(26)」。これらの言葉は、まさにマキャヴェッリの態度と方法を記述するものである。彼は諸々の政治行動を非難もしないし賞讃もしない。ただ、医師がある病気の病状を記述するのと同じように、それらの記述的分析を与えるだけである。このような分析においては、われわれは、その記述の真実性を問題にするだけで、そこで語られている事柄には関心を払わない。最悪の事柄についてさえ、正確な、すぐれた記述がなされうるのである。マキャヴェッリは化学者が化学反応を調べるのと同じように、政治行動を究明した。たしかに、その実験室で激烈な毒薬を調合する化学者は、それがもたらす結果については責任がない。毒薬は老練な医師に用いられれば、人の生命を救いうるし、殺人者の掌中にあっては、人を殺すこともできるであろう。いずれの場合にも、その化学者を賞讃し、あるいは非難するわけにはいかない。彼が毒薬を調合するのに必要なすべての製法を教え、その化学式を与えてくれれば、それで十分なのである。マキャヴェッリの『君主論』には数多《あまた》の危険で有害な事項が含まれているが、彼はそうしたものを科学者のもつ冷静と無関心さで観察する。彼はその政治的処方箋を与えるが、それらの処方箋の使用者が誰であり、さらに善悪いずれの目的に役立てられるのかといったことは、彼の関心事ではない。

　マキャヴェッリが導入しようとしたのは、新しい政治学とともに、また新しい政治術であった。彼は《統治術》について論じた近代最初の著作家であった。むろん、そうした統治術の観念はきわめて古いものであったが、しかしマキャヴェッリは、この古い観念にまったく新たな解釈を施したのである。プラトンの時代以来、偉大な政治思想家はいずれも、政治が単なる日常の仕事とはみられないことを強調した。われわれの政治行動を導くべき一定の規則、政治の技術（technē）がなければならない。その対話篇『ゴルギアス』で、プラトンは自分の国家理論をソフィストたち――プロタゴラス、プロディコス、ゴルギアスの見解に対立させている。彼はこう言明した。これらの人々はわれわれの政治的行為のために多くの規則を与えているが、これらの規則は重要な点を見損なっているので、いずれも哲学的な意義や価値をもっていない。それらは個々の場合から引き出され、特殊な目的に関わるものであって、技術《テクネー》の本質的性格――普遍性という性格が欠如している。ここに、プラトンの技術《テクネー》とマキャヴェッリの統治術（*arte dello Stato*）との本質的な抹消しえない相違が理解される。プラトンの技術《テクネー》はマキャヴェッリの意味における《技術《アート》》ではない。それは普遍的原理に基づいた知識（epistēmē）である。これらの諸原理は、理論的であるとともに実践的であり、論理的であると同時に倫理的でもある。こうした諸原理を洞察することなしには、何人も真の政治家たりえない。長い経験によって政治的事象について正しい所信を作ってきたゆえに、政治生活のあらゆる問題に熟達していると自任するような人がいるかもしれない。しかし、こうしたことは彼を真の支配者たらしめるものではないし、また確固たる判断を下す力を与えもしない。というのは、彼は少しも《原因の理解》をもっていないからである[27]。

プラトンや彼の後継者たちは、法治国家の理論を提示しようと努めてきたが、マキャヴェッリは初めて、こうした特殊な性格をなくし、あるいは弱めた理論を導入した。彼の政治術は、不法な国家にも合法な国家にも向けられ、いずれにもひとしく適合するものであった。彼の政治的叡知の太陽は正当な君主も、簒奪者あるいは専制君主も、正当な支配者も、不正な支配者も、あまねく照らす。彼は国事に関するその助言を、彼らのいずれにも公平に、かつ惜しみなく与えた。彼のこうした態度を非難するにはあたらない。『君主論』を短い定式に要約しようと思うなら、十九世紀の一人のすぐれた歴史家の言葉を指摘するのが、おそらくいちばんよいであろう。イポリット・テーヌは、その『英国文学史（*History of English Literature*）』の序文において、歴史家は化学者が様々な化学的な化合物について論じるのと同じように人間行動を論じるべきだと言明している。悪徳や徳は、硫酸や砂糖と同様に生成物であり、それらと同じ冷静で公平な科学的精神で扱われねばならない。これこそが、まさにマキャヴェッリの方法であった。たしかに、彼もその個人的な感情、政治的な理想、国民的な熱望をもっていたが、しかし、これらの事柄によって彼の政治的判断は影響を及ぼされなかった。彼の判断は、科学者としてのそれであり、政治生活の技術家としてのそれであった。『君主論』をそれとは違ったふうに読む場合、またそれを政治的宣伝家の著作と考える場合には、事柄全体の要点は見損なわれてしまうのである。

マキャヴェッリの政治哲学における神話的要素――運命

マキャヴェッリの政治学とガリレオの物理学は共通の原理に基づいている。両者とも自然の斉一性と同質性という原理から出発する。自然はつねに同一であり、自然現象はすべて同じ不変の法則に従っている。これはやがて、物理学や宇宙論において、《高き》世界と《低き》世界の差別を破壊するにいたる。あらゆる自然現象は同列に論じうるものであり、われわれが落下する石の運動を記述する定式を見出したなら、それを地球をめぐる月の運動や遠隔の恒星にも適用しうるであろう。政治においても、あらゆる時代はその基本構造を同じくしていることが認められる。一の時代を知る者は、他のすべての時代をも知るのである。具体的な現実問題に当面している政治家は、つねに歴史のうちに似通った事例を見出し、こうした類推によって正しく行動しうるであろう。過去についての知識は確実な指針であり、過去の出来事を明瞭に洞察しえた者は、現在の問題にいかに対処し、未来にいかに備えるべきかを理解するであろう。したがって、君主にとって、歴史における先例を無視することより大きな危険はない。歴史は政治にたいする手がかりである。マキャヴェッリは、その著作のはじめにこう述べている。

まったく新たな君主権や君主や国家について論じようとして私が甚《はなは》だすぐれた人物の先例を引用しても、奇妙なことのように考えないでもらいたい。なぜなら、人間は概して他人の踏んだ路を歩み、その行動を模倣しがちなものだからである。……思慮深き人は、つねに偉大な人々の足跡に従い、その行動に倣うべきである。たとえそうした人々の偉大さにいたりえないまでも、少なくともいくらかは、それに似通うためである。(28)

けれども、歴史の領域においては、こうした類似性には一定の限界がある。物理学では、同一の原因はかならず同一の結果を生じるという原則に従って、つねに議論を進めることができる。われわれは絶対的な確実さをもって、未来の出来事、例えば日蝕とか月蝕を予報することができる。しかし、人間の行動ということになれば、これらのことは、ことごとく突如として疑問視されるように思われる。ある程度までは未来を予想しうるけれども、確実に予言することはできない。われわれの期待と希望は挫折し、われわれの行動は、もっともよく計画された行動ですら、その所期の成果を収めえない。こうした差異はどのように説明すべきであろうか。政治の領域では、一般的な決定論の原則を捨てなければならないのであろうか。ここでは事態は測りがたく、政治的事象には何らの必然性もなく、人間的・社会的世界は、物理的世界とは対蹠的に、偶然にのみ支配されていると言うべきであろうか。

これはマキャヴェッリの政治理論が解決しなければならなかった大きな難問の一つであった。この問題については、彼は自己の政治的経験が彼の一般的な科学原則に歴然と矛盾しているのを認めた。経験は、最善の政治的助言ですら、しばしば効果のないことを彼に教えた。事態はそれなりに過ぎゆき、われわれのあらゆる願望や意図を挫折させるであろう。もっとも巧妙な計画さえ失敗から免れず、それは突如予期せざるときに、事態の経過によって齟齬させられる。こうした人事における不確実さは、政治についてのあらゆる科学を不可能にするように思われる。ここでは、われわれは計算と予報の一切の努力を拒む不安定な、不規則な、気紛れな世界の中に生きているのである。

マキャヴェッリは、この矛盾を非常にはっきりと認めたが、しかしそれを解決することはできなかったし、またそれを学問的に表現することさえできなかった。彼の論理的・合理的な方法は、この点で消え失せた。彼は人事が理性によって支配しえず、したがって理性的な言葉では完全には記述しえないことを認めなければならなかった。われわれは他の力――半ば神話的な力に頼らなければならない。《運命》が万物の支配者であるように思われる。しかも、あらゆるものの中で、運命はもっとも気紛れなものである。それを一定の規則に従わせようとするいずれの試みも失敗せざるをえない。もし運命が政治生活における不可欠の要素だとすれば、政治の科学を期待するのは馬鹿げている。《運命の科学》を語ることは一の名辞矛盾であろう。

ここにおいて、マキャヴェッリの理論は重大な局面に逢着することになった。しかし、マキャヴェッリは、こうした一見合理的思惟の弱点らしくみえる事実を認めることができなかった。彼の精神は非常に明晰であるとともに、またきわめて精力的であり、また執拗でもあった。人事において運命が主要な役割を演じるものならば、その役割を理解することこそが哲学的思想家の任務である。この理由から、マキャヴェッリは、その『君主論』に新しい一章――その書物中のもっとも奇妙な章の一つを挿入しなければならなかった。運命とは何であり、何を意味するものであろうか。それは、われわれ自身の人力、人間の知性や意志にどのように関わるものであろうか。

マキャヴェッリは、この問題と取り組んだルネサンスでただ一人の思想家では決してなかった。というのも、この問題そのものは、彼の時代のいずれの思想家にとっても周知のものだったからである。それはルネサンスの文化生活全体を支配していた。芸術家、科学者、哲学者たちが、それを解決することに熱心に携わっていた。ルネサンスの文学や詩において、この題目は再三現われてくる。美術においても、運命の無数の象徴が見出される。(29) チェーザレ・ボルジアの肖像メダルの裏面には、そうした象徴が刻みこまれていた。(30) しかし、マキャヴェッリのこの問題の取り扱い方は、再び彼の偉大な独創性を立証している。その主たる関心に従って、彼は私生活ではなく公生活の観点からその問題に近づいていく。運命は彼の歴史哲学における一契機となる。運命の力こそ、その折々にあれこれの国民を台頭させ、それに世界を支配させるものにほかならない。マキャヴェッリは、その『ディスコルシ』第二巻の序文に述べている。昔もいまも世の中は、つねにほとんど変わることがない。そこには、いつでも、ほぼ同じだけの善と悪が存在してきた。しかし、この善と悪は往々その場所を変じ、一の国から他の国へと移っていく。かつてはアッシリアに定住するかに思われた徳は、やがてその座をメディアに転じ、さらにそこからペルシアに移り、ついにローマに来て、そこに定住した。この世には恒常な何ものもなく、またつねにないであろう。善には悪が続き、悪には善が続き、一方はつねに他方の原因である。しかし、このことは人間がその努力を断念しなければならないことを意味しない。静寂主義は、活動的な生活――人間にふさわしい唯一の生活にとどめを刺すものであろう。ルネサンスは、その感情と思考において、占星術の圧倒的な影響下に立っていた。ピーコ・デッラ・ミランドラただ一人を例外として、ルネサンスのいずれの思想家も、この影響を免れ、あるいはそれに打ち克つことができなかった。フィチーノのようなすぐれた高貴な精神の生涯も、なお迷信的な占星術的恐怖に満たされていた[31]。マキャヴェッリでさえ、占星術的観念からまったく自由ではありえなかった。彼はその時代や、また同時代の人々と同じように考え、また語った。古今の歴史における数多くの例に徴してみるに、一国に何か大きな災難が生じる前には、予言者か、啓示か、天における徴《しるし》によって予言されるのをつねとした、と彼はその『ディスコルシ』に述べている。彼はその事実の説明については自分の無知を告白しているが、しかし、その事実そのものは否定されないのである。[32] にもかかわらず、マキャヴェッリは何らかの宿命論に屈するのではない。賢者は能く星辰を司る（*Sapiens vir dominabitur astris*）という諺《ことわざ》は、ルネサンスにおいて、しばしば引用されたものである。[33] マキャヴェッリは、この諺に新しい解釈を与えた。運星の有害な影響に打ち克つには、智恵に加えて強さと意志の力が必要である。運命の力は巨大で測りがたいが、しかしそれを制御しえないわけではない。それに抗しがたくみえるのは、自分の力を用いず、あまりに臆病で運命に叛旗をひるがえしえない人間の罪なのである。

この世のことは神の摂理か、または運命によって支配され、人智はそれに少しも与《あずか》ることがない、というように考える人が多数いたし、また現にいることと思う。そこから、そうした人々は世事にかかずらわないで、万事をその自然の成り行きにまかせるのが最善だと信じている。……そして実際、私もこうしたことを時折まじめに考えると、私自身そう考えたくなるのである。にもかかわらず、われわれの自由意志が絶対的に支配されないがために、運命はわれわれの行動の一半の指導を自らの手に保留し、残りの一半は多くをわれわれ自身の処理に任せているもののように私には考えられる。

運命は激流に喩えることもできよう。それが氾濫すると、いかなるものもそれに抗することはできない。しかし、このことによって勇気を沮喪《そそう》させられることなく、それにたいして備えをするのに程よい時期には、堤防を築き、溝を掘り、その他なすべき防備を施して、再び増水があったときにも、その流れをまったくせき止めることはできないまでも、少なくともそれを別のいくつもの水路に分かち、激しい流れをいくぶんかは抑制できるようにしなければならない。(34)

これはまったく比喩的に、詩的または神話的に述べられている。しかし、こうした神話的表現のおおいのもとに、マキャヴェッリの思想を規定し、支配する傾向が看取される。というのも、ここに示されているのは、運命の象徴の世俗化にほかならないからである。中世文学においてさえ、この象徴はよく知られたものであった。しかし、マキャヴェッリにおいて、その独特の意味転化がなされたのである。中世の体系において運命が演じた役割は、ダンテの〔『神曲』の〕「地獄篇」の有名な一節に、古典的に示されている。ダンテに運命の真の本性と役割を教えるのはウェルギリウスである。彼はこう説いている。人間は運命が独立した存在であるかのように語りがちであるが、しかし、こうした考えは単に人間の無知の結果にすぎない。運命が何をなそうと、それは独立にしているのではなく、より高き力に代わってしているのである。人間は運命に恵まれるかぎりはそれを讃え、それに見放されるとすぐさま運命を罵《ののし》るが、いずれの態度も馬鹿げている。運命は責めることもできないし、またほめることもできない。というのも、それは少しも独立した力をもたず、より高き原理の代行者にすぎないからである。それは神の摂理の支配下においてのみ行動し、人間生活の中でそれの果たすべき役割は摂理によって定められたものにほかならない。したがって、運命は人間の判断をはるかに超え、非難や賞讃にも動じない(35)。こうしたキリスト教的契機は、マキャヴェッリの叙述では抹消される。彼はギリシアやローマの思想、異教的思想にまで遡っていく。しかし、他面において、彼はその思想や感情に特殊に近代的な新しい要素を導入する。運命が世界の支配者であるという考えは正しい。しかし、それは真理の半面にすぎない。人間は運命に服し、風波にもてあそばれるものではない。彼は自分の進路を選び、自ら舵をとらなければならない。この義務を果たすことができなければ、運命は彼を嘲笑い、見捨ててしまう。

『君主論』第二十五章において、マキャヴェッリは運命の力にたいするこの偉大な不断の闘争のための戦術的方式を説いている。これらの方式は非常に複雑で、正しく用いるのは容易ではない。なぜなら、それには互いに排除しあうようにみえる二つの要素が含まれているからである。この戦いに倒れまいと思う者は、その性格のうちに二つの相反する性質を兼ねあわさなければならない。彼は慎重であるとともに大胆であり、控えめであるとともにまた断固たるところがなければならない。こうした逆説的な結合によってのみ、勝利の望みをもちうるのである。いかなるときにも遵守しなければならない一律の方法といったものはない。われわれは絶えずその姿を変える一種のプロテウスでなければならない。そのような才能は、人間にはきわめて稀である。

いかに賢い人であっても、あらゆる変化に完全に順応することはできない。それは、おそらく、人間が生来強くその傾きがあるところに反してはうまく行動しえないからであり、かつ以前につねに成功した人生行路を捨てることが容易でないからでもある。それゆえ、勢いよく迅速に事を始めねばならないときに、冷静で慎重な人はいかに行動すべきかがわからぬまま、おおむね破滅を招くことになるのである。しかるに、彼が時勢に応じてその行動を変えていくなら、運命が自分を見捨てたなどと嘆くことにはならないであろう(36)。

運命にたいする闘争を始める者は、二つの方法を知っていなければならない。すなわち、彼は防禦戦と攻撃戦を心得、さらに突如として一から他に移っていかねばならない。マキャヴェッリ個人としては、攻撃戦のほうがより好ましいものである。「用心深くするよりも、むしろ断行するほうがよい。なぜなら、運命は女性に似ており、彼女を征服しようと思う者は、騎士の流儀で悩ませ、あしらわねばならないからである」(37)と彼は述べている。

運命の理論を説くこのマキャヴェッリは、それ以前の章を書いた人とはまったく別人の観がある。ここには、彼の平常の明瞭な論理的文体ではなく、空想的・修辞的な文体が見出される。にもかかわらず、この運命の理論でさえ、哲学的意義を欠いてはいないのである。それは単なる逸脱ではなく、その著作全体と結びあわされている。マキャヴェッリは、この運命との闘争において、具象的な武器に頼るだけでは不十分なことを読者に納得させようとする。むろん、こうした武器を軽視したのではない。その著書全体を通じて、彼は君主が戦術を蔑《ないがし》ろにすることのないように戒《いまし》めている。君主たる者は、そのあらゆる思考、注意、熱意を戦術に向けなければならない[38]。彼の武器が有効であれば、世間の評価を気にかけるには及ばない。彼は怖れられるかぎりは、憎まれるも可なり（*Oderint dum metuant*）という原則に基づいてつねに行動しうる[39]。彼は十分に武装し、よき同盟者をもつ場合には、あらゆる危険に対処することができる。そして、彼の武器が尊敬を引き起こすかぎり、つねに確実にこうした同盟者をもつであろう[40]。ここでは、マキャヴェッリは軍国主義の戦士として語っている。われわれは彼のうちに徹底した軍国主義の最初の哲学的な代弁者を認めることさえできよう。彼は戦術についての特別な論文を書き、そこで技術的な多くの細目、例えば傭兵使用の危険性とか、全市民の徴兵の必要、また騎兵や砲兵にたいする歩兵の優越性などを論じている。しかし、これらすべては伝記的興味をもっているだけで、体系的な興味をもつものではない。その『戦術論（*Dell'Arte della Guella*）』においては、マキャヴェッリは単なる素人として語りえたにすぎない。この分野における彼の経験は乏しく不十分であった。わずか二、三年の間フィレンツェ民兵隊の指揮官であった人間が、戦術の専門家として非常によく論じ、また判断することができるはずがなかった。彼の著作全体に比べれば、こうした要素は取るに足らないもののように思われる。しかし、そこには、はるかに重要な、いま一つの事実があった。マキャヴェッリは、まったく新しい型の戦術——物質的な武器でなく、精神的な武器に基づいた戦術を発見したのである。彼以前の著作家で、この戦術を説いた者はいなかった。それは二つの要素から成っていた。つまり、それは明晰で冷静な論理的精神によるとともに、さらに国事におけるその豊かな個人的経験と人間性についてのその深い知識をあわせ用いえた人間によって作り出されたものであった。

原註

(1)「彼の書を精読し、著者の心と一体になる人は誰しも、自由の熱烈な信奉者、あらゆる政治的徳の重要さを啓蒙された、その愛好者とならざるをえない (Chiunque ben legge e nell' autore s'immedesima non può riuscire se non un focoso entusiasta di libertà, e un illuminatissimo amatore d'ogni politica virtù)」。Alfieri, *Del Principe e delle lettere*, cap. VIII.
(2) L. A. Burd's edition of "*Il Principe*," p. 366 におけるバードの註を見よ。
(3) *Discourses*, Bk. II, chap. XXIII.
(4) *Idem*, Bk. II, chap. XV; Bk. I, chap. XXXVIII.
(5) *Idem*, Bk. I, chap. XXVII.
(6) *Idem*, Bk. I, chap. LVIII.
(7) *Idem*, Bk. I, chaps. IV, V.
(8) *Idem*, Bk. I, chap. LV.
(9) *Idem*, Bk. I, chap. LVIII.
(10) *The Prince*, chap. VII. chap. XIII. Farneworth trans., p. 247, p. 304 を参照せよ。
(11) *Discourses*, Bk. I, chap. LVIII.
(12) *Idem*, Bk. I, chap. IX.

(13) *Idem*, Bk. I, chap. XLIV.
(14) *Idem*, Bk. I, chap. LV.「というのも、彼らには、フランス人なり、イスパニア人なり、イタリア人なり――これらの国民はすべて世にもひどい堕落ぶりを見せているのであるが――の風習を取り入れる機縁がまったくなかったからである (Perchè non hanno possuto pigliare i costumi, nè franciosi, nè spagnuoli, nè italiani; le quali nazioni tutte insieme sono la corruttela del mondo)」。
(15) *Idem*, Bk. II, Preface. Thomson trans., p. 191.
(16) *Idem*, Bk. I, chap. XXVI.
(17) *Idem*, Bk. I, chap. III.
(18) *The Prince*, chap. XII.
(19) *Idem*, chap. VI.
(20) *Idem*, chap. XVIII, *op. cit.*, II, 340.
(21) *Discourses*, Bk. III, chaps. IV, XXX; *The Prince*, chap. III：「その獲得した国々を確実に保有せんがためには、これらを治めていた君主の一族を絶滅してしまえば十分である (a possederli sicuramente basta avere spenta la linea del principe che li dominava)」を参照せよ。
(22) *The Prince*, chap. XV.
(23) Allan H. Gilbert, *Machiavelli's "Prince" and Its Forerunners. "The Prince" as a Typical Book "de Regimine Principum"* (Duke University Press, 1938) を見よ。
(24) Thomson trans., p. 3.
(25) *The Prince*, chap. III, *op. cit.*, II, 200 f.
(26) Kant, *Fundamental Principles of the Metaphysics of Morals*. 英訳 T. K. Abbott, *Kant's Critique of Practical Reason and Other Works on the Theory of Ethics* (6th ed. New York and London,

Longmans, Green & Co., 1927), p. 32 を見よ。

(27) Plato, *Republic*, 533 B を見よ。本書、第六章、一一七頁参照。

(28) *The Prince*, chap. VI, *op. cit.*, II, 223 f.

(29) より詳細な説明については、私の著書 *Individuum und Kosmos in der Philosophie der Renaissance* の第三章 "Freiheit und Notwendigkeit in der Philosophie der Renaissance," "Studien der Bibliothek Warburg" (Leipzig, B. G. Teubner, 1927), X, 77-129 を見よ。

(30) このメダルの複写は、Mrs. D. Erskine Muir, *Machiavelli and His Times* (New York, E. P. Dutton and Co., 1936), p. 150 に見ることができる。

(31) Cassirer, *op. cit.*, pp. 105 ff. および *Journal for the History of Ideas*, III, Nos. 2 and 3 (1942), 123-144 and 319-346 を見よ。フィチーノの占星術にたいする態度に関しては、Paul Oskar Kristeller, *The Philosophy of Marsilio Ficino* (New York, Columbia University Press, 1943), pp. 310 ff. を見よ。

(32) *Discourses*, Bk. I, chap. LVI を見よ。

(33) Jakob Burckhardt, *Die Kultur der Renaissance in Italien.* 英訳 S. G. C. Middlemore (New York, Oxford University Press, 1937), p. 269 を見よ。

(34) *The Prince*, chap. XXV, *op. cit.*, II, 411 f.

(35) Dante, *Inferno*, VII, 67 ff. を見よ。

(36) *The Prince*, chap. XXV, *op. cit.*, II, 414.

(37) *Idem, op. cit.*, II, 416.

(38) *Idem*, chap. XVI.

(39) *Idem*, chap. XVII：「両者のいずれかを必ず選ばねばならないのであれば、愛されるよりも恐れられるほうが、むしろ安全である」。

(40) *Idem*, chap. XI.

第十三章　ストア主義の再生と《自然法》的国家理論

社会契約の理論

　十五世紀と十六世紀は、近代世界の陣痛の時代であった。人間文化のあらゆる部門、宗教、芸術、哲学において、新しい精神が現われ、その力を示し始めた。しかし、この精神は、なお混沌とした状態にあった。ルネサンスの哲学は、新しい生産的衝動を豊かにもっていたが、しかし甚《はなは》だしい矛盾に満ちてもいた。近代精神は自らの道を見出し始めていたが、まだそれを理解してはいなかった。そこには、経験的観察にたいするすぐれた天賦の才能に並んで、あらゆる《神秘学》の新しい開花が認められ、魔術、錬金術、占星術がきわめて高く尊重されたのであった。ジョルダーノ・ブルーノはコペルニクスの体系の最初の哲学的代弁者であり、通常、近代科学の先駆者と殉教者に数えられているが、しかし、彼の著作を入念に調べてみると、それとはまったく違った像が見出される。その魔術信仰は不動のものであり、また、その論理学はライムンドゥス・ルルスの大なる術[*1]（*Ars magna*）の模倣である。ここでもまた、他の分野におけるのと同じく、万事、なお不確かな状態にあった。哲学的思惟は、それ自身の内部で分裂し、互いに対立しあった方向に進んでいく。

こうした混乱に初めて終止符を打ったのは、十七世紀の偉大な科学者や哲学者たちであった。彼らの業績は二人の偉大な人物——ガリレオとデカルト——に集約されるものと言ってもよいであろう。ガリレオは、その自然現象の研究を、まず一般的に科学や哲学の課題について確定することから出発した。彼はこう言明した。自然は神秘に包まれていないし、また複雑な錯綜したものでもない。哲学は、われわれの眼前につねに横たわっている宇宙という広大な書物の中に書き記されている。しかし、人間精神は、この書物を解読し、解釈する方法を学ばなければならない。それは数学の用語で書き記され、その文字はふつうの知覚対象ではなく、三角形、円、その他の幾何学的図形である。こうした幾何学的用語を把握しえないなら、自然という書物の一語たりとも理解することはできない[1]。デカルトの物理学は幾多の点で——個々の現象の説明においても、また一般的な運動法則の考えにおいても——ガリレオの見解とは対立するものであった[2]。しかし、それは同じ哲学的精神の所産にほかならない。物理学は人間認識の特殊な分枝ではない。それは包括的・普遍的な科学——排列され、測定されうるものであるかぎり、あらゆるものをその対象とする、かの普遍学[*2]（*Mathesis universalis*）——の不可欠の部分である。デカルトは、あらゆるものを疑うことから始めた。それは懐疑論的な立場からするものではなく、方法論的な懐疑であった。それは新しい哲学的真理の世界における《アルキメデスの支点》、その確固不動の中心となった。デカルトやガリレオとともに、《明晰かつ判明なる観念》[*3]の新しい時代が始まった。ガリレオの《二つの新科学》やデカルトの幾何学的・論理学的分析の冴えた明るい光のもとに、ルネサンスの《神秘学》は次第に消え失せていった。醱酵の時代に次いで成熟の時代が到来した。近代精神は自己の創造的エネルギーを自覚するにいたり、自分自身を形成し、理解し始めたのであった。ルネサンスの支離滅裂とした様々な傾向は、かくして高次の精神的勢力によって結びあわされ、もはや孤立し、分散することなく、共通の中心に向けられた。デカルト哲学において、近代精神は成年に達した。それは、あらゆる伝統的思想や外部的権威にたいして自己の立場を主張し、その権利を擁護した。

しかしながら、物理的世界が人間精神にとって明瞭になったとしても、同じことがまったく別の領域についても可能であったろうか。認識が数学的認識を意味するものとすれば、政治についていて何らかの科学を期待しうるであろうか。このような科学という観念や理想そのものが、一見したところ、単なるユートピアにすぎないように思われる。哲学が幾何学的文字で書き記されるというガリレオの言葉は、自然には妥当しうるかもしれないが、数学的な概念では書き記すことも説明することもできない人間の社会生活や政治生活には妥当しない。それは情動や激情の生活である。単に抽象的な思考努力だけでは、こうした激情を支配し、それに一定の限界を画し、それを合理的な目的に向けていくことはできないように思われる。

しかしながら、十七世紀の思想家たちは、こうした公然たる障害にも屈しなかった。彼らは、いずれも徹底した合理主義者であり、人間理性の能力について、ほとんど限りない信念を抱いていた。この点に関するかぎり、様々な哲学上の学派間にほとんど相違を見出しがたい。ホッブズとフーゴー・グロティウスは、十七世紀の政治思想の相反する両極であり、その理論上の前提においても、政治的な要求においても一致するところがない。にもかかわらず、両者は思考と推論の同じ方法に従っている。彼らの方法は歴史的でも心理学的でもなく、分析的であり、演繹的である。彼らは、その諸々の政治原則を人間の本性と国家の本質から引き出してくる。こうした事実において、両者はともに同じガリレオという偉大な歴史的模範に従うのである。フーゴー・グロティウスが書き残した一つの書簡には、ガリレオの著作にたいする最大級の讃辞が述べられている(3)。同じことはホッブズにも妥当する。彼の哲学のそもそものはじめから、その明晰さ、科学的方法、および確実性の点で、ガリレオの物体論に匹敵しうる一の政体論を作り上げることが、彼の大きな野心であった。フーゴー・グロティウスも、その著『戦争と平和の法（*De jure belli et pacis*）』の序文で同じ確信を表明した。彼によれば、《政治の数学》を見出すことは決して不可能ではない。人間の社会生活は、支離滅裂な偶然の事実の単なる集合にすぎないものではない。それは、いずれの数学的定理とも同じ客観的妥当性をもち、同じように確実に証明しうる諸々の判断に基礎を置いている。なぜなら、そうした判断は偶然的な経験的観察によるのではなく、普遍的な永遠の真理の性格をもつものだからである。

この点においては、十七世紀の政治理論は——その目的と手段がいかに異なっていようと

――いずれも同じ形而上学的背景をもち、形而上学的思惟が神学的思惟にたいして決定的に優位を占めている。しかし、形而上学そのものは数学の助けなしには無力であろう。これら二領域の境界は、ほとんど見分けがつかなくなっている。スピノザは、幾何学的方法に従って倫理学の体系を展開する。ライプニッツは、さらに徹底して、その普遍科学（*Scientia generalis*）や普遍記号学[*4]（*Characteristica universalis*）の一般原則を具体的な個々の政治問題に適用することを躊躇しなかった。ライプニッツは、ポーランドの王位を狙う人々のうち誰がその最善の資格をもっているかについて意見を求められたとき、一の論文を書いて、スタニスワフ・レシチニスキが選ばれるべきだという彼の主張を形式的な論法で証明してみせようとした[4]。ライプニッツの弟子であるクリスティアン・ヴォルフは、その師の模範に従い、初めて厳密な数学的方法による自然法の教科書を著わした[5]。

しかしながら、ここに、政治思想の爾後の発展にとってきわめて重大な意味をもった、いま一つの問題が現われてきた。かりに政治的または倫理的真理を数学的真理と同じような仕方で証明することは可能であり、さらには必要でさえあるとしても、そうした証明の原理をどこに見出しうるであろうか。政治についての《ユークリッドの》方法があるものとすれば、この領域でも、われわれは争いや疑いの余地のない、ある一定の公理や公準を所有しているものと考えざるをえない。したがって、そのような公理を見出し、定式化することが、政治理論にとっての第一の目的となった。それは、われわれには非常に困難な錯綜した問題であるように思えるかもしれない。しかし、十七世紀の思想家たちは、それをそのようには感じなかった。彼らの多くは、その問題がまさに提起されるまでもない自明のことと考えていた。人間の社会生活の基本原理をわざわざ探し求めるには及ばない。それは久しく前に見出されており、それを重ねて主張し、重ねて定式化して、論理的な言語、つまり明晰かつ判明な観念の言語で、それを表現すれば十分なのである。十七世紀の哲学者たちによれば、これは積極的というよりも、むしろ消極的な作業である。われわれがしなければならないのは、従来理性の明晰な光をおおい隠してきた雲を払い除くこと——われわれの先入見や偏見をことごとく忘れ去ることだけである。なぜならば、スピノザの言うように、理性は自己自身とその反対物を明らかにする能力、つまり真理とともに誤謬をも発見するというこの特殊な能力をもっているからである。*5

十七世紀の政治的合理主義は、ストア主義的観念の若返りであった。この過程はイタリアで始まったが、暫時にしてヨーロッパ文化全体に拡がり、新ストア主義は急速にイタリアからフランスへ、フランスからオランダへ、さらにイギリス、アメリカ植民地へと拡がっていった。この時代の有名な政治的著作は、まぎれもなく、このストア精神の刻印を示している。こうした著書は、学者とか哲学者たちによって学ばれただけではなかった。ピエール・シャロンの『智恵について（*De la sagesse*）』、デュ・ヴェールの『公共の災害に際しての忍耐と慰めについて（*De la constance et consolation ès calamitez publiques*）』、ユストゥス・リプシウスの『恒心について（*De constantia*）』や『ストア派の哲学と自然哲学（*Philosophia et physiologia Stoica*）』のような著作は、倫理的智恵に関する一種の一般信徒用日課祈禱書になった。これらの著書が及ぼした影響は、実際政治の問題領域においてさえそれが感じられるほど、きわめて強大なものであった。王侯の子女の教育にあたっても、『王と統治について（*De rege et regimine*）』、『君主の教育について（*De institutione principum*）』などの中世的論文は、こうした近代の論文に取って代わられた。例えば、スウェーデンのクリスティーナ女王の最初の教師たちは、彼女を政治問題に導き入れるにあたって、リプシウスや古典的なストア派の著作家たちを学習するのが最善の方法だと考えたのであった。(6)

一七七六年に、トマス・ジェファーソンがアメリカ独立宣言の起草を友人から依頼されたとき、彼はその冒頭に有名な次の言葉を掲げた。「われわれは次のごとき真理を自明のものと信じる。すなわち、すべての人は平等に造られ、各々造物主によって一定の不可譲の権利を賦与せられ、こうした権利の中には生命、自由、および幸福の追求が含まれていること、また、これらの権利を確保せんがために人類の間に政府が組織され、その正当な権力を被治者の同意に有するものであることを信じる」。ジェファーソンがこうした言葉を書き記したとき、彼は自分がストア哲学の言葉を語っているものとは、ほとんど気づかなかった。これらの言葉は当然自明のものと考えることができたのであった。というのも、リプシウスやグロティウスの時代以来、それは偉大な政治思想家たちすべてに共通したものだったからである。これらの観念は、それ以上分析しえない、また証明するを要さない基礎的公理とみなされた。なぜなら、それは人間の本性と人間理性の特性そのものを表現したものだったからである。アメリカの独立宣言に先立ってそれを準備したのは、それよりさらに偉大ですらあった一つの出来事、すなわち十七世紀の理論家たちに見出される思想上の独立宣言である。ここにおいて初めて、理性は人間の社会生活を支配せんとするその力と要求を宣言した。理性は神学的思惟の後見から自らを解き放ち、自己の権利を主張することができたのであった。

アメリカの権利章典やフランスの人権および市民権宣言にきわまる偉大な精神的運動の歴史は、その詳細にわたって研究されてきた。いまや、この歴史についての事実は、すべて知《ち》悉《しつ》されているように思われる。しかし、事実を知るだけでは十分ではない。われわれは、それを理解するように努め、その理由を究明しなければならない。しかも、こうした理由は決して明白ではなく、そのかぎりで、この問題はまだ満足のいく解答を見出していないように思われる。二千年来知られ、また論議されてきた同一の観念が、突如としてまったく新しい観点のもとに眺められるにいたったのは、どうしてであろうか。なぜなら、ストア思想は絶えず影響を及ぼし続けてきたからである。われわれは、そうした影響を、ローマ法や教父たち、さらにスコラ哲学のうちに跡づけることができる。[7]しかし、これらはすべて、当時において、直の実際的な影響というよりも理論的関心をもったにすぎない。この偉大な思潮がその巨大な実際的意義を現わすのは、ようやく十七世紀と十八世紀にいたってからのことである。爾来、人間の自然権の理論は、もはや抽象的な倫理的学説ではなく、政治行動の主要動機の一つとなった。こうした変化は、いかにして生じたのであろうか。古いストア哲学の観念に、こうした清新さや未曾有の力、近代精神と近代世界の形成にたいするそうした重要性を与えたのは何であったろうか。

表面的に考えれば、この現象は、実際、逆説的なようにみえる。それは十七世紀の一般的性格に関するわれわれのいずれの通説にも反しているように思われる。この時代に特徴的な、この時代全体を際立たせる特質をなす何らかの特色があるとすれば、それこそ、その精神的な勇気であり、その思想における急進主義である。デカルト哲学は一つの一般的要請から出発した。人間は、その生涯において一度、従来学び取ってきた一切のものを忘れ去らねばならない。あらゆる権威を否認し、伝統の力に挑戦しなければならない。こうしたデカルト哲学の要求は、新しい論理学や認識論、新しい数学や形而上学、新しい物理学や宇宙論を帰結した。けれども、十七世紀の政治的思惟は、一見すると、この新しいデカルト哲学の理想と関係するところがなかったようにみえる。それは少しも新しい道に踏み入ることをせず、かえって古来の伝統を踏襲するもののように思われる。この事実は、どのように説明しうるであろうか。むろん、十七世紀文明の一般的背景は、ギリシア・ローマ文化のそれと同じではなかった。精神的・宗教的・社会的および経済的な諸条件は甚だしく異なっていた。真摯な思想家が二千年前に作り出された用語や概念で語り、また思考することによって、この時代の問題、近代世界の問題を、どうして解決しようとすることができたのであろうか。

この事実を説明しうる一対の理由がある。ここで問題となるのは、ストア理論の内容というよりも、むしろ、この理論が近代世界の倫理的・政治的葛藤において果たさねばならなかった、その機能である。この機能を理解するには、ルネサンスと宗教改革によって作り出された新しい諸条件を振り返ってみなければならない。ルネサンスと宗教改革によって達成された偉大な、否みえない進歩も、反面における重大な償いがたい損失によって相殺されたのであった。中世文化の統一性と内的調和は解体させられた。むろん、中世も激しい葛藤から免れていたわけではなかった。教会と国家の闘争はやむことがなかったし、論理的・形而上学的および神学的な諸問題をめぐる論議は果てしないようにみえた。けれども、中世文化の倫理的・宗教的基礎は、こうした論議で深刻な影響をこうむることはなかった。実念論者と唯名論者、合理主義者と神秘主義者、哲学者と神学者たちは、疑われることの決してなかった共通の基盤の上に立っていた。十五世紀および十六世紀以後には、こうした基礎は動揺させられ、もはや以前のような堅牢さを取り戻すことはできなかった。あらゆる事物にその普遍的秩序におけるそれぞれの正当な、固定した、明白な位置づけを与えた存在の階層的連鎖は破壊された。太陽中心説は人間からその特権的地位を奪い去り、人間は、いわば無限なる宇宙における流謫者《るたくしゃ》的な存在となった。教会内部の分裂はキリスト教教義の基礎を危うくし、掘り毀《こぼ》つものであった。宗教的世界と倫理的世界は、いずれも固定した中心をもっていないようにみえた。十七世紀を通じて、神学者や哲学者たちは、なおそうした中心を再発見しようという希望を抱き、この時代の最大の思想家の一人は絶えずこの問題に携わった。ライプニッツは、様々なキリスト教の教派を再合同するための定式を見出そうとして非常に真剣な努力を重ねた。しかしながら、こうした一切の企ても空しいままであった。教会自身の内部においても、以前にあった《世界的普遍性《カソリシティ》》は回復しえないことが明瞭になった。真に普遍的な宗教や倫理の体系があるべきだとすれば、それはあらゆる国民、あらゆる信条、あらゆる教派によって認められうる原理に基づくものでなければならなかった。かくして、ひとりストア主義のみが、こうした課題に耐えるもののように思われた。それは《自然》宗教と自然法体系の基礎となった。ストア哲学は、人間が宇宙の形而上学的な謎を解決するのには役立たなかったが、しかしそれには、より偉大で、いっそう重大な約束、すなわち、人間にその倫理的尊厳性を回復するという約束が含まれていた。それが主張するところによれば、この尊厳性は喪失されえないものである。なぜなら、それは教義上の信条とか何らかの外的な啓示に依存するものではないからである。それは、もっぱら道徳的な意志——人間が自らに帰するところの価値——に基づくのである。

これは、自然法理論が近代世界にたいして与えねばならなかった偉大な、そして実際、計り知れない貢献であった。この理論がなければ、完全なる道徳的アナーキーから逃れるすべがなかったようにみえた。十七世紀最大の神学者の一人であるボシュエは、なおカトリック教会の内的統一性と古来の力という伝統を代表しているが、しかし彼もまた様々な順応を試みなければならなかった。キリスト教の教義が新時代に、ルイ十四世の世界において維持されるべきものとすれば、こうした順応は不可避のものであった。ルイ十四世は、キリスト教の保護者にして擁護者として賞讃され、讃美された。彼はも﹅っ﹅と﹅も﹅キリスト教的な﹅る﹅王（*rex Christianissimus*）と呼ばれたが、しかし彼の宮廷は、古いキリスト教理想が栄え、存続しうるような場所では、まずなかったのである。

ルイ十四世時代 (*Siècle de Louis XIV*) の隠れた葛藤は、突如としてジャンセニスム[*6]とジェズイット主義[*7]の闘争において顕在化した。一見すると、この闘争の真の意味と意義を把握するのは、きわめて困難である。現代の読者がジャンセニウスの聖アウグスティヌスに関する大著を研究しようとするとき、こうした著書が、かつてあのような非常に激しい激情の奔騰をどうして引き起こすことができたのか、まったく理解に苦しむであろう。スコラ神学の著作、もっとも深遠で難解な教義の諸問題を論じたこの著作が、道徳的・社会的秩序全体を震撼させ、そのような恐るべき影響をフランスの公生活に及ぼしえたのは、どうしてであったろうか。

十七世紀のフランス文学最大の著書の一つを読むなら、この疑問にたいする解答が見出される。『プロヴァンシアル (*Lettres provinciales*)』において、パスカルもまた教義学のもっとも微妙な問題——《十分なる》恩寵と《有効なる》恩寵の区別、神の誡命を遵守する人間意志の《真の》能力と《直接の》能力の区別[*8]——を論じることから始めている。しかし、これらすべては単なる前置きにすぎない。突如として、パスカルは彼の問題と戦術を一変し、その敵手に別の側面から、はるかに脆弱な点を狙って攻撃を加える。彼はジェズイットの道徳体系の曖昧さと邪悪さを公然と非難する。パスカルは神学者としては語らなかった。彼の精神は神学的というよりは論理的な、そして数学的な精神であった。したがって、彼はジェズイットの道徳神学を非難することで満足しえなかった。彼は隠された動機——論理的および道徳的な動機のいずれをも探求しなければならなかった。ジェズイット的決疑論[*9]の著作家たちに、その著書の筆をとらせ、それを宣伝させる誘因となったものは何であったろうか。パスカルによれば、この問いには一言で答えることができる。ジェズイットたちは戦闘の教会（*Ecclesia militans*）に属する人々であった。非常な努力を払って、彼らは教皇とカトリック教会の絶対的権威を維持しようと努めた。この目的のためには、どのような犠牲も多すぎるものとは思われなかった。いまや近代世界、ルイ十四世の世紀には、古来の厳格で峻厳なキリスト教理想は存在することができなかった。そうしたものは犠牲にされなければならなかった。新しい道徳、ジェズイットの放漫なる道徳（*morale relâchée*）が、教会を救うための、あるいは――ジェズイットの著作家たちには同じことであったが――キリスト教を救うための唯一の手段のように思われたのである。こうしたものこそが、パスカルの鋭い仮借ない論理的分析によって暴露された、ジェズイット体系の前提であった。ジェズイット道徳はジェズイット政策の必然的な帰結であることが示された。パスカルは、こう言明した。

> 彼らの目的は道徳を腐敗させようというのではありません。それは彼らの意図するところではないのです。といって、彼らはそれを改革することを唯一の目的としているのでもありません。それは政策としてまずいものでしょう。彼らが考えているのは、次に述べるようなものです。彼らは非常に自惚《うぬぼ》れが強く、彼らの信望がどこまでも拡がり、彼らがあらゆる良心を支配することが、宗教のために有益でもあり、かつある程度必要

> だと信じこんでいるのです。ある種の人々を支配するには福音の厳格な教えが向いているので、それを用いるのが都合のよい場合はそれを用います。しかし、こうした厳格な教えは大多数の人々の意向には適合しませんから、そういう人々にたいしてはそれを差し控えます。このようにして、あらゆる人々を満足させることができるのです。まさにこうした理由から、あらゆる多種多様な階級や国民に属する人々に対処しなければならないので、こうしたあらゆる多様性に適合した様々な決疑論者《カズイスト》をもつ必要があるのです。……彼らは選ばれた少数の者には少数の厳格な指導者をあてがいますが、これに反して、放逸を好む多数の人々のためには数多くの放漫な決疑論者《カズイスト》たちが備えられています。このようにして、かれらは蓋然的意見の教説[*10]によって全世界に拡がったのですが、この教説こそは、いま述べたようなあらゆる乱脈の源泉であり、根底なのです。……というのも、彼らはそれを少しも隠そうとはしないからです。……ただ彼らは、人間的・政策的な思慮分別を、神聖なキリスト教的思慮分別のもとに包み隠している、という相違があるだけです。あたかも、伝統に支えられた信仰があらゆる時と所において必ずしも一にして不変ではなく、律法に服従すべき人間にたいして、律法が適合するように身を屈《かが》めることがその役割であるかのように[8]。

これこそが、神学思想家たちを二つの対立しあった陣営に分かった広く深い裂け目であった。ひとたび、この裂け目がはっきり認められると、それを埋めることは不可能であった。

パスカルの『プロヴァンシアル』の公刊後には、いかなる和解も妥協もありえなかった。そこには、ただ一つの二者択一が残されていた。その道徳行為において、人は互いに相容れない二つのもの、つまり厳格で峻厳なジャンセニスムの要求と放漫なるジェズイットの体系のいずれかを選ばなければならない。しかしながら、こうした葛藤において、哲学はどんな立場を占めていたのであろうか。ガリレオやデカルトの同時代人が、聖アウグスティヌスの恩寵と自由意志の理論に復帰しうるものと考えられるであろうか。十七世紀の哲学——《明晰かつ判明なる観念》の哲学——が、《十分なる》恩寵と《有効なる》恩寵、《助力の》恩寵と《有効なる》恩寵のスコラ哲学的区別に復帰することができたであろうか。それとも、ヒューマニストや道徳哲学者フーゴー・グロティウスのような偉大で高貴な精神がジェズイットの放漫なる道徳（*morale relâchée*）に譲歩することができたであろうか。いずれの態度も不可能であった。けれども、十七世紀の哲学思想家たちは《道徳神学》を必要としていなかった。彼らはそうした神学概念そのものが、ある意味において、一の名辞矛盾だと固く信じてさえいた。というのも、彼らは人間理性の《自足性（*αὐτάρκεια*）》というストア哲学の原理を受け容れていたからである。理性は自律的であり、自立的である。それは何ら外的な援助を必要としない。そうした援助が差し出された場合にも、受け取ることさえしないであろう。それは自分自身の道を見出し、自己自らの力を信じなければならない。

この原理があらゆる自然法体系の土台石になった。それは、フーゴー・グロティウスによって、その著『戦争と平和の法』の序文に古典的な形で表現された。全能者の意志をもってしても、道徳の諸原則を変更したり、あるいは自然の法によって保証された基本的権利を廃棄したりすることはできない、とグロティウスは述べている。こうした法則は、かりに――不可能なことながら（*per impossibile*）――神が存在しないとか、神が人事に関わりをもたないと仮定する場合においてさえ、その客観的妥当性を失わないであろう(9)。

十七世紀の政治哲学のもつ合理的性格は、その基本原理を分析する代わりに、その一般的方法を観察すれば、さらに明瞭になる。社会秩序の原理問題に関しては、絶対主義の体系――ボダンやホッブズの体系――と、民衆の権利や人民主権の擁護者との間に激しい対立が見出される。けれども、両陣営は、互いにいかに争っているにしても、一つの点では一致している。両者とも同じ根本的な仮説に立ち返ることによって、自己の論点を証明しようと努める。〔すなわち〕国家契約説は、十七世紀においては、政治的思惟の自明の公理になるのである。

われわれの問題の歴史において、この事実は大きな決定的な一歩を意味するものである。なぜなら、われわれがこうした見解を受け容れて、法的・社会的秩序を自由な個人の行為、被治者の自発的な契約による服従に還元するなら、一切の神秘は消え失せるからである。契約より神秘的でないものはない。契約は、その意味と結果を十分に意識した上で結ばれねばならない。それは当事者すべての自由なる同意を前提とする。国家をそうした起源に帰することができれば、それはまったく明白な理解しうる事実になる。

こうした合理的な取り上げ方は、決して歴史的な取り上げ方を意味するものとは解されなかった。社会契約論で説かれる国家の《起源》が国家の始源について教えるものとナイーヴに考えるような思想家は、ごく少数にすぎなかった。むろん、われわれは国家が初めて出現した一定の歴史的時点を定めることはできない。しかし、こうした歴史的認識の欠如は、国家契約論者にとって何ら問題にはならない。彼らの問題は分析的であって、歴史的なそれではない。彼らは《起源》という概念を年代的意味にではなく、論理的な意味に理解する。彼らが求めるものは、国家の始源ではなく、その《原理》——その存在理由（*raison d'être*）である。

このことは、ホッブズの政治哲学を研究するなら、とくに明瞭になる。ホッブズは、様々な社会契約理論をもたらした一般精神を典型的に示す例である。彼の結論は、一般的には決して受け容れられず、反対に遭遇したが、しかし彼の方法は非常に強い影響を及ぼしたのであった。しかも、この新しい方法はホッブズの論理学から生まれたものであった。ホッブズの政治的著作がもつ哲学上の価値は、その主題の内容というよりも、むしろ論証と推論の形式にある。その著『物体論（*De corpore*）』の第一章において、ホッブズは彼の一般的な認識論を述べている。認識とは第一原理、またはホッブズの表現によれば《第一原因》の探究である。事物を理解せんがためには、その本性と本質を定義することから始めなければならない。ひとたび、この定義が見出されるなら、その様々な性質は厳密に演繹的な仕方で引き出すことができる。しかし、定義がその対象の個々の性質を示すだけで甘んじているかぎりは、十分なものではない。真の定義は《発生的》または《因果的》な定義でなければならない。それは事物が何であるかの問いに答えるだけでなく、なぜそうであるかの問いにも答えなければならない。かくすることによってのみ、真の洞察に到達しうる。ホッブズは言う。「発生のないところ、そこには真の哲学的認識も存在しない[10](Ubi generatio nulla, ... ibi nulla philosophia intellegitur)」。けれども、この《発生》をホッブズは物理的または歴史的な過程とは考えない。幾何学の分野においてさえ、ホッブズは発生的または因果的な定義を要求する。幾何学の対象が完全に理解されるためには、構成されなければならない。むろん、この構成的行為は知的な行為であって、時間的な行為ではない。求められているのは、理性における起源であり、時間におけるそれではない。われわれは幾何学的対象を、その基本的要素にまで分解し、それを綜合的な思考過程によって再構成するように努めなければならない。同じ原理は政治的対象にも妥当する。ホッブズが自然状態から社会状態への移行を叙述する場合、彼は国家の経験的な起源ということに関心をもっているのではない。問題になっている点は、社会的・政治的秩序の歴史ではなく、その妥当性である。もっぱら問題なのは、国家の歴史的根拠ではなく、その合法的根拠であり、そして社会契約論によって答えられるのは、まさにこの合法的根拠の問題なのである。

　ホッブズの理論は、その極まるところ、支配者と臣下の法的契約がひとたび締結されれば解除しえない、という逆説的な主張に到達する。個人がそのあらゆる権利や自由を放棄する服従契約は、社会秩序に導く必須の前提、その第一歩にほかならない。しかしながら、それは、ある意味において、また決定的な一歩でもある。それ以後、個人は、もはや独立したものとしては存在せず、自己自身の意志をもたない。社会の意志は、国家の支配者に一体化される。この意志は無制限のものであり、絶対君主と並び、またそれを超える他のいかなる権力も存在しない[11]。むろん、これは社会契約の一般的概念から証明することも正当化することもできない根拠のない仮説であった。なぜなら、ストア哲学の自然法論と結びつくとき、この概念はまさに正反対の結論に到達したからである[*11]。各個人が相互の間に、また支配者との間に契約を結んだ場合、彼らがただ自己のためにのみ行動しえたことは明らかである。彼らは絶対に強固な不変の秩序を作り出すことはできなかったし、その後の世代にいたるまで拘束することもできなかった。現在の世代の観点からしても、なお、あらゆる権利を無条件に絶対的に放棄して、支配者に譲渡することは不可能であった。そこには譲渡することも放棄することもできない、少なくとも一つの権利が存在する。つまり、人格にたいする権利がそれである。十七世紀のきわめて有力な政治的著作家たちは、この原則に基づいて議論を進め、ホッブズの引き出した結論を否定した。彼らはこの偉大な論理家に名辞矛盾という非難を浴びせかけた。人間がその人格を放棄しうるなら、彼は道徳的存在たることをやめ、生命のないものとなるであろう。そして、そのようなものが、どうして義務を負う――約束し、あるいは社会契約を結ぶ――ことができるであろうか。この基本権、人格にたいする権利は、ある意味において、他のあらゆる権利を包含している。自己の人格を維持し、発展させることは、普遍的な権利である。それは個々の人間の気紛れや移り気に任せられないものであり、したがって一の人から他の人に譲渡するわけにはいかない。あらゆる権力の法的根拠である統治契約は、それゆえ、その固有の限界をもつものである。人間が自由な主体としての地位を放棄し、自己を隷属化させうる服従契約（*pactum subjectionis*）、服従行為というものは存在しない。なぜなら、そうした権利放棄の行為によって、人間は、その本性と本質をなすところの、かの特性そのものをも放棄するだろうからである。つまり、彼はその人間性を喪失することになるであろう。

原註

（1）Galileo *Il saggiatore*, "Opere" (Edizione nazionale, Tipografia di G. Barbèra, Florence, 1890-1909), VI, 232. 20 vols. ガリレオの自然概念の詳細な論述については、E. Cassirer, *Individuum und Kosmos in der Philosophie der Renaissance*, *op. cit.*, pp. 165 ff., 177 ff. を見よ。

（2）ガリレオとデカルトの物理学の関係については、A. Koyré, *Études Galiléennes*, III, "Galilée et la loi d'inertie" (Paris, Hermann, 1940) にすぐれた説明が与えられている。

（3）Hugo Grotius, *Epistolae*, No. 654 (Amsterdam, 1687), p. 266. さらに詳細については、E. Cassirer, "Wahrheitsbegriff und Wahrheitsproblem bei Galilei," *Scientia* (Milano, October, 1937), p. 188 を見よ。

（4）Leibniz, *Historisch-politische und staatswissenschaftliche Schriften*, ed. Onno Klopp (Hanover, 1864 ff.), II, 100 ff. を見よ。

（5）Christian Wolff, *Jus gentium methodo scientifica pertractatum* (Halle, 1749, new ed. Oxford, Clarendon Press; London, Humphrey Milford, 1934).

（6）私の論文 "Descartes und Königin Christina von Schweden," *Descartes* (Stockholm, Bermann-

Fischer, 1939), pp. 177-278 を見よ。

（7）本書、第八章、一七四頁以下を見よ。

（8）Pascal, *Lettres provinciales*, V. 英訳 (New York, J. Leavitt; Boston, Crocker & Brewster, 1828), pp. 69-71.

（9）Grotius, *De jure belli et pacis*, "Prolegomena," sec. 11.

（10）Hobbes, *De corpore*, Pars I, cap. I, sec. 3 ad 8, "Opera Philosophica quae Latine scripsit," ed. W. Molesworth (London, Bohn, 1839), I, 9 を見よ。

（11）Hobbes, *De cive*, cap. 5-7; *Leviathan*, cap. 17-19 を見よ。

第十四章　啓蒙哲学とそのロマン主義的批判者

政治思想の発展において、十八世紀、啓蒙時代は、もっとも実り豊かな時代の一つであった。政治哲学が、かくも重要で決定的な役割を演じたことは、かつてなかった。それは、もはや知的活動の特殊な一分枝とはみなされず、全知的活動の焦点そのものになった。他のあらゆる理論的関心は、この目標に向けられ、また集中された。ルソーは、その『告白（*Confessions*）』にこう書いている。

着手しかけていた様々な著作の中で、長い間、私の念頭にあり、非常な興味をもってそれに携わり、全生涯をこれに捧げたいと願い、またこれこそがわが名誉を大成するものと自任していたのは、『政治制度論（*Institutions Politiques*）』であった。……私は、あらゆるものが根底において政治と関わりをもつということ、また、いかなる態度によるかを問わず、国民はその政体の本性が規定する以外のものではありえないということを知るようになった。(1)

しかし、こうしたあらゆる政治問題にたいする強烈な関心にもかかわらず、啓蒙時代は新しい政治哲学を発展させなかった。きわめて著名で有力な著作家たちの労作を研究してみて驚かされるのは、それがまったく何らの新しい理論も含んでいないことである。同一の観念が再三繰り返し語られているが、しかも、こうした観念は十八世紀によって造り出されたものではなかったのである。ルソーは好んで逆説的なものの言い方をするが、しかし政治のこととなると、まったく別の、非常に冷静な口調で語っている。政治哲学の目的や方法に関するルソーの思想とか、不可侵・不可譲の人権についての彼の理論には、ロックやグロティウスないしはプーフェンドルフの著書の中に、その相似と模範をもたないものはほとんどない。ルソーや彼の同時代人の真価は別の分野にある。彼らは政治理論よりも政治生活にたいして、はるかに関心をもっていた。彼らは人間の社会生活の根本原理を証明しようとは望まなかったが、それを確認し、適用しようとした。政治の問題においては、十八世紀の著作家たちは決して独創的たろうとする意図をもたなかった。事実、彼らは、この分野における独創性というものに非常に懐疑的であった。この時代の代弁者であったフランス百科全書派の人々は、彼らが体系の精神（*l'esprit de système*）と呼んだものにたいして、つねに警告した。[*1] 彼らは十七世紀の偉大な諸体系、デカルトやスピノザあるいはライプニッツの体系と優劣を競おうとする野心をもたなかった。十七世紀は形而上学の世紀であり、自然形而上学や道徳形而上学を作り出したが、啓蒙時代は、このような形而上学的思弁にたいする関心を失ってしまった。その全エネルギー——思惟のエネルギーというよりも、むしろ行動のエネルギー——はあげて別の点に集中された。《観念》はもはや《抽象的観念》とは考えられず、それは偉大な政治的闘争のための武器に鍛え上げられた。問題は、こうした武器が新しいか否かではなく、有効であるか否かであった。そして、多くの場合、もっとも古い武器がもっともすぐれた強力なものであるということになった。

大百科全書の著作家たちやアメリカ民主主義の父祖たち、ダランベール、ディドロ、ジェファーソンのような人々は、彼らの思想が新しいものであったか否かというような問題を、まず理解しえなかったであろう。彼らはいずれも、自分たちの思想が、ある意味で、世界と同じく古いものであることを確信していた。それは、いかなる時にも、いかなる所にても、すべての人々によっても信ぜられたるもの（*quod semper, quod ubique, quod ab omnibus*）と考えられた。「理性はあらゆる地域に通じるものである（La raison est de tous les climats）」とラ・ブリュイエールは言った。ジェファーソンは、一八二五年五月八日付ヘンリー・リー宛の書簡にこう書いた。

> 独立宣言の目的は、従来まったく考えつかれなかった新しい原理とか新しい論証を見出すことでもなければ、またかつて言われたことのなかった事柄を述べるというにすぎないものでもありません。それは、人類の前に、その同意を得るように、きわめて率直な確固とした言葉で、問題の一般的な意義を示すということでした。……独創的な原理とか感情を狙ったのではありませんし、また何か特定の、以前の著書から引き写したも

のでもありません。それはアメリカ精神の表現たろうと願い、またその表現に時節が要求する本来の調子と精神を与えようとしたものでした。(2)

しかしながら、アメリカ独立宣言やフランス人権および市民権宣言のうちに据えられた諸々の原理は、ただに一般民衆の感情を表現するものであっただけではない。(3)その同じ原理が当時のもっとも深遠な思想家、すなわち純粋理性の批判者によって主張され、確証されたという事実ほど、十八世紀文化の内的統一をはっきりと示すものはおそらくあるまい。カントはフランス革命に熱烈な讃美を送り、そしてフランス革命の事態が失敗に終わるようにみえたときにも自分の判断を変えなかったが、それは彼の精神と性格の強さを示すものである。人権および市民権宣言に表わされた思想の倫理的価値にたいする彼の信念は、つねに微動だにしなかった。彼はこう述べた。

このような出来事は、人間のなした重大な行為とか、あるいは犯行に存するのではない。つまり、それらの行為によって、かつて偉大であったものが人間のもとに賤《いや》しいものとなり、あるいは賤しかったものが偉大なものとなるというようなこと、さらに、……古く輝かしい政治組織が消滅し、その代わりに別のものが地底の深みから立ち現われてくるというようなことに存するのではない。断じてそうではない。……現在われわれの目前を進行する精神豊かな国民の革命は、成功するかもしれないし、また失敗するかもしれない。それは公正な人なら、たとえそれを幸いにいま一度試みうる場合にも、そんな高価な犠牲を払った実験をやろうとは決意しないであろうような、悲惨と凶行に満ち満ちているかもしれない。しかし、それにもかかわらず、このような革命は、それを眺めるすべての人々の心情の中に、ほとんど熱狂に近い共感を喚起したのである。……人類の歴史におけるこのような現象は決して忘れられない。なぜなら、それは、かつていかなる政治家も従来の事態の経過から推して思い及ばなかった人間本性にひそむ、よりよきものへの性向と能力を明らかにしたからである。(4)

十八世紀の精神は、通常《主知主義的》精神と評されている。けれども、《主知主義》が冷静な抽象的な態度、実践的・社会的・政治的生活の現実問題にたいする無関心を意味するものとすれば、これ以上に不適当な誤りやすい言い方はありえないであろう。そうした態度は、啓蒙の思想家たちにとってまったく無縁のものであった。彼らはいずれも、のちにカントが《実践理性の優位》[*2]として定式化した、かの原理を受け容れたであろう。彼らは理論理性と実践理性を截然《せつぜん》と区別することを決して認めなかったし、また思索を生活から分離させもしなかった。おそらく、十八世紀におけるほど理論と実践、思想と生活の間に完全な調和が存在したことは、かつてなかったであろう。あらゆる思想はただちに行動に転化され、またあらゆる行動が一般的原理に従属し、理論的規準に従って判断された。十八世紀の文化にその力強さと内的統一を賦与したのは、まさにこの特徴であった。文学や芸術、科学や哲学は共通の中心をもち、互いに同じ目的のために協力した。このゆえに、当時の偉大な政治的事件は、あのような一般的熱狂をもって迎えられたのであった。コンドルセは、こう書いた。「それ（生得・不滅の人権）が哲学者たちの著作や公正な人々すべての心情のうちに宿っているというだけでは十分ではない。無知蒙昧な人々も、すぐれた国民の先例の中にそれを読み取らなければならない。アメリカはこうした先例を与えてくれた。アメリカ独立宣言は、かくも長く忘却されていた、この聖なる諸権利を率直に、また崇高に表現したものである[5]」。

このようなすぐれた偉業が、ことごとく突如として疑問に付されたということ――十九世紀とともに前代のあらゆる哲学的・政治的理想が攻撃され、公然と挑戦されるにいたったということは、どうしてであろうか。この問いに答えるのは容易なように思われる。フランス革命はナポレオン戦争の時期に終わったが、はじめの熱狂には深い幻滅と不信が続いた。ベンジャミン・フランクリンは、フランス革命の初期に書いた書簡の一つで、不可侵の人権という観念が火の金にたいするがごとく作用するであろう、つまり「それは破壊することなく、純化するであろう」という希望を表明した。しかし、こうした楽観的な希望はまったく画餅に帰したようにみえた。フランス革命の偉大な約束は、いずれも実現されないままであり、ヨーロッパの政治的・社会的秩序は完全な崩壊に瀕しているように思われた。エドマンド・バークは、一七九三年のフランス憲法を《無政府状態の法典》と呼んだ。不可譲の人権という理論は、彼にとって「暴動への案内状であり、また絶えざるアナーキーの原因[6]」であった。ジョゼフ・ド・メーストルは、その『教皇論（*De la papauté*）』にこう書いた。「人間理性が人間を導くために無力なことは明らかである。……したがって、何と言われようと、権威から始めるのは、一般によいことである（La raison humaine est manifestement convaincue d'impuissance pour conduire les hommes ... en sorte qu'en général il est bien, quoi qu'on dise, de commencer par l'autorité)」。

これが、十九世紀初頭の二十〜三十年間にみられる思想の、まったき、かつ急激な変化の明らかな理由である。しかし、この反動を単に政治的なものとして叙述するだけでは十分ではない。それは他の、より深い原因をもっている。啓蒙哲学にたいする闘争を開始し、またこの戦闘における最初の先駆者であったドイツ・ロマン主義の人々は、第一に政治問題に関心を寄せたわけではなかった。彼らは苛酷な政治的事件の世界よりも、はるかに《精神》——詩と芸術——の世界に生きていた。むろん、ロマン主義は、その自然、芸術、歴史の哲学だけでなく、また政治哲学をももっていた。しかし、この分野では、ロマン主義の著作家たちは明確で一貫した理論を決して発展させなかったし、またその実際的態度においても首尾一貫してはいなかった。フリードリヒ・シュレーゲルは、ある時期には保守主義思想の唱導者であったし、また別の時期には自由主義思想の擁護者でもあった。彼は共和主義から君主主義へ転向した。ロマン主義の著作家から一定不変の疑問の余地なき政治思想の体系を取り出すのは不可能なように思われる。多くの場合、振り子は一の極から他の極へと揺れ動いているのである。[*3]

しかしながら、ロマン主義と啓蒙主義との闘争には、決定的に重要な二つの点がある。その第一は歴史にたいする新しい関心であり、第二は神話についての新しい解釈と評価である。第一点について言えば、啓蒙時代がまったく非歴史的な時代であるということは、ロマン主義の著作家がいずれも再三繰り返したスローガン、一種の標語となった。冷静に、また先入主なしに事実を分析すれば、このような見解はあたらない。たしかに、啓蒙主義の思想家と初期ロマン主義の人々とにおいて、歴史的事実にたいする関心は同じではなかった。彼らは異なる角度からその問題に近づき、また違った視角においてそれを眺めたのである。けれども、そのことは十八世紀の哲学者たちが歴史的世界を見失ったということを意味しない。かえって、これらの哲学者たちは、初めて歴史研究に新しい科学的方法を導入した人々であった。彼らは、その後蒐集されたあの厖大な歴史的資料に恵まれていなかったが、しかし歴史的認識の重要さについて明白な洞察をもっていた。十八世紀のイギリス文化について論じながら、デイヴィッド・ヒュームは「これは歴史的な時代であり、歴史的な国民であると思う」と述べた。ヒューム、ギボン、ロバートソン、モンテスキュー、ヴォルテールのような人々は歴史にたいする関心や理解が欠如している、と非難することはできない。その『ルイ十四世の世紀（*Siècle de Louis XIV*）』や『諸国民の風俗と精神について（*Essai sur les mœurs*）』において、ヴォルテールは新しい近代型の文明史を作り上げたのであった。(7)

しかしながら、十八世紀と十九世紀の歴史観には一の根本的な差異がある。ロマン主義者たちは、過去を過去のために愛する。彼らにとって、過去は一の事実であるというだけでなく、また至高の理想の一つなのである。こうした過去の理想化と精神化こそが、ロマン主義的思惟のもっとも著しい特徴の一つである。一切のものは、その起源にまで跡づけられうるや、ただちに理解し、是認しうる、正当なものとなる。このような精神的態度は、十八世紀の思想家にとって、まったく無縁のものであった。たとえ彼らが過去を顧みたとしても、それは、よりよき未来に備えんがためにそうしたのであり、人類の未来、新たな政治的・社会的秩序の生起こそが、彼らの偉大なテーマであり、本来の関心であった。歴史の研究は、この目的のために必要なのであり、それ自体が目的なのではない。歴史は多くの事柄を教えうるであろうが、しかしそれは何があったかを教えうるだけで、何があるべきかを教えることはできない。歴史の評決を無謬の決定的なものとして受け取るのは、理性の尊厳性にたいする犯罪であろう。歴史が過去を讃美し、アンシャン・レジームを確証することを意味するものなら、《大百科全書》の《哲学者》たちの精神にとっては、歴史はそもそものはじめから罪に定められていたのである。歴史は真の倫理的価値を欠くがゆえに、彼らには少しも理論的興味をもつものとはならなかった。実践理性の優位という原則に従うなら、両者は関連しあう不可分離のものであった。その反対者から非常にしばしば主知主義という非難を浴びた十八世紀の思想家たちは、単に知的な好奇心を満足させるために歴史を学んだのでは決してなかった。彼らは歴史のうちに行動への指針、未来の、よりよき人間の社会状態に導きうる羅針盤を認めたのであった。十八世紀の著作家の一人はこう言った。「われわれは、われわれの祖先をさほど讃美しないが、われわれの同時代人をはるかに愛しているし、われわれの子孫にたいしては、さらに期待を抱いている」[8]。デュクロが述べたように、われわれの歴史の知識は《先取りされた経験》[9]以上の何ものでもありえない。

これこそが、啓蒙時代とドイツ・ロマン主義の真の相違、深い裂け目なのである。フランス革命の前夜、ないしは勃発直後に書かれた政治的パンフレットの中には、次のような言葉が記されている。「たしかに、われわれは古代の遺跡よりなお古い導き手、いたるところに存在し、万人に所有されている導き手をもっている。すなわち、われわれの思想を支配する理性、われわれの感情を規制する道徳および自然法」[10]。しかしながら、ロマン主義者たちは正反対の原理から出発した。彼らは、歴史のいずれの時代も固有の権利をもち、固有の規準に従って測られねばならないことを説くだけでなく、はるかに徹底した見解を抱いた。《歴史法学派》の創始者たちは、歴史が法の源泉であり、起源そのものだと言明した。歴史にまさる何らの権威も存在しない。法や国家は人間によって《作られ》ることはできない。それは何ら人間の意志の所産ではなく、したがって人間の意志の管轄下にあるものではない。それは、いわゆる個人の天賦の諸権利によって束縛されることも制限されることもないのである。人間が法を作りえないのは、あたかも言語や神話や宗教を作りえないのと同様である。サヴィニーによって抱かれ、彼の弟子や後継者たちの著作のうちに発展させられた歴史法学派の原則に従えば、人間の文化は自由で意識的な人間の活動から生まれるものではなく、《より高き必然性》のうちに起源をもっている。この必然性は形而上学的なものであり、無意識的に働き創造する自然的精神なのである。

この形而上学的思想によれば、神話の価値は根本的に一変させられる。啓蒙主義のいずれの思想家にとっても、神話は野蛮なもの、混乱した観念と愚かな迷信の奇妙奇怪な集合、単なる怪物にすぎなかった。神話と哲学の間には、何ら接触点はありえなかった。暗黒がさし昇る朝日に屈するように、哲学が始まるところに神話はやむ。ロマン主義哲学者に目を移すと、こうした見解は根本的な変化をこうむっている。これらの哲学者たちの体系において、神話は最高の知的関心の主題になるだけでなく、また畏敬と崇拝の主題ともなった。それは人間文化の主要な動機とみなされる。芸術、歴史および文学は神話に由来するものであり、こうした起源を看過し、否認する哲学は浅薄で不十分なものだと言明される。シェリングの体系の主たる目的の一つは、神話にたいして、人間文明におけるその正当な地位を与えることであった。彼の著作において初めて、その自然や歴史や芸術の哲学に並んで神話の哲学が見出される。[*4] ついには、彼のことごとくの関心がこの問題に集中されるように思われる。神話は哲学的思惟の対立物であるどころか、その同盟者、ある意味では、その極致となった。

すべてこれらのことは逆説的にみえるかもしれない。しかし、それはロマン主義的思惟の原理そのものから生じてくるのである。シェリングは、ただドイツにおける若き世代全体に共通した確信を吐露したにすぎない。彼はロマン主義文学の哲学的代弁者となった。詩の源泉に帰ろうとする深い願望が、神話にたいするロマン主義的関心を説明してくれる。詩は新しい言葉、つまり概念や《明晰かつ判明なる観念》の言葉ではなく、神秘文字の、秘密の神聖な象徴の言葉を語ることを学ばなければならない。これが、ノヴァーリスの『青い花

(*Heinrich von Ofterdingen*)』で語られた言葉であった。カントの批判的観念論にたいして、ノヴァーリスは彼の《魔術的観念論》[*5]を対立させたが、この新しい型の観念論こそ、シェリングやフリードリヒ・シュレーゲルによって、まさに哲学と文学の根本原理と考えられたものであった。

それは一般的な思想史における新しい第一歩――哲学的思惟よりも政治的思惟の爾後の発展にとって、はるかに重大な帰結をはらんだ第一歩であった。哲学においては、シェリングの影響力はヘーゲル体系の出現によって平衡させられ、やがてその輝きを失うにいたった。神話の役割についての彼の思想は、単なるエピソードにとどまった。にもかかわらず、のちに現代の政治に見出されるような、神話の復権と讃美に通じる道が開かれたのであった。

しかしながら、ロマン主義的精神がのちの発展にたいして責任があると考えるのは誤りであるし、またそれを公正に評する所以でもないであろう。最近の文献では、しばしば、ロマン主義は二十世紀の神話の最初の、またもっとも有力な源泉であった、とする見解が見受けられる。多くの著作家たちによれば、ロマン主義が《全体主義国家》観を生み出し、また、のちのあらゆる型の侵略的帝国主義を準備したものとされている(11)。しかし、このように評価する場合、その重要な、実際、決定的な特徴を看過しているように思われる。ロマン主義の著作家たちの《全体主義的》思想は、その由来と意味においては、文化的なものであり、政治的なものではなかった。彼らが憧れる世界は人間文化の世界であった。彼らが意図したのは、世界を《詩化 (poeticize)》することであって、政治化 (politicize) することではなかった。フリードリヒ・シュレーゲルは、人間生活の全領域——宗教、歴史、さらに自然科学すら——を《詩的精神》で浸透させることがロマン主義運動の最高目的である、と言明した(12)。ロマン主義の著作家たちの多くと同じく、フリードリヒ・シュレーゲルも《学と芸術の神的世界》のほうが政治の世界よりはるかに親しみやすく感じられたのであった*6。ロマン主義的ナショナリズムに、その特殊な色調と性格を与えたのは、こうした態度であった。たしかに、ロマン主義の詩人や哲学者たちは熱烈な愛国者であったし、またその多くは非妥協的なナショナリストであった。しかし、そのナショナリズムは帝国主義的な型のものではなかった。彼らは征服することではなく、保持することに汲々としていた。彼らは、その精神的な力のかぎりをつくして、ドイツ的稟性《ひんせい》の特質を維持しようと努めはしたが、それを他国民に強制したり押しつけたりしようとは決して考えなかった。

　このことは、ドイツ・ナショナリズムの歴史的起源からの必然的な帰結であった。このナショナリズムはヘルダーによって始められたものであるが、十八世紀の思想家や詩人たちの中で、ヘルダーは個性にたいするもっとも鋭敏な感覚ともっとも透徹した理解をもっていた。こうした個人主義は、ロマン主義運動の顕著な、もっとも著しい特徴の一つとなった。ロマン主義者たちは、文化生活の個々の特殊な形式、文学・芸術・宗教・歴史といったものを、決して《全体主義》国家の犠牲に供することはできなかったであろう。彼らは諸々の個人や民族の生活を特徴づけている数多くの微妙な差異にたいして深い尊敬の念を抱いたのであった。これらの差異を感得し、享受し、さらに民族生活の様々な形式を共感することが、彼らにとって、歴史的認識の本来の目的であり、また最大の魅力でもあった。したがって、ロマン主義のナショナリズムは単なる排他主義ではなく、その正反対のものであった。それは真の普遍主義と両立するだけでなく、それを前提するものであった。ヘルダーにとっては、各々の民族は全世界を包括する調和の中の個々の声にすぎなかった。彼が蒐集した民謡の中には、様々な民族、ドイツ、スラヴ、ケルト、スカンディナヴィア、リトアニア、トルコなどの諸民族の民謡が見出される。そして、ロマン主義の詩人や哲学者たちはヘルダーとゲーテの後継者であったが、このゲーテはロマン主義のいずれの著作家にも非常に愛好された世界文学（Weltliteratur）という用語を初めて使用した人であった。A・W・シュレーゲルは、その劇芸術に関する講義において、あらゆる時代の劇文学について一般的な概観を与え、それを同じ愛情、同じ偏見なき共感を抱きながら取り扱ったのである。

こうした文学的普遍主義は、新しい宗教的普遍主義によって限定され、また強化された。初期ロマン主義者は、中世が一の普遍的な宗教理想によって統一されていたという事実のうちに、中世文化の最大の美点を認めた。ここでは、キリスト教は、なお分裂のない全体であった。キリスト教社会は、神によって統治され、普遍教会と世界帝国という互いに関連しあった二秩序に代表される神秘的共同体（corpus mysticum）であった。ロマン主義の著作家たちは、こうした人類の黄金時代に復帰しようという願望に奮いたったのである。この点に関して、彼らはその文化的・宗教的理想を自国にのみ限ろうとは決して考えなかったであろう。彼らは、統一ドイツだけでなく、また統一されたヨーロッパを求めて努力したのであった。ノヴァーリスは『キリスト教世界あるいはヨーロッパ（*Die Christenheit oder Europa*）』という小論で、一つのキリスト教信仰がヨーロッパ大陸に宿り、一つの大きな関心がこの広大な精神的帝国の遠隔の地方をも結合した、麗《うるわ》しく輝かしい時代を讃美した。(13)ロマン主義的神学者中の第一人者たるフリードリヒ・シュライエルマッハーは、それよりもはるかに徹底した。彼がその『宗教について（*Reden über die Religion*）』で展開し、また擁護した普遍的宗教は、あらゆる信条や礼拝を包括するものである。前代のあらゆる《異教徒》が、この宗教理想の中に包含されることができた。《無神論者》スピノザは、シュライエルマッハーによって《偉大な聖なるスピノザ》と呼ばれた。真の宗教感情にとっては一切の教義上の差異は問題ではない、とシュライエルマッハーは言明した。宗教とは愛であるが、《これ》や《あれ》、つまり有限な特定の対象にたいする愛ではなく、宇宙、無限者にたいする愛なのである。*7

このことは、ロマン主義的ナショナリズムの性格をさらに明らかにしてくれる。このナショナリズムもまた愛から生まれたものであり、のちの多くのナショナリズムのように憎悪から生まれたものではない。フリードリヒ・シュレーゲルの『文学対話（*Gespräch über die Poesie*）』では、愛こそはあらゆるロマン主義文学の原理そのものだと言明された。それは、真実の詩のいずれの一行、いずれの一句にも浸透しているに違いない、みえざる媒体のようなものである。詩人にとっては、万物は、より高い真に無限なものの象徴、永遠の愛と創造的自然の聖なる生命力との神秘文字にすぎない。(14)初期ロマン主義者の政治理想も、それと同じ感情に貫かれ、明らかに美的ないしは詩的な性格を帯びていた。ノヴァーリスは熱狂的な言葉で国家について語ったが、しかし彼が実際に讃美したのは、国家の物理的権力ではなく、その美しさであった。彼はこう書いた。「真の君主は芸術家中の芸術家である。何人《なんびと》も芸術家たるべきであり、すべてのものは美しい芸術たりうる。……君主は無限に多様な劇を上演しているのであり、そこでは舞台も公衆も、俳優も観客も一つであって、彼自身が同時にその劇の作者、監督、主役なのである」(15)。

たしかに、この詩的・美的な思想は、政治生活の諸問題を解決するという課題に耐えることができなかった。こうした問題が次第に重大な、険悪な様相を帯びるようになったとき、初期ロマン主義の著作家たちが展開した理論は、その地歩を保つことができなかった。ナポレオン戦争の時代に、ドイツ・ロマン主義の創始者や先駆者たちは、政治生活を《詩化》するという自らの理想に懐疑の念を抱き始めた。彼らは、少なくともこの領域においては、より《現実主義的》な態度が避けがたく、不可欠のものであることを確信するようになった。多くのロマン主義の詩人たちは、それ以前の理想を国家の問題の犠牲に供する覚悟をしたのであった。ハインリヒ・フォン・クライストのような詩人においては、ロマン主義的な愛は激しい和解しがたい憎悪に転化した。*8 A・W・フォン・シュレーゲルでさえ同じように感じた。一八〇六年に彼はこう書いた。「われわれの民族的独立、いや、ドイツという名称の存続すら、かくも憂慮すべきほどに脅かされているかぎりは、おそらく、われわれの文学は雄弁にまったくその席を譲らなければなるまい(16)」。しかし、この勧告に従ったロマン主義者はごく少数にすぎなかったし、その極端なナショナリズムにおいてさえ、彼らはその人間文化の普遍的理想を否定したり、あるいは否認したりしようとはしなかったのである。

原註

(1) Rousseau, *Confessions*, Bk. IX (Everyman's Library, New York, E. P. Dutton & Co., 1931), II, 55.

(2) Thomas Jefferson, "Writings," ed. Paul Chester Ford (New York, G. P. Putnam's Sons, 1899), X, 343. Modern Library ed., p. 719.

(3) われわれはここで、フランス人権宣言の歴史的起源という盛んに論じられた問題に入るには及ばない。ゲオルク・イェリネクは、一八九五年に公にした一つの論文〔『人権宣言論』〕で、人権および市民権宣言が十八世紀のフランス哲学者たちの理念に由来するものと考えるのは誤りであることを証明しようとした。イエリネクによれば、フランス革命の法的・政治的理念の真の源泉は、アメリカの権利章典、とくにヴァージニア州の権利章典のうちに求められねばならない。他の著作家は、この見解を強く否定している。例えば、V. Marcaggi, *Les origines de la déclaration des droits de l'homme de 1789* (Paris, 1904)を見よ。しかし、この場合、いずれが先かという問題はあまり重要ではない。ジェファーソンやアダムズも、ラファイエットやコンドルセも、権利宣言に具現された理念を《作り上げた》のでないことは明らかである。彼らは《自然法》理論のあらゆる先駆者たちによって抱かれた信念を、ただ表現したにすぎない。

(4) Kant, *Der Streit der Fakultäten* (1798), sec. II, "Werke," ed. E. Cassirer, VII, 397 f., 401.

(5) Condorcet, *De l'influence de la révolution d'Amérique sur l'Europe* (1786), chap. I, "Œuvres

complètes" (Brunswick, Vieweg; and Paris, Henrichs, 1804), XI, 249.

(6) Charles Grove Haines, *The Revival of Natural Law Concepts* (Cambridge, Mass., Harvard University Press, 1930), p. 65 を見よ。

(7) さらに詳細については、E. Cassirer, *Die Philosophie der Aufklärung* (Tübingen, Mohr, 1932), chap. v, "Die Eroberung der geschichtlichen Welt," pp. 263-312 を見よ。

(8) Chastellux, *De la félicité publique*, II, 71. 引用は Carl L. Becker, *The Heavenly City of the Eighteenth Century Philosophers* (New Haven, Yale University Press, 1932), pp. 129-130 による。

(9) Becker, *idem*, p. 95 を見よ。

(10) *Des États-Généraux et principalement de l'esprit qu'on doit y apporter*, par Target (Paris, 1789); 引用は Fritz Klövekorn, *Die Entstehung der Erklärung der Menschen- und Bürgerrechte*, "Historische Studien," XC (Berlin, E. Ebering, 1911), 31, 224, n. 23 による。

(11) 例えば、Peter Viereck, *Metapolitics. From the Romantics to Hitler* (New York, A. A. Knopf, 1941) を見よ。なお、Arthur O. Lovejoy の論文 "The Meaning of Romanticism for the Historian of Ideas" および彼のレオ・シュピッツァー (Leo Spitzer) との非常に興味ある討論 *Journal of the History of Ideas*, Vol. II, No. 3 (1941) and Vol. V, No. 2 (1944) を見よ。

(12) Friedrich Schlegel, "Gespräch über die Poesie," *Prosaische Jugendschriften*, ed. Jacob Minor (2d ed. Vienna, Carl Konegen, 1906), II, 338 ff. を見よ。

(13) Novalis, *Die Christenheit oder Europa* (1799), "Schriften," ed. Jacob Minor (Jena, Diederichs, 1907), II, 23.

(14) Schlegel, *op. cit.*, II, 370 f.

(15) Novalis, *Glauben und Liebe*, sec. 33, "Schriften," II, 162.

(16)　A. W. von Schlegel, *Letter to Fouqué*, "Sämtliche Werke," ed. Eduard Böcking (Leipzig, Weidmann, 1846), VIII, 145を見よ。

第三部　二十世紀の神話

第十五章　準　備：カーライル

カーライルの英雄崇拝論

トマス・カーライルが一八四〇年五月二十二日に、その『英雄、英雄崇拝、並びに歴史における英雄的なるものについて（*On Heroes, Hero Worship and the Heroic in History*）』〔『英雄崇拝論』〕の講演を始めたとき、彼は数多くの上流の聴衆に向かって語ったのであった。《ロンドン社交界の一団》が、この講演者に傾聴するために集《つど》ってきた。この講演は一種のセンセーションを巻き起こしたが、しかし、この社会的事件が重大な政治的帰結を蔵するものであったことを何人《なんびと》も予想できなかった。カーライルはヴィクトリア朝のイギリス人たちに語ったが、彼の聴衆となったのは、数において二百〜三百人の間を出ず、《身分と知性において貴族主義的な》人々であった。カーライルがその書簡の一つで述べているように、「僧侶や様々な種類の人が見えましたが、人々は斬新なことを耳にして非常に驚き、また喜んでいたように思われました。人々は声を立てて笑い、また拍手喝采しました」(1)。しかし、疑いもなく聴衆の中の誰一人として、これらの講演で述べられた思想が危険な爆発物を含んでいるとは考えつかなかった。カーライル自身も、そのようには感じていなかった。彼は革命家ではなく、保守主義者であった。彼は社会的・政治的秩序を安定させようと望み、かつまた、そうした安定化のために、英雄崇拝より以上に恰好の手段を勧めることはできないと確信していた。彼は新しい政治的福音を宣教しようとは決して考えなかった。彼にとって、英雄崇拝は人間の社会生活や文化生活におけるもっとも古く確実な要素なのであった。彼は、それに「世界の運営にたいする永遠の希望」を認めた。「人間がかつて設定した伝統、組織、信条、社会がことごとく滅び去るとしても、これだけは後に残るであろう。……それは煙雲、塵雲《じんうん》、さらに様々な崩壊や火災を通して、北斗星のごとく燦《さん》として輝く(2)」。

しかしながら、カーライルの講演が生み出した影響は、筆者その人の期待とはまったく違ったものであった。カーライルが指摘したように、近代世界は三大革命を経験してきた。まずルターの宗教改革、次いでピューリタン革命、そして最後にフランス革命が到来した。フランス革命は、まさしくプロテスタンティズムの第三幕であった。この第三幕をわれわれは、当然、終幕と呼んでもよいであろう。「なぜなら、かの野蛮な過激主義*1 (*Sansculottism*) 以下に人間は下落できないからである(3)」。カーライルがこのように語ったとき、彼はその講演で提出したまさにその思想が新しい革命の発端であるとは知る由もなかった。一世紀後に、こうした思想は政治闘争におけるもっとも有力な武器に変えられたのであった。ヴィクトリア時代には、カーライルの理論が二十世紀において演じた役割を何人も予見できなかった。

最近の文献では、カーライルの見解と現代の政治的諸問題を結合し――彼を未来の《ファシズムの行進》にたいして非常につくした者の一人とみなす強い傾向がある。一九二八年にB・H・レーマンは『カーライルの英雄理論――その源泉、発展、歴史およびカーライルの著作にたいする影響(4)(*Carlyle's Theory of the Hero. Its Sources, Development, History, and Influence on Carlyle's Work*)』という一書を著わした。これは単に歴史的分析にすぎなかったが、しかし、まもなくそれに続いて現われた他の研究では、カーライルは多かれ少なかれナチズムの全イデオロギーにたいして責任があるものとされたのであった。ヒトラーの権力掌握後、H・J・C・グリアスンは、三年前に「カーライルと英雄」について論じた講演を『カーライルとヒトラー(*Carlyle and Hitler*)』という新しい表題で出版した。彼はこう述べている。「私はそれに新しい――換喩的と言ってもよい――表題をつける気にさせられたのである。それほどドイツにおける最近の事態は、カーライルが主として考察した、英雄の出現に次第に導く――あるいは少なくともそれを可能にする――諸条件と、さらに英雄を権力につかせる……宗教的・政治的な感情の高まりをよく例証している(5)」。はるか後になって、しかもまったく異なる《思想的風土》で発展した政治指導の諸観念*2をカーライルに由来するものとすることは自然であるばかりか、ほとんど不可避的であるように思われたのであった。エルネスト・セイエールは、近代帝国主義の哲学と系譜を研究した彼の数多い一連の著書や論文に、一九三九年になってカーライルに関する著書を付け加えた。彼はカーライルの著作の中に《美的神秘主義》の一切の特徴と《人種的神秘主義》の最初の痕跡を認め、さらにフリードリヒ大王についての著書においてプロイセン軍国主義の公然たる弁護を見出すのである。「人生の教訓と人間性の真の性格について熟考しながら、彼が次第にトーリー主義に接近するにつれて、いよいよ彼は政治家や軍人たちを至高者に選ばれた者の仲間に加え入れた。それはドイツ・ロマン主義の心情におけるプロイセン的傾向であった」[6]。したがって、このカーライルのロマン主義のプロイセン化こそ、彼を政治指導者の神化と、さらに力と正義の同一視とに導いていった最後の決定的な一歩であった[7]。

カーライルの理論が及ぼした影響を、このように叙述することの中には、多くの真理が含まれている。にもかかわらず、私には、それは問題をあまりに単純化しすぎるもののように思われる。カーライルの《英雄観》は、その意味においても、またその歴史的前提においても非常に複雑なものである。彼の理論を十分正しく評価するには、カーライルの性格、生涯および著作を形作る種々様々の、しばしば矛盾しあったすべての諸契機を研究しなければならない。カーライルは体系的思想家ではなかった。彼は首尾一貫した歴史哲学を構成しようとしたことさえなかった。彼にとって、歴史は何ら体系ではなく、大きなパノラマなのであった。彼は伝記についての評論において、歴史は無数の伝記の精髄だと言明した[8]。したがって、カーライルの著作を、全体としてみた歴史過程の一定の哲学的構成とか、あるいは一定の政治的プログラムの意味に解することは、不確かであり、また誤りやすい。彼の教説について性急に結論を下すのをやめて、まず、その根底にある諸々の動機を理解するように努めなければならない。それをはっきりと洞察しないなら、彼の観念のほとんどのものとは言わないまでも、その多くのものは不明瞭で曖昧なままである。カーライルの歴史観や政治観は、つねに彼自身の個人的な経歴に依存しており、それは体系的または組織的というよりも、はるかに伝記的な制約を受けたものである。

たしかに、カーライルは、その講演で《指導（leadership）》の思想を展開して、きわめて徹底した結論にまで到達した。彼は歴史的生の全体を偉人の生活と同一視した。偉人なくしては何らの歴史もなく、停滞があるのみであろう。そして、停滞とは死を意味する。出来事が単に継起するというだけでは歴史をなさない。歴史は行為と行動のうちにあり、そして行為者なしには、つまり偉大な、直接的な、人格的衝動なしには、行為というものは存在しない。「英雄崇拝、高潔無比の、神のごとき型の人間にたいする衷心から跪拝《きはい》する讃美、熱烈なる無限の服従、これこそがキリスト教そのものの萌芽ではないか(9)」。この思想は、ある意味において、彼の全人生哲学と全歴史哲学のアルファにしてオメガ、最初にして最後のものであった。彼はその処女作でも同じように語っていた。『衣服哲学（*Sartor Resartus*）』で、こう述べている。「王は神権によって支配する、と神学者たちが書いているのはもっともである。王は彼のうちに神よりの権威を携えている。さもなければ、人は決してそれを彼に与えないのである。……私の支配者たるべき人、その意志が私の意志より高くあるべき人は、天において私のために選ばれたのである。天によって選ばれた人にたいするこのような服従以外には、自由は考えることさえできないのである(10)」。

これは、まったく、いかなる既成宗教にたいする盲目的信仰をも失い、したがって神礼拝に代わって人間崇拝を置き換えようとする神学者の言葉であるように思われる。中世の階層制度（hierarchy）の形態は、近代の《英雄制度（hero-archy）》の形態に変えられたのであった。実際、カーライルの英雄は、形を変えた聖徒、世俗化された聖徒なのである。彼は祭司とか預言者たるを要さない。詩人でも、王でも、文人でも、英雄たりうる。けれども、そうした世俗的聖徒なしには、われわれは生きることができない、とカーライルは言明する。もし英雄制度がいつか消滅するようなら、われわれはこの世界にまったく絶望せざるをえないであろう。俗界にも霊界にも、君主、真の君主がないなら、私にはこの世においてもっとも憎むべき無政府状態のほかは何事も不可能であるように思われる。[11]

　しかしながら、英雄とは何であろうか。それを認識しうる一定の基準が存在しているはずであり、われわれは英雄的人間を吟味し、真正の金を卑金属から識別するための試金石をもたなければならない。むろん、カーライルは、宗教史において真の預言者に並んで偽預言者が存在し、政治生活において真正の英雄とともに似而非《えせ》英雄が存在することを知っている。一を他から識別する何らかの標準があるであろうか。神的理念を代表する英雄たちがあり、こうしたことは、人間の歴史において避けがたく、なくしがたい特徴である。なぜなら、大衆は、あるいはカーライルの言葉を用いるなら《侍僕》たちは、彼ら自身の英雄をもたざるをえないからである。

信頼しうる人物を知れ。ああ、これは今日の時代においては、まだ前途程遠いものである。誠実な人々のみが誠実を認めうる。ただに一人の英雄が必要なばかりでなく、英雄に相応せる世界、侍僕の集まりならぬ世界が必要である。……侍僕的世界は似而非英雄によって統治されざるをえない。……かかる世界は彼のものであり、彼はこの世界のものである。要するに、二者のいずれかである。すなわち、われわれは真の統治者にして首長たる英雄に接するとき、多少今よりはよくこれに気づく方法を学ぶか、さもなくば永久に非英雄的人物によって支配され続けるかのいずれかである。[12]

すべてこうしたことは、まぎれもなく明らかである。カーライルにとって、彼が十八世紀と啓蒙主義の哲学者に帰した《機械的な》政治理論より以上に嫌悪すべきものはない。しかし、その精神主義にもかかわらず、彼は、政治問題においては、もっとも徹底した無抵抗服従論者の一人になるのである。カーライルの政治理論は、実際には、姿を変え、形を変えたカルヴァン主義[*4]にほかならない。真の自発性は少数の選ばれた人々にのみ与えられ、他の人々、神に見捨てられた大衆は、これらの選ばれた人々、生来の支配者たちの意志に服従しなければならない。

しかしながら、これまでのところ、われわれは哲学的な解答ではなく、修辞的な解答を与えられたにすぎない。カーライルの理論の一切の前提を受け容れるとしても、なお主要な問題は依然として答えられていない。むろん、カーライルが英雄をどう理解しているかについて、明確な定義を彼から期待するのは無理であろう。そうした定義は論理的になされねばならないであろうが、カーライルは、あらゆる論理的方法を非常に軽蔑した口調で論じている。論理というものは、決して実在の神秘にまで透徹することはできない。正しい悟性とは、論理的で論証的なものではなく、直観的なものである。「昔のスコラ学者や、その真理探究の仕方を考えてみよ。きわめて誠実な努力、絶えず倦《う》むことなき活動、しばしばすぐれた生来の力。しかるに、少しの進歩もなく、一の部分を他の部分と平衡させる奇妙な早業にすぎず、……せいぜいのところ、舞踏修道僧のように素早く快く旋回して、始めたところで終わるのがおちである」[13]。論理は有益ではあるが、最善のものではない。論理によっては、人生を理解することはできず、いわんや、その最高の形式たる英雄の生活は理解しえないであろう。「知ること、いやしくも事物の真相に徹することは、つねに神秘的行為であり、最善の論理といえども、その表面をかすめる饒舌にすぎない[14]」。「そうした事柄について理論化しようと企てることは、ほとんど徒労であろう。それは定理化され、図式化されることを拒む事柄である。論理は、それについて語りえざることを知らなければならない[15]」。

しかし、認識がその本性と本質において神秘的行為だとすれば、それを伝達すること、人間の言語という貧弱な記号で表現することは、とくにこうした伝達が一連の公開講演――《ロンドン社交界の一団》を前にして行われた――の形でなされねばならないとき、絶望的な企てであるように思われる。カーライルは、どのようにしてこの困難を克服し、このほとんど不可能に近い課題を解決することができたのであろうか。彼はその根本命題の証明ではなく、例証を与えることができたにすぎない。こうした例証が鮮やかな、印象的なものであったことは認められねばならない。彼は、つねに、歴史を無味乾燥な教科書としてではなく、一の画廊として眺めた。われわれは歴史を単なる概念によって理解することはできない。それは、ただいくつかの肖像によって理解しうるのである。その講演において、カーライルは人類史のあらゆる分野を網羅しようと努め、文明のごく初期の段階から、その当時の歴史や文学にまで説き及んだ。こうしたすべてのものは、一つの偉大な直観に結びあわされなければならなかった。そのような結合は悟性によってなされることはできず、それとは別の、より高い力を必要としている。「われわれの論理的・計量的な能力ではなく、われわれの想像的能力こそが、われわれの王である。いや、われわれを天国に導く祭司や預言者か、それともわれわれを地獄に導く魔法使いや妖術者である、と言ってもよいであろう(16)」。

この想像的能力を、カーライルはその講演で存分に駆使したのであった。実際、彼の文体は、われわれを天国に導く預言者のそれであり、またわれわれを地獄に導く妖術者のそれである。彼の叙述においては、往々、その二つの方向はまったく見分けがつかない。彼はこう言明する。悟性は、いかにも汝の窓である。……しかし、想像は健全な、または病的な色彩感覚の網膜をもった汝の眼である(17)。彼は初期の評論でも、こう言っていた。非凡な人々は、われわれがそれを通して自然の隠れた道を深く見透す、神秘的な窓である(18)。《神秘的な窓》が次々とカーライルの講演の聴衆に開かれた。彼は、ただ実例を挙げて話すことができるだけであった。英雄とは何であるか、という疑問に答えるべき義務を感じなかったが、しかし彼は、誰が英雄的な人間であるかを示そうと努める。彼の挙げる名簿は長たらしく多彩なものであるが、彼は英雄的性格に何ら特殊な差異があることを認めない。この性格は一つの不可分のものであり、つねに変わることなく同一である。北欧のオーディンからイギリスのサミュエル・ジョンソンにいたるまで、聖なるキリスト教の創始者からヴォルテールにいたるまで、様々な形で英雄は崇拝されてきた[19]。

こうしたやり方で、カーライルの英雄は、あらゆる形態をとりうるプロテウスのようになった。新しい講が始まるごとに、彼の英雄は新しい相貌を示し、神話的な神として、さらに預言者、祭司、文人、王として現われてくる。それは何らの限界をもたず、また特殊な活動領域に制約されることもない。

偉人は、大自然の手から出てきたままでは、本来、つねに同種のものである。オーディン、ルター、ジョンソン、バーンズ、こうした人々がすべて本来、同一の素材から成る所以を私は明らかにしたいと思う。……実際のところ、私は、真に偉大なる人物がいかなる種類の人間にもなりえないということを、とうてい考えることはできないのである。……例えばミラボーのごとき、内に熱情を蔵し、迸《ほとばし》る熱涙を湛《たた》えた偉大な白熱的心情の持ち主が、彼の人生行路や教育課程に導かれてその方向をたどったなら、韻文、悲劇、詩歌をものして、その方面で万人を感動せしめえなかったはずがない、と私には思われるのである[20]。

これは、すこぶる逆説的な命題であった。きわめて逞《たくま》しい想像力をもってしても、オーディンのごとき神話の神と、カーライルが《病的な、興奮しやすい、痙攣的な人物》(21)と評したルソーのような人との間に同一性を見出すには、かなりの困難をともなうであろう。かくしてまた、学者先生たるサミュエル・ジョンソンのような人が『神曲（*Divina commedia*）』とかシェイクスピアの戯曲を作りうると考えることは、いよいよもってできないことであろう。けれども、カーライルは自分自身の雄弁に夢中にさせられ、彼のいずれの英雄をも同じ熱心な調子で論じたのであった。偉人に《超絶的讃嘆》(22)を捧げて、彼は時に平衡感覚を喪失するように思われる。われわれの低い経験的世界の差異はほとんど忘れられ、およそ似あわしからぬ歴史的人物が同列に論じられた。

その全生涯を歴史的研究に捧げ、この分野で権威をもちえたカーライル[*5]のような著作家にあっては、こうした態度は、まことに驚くべきものであった。しかし、われわれは彼の講演がもたれた特殊な環境を忘れてはならない。カーライルの文体は哲学的というよりも、はるかに修辞的なものであったが、彼は従来、この講演におけるほど単に修辞的な手段を存分に駆使したことはなかった。批評法の大家として、彼は真の雄弁と通常の修辞学をいかに区別すべきかを非常によく知っていた。彼はこう言明した。雄弁と修辞学の差別においても、実際は、いずこにおけるのと同じように、いわゆる自然的なものが人工的なものにまさっていることが認められる。雄弁家は、そのいかにしてかを知ることなく、すべての人々を説き伏せ、魅了し去るが、他方、修辞家は、説得し、魅了し去るはずであった所以を証明しうるのである。「かくて要するに、それは知性のすべての形式――それが真理を見出すことに向けられたものであるか、それとも真理をよく伝達することに向けられたものであるか――に一致しているのである」(23)。しかし、このたびは、カーライルはこの戒《いまし》めを忘れてしまった。おそらく彼は、その修辞的文体に非常に感動させられやすかったらしい彼の聴衆の態度によって、無意識に影響されたのであろう。彼は《身分と知性において貴族主義的な》特殊な公衆に向かって語ったのであった。彼はその言葉について慎重でなければならなかった。彼は自らの効果を狙い、またつねにその効果を確信していた。彼は聴衆の関心を捉え、強め、煽ろうと努め、そしてこの課題に成功した。はっきりした批判的判断をもち続けたのは、ごく少数の人々――その中には、彼のもっともすぐれた友人で、かつもっとも有能な批評家の一人たるジョン・スチュアート・ミルも入っている――にすぎなかった。カーライルがベンサムの理論について論じ[*6]、それをもっとも貧弱で虚妄な人間観だと断言したとき、ミルはその座席から立ち上がって講演者をさえぎり、こうした話し方に抗議したのであった。けれども、聴衆の大多数は、まったく違った反応を示した。《英雄崇拝論》の連続講演は、カーライルの最後の、そして最大の公然たる勝利となった。「立派な人々が息を殺して聴き入り、また感嘆の叫びを洩らして座っていた」(24)。

カーライル自身は十分批判的であって、こうした成功に欺《あざむ》かれなかった。彼は、自分の講演のもつ重大な欠陥について、決して盲目ではなく、それに厳しい評価を与えた。「私が以前に書いたいずれのものよりも気に入らない。それは、何ら新味のもの、私にとって古くないものをもっていない。その文体は談話として可能なかぎり調子の低いものである」[25]。しかし、それがのちになって出版されたとき、その書物すら同じ異論にさらされている。カーライルの非常な崇拝者の一人は、こう言明した。彼の傑作に比べてみると、『英雄崇拝論』の著作は「まったく浅薄な」[26]ものである。したがって、カーライルの英雄崇拝についての思想を、この書物だけで評価するのは正当ではあるまい。この点に関して、彼の以前の著作は、はるかにすぐれたものであった。たしかに『衣服哲学』は、その文体の様々な長所とともに、また欠点をももっている。それは奇妙で奇怪な言葉で書かれ、あらゆる正しい構文規則に背《そむ》き、またそれを無視している。けれども、そのいずれの言葉も真実なものであり、カーライルの人格が刻印されている。不幸にも、彼のもっともよく知られ、また影響を及ぼすことがもっとも大きかったこの英雄崇拝の著書においては、彼は確信させるというよりも、むしろ説き伏せようとしきりに努めたのであった。彼は英雄が《普遍的人間》だと言明したが、しかし、こうした普遍性をサミュエル・ジョンソンとかジョン・ノックスの場合だけでなく、ルターとかクロムウェルのような場合においてさえ立証するのは困難な課題であった。カーライルの誇張や矛盾は明らかである。にもかかわらず、こうした矛盾を強調しすぎてはならない。カーライル級の歴史家は、彼自身が真の歴史的方法と考えるところに従って評価されることを要求しうるであろう。

歴史学における芸術家は、歴史学における職人から区別しうるであろう。なぜなら、ここにおいても、他のいずれの分野とも同様に、芸術家と職人が存在しているからである。すなわち、それは一方で、全体をみることなく、全体が存在するということに気づきもしないで、一部門において機械的に努力するような人々と、他方で、きわめて賤しい部門をも全体の理念で満たし、高めて、全体においてのみ部分が真に認識されうることを、つねに知っているような人々である。これら両者の歴史学に関する方法と課題は、まったく異ならざるをえないのである。(27)

カーライルが語る《全体》とは、形而上学的なものではなく、個性的な全体である。彼は、のちに実存哲学と名づけられた哲学的態度の古典的な証人である。キェルケゴールや、またそのヘーゲル体系にたいする攻撃によって代表される思想類型の一切の特徴が、カーライルのうちに見出される。われわれはその概念しか知らないかぎり、思想家についてほとんど知るところはない、と彼は言明している。われわれは、その思想家の理論を理解し、評価しうる前に、その人間を知らなければならない。カーライルは、ドイツ・ロマン主義の著作家たち、とくにフリードリヒ・H・ヤコービから、人生哲学（*Lebensphilosophie*）という言葉を採ってきた。

形而上学や、その他の頭脳（悟性（*Verstand*））にのみ由来する抽象科学はともかくとして、……頭脳と同様に性格（心情（*Gemüt*））に由来し、さらに同じくそれに訴える人生哲学（Lebensphilosophie）の真意に到達しうるのは、性格そのものが知られ、みられるにいたってからである。つまり、著者の世界観（Weltansicht）と、著者がいかにして能動的・受動的にこのような世界観を獲得したかの問題とが明瞭になるにいたってからである。要するに、彼の伝記が哲学的・詩的に著わされ、かつ哲学的・詩的に読まれるにいたってから後のことである(28)。

このマキシムに従って、カーライルは『衣服哲学』で論じていた《衣服の哲学》の叙述を突然中断して、様々な伝記的詳述を挿入したのであった。《ロマンス》という一章で、彼は若い青年時代の恋物語を語っているが、さらに進んで、彼が自己の《火の洗礼》と考えた重大な精神的危機についても論じている。こうしたことは、単なる逸脱ではなく、著作家および思想家としてのカーライルの方法にとって不可欠の要素であった。彼は哲学体系とその著者を画然と区別することを認めなかった。彼が自分の哲学と名づけるものは、つねに自伝的要素を含んでいた。カーライルが『衣服哲学』で、彼の新生（*vita nuova*）、彼の道徳的・哲学的生活の始まりについて記している情景の真実さは疑うことができない。「私はそれをよく記憶しているし、その出来事が起こったときのことをすぐさま思い浮かべることができる。……このときからこそ、私は私の精神的新生、すなわち霊智の火の洗礼が始まったものとしたい。おそらく、その後ただちに、私は一人前になり始めたのではあるまいか(29)」。

哲学体系は、およそ二つの異なる類型に大別される。それは経験的か合理的か、つまり帰納的か演繹的かのいずれかの方法に従い、事実に基礎を置くか、あるいは先天的な原理から引き出されるかである。それを評価するためには、経験的データの研究か、それとも普遍的真理の分析から始めなければならない。しかし、カーライルの場合には、いずれの方法も彼の哲学の性格について真の洞察を与えることはできない。彼の哲学は経験的なものではなく、また思弁的体系でもなかった。彼は《人生哲学》より以上のものを与えようとはしなかったし、また、この哲学を自分の個人的経験から切り離そうとは決して考えなかった。彼は一般的体系としての形而上学のうちに、不治の病しか認めることができなかった。あらゆる時代を通じて、死と不死、悪の起源、自由と必然といった同じ問題が、新しい形式のもとに現われてきた。自ら宇宙の一般原理を作り出そうとする試みが、つねに繰り返しなされざるをえないが、しかし、こうした企ては失敗に帰する運命にある。「なぜなら、有限なるものが無限なるものについて、どのような一般原理を完全に与えうるであろうか」。単に哲学の存在とか必然性というだけのことは、一つの悪にほかならない。人は宇宙の謎を解きうるように生まれついてはいない。彼がなしえ、またなすべきであることは、自分自身、自己の運命と自己の義務を理解することである。人間は、ちょうど自然の中心に立っているかのようである。「彼のもつ一片の時間は永遠性に囲繞《いにょう》され、彼のもつ手幅ほどの空間は無限性に囲繞されている。彼は自分自身について問うこと、自分が何であり、どこより来り、どこに行くものであるかを問うことを、どうして差し控えることができようか[30]」。われわれは、まず、こうした諸問題にたいするカーライルの解答をみておかなければ、彼の哲学、あるいは人間の歴史的・社会的生活に関する彼の理論のいずれの部分についても理解することはできない。

カーライルの理論の個人的背景

カーライルとデカルトの思想には、ほとんど関連するところがない。両者はその帰結においても、またその原理においてもまったく対立しあったものであり、精神的世界（*globus intellectualis*）の別々の半球に属している。にもかかわらず、そこには一つの共通点——哲学にたいする個人的な接近の仕方という——が存在している。二人とも、哲学が確信からではなく懐疑から始まることを主張する。懐疑そのものは恐怖されるべきではない。それは、われわれの精神生活において破壊的な契機ではなく、建設的な契機なのである。形而上学は、それなしにすますことはできない。しかし、倫理学は形而上学と同じではない。人間の倫理的生活は、彼がこの《無関心の中心》——それは、ある意味で、形而上学にとって、ただ一つ可能な立場なのであるが——から抜け出るときに始まるのである。人は《永遠の否定》に《永遠の肯定》を対立させる方法を学ばなければならない。彼の青年時代について語りながら、カーライルはこう言っている。

何らの希望ももたないので、私はこれという恐怖ももたなかった。……しかし、まったく奇妙にも、私は絶え間のない、漠然とした、骨身も細るような恐怖のうちに、何とも知れぬものに戦々兢々として生きていた。……そのような気持ちでいっぱいで、おそらくいちばんみじめな人間として生きていた。……突如として、私の心のうちに一つの考えが浮かび、私は自分に問うた。「いったい、お前は何を怖がっているのか。なぜ、臆病者のように、お前はいつまでもめそめそと泣いて、小さくなって慄《ふる》えているのか。見下げはてた二足動物め。お前の前に横たわっているいちばん悪いことの総計は何だ。死か。そうだ、死だ。その上に、地獄の責め苦と、悪魔と人間がお前にたいしてなすかもしれず、なすだろうし、またはなしうるであろうすべてのことだとすればどうだ。お前には勇気はないのか。お前は何事であっても耐えることができないのか。……それでは来るなら来るがよい。私は出会っても、ものともしないのだ」。そして、私がそう考えると、私の魂全体に火の流れのようなものがさっと通った。そして、私は卑しい恐怖を永久に自分から振り捨ててしまった。私は強くなり、計り知れぬ強さになった。私は精神となり、ほとんど神となった。そのとき以来ずっと、私の不幸の性質は一変した。それは恐怖や、めそめそした悲哀ではなく、気概と烈火の眼をした挑戦となった。[31]

　カーライルが、のちの生涯と著作において、この《永遠の肯定》という新しい福音を宣《の》べ伝えるときには、つねにゲーテの名前に言及することを忘れなかった。彼は、この偉大な模範なしには自分自身の道を見出しえなかったであろう、と言明した。ゲーテの『ヴィルヘルム・マイスター（*Wilhelm Meister*）』は、「懐疑は、いかなる種類のものにせよ、ただ行動によってのみ終わらしめることができる」[32]ことを彼に確信させた。思弁的思惟ではなく行動が、形而上学ではなく倫理学が、懐疑と否定に打ち克つ唯一の手段である。かくしてのみ、われわれは否定と破壊の科学から、肯定と再建の科学へ移りゆくことができる。[33]そうした《再建の科学》を、カーライルはゲーテのうちに見出したのであった。しかしながら、彼に非常な讃美の念を呼び起こし、その関心の的となったのは、詩人ゲーテではなかった。彼はつねに、ゲーテを偉大な詩人というよりも、むしろ偉大な思想家として語った。彼は、カントの時代にあって、ゲーテを《現代の代表的思想家》[34]とさえ呼んだ。カーライルはゲーテに関する第二の評論でこう言った。「厳密に哲学的な意味で、人間と言われうる十分な内容をもったものである著作家の、現代におけるもっとも適切な事例がゲーテであるというように述べるなら、われわれの言わんとするところにやや近いであろう。彼は貴族的でも平民的でもなく、また自由主義的でも屈従的でもなく、また不信仰でも敬虔でもなく、これらすべての性質を純粋に結合した、もっともすぐれたもの、《純粋な普遍的人間》なのである」。[35]彼は文学的亀鑑としてだけでなく、また様々な点で教師および模範としてその時代を先導する。彼の第一の能力、その他一切の能力の根本ともなる能力は、知性、深くまた力強い洞察力であった。「まったき人、すなわち、ミニヨンのようなしなやかな感受性、粗野な熱狂も、メフィストフェレスのような軽蔑すべき世の笑い草と結びあうことができる。そして、多様な人生のどの相にも、彼はその帰すべきものを帰するのである」。

文学批評の観点からすれば、こうした性格描写は一面的であるように思えるかもしれない。あらゆる抒情詩人中最大の詩人が、カーライルによって偉大な教師に、賢人や教訓詩人に変えられてしまった。にもかかわらず、カーライルがゲーテの著作をこのようにみたことは偉大な進歩であった。ここでは、彼はドイツにおけるゲーテの最初の使徒たちよりすぐれてさえいた。たしかに、ロマン主義作家たち、ノヴァーリス、フリードリヒ・シュレーゲル、ティークといった人々は、カーライルよりも、はるかにゲーテの詩の魅力にたいして強い感受性をもっていた。しかし、彼らはゲーテの倫理的理想には共感を覚えなかったし、むしろ、それを詩人ゲーテにとって、つねに危険なものとさえ考えていた。ゲーテが『ヴィルヘルム・マイスターの修業時代（*Wilhelm Meisters Lehrjahre*）』を公刊し始めたとき、これらのロマン主義作家たちは、いずれもひとしく讃美し、熱狂した。けれども、その作が進むにつれて教訓的意図が前面に表われたとき、つまり、ゲーテが彼の教育理想を展開し始めたとき、彼らは深い幻滅を覚えた。ゲーテ、すなわち、ノヴァーリスが《この世における詩的精神の権化[*8]（den Statthalter des poetischen Geistes auf Erden）》と呼んだ、この人物は、突如として、詩を奉じる態度を振り捨てたかのようにみえ、人生のもっとも散文的な平凡な相をほめ讃えたのであった。他面において、ゲーテの著作はそれとはまったく逆の異論にもさらされていた。ゲーテの友人で、ドイツ最大の批評家たるヘルダーは、『ヴィルヘルム・マイスターの修業時代』の最初の巻における道徳的雰囲気に、まったく折りあうことができなかった。マリアンネとかフィリーネのような人物は、彼には我慢ならなかった。彼は、その書物に、偉大な詩人にふさわしくない道徳的な無関心主義と放埒さを見出したのであった。(37)

両者いずれの誤りをも見抜いたことが、カーライルのすぐれた功績であった。このピューリタンがゲーテの道徳的特性の解釈者になり、擁護者になったということは、近代文学史における逆説の一つである。カーライルの宗教的・文化的背景を考慮するなら、これは決して容易な仕事ではなかった。明らかなように、ゲーテとカーライルの観念には少しも一致したところがなかった。カーライルはあらゆる既成宗教を顧みなかったが、しかし、そのカルヴァン主義的信条から完全に絶縁するということは決してなかった。『ヴィルヘルム・マイスター』における多くのものは、彼にとって不愉快なものであったに違いない。ジェームズ・ジョンストン宛の書簡で、彼はその物語における《作中人物や淫蕩な女主人公たち》に嫌悪以外のものを覚えないと告白した。(38)しかし、やがて彼はこうした道徳的躊躇に打ち克った。というのも、彼はその全体にたいする鍵を見出したからである。彼はゲーテを理解し始めるそしてこのことは、彼自身と彼の初期の生活における重大な危機とを、よりよく理解させることになった。彼はのちに、その『回想録（*Reminiscences*）』にこう書きとめた。「私は当時、かぎりなくゲーテに負うていることを感じていたし、また現にそれを感じている。……私は、彼が彼なりの仕方で嶮《けわ》しい岩だらけの路を、私の前に――最初の近代人として――進んでいってくれたのを認めた」。(39)彼自身は「ヴェルテル的な病的感傷性、荒涼たる暗黒の死のど真ん中に[40]」いたのであった。

カーライルは、『ヴィルヘルム・マイスターの遍歴時代（*Wilhelm Meisters Wanderjahre*）』の副題——諦念の人々（*Die Entsagenden*）——をその正当な意味において解釈した、おそらく近代最初の批評家であったろう。彼はゲーテの著作の中に諦念を認めたが、しかし彼にとってこの諦念は同時に最高の倫理的肯定を意味していた。それは否定ではなく再建であった。人間の不幸を嘆くのは単なる感傷主義にすぎない、と彼は言明した。「天才あるバイロンは憤激して立ち上がり、そして彼は自分が何ら《幸福》ではないことをあまりにも強く感じ、そのことを甚《はなは》だ猛烈な言葉で、あたかも興味ある一の新消息ででもあるかのように声明する。思うに、自分が幸福でないということが、彼をひどく驚かせたのであろう。一個の男子で、しかも詩人たるものが、街頭に立ってこのような消息を言明するまでになり下がるとは、あまり芳《かんば》しいことではない[41]」。人間の不幸は、彼の偉大さに由来するものである。それは人間のうちにある無限なるもの——それをいかにうまくやっても有限なるものの下に隠しおおせることはできない——のもっとも確実な証明である。カーライルは、ここではパスカルの語調[*9]で論じている。「人生の分数は、その分子を増すよりも、むしろその分母を減じることによって価値を増すことができる。いや、もし私の習った代数学が誤りでなければ、一そのものでも零で割れば無限になるのである。それでは、汝の賃金の要求を零にせよ。汝は世界を足下に踏まえるのである。……汝のバイロンを閉じて、汝のゲーテを開けよ[42]」。

こうした人間の能動性、その実践的生活や実践的義務の強調が、カーライルの哲学における非ロマン主義的な特徴である。彼は、その観念や、その思考様式や表現のいずれにおいても典型的なロマン主義者であったが、しかし彼の人生哲学は、いずれのロマン主義作家とも非常に異なっていた。彼の哲学は実践的観念論であって、魔術的観念論ではなかった。そのノヴァーリスに関する評論で、彼は時間と空間が錯覚的現象のうちの最たるものであると語った。それらのものは外的な実在ではなく内的な実在なのであり、人間の精神的存在の単なる形式にすぎない(43)。けれども、こうした人間認識の錯覚性は、われわれが行動とわれわれの倫理生活の領域に近づくなら、ただちに消え失せる。この領域においてのみ、われわれは確固不動の基礎の上に立つのである。一切の懐疑論と理論的《唯我論》は克服され、われわれは真の現実に到達した。つまり、われわれは《義務の無限性(44)》を認識したわけである。形而上学そのものは、この謎を解くことはできない。懐疑論の呪文を単なる思弁によって破ることはできない。「本来の形而上学者が辛苦すること、すなわち否定から確信を引き出すことほど無益な努力はない。……形而上学的思弁は、それが否定あるいは無に始まるように、また必然的に無に終わらざるをえない。それは際限なき渦をなして自分自身を生み出し、呑みこみながら、繰り返し循環せざるをえないのである(45)」。

現実を、このように根本的に倫理的な性格のものとみる確信は、カーライルのロマン主義に二重の影響を及ぼした。彼の思想における変化だけでなく、彼の文体における変化もまた、そこから生じたのであった。『衣服哲学』において、カーライルはロマン主義的文体のもつ様々な特徴を意識的に模倣し、ジャン・パウルが彼の偉大な模範となった。彼の書き方は、あらゆる論理的規則を無視するように思われ、奇妙で、空想的で、支離滅裂としていた。しかしながら、ロマン主義的な文体には、カーライルの本性と気性に合わない一つの特徴がある。われわれは彼のうちにジャン・パウルのおかしな諧謔《かいぎゃく》を認めるが、しかしロマン的イロニー*10を見出すことはできない。カーライルはジャン・パウル・フリードリヒ・リヒターに関する初期の評論で、こう書いた。「しばしば諧謔の名で通っているが、もっぱら表面的に対象を歪めたり、ひっくり返したりするだけで、せいぜいのところ笑うことで終わる例のイロニー、カリカチュアの能力は、リヒターの諧謔とは似つかぬものである。……それは諧謔のみじめな断片にすぎず、あるいは、むしろ魂のない身体と言ったらよいだろう。というのも、それがもっている生命は、虚偽の、人為の、非合理なものだからである」(46)。カーライルは皮肉ではありえなかった。彼はつねにまったく真剣であった。彼は『英雄崇拝論』で、こう述べた。「ミラボー、ナポレオン、バーンズ、クロムウェルなど、およそ何事かをなすに足る人物で、何よりもまずそのことに真剣でない者はない。……この宇宙は、彼にとって、恐ろしい、不思議な、生のごとくに真実な、死のごとくに真実なものである。……つねに実在の焔《ほのお》の映像が彼にたいして燦然《さんぜん》と輝き、打ち消しがたく現前する。これをもって偉人についての私の根本的定義と考えてもらいたい」(47)。

ロマン主義作家の多くの者にとっては、カーライルの理論のこうした側面は、ほとんど理解しえなかったであろう。フリードリヒ・シュレーゲルが、その小説『ルツィンデ(*Lucinde*)』において真のロマン主義的生活を描写したとき、彼の叙述は無為を讃美することで終わった。[*11] 通常、悪徳として非難される怠惰は、実際は最高の徳の一つなのである。それは詩的な世界観にたいする端緒、あらゆる空想的生活にとっての媒体である。カーライルは、つねに非常な共感を抱きながらフリードリヒ・シュレーゲルについて論じた。けれども、こうした怠惰の理論ほど、彼の性格と教説から大いに隔たったものはなかった。彼は自ら呼んで神秘主義者と称したが、彼の神秘主義は何らかの静寂主義に通じるものでは決してなかった。それは敬虔な瞑想に基づくものではなかった。「ヴィルトス、すなわち雄々しさ、英雄気質を語源とする徳《ヴァーチュー》は、……何よりもまず……勇気と事をなす能力である[48]」。「労働は生命である。……本来から言えば、汝は汝が働くことによって獲得したより外の知識をもっていない。その他は、なおすべて知識の仮説にすぎない。すなわち、われわれがそれを試して定めるまでは、学校で議論されるべきもの、雲の中に浮遊し、際限なき論理の渦中に浮かんでいるものにほかならない[49]」。もしこれが崇拝でないなら、いよいよもって崇拝にとっては悲しむべきことだ。カーライルの定言命法は、作り出せ、作り出せ、である。「どんな些細な製作物の断片でもよいから、神かけてそれを作り出せ。……今日と言われる間に働け。夜が来れば、誰も働くことはできないから[50]」。

この最後の言葉は、カーライルの著作における他の多くの言葉と同じく、ゲーテから直接に引用されたものである[51]。カーライルは、働くは祈りなり (*Laborare est orare*) というその格言が、ノヴァーリスやフリードリヒ・シュレーゲルではなく、ゲーテにおいて確証されるのを認めることができた[52]。彼にとって、ゲーテはスフィンクスの謎を解いた近代世界におけるエディプスであった。「われわれの観点から言えば、ゲーテは、非常に混乱し、分裂した時代——キリスト教が流布されて以来、世界がそれを目撃してきた——の紛糾し、矛盾した諸要素の調停者、勝ち誇った和解者として、われわれの上に聳《そび》え立っている」[53]と彼は述べた。

その『箴言と省察（*Maximen und Reflexionen*）』の一つで、ゲーテはこう言っている。「いかにして人は自らを知ることができるか。考えることによってか。否、行うことによって。汝の義務を果たすことを努めよ。されば、汝はただちに己が値するところのものについて知るであろう（Wie kann man sich selbst kennen lernen? Durch Betrachten niemals, wohl aber durch Handeln. Versuche, deine Pflicht zu tun, und du weißt gleich, was an dir ist）」。「しかし、汝の義務とは何か。その日その日になさねばならぬこと[54]（Was aber ist deine Pflicht? Die Forderung des Tages）」。この箴言は、カーライルにとって、人生の真の形而上学、彼の《人生哲学》の心髄となった。単なる理論的活動としての内省は「間違いなく病気の徴候である。……そこには自己追求、つまり、われわれの歩んだ道を評価せんがための無益な追懐が存在している。絶えず前進し、さらに進むことこそ、ただ一つ重大な事柄であるのに[55]」。この目的のためには、《その日その日になすべきこと》を知り、《もっとも手近な仕事》を果たすだけで十分である。「汝が義務なることを知るもっとも手近な義務をなせ。汝の第二の義務は、そのときすでに明らかになっているであろう。……君たちは『ヴィルヘルム・マイスター』のロターリオと同じように、多大の驚きをもって、君たちの『アメリカがここになければ、どこにもない』ということを発見する」[56]。「われわれの労作は、精神が初めてその生来の面貌をみる鏡である。汝自身を知れという、かの不可能な教訓が、汝が何をなしうるかを知れという、このいくぶん可能なそれに翻訳されるまでは無意味だということもまた、ここに由来している」[57]。

この能動的、精力的な人生観は、必然的にわれわれの自然観にも反映される。これら二つの問題は、密接に織りあわされており、同一の問題の異なる側面であるにすぎない。人は、つねに自分自身の形象《イメージ》に従って、その自然像を形成する。自己のうちに根源的で創造的な力を認めえない者にとっては、自然もまた単に受動的なもの、すなわち死せる機構にすぎなくなる。カーライルによれば、これがフランス百科全書派や十八世紀の《哲学者》たちの運命であった。彼らの自然論は、まさしくその人間論の複写であった。ドルバックの『自然の体系(*Système de la nature*)』とラ・メトリの『人間機械論(*L'homme machine*)』は非常に似通ったものである。両者は同じ懐疑的、破壊的、否定的な精神を表現している。この哲学にとっての真の英雄は、行動し、努力する人間たるファウストではなく、メフィスト、つまり《つねに物を否定する霊[*12](der Geist, der stets verneint)》である。メフィストのマキシムは、ヴォルテールと同じく「そんなことを本気にしてはならぬ(*N'en croyez rien*)」である。「彼がもっている抜け目ない万事に通じた知性は、代言人の知性である。それは反駁しうるが、断言はしえない。彼は山猫のような狡猾な眼で、一目で、馬鹿げたもの、不似合いなもの、悪いものを探し出す。けれども、厳粛なもの、高貴なもの、尊ぶべきものにたいしては、彼はその年老いた母と同じく盲目である」(58)。

事実、人間が自分自身の偉大さを見失った後、どうして自然の偉大さを見出すことができようか。自らがもはや生きることなく、単なる自動機械にすぎないとき、いかにして自然のうちに偉大な生命力を認めうるであろうか。他方において、われわれがわれわれ自身のうちに発見した力動性は、新しい自然観の端緒となるであろう。自然は外的な機械力によって動かされる巨大な機関ではない。それは無限なるものの象徴にして衣服、《神の無限なる外《がい》袍《ほう》》である。これこそが、カーライルが『衣服哲学』で展開する、かの《衣服の哲学》の核心そのものである。「すべて過ぎ去るものは比喩のみにすぎない*13（Alles Vergängliche ist nur ein Gleichnis）」——目にみえるものことごとくは象徴である。この偉大な洞察の前に、死せる自然の幻影は消え失せていく。「自然の体系だって！　どんなに見識の広い賢明な人にとっても、自然はつねにまったく無限の深さをもっている」。われわれが自然をわれわれの哀れな言葉とか科学的概念というプロクルステスの寝床*14の丈に合わせようとするかぎり、それは不可解であり、計り知れない。われわれは《自然の書巻》について語る。しかし、「それはこの世のものならぬ象形文字、真実の神聖文字で書かれた書巻であり、預言者すらここで一行、彼処で一行を読みうれば幸いなのである」(59)。われわれは、この綜合的な自然観を、十八世紀の分析的なそれに対立させなければならない。そうすれば、そしてそうしたときにのみ、かの《公開の秘密》(60)が理解されるであろう。われわれはもはや自然界のうちに「恐るべき死の機械」をみることはないし、またそこに「巨大な水車——水車大工も水車屋もいない水車そのものの単調な騒音」[61]を聞くこともないであろう。

　こうしたすべてにおいて、カーライルは単にゲーテの観念を再現し、敷衍するにすぎないようにみえる。しかし、その反面において、彼はこうした諸観念を、その本来あるがままの意味において受け取ることは決してできなかった。彼がそのピューリタンの信仰を捨てた後でさえ、彼はゲーテの著作のうちに見出しえたものよりは、さらに人格的な神性と無限者の理想を必要としたのであった。カーライルの著作の中には、ゲーテの宗教のもつ異教的特徴を抑え、または弱めようとする傾向がつねに存在する。彼自身の宗教は、道徳宗教であって自然宗教ではない。『英雄崇拝論』の第一講で、彼は多神教の様々な諸形態を正しく評価しようと努めている。偉大な自然力の崇拝は宗教史における避けがたい第一段階である、と彼は述べた。しかし、彼は無意識裡に多神教の性格そのものを修正しなければ、この段階を理解することとさえできなかった。ゲルマン神話の最高神たるオーディンは、彼にとって、単に人間、偉大な王、または祭司になった。オーディンを自然力の人格化と考えるべきではなく、真実の人間と考えなければならない。彼は何よりもまず教導者であった。彼はノース民族のために《この宇宙の至難の謎》を解きはしなかったか。生存は「彼のおかげで、筋路の立った、調べ美しいものとなった。彼は初めて人生に活を入れた。われわれはこのオーディンをノース神話の起源と呼びうるであろう。このノース最初の思想家が、人々の間に立ちまじっていたときに帯びていた名前がオーディンであるにせよ、あるいは何であるにせよ」[62]。

　これが、異教にたいするカーライルの個人的反応、つまり、自らを《断固たる異教徒》と呼び、かつヴィンケルマンに関するその評論でヴィンケルマンの異教主義の解釈者となり擁護者となったゲーテとはまったく異なる反応であった。(63) カーライルは、もはや伝統的な意味における《有神論者》ではなかった。しかし、彼は何らの人格神も必要としなかったとしても、少なくとも人格的英雄を必要としていた。自然力の崇拝は、実際、彼には理解しがたいものであった。彼はゲーテの《三つの畏敬》、[*15] つまり、われわれのまわりにあり、上にあり、さらに下にあるものすべての崇拝という説に深い感銘を受けた。けれども、彼はゲーテの《異教徒の宗教》と彼自身の宗教的確信を決して対比させることができなかった。彼にとって、そのような宗教は、せいぜいのところ、「この永遠に驚嘆すべき宇宙の前に、畏敬と驚異の念をもって打ち開かれた幼児のような人間の思想」——自然の神性を認識する子供らしいやり方——であった。(64)

エッカーマンの『ゲーテとの対話（*Gespräche mit Goethe*）』には、ゲーテの宗教観とカーライルのそれとの根本的な差異をもっともよく明らかにする一節がある。[*16] 彼はこう説き起こしている。キリスト教の啓示が基づいている聖書の様々なテキストの間には、明らかに若干の相違だけでなく、矛盾さえ存在している。にもかかわらず、われわれは四福音書のすべてをまったく真正なものとみなしうるであろう。そのいずれにも、イエスの人格から発する偉大さが反映されているのである。彼はさらに続けて言う。

私が彼にたいして、自分の天性から、ひたすらな畏敬の念を覚えるか否かを尋ねられるなら、私は、もちろん然りと答える。私は、最高の道徳原理の神的な啓示として、彼の前に身を屈《かが》める。私が、自分の天性において、太陽を畏敬するか否かを尋ねられるなら、私は再び、もちろん然りと答えるであろう。なぜなら、それもまた同じく至高の存在者の啓示、しかも実際、われわれ地の子らにみることを許された、もっとも力強い啓示にほかならないから。私は、それにおいて神の光と産出力――それによってのみ、われわれすべての者は生き、動き、存在し、さらにわれわれとともに、あらゆる植物や動物も存在することができる――を崇拝するのである(65)。

カーライルは、このように感じも語りも決してしなかった。キリストの畏敬と太陽の崇拝を同列に置くことは、彼には冒瀆のように思われたであろう。

しかしながら、カーライルが、その宗教観や宗教理想においてゲーテの著作に満足しえなかった、なおいま一つの、さらに強い理由があった。ゲーテは、その『箴言』の一つで述べている。「私は神を信じる。この言葉は美しい、讃《ほ》むべき言葉である。しかし、どこに、またいかにして神が自己を啓示するかを認めることこそ、真に地上で祝福されるべきことであろう(66)」。この箴言によれば、ゲーテは、自分を同時に《汎神論者》、《多神論者》、さらに《一神論者》だと言明した。「私は自然探究者としては汎神論者であり、芸術家としては多神論者であり、倫理生活においては一神論者である(67)」。

種々の形象における自然も
唯一の神の啓示なれば、
広き芸術の野にもひとしく
永遠の一つの心は生きん。
これぞ真理の心、
それはただ美をもて飾り、
いと高き真昼の明らかさを
安けき心もてうち眺むなり。(68)
(Wie Natur im Vielgebilde
Einen Gott nur offenbart;
So im weiten Kunstgefilde
Webt ein Sinn der ew'gen Art;
Dieses ist der Sinn der Wahrheit,
Der sich nur mit Schönem schmückt
Und getrost der höchsten Klarheit
Hellsten Tags entgegenblickt)

しかし、神的なるものの啓示についてのこの叙述には、一つのものが欠けていた。ゲーテは自然や芸術については論じたが、歴史については語らなかった。彼は自然とか芸術と同じように歴史を評価することが決してできなかった。彼は歴史を神的なものの直接の啓示とは考えなかった——それが人間的、あまりに人間的であるのを認めた。ゲーテにとっては、歴史的認識は、われわれの自然認識よりもはるかに劣るものであった。自然は一の大なる無限の全体であるが、歴史はせいぜい人間生活のばらばらの肢体を与えるにとどまる。ゲーテはこう言っている。「文献は断片のまた断片である。話されたことのきわめてわずかな部分が書かれ、書かれたもののうちきわめてわずかな部分が後に残っている」[69]。そして、かりに一切の史料が保存されているとしても、われわれは歴史について何を知るのであろうか。いわゆる歴史的《事実》とは、多くの場合、単なる伝説にすぎない。いずれの著作家も、政治的事件や人物の特性について、彼自身の嗜好、共感や反感、国民的偏見などによって、歪められた像を与えるのである[70]。カーライルは歴史について、それほど軽蔑的、懐疑的な調子で語ることはできなかった。彼は歴史のうちに、実際、自然とか芸術におけるより以上にさえ、《神の目にみえる外袍》を認めたのであった。偉人は、彼にとって、かの神聖なる黙示録——その一章は新しい時代ごとに完結され、人の呼んで歴史とするところのものである——の霊感を受けてものを言い、活動する本文であった。これらの霊感を受けた本文にたいして、世間多数の単なる有能者は、よかれ悪しかれ、その釈義的註解にすぎないのである。彼は叫んだ。「私の研究には、霊感を受けた本文そのものこそ問題だ」[71]。真の歴史家にとっては、歴史は、ゲーテが『ファウスト』で述べているように、「芥《あくた》や、がらくたをぶちこんでおく蔵[*17]（ein Kehrichtfaß und eine Rumpelkammer）」ではない。彼は過去について物語る能力をもっているだけではない。彼はそれを生き返らせ、現在たらしめる。真正の歴史家は、ガリヴァーの魔法使いのように語り、また行動する。すなわち、彼は「素晴らしい過去を調査し、意のままに研究せんがために」[72]、それを呼び返すのである。カーライルは、そうした見解にたいして助けとなるものをゲーテの著作の中に見出すことができなかった。歴史家として、彼は最初から始めなければならなかった。彼は自らの路を見出し、切り拓いていかねばならなかった。そして、この目的のために、彼はその《人生哲学》を全面的に変更するのではないまでも、少なくともそれを修正しなければならなかった。まさにこうした修正こそが、彼をその英雄崇拝と歴史における英雄的なるものの理論に導いていったのである。

カーライルの理論およびその歴史観の形而上学的背景

カーライルが歴史の迷路を通って彼を導いてくれるような案内者――ちょうど自然と芸術の領域において彼を導いてくれたゲーテのような――を探し求めたとき、彼はどこにそうした人を見出しえたであろうか。こうした任務にうってつけのように思われた人物がもしあるとすれば、ただ一人いた。すなわち、ヘルダーこそ、その人である。けれども、われわれはヘルダーがかつてカーライルの思想に決定的な影響を及ぼしたという何らの証拠ももっていない。しかし、カーライルがはじめから激しい関心と強い讃美の念を覚えた、いま一人の思想家が存在した。ドイツ文学の現状（一八二七年）に関するその初期の評論の一つで、彼はフィヒテを、堕落した人々の間における大カトーのごとく、毅然として立つ、冷静な、巨大な、断固たる精神である、と述べた。ルターの時代以来、かくも剛毅な知性と、かくも平静で、かくも崇高、重厚、不動な精神が哲学的論議に加わったことはなかった。われわれは彼の意見を容認し、または否認することはできよう。しかし、思想家としての彼の性格を低く評価しうるのは、それを誤り解する人だけである。彼は、われわれの時代よりは、よりすぐれた時代にのみ属する人々の仲間なのである。[73]

このような評価を下したとき、カーライルはフィヒテの形而上学についてはほとんど考えていなかった。フィヒテがその『知識学（*Wissenschaftslehre*）』で初めて述べた形而上学的体系は、哲学的文献の中でももっとも難解な著書に属するものである。カーライルは、それを学ぶことも、またそれに精通することも、ほとんどできなかったであろう。むしろ、彼が読んだものは、フィヒテの通俗的な著書『学者の本質（*Das Wesen des Gelehrten*）』や、さらにおそらくは『人間の使命（*Die Bestimmung des Menschen*）』や『現代の根本特徴（*Die Grundzüge des gegenwärtigen Zeitalters*）』などであった。これらのうちに、彼はフィヒテの全形而上学を見出すことはできなかったが、しかし、現代を「あらゆる真理にたいする絶対的な無関心の時代、およびまったく無拘束な放埒の時代――すなわち、まったき罪の状態」[74]と語った《大カトー》を認めたのであった。そのことごとくの関心が道徳問題に集中していた思想家として、カーライルは、このような判断から深い感銘を受けざるをえなかった。フィヒテが現代世界の死病と述べたものにたいして、治療法を見出すことは可能であったろうか。

しかし、カーライルは、彼が深く負うところがあるのを覚えていた――その師にたいする弟子としてというだけでなく、さらにその《精神的父》(75)にたいする子供として――一人の人物に不忠実になることなしにフィヒテの見解を受け容れることができたであろうか。ゲーテとフィヒテの人生哲学を調和させることは可能であったろうか。明らかに両者は同じ型のものではない。フィヒテの《主観的観念論》は、その原理そのものにおいて、ゲーテの《客観的観念論》[*18]とはまったく相容れないものであった。けれども、こうした差異について、カーライルは気づかなかったように思われる。彼の精神は論理的でも推論的でもなく、直観的な精神であった。彼は種々様々の源泉から気ままに借りてくる折衷主義者ではなかったとしても、なお彼の倫理的・宗教的要求に適合させうるものであるかぎりは、いかなる理論をも容易に受け容れたのであった。

そして、実際、この点において、フィヒテとゲーテの見解が接触する一点があった。幾度となくカーライルは「懐疑は、いかなる種類のものにせよ、ただ行動によってのみ終わらしめることができる」[*19]というゲーテの言葉を引用する。この根本命題を、彼はフィヒテにおいても見出しえたのである。フィヒテの『人間の使命』は三巻に分かれ、その表題は第一巻が《懐疑》で、第二巻が《知識》、第三巻が《信仰》となっている。フィヒテによれば、認識とは決して単に理論的な行為ではない。論理的推論によって、つまりわれわれの論証と推論の力によっては、実在と真理に触れること、いわんや、その本質を洞察することは望みえない。この方法は、われわれをただまったき懐疑主義に導きうるにすぎない。もしこれが真理にいたる唯一の道であるなら、われわれは永遠に夢みながら生きるように運命づけられているものと言わなければならない。いわゆる感性界は影のような存在をもつにすぎない。それは非我を《定立する》自我の所産にほかならない。しかし、この影の世界を越えてわれわれを導いてくれる、いま一つの道がある。明白で、確実で、不動な、かつ何らの疑いをも容れぬただ一つの実在は、われわれの道徳的生活の実在、つまり、単に《理論的》な実在ではなく《実践的》な実在である。ここに、そしてここにおいてのみ、われわれは確固たる根拠の上に立つのである。道徳法則、定言命法の確実性こそ、何よりもまずわれわれに与えられたもの——他の一切の認識の条件にして根拠なのである。われわれは、自らの知性によってではなく、自らの意志によって、実在を把握する。フィヒテの『人間の使命』において、精霊はこう語っている。

汝がすでにみたと信じた実在、つまり汝がその奴隷となることを怖れた、汝から独立して現存する感性界は、消え失せてしまった。なぜなら、この全感性界は知識によってのみ成立し、またそれ自身がわれわれの知識だからである。しかし、知識は、まさにそれが知識なるがゆえに、実在ではない。……汝は、いまや単なる現象の彼方にある実在的なあるもの、つまり、すでに否定されたものとは別の実在を求めている。その正当なることを私はよく知っている。しかし、この実在を汝の知識によって、また汝の知識から作り出そうとか、汝の認識をもって把握しようと努力しても、それは徒労であろう。汝がそれを捉える他の器官を所有しないなら、汝は決してそれを見出すことはないであろう。しかし、汝はそのような器官を所有している。……単なる知識ではなく、汝の知識に従って行為することが汝の使命である。……汝自身をいたずらに観想するために、あるいは敬虔な感動に思いをひそめるためにではなく――否、行動するために、汝はここにいるのである。汝の行動、そしてただ汝の行動のみが、汝の価値を決定する。(76)

これらすべては、カーライルの著作において繰り返され、しばしばフィヒテの用語そのままで表現される。彼はこう述べている。「私のもっているものではなく、私のなすところのものが私の王国である」(77)。「知識だって。働くに際して有効な知識にこそ、汝は固執すべきである。なぜなら、自然そのものも、そうした知識を信頼し、それにたいして然りと言うからである」(78)。疑いの余地なき確固たる知識があるとすれば、それは外的な世界のものではなく、われわれの内的生活――しかも、この内的生活の不動の中心、つまりわれわれ自身の意識に属するものである。カーライルは、ジャン・パウルから引用しながら言う。

私は、私の自己意識の目覚めを経験した、あの内的事件を永久に忘れないであろう。私はいまでも、その時と所を言うことができる。幼い子供であった私は、ある朝、戸外に立って、左のほうの薪《まき》の山を眺めていた。すると突然、《私は私である（ich bin ein Ich）》という内的直観が天からの閃《ひらめ》きのように私の胸に浮かび、それからも閃きながら、ずっと続いた。そのとき初めて、そして永久に、私の自我は自分を見出したのである(79)。

しかし、いったいこの《自己》とは何であろうか。「私、この我と呼ばれるもの（das Wesen, das sich Ich nennt）は誰であろうか(80)」。どのようにして、またどこに、それを見出すことができるであろうか。むろん、それは物体中の物体、すなわち、科学的方法によって見出され、記述されうるがごとき対象ではない。それは数えたり測ったりすることはできない。それは外的な事物と同じようには《与えられ》ないものであり、それは《なされ》なければならない。フィヒテが述べたように、それは事実（*Tatsache*）ではなく事行[*20]（*Tathandlung*）であり、事実ではなく活動である。この活動をすることなしには、われわれ自身の認識も、したがってまた外的実在についての何らかの認識も、およそ不可能なのである。

こうしたすべてのことによって、カーライルはゲーテの著作のうちには見出しえなかったあるものを見出した。彼が繰り返し引用するフィヒテの『学者の本質』は、彼の歴史的世界の観念に哲学的基礎を与えてくれたのであった。フィヒテによれば、歴史的世界は、大きな自然的宇宙に包括され、そしてある意味では、それに解消されるような、単に副次的な所産、二次的な現象にすぎないものではない。彼の体系においては、自然と歴史の関係は逆転させられた。われわれが自然現象のみを対象としているかぎりは、真理を見出すことも、《絶対者》を把握することもできない、とフィヒテは言明した。フィヒテは自然哲学の可能性そのものを激しく強く否定した。シェリングがその自然哲学を展開したとき、彼はフィヒテによって、先験的観念論の立場にたいする重大な叛逆として非難されたのであった。フィヒテは、その第二講で学生たちに向かってこう言った。諸君は自然哲学（*Natur-Philosophie*）という名前をもつ哲学によって、欺かれたり迷わされたりしてはならない。その哲学は真理にたいする進歩であるどころか、古くからの広く存する誤謬に復帰したものにほかならない[81]。

歴史と《精神》界を、真の、否、唯一の《絶対者》とするこの思想のうちに、カーライルは、彼をその英雄主義《ヒロイズム》と英雄崇拝の理論にかりたてる第一の決定的な衝撃を見出した。フィヒテはカーライルにたいして英雄崇拝の全形而上学を用意することができた。

ここでは、フィヒテの体系の一般的概説を与えることで満足しなければならない[82]。それは《主観的》観念論の体系と言うことができるであろう。しかし、《主観的》という言葉は、つねに曖昧で誤りやすく、確定と限定を加えることが必要である。フィヒテの《先験的主観》——非我（*Nicht-Ich*）を定立するところの自我（*Ich*）——は、経験的な主観でもないし、またそれ以前の哲学体系に見出される様々な型の主観性とも一致しない。それはデカルトの論理的な主観とも、バークリーの心理学的な主観とも異なっている。それは別の秩序、純粋に倫理的な秩序に属する。つまり、《自然》の領域というよりもむしろ《目的》の領域に、

《存在》の領域というよりもむしろ《価値》の領域に属するものである。もっとも根本的な実在、つまり《実在的》と呼ばれる他の一切の事物にとって条件となり前提となるところのものは、道徳的主体である。この主体は、思弁、瞑想、論証といった論理的過程によってではなく、われわれの自由なる意志の行為によって見出される。フィヒテの哲学においては、デカルトの私は思う、ゆえに私は在り（*Cogito, ergo sum*）は、次のマキシム、すなわち、私は欲す、ゆえに私は在り（*Volo, ergo sum*）に変えられる。しかし、フィヒテは《唯我論者》でもないし、また自我主義者でもない。《自我》は自由なる行為によって、すなわち本源的な事行（*Tathandlung*）によって自己を見出す。活動性は自我の本質と意味そのものである。しかし、それは働きかけるべき素材なくしては行動しえない。自我は自らの行動の舞台として《世界》を必要とする。そして、この世界において、それは同じく行動し、働いている他の主体を見出す。それは、それらの者の権利とその本源的自由を尊重しなければならない。したがって、自我は、他の自我の行動にたいして余地を与えんがために、自分自身の行動を制限しなければならない。この制限は、外的な権力によって、われわれに強制されるのではない。その必然性は外的な事物のそれではなく、道徳的な必然性である。真に絶対的なものたる道徳法則に従って、われわれは他の主体と協同すべきであり、さらに社会秩序を打ち立てねばならない。われわれが自分自身を見出す自由な行為は、さらにわれわれが他の自由なる主体を承認する、いま一つの行為によって完成されなければならない。この承認の行為は、われわれの第一の根本的な義務である。

それゆえ、義務と責務は、いわゆる《実在的》世界の要素である。われわれの世界は、感覚的形態において表わされた、われわれの義務の材料なのである。「われわれの世界は、われわれの義務の感性化された材料である。これこそが、事物中の真に現実的なものであり、あらゆる現象の真の素材である。かかるものの実在性を、われわれに是が非でも信じさせるものが道徳的強制であり、これは自由な存在にたいして可能な唯一の強制である[83]（Unsere Welt ist das versinnlichte Materiale unserer Pflicht; dies ist das eigentliche Reelle in den Dingen, der wahre Grundstoff aller Erscheinung. Der Zwang, mit welchem der Glaube an die Realität derselben sich uns aufdringt, ist ein moralischer Zwang; der einzige, welcher für das freie Wesen möglich ist）」。

しかし、われわれの道徳的世界についてのこの巨大な体系には、なおその土台石が欠けている。フィヒテの哲学は、実在の基本的要素、つまり、それが形作られる素材と材料が人間の道徳的エネルギーである、という原則から出発する。しかし、このエネルギーはどこに見出されるであろうか。力足らずして、ほとんど自由の理念にまでいたりえないような人々が存在する。彼らは、自由なる人格が何であり、何を意味するかについて、まるで見当がつかない。彼らは、自分が人格的な自立的な存在と価値をもち、さらに「《自我》と言いうるところのもの[84]」であることを知りもしないし、また理解もしない。他方において、道徳的エネルギー、《自我》の意識が旺盛である別の人々が見出される。

歴史的・文化的世界について論じる場合には、こうした根本的な相違を心に留めておかなければならない。十八世紀の哲学者たちは徹底した個人主義者であった。彼らは、その平等な人権という教説を、理性の平等性にたいするその絶対的信念から引き出してきた。デカルトは彼の『方法序説（*Discours de la méthode*）』を次の言葉から始めている。「この世のもののうち、もっとも公平に配分せられているのは良識である。いずれの人もこれを十分にそなえていると思い、他のいかなることにも容易には満足しない人々でさえ、現にもっている以上には、この能力を欲しがらないからである」。フィヒテはこうして思想から絶縁した。彼ののちの著作では、この平等なる理性という命題は、単なる主知主義的偏見と考えられている。理性が実践理性を意味し、道徳的意志を意味するものなら、それは決して平等に配分されてはいない。それはどこにでも見出せるものではなく、実際には少数の偉大な人格に集中されているのである。こうした偉人たちのうちに、歴史過程の真の意味は、そのまったき比類なき力強さにおいて表示される。彼らは《英雄》であり、人類文化の最初の先駆者である。フィヒテは、こう尋ねている。

それでは、現代ヨーロッパの国々を、初めてその現在のごとき居住しうる形、教養ある人間が住むにふさわしいものたらしめたのは誰であったか。歴史がこの問いに答えてくれる。敬虔な信仰深い人々は、森林の中におずおずとして暮らす放浪者を教化すべきことが神の御心なることを信じ、……荒れ果てた荒野に出向いていった。……野蛮な種族を結合し、相争う者たちを法の支配に従わせたのは誰であったか。……人々をこの状態に保ち、現存の国家を内部の混乱による崩壊や、外部の勢力による破壊から守ったのは誰であったか。たとえその名が何と呼ばれようとも、その時代にはるかに先立った人々は英雄であり、物心いずれの力においても、まわりの者から傑出した巨人であった。[85]

　私は、カーライルがこのフィヒテの形而上学的教説をその細かい点にいたるまで受け容れた、と言うのではない。おそらく、彼はフィヒテの先験的観念論の体系を、そのまったき意味と内容において理解することさえできなかったであろう。彼は、その理論的な前提とか内含された意味を明確に把握してはいなかった。フィヒテは形而上学者として語ったが、カーライルは心理学者や歴史家として語った。フィヒテは論証によって納得させようと努めるが、カーライルは通常、その読者と聴衆の感情に話しかけることで満足していた。彼は単に、英雄崇拝が人間性における根本的な本能であり、それが根絶することがあれば人類は絶望に陥るであろう、と言明しただけである。[86]

　われわれの歴史的・体系的な分析の結果を振り返ってみると、われわれはカーライルの英雄崇拝の理論がもつ意味と影響を、いまやいっそうよく評価することができる。おそらく、いずれの哲学理論も、現代の政治指導の理想にたいして道を用意するのに、この理論ほど与《あずか》って力あったものは他にないであろう。カーライルは、帝王、人類の支配者としての英雄が「実際、われわれにとって英雄主義《ヒロイズム》のすべての形態の集約である」とはっきり、また強く断言したのではなかったか。「祭司であれ、教師であれ、いやしくも人間に存すると想像しうる、いかなる世俗的、または霊的な尊厳も、ここに具現されて、われわれを支配し、絶えず実際的教示をわれわれに授け、日々刻々にわれわれのなすべきことをわれわれに告げる」[87]。このように、はっきり公然と語られていた。現代のファシズム擁護者は、ここにすかさず乗じる機会を捉え、カーライルの言葉を、たやすくその政治的武器に変えることができたのであった。しかし、カーライルを彼の理論から引き出された一切の帰結について責あるものと非難するのは、歴史的客観性の法則に反するであろう。この点に関して、私はこの問題を扱った最近の文献に表われている評価を受け容れるわけにはいかない[88]。カーライルが《英雄主義《ヒロイズム》》とか《指導》といった言葉で意味しているのは、現代のファシズム理論に見出されるものと決して同じではなかった。カーライルによれば、われわれが真の英雄を似而非英雄からたやすく区別しうる二つの基準がある。すなわち、英雄の《洞察力》と《誠実》がそれである。カーライルは嘘言を、大規模な政治的闘争における不可欠な、または正当な武器だと考えたり語ったりすることは決してできなかったであろう。ナポレオンのごとき人物も、その後年に嘘をつき始めると、ただちに英雄たることをやめるのである。「戦況公報のごとくあてにならぬ、という諺《ことわざ》がナポレオンの時代にできた。彼は、それにたいしてあらんかぎりの口実を設ける。すなわち、敵を謀略にかけるため、部下の意気を沮喪《そそう》せしめないため、等々のために必要であった、という具合に。要するに、弁解の余地はない。……嘘言は無である。諸君は無から有を生じることはできない。諸君は結局、何ものをも生じないばかりか、努力を空費することになる」[89]。カーライルは、彼の英雄たちについて論じるとき、彼らが様々な虚偽を軽蔑したということをわれわれに確信させることに、つねにその第一の関心を払った。ムハンマドやクロムウェルのような人々が嘘つきであったということほど大きな誤りはありえない。「率直に言うが、以前から、このクロムウェル虚偽説には、私は信を置かなかった。否、いかなる偉人についても、私はかかる類いのことを信じるわけにはいかない」[90]。「それを信じるくらいなら、世に信じられないものはおそらくないであろう。もし山師的行為がかくも世にはびこり、是認されるものとすれば、そもそもこの世を何と解すべきか、人はまったく途方に暮れざるをえないであろう」[91]。

カーライルの理論を後代の英雄崇拝の型と区別する、なおいま一つの特徴がある。彼がその英雄のうちにもっとも讃美したものは、感情の真実さばかりでなく、またその思惟の明晰さということであった。偉大な行動のエネルギーや意志力には、つねに知的要素が含まれている。強い意志や性格も、それに匹敵する思惟の力なくしては、つねに無力なままであろう。こうした両要素が均衡していることこそ、真の英雄たるものの著しい特質である。英雄は事態そのもののうちに生きて、その仮象のうちにはいない。他の人々が因襲や風説のうちに暮らし、そこにまったく安住していようと、英雄はただ自分の魂と真実のみを相手にする[92]。カーライルは神秘主義者として語ったが、しかし彼の神秘主義は単なる非合理主義では決してなかった。彼の英雄は——預言者、祭司、詩人——そのいずれも、同時に深遠にして真正な思想家として述べられている。カーライルの叙述においては、神話の神たるオーディンすら《思想家》として現われる。「ノース最初の《天才者》というように彼を呼ぶべきであろう。無数の人々が、この宇宙に生を享け、あるいは動物でさえ感じうるような、もの言わぬ漠たる驚異の念を抱き、あるいは人間のみが感じる痛ましい、いたずらに訝《いぶか》る驚異の念を抱きながら、過ぎ去っていった。――ついに天来者、先見者たるこの大思想家が現われ、それが形成し、表白した思想によって万人の眠れる能力を呼び起こし、思想に目覚ましめるにいたった。思想家、精神的英雄のなすところは、つねにかくのごとくである」[93]。思想は、それが深き、真実な、真正なものであれば、奇蹟を行う力をもっている。『衣服哲学』において、カーライルは《思想という偉大な魔術》について論じている。「私はあえてそれを魔術と名づける。なぜなら、今日まで、すべての奇蹟はそれによって行われ、そして今後も無数の奇蹟が行われるだろうからである」[94]。詩もまた、この《思想という魔術》なしには、きわめて貧弱なものであろう。というのは、詩において想像力の働きしかみないのは、詩についての非常に不十分な考えだからである。ダンテ、シェイクスピア、ミルトン、さらにゲーテといった人々は、偉大な、深遠な、真正の思想家であり、そしてこの思想性こそが彼らの詩的想像力のもっとも豊かな源泉の一つであった。思想なくしては、想像力も実を結ぶことはないであろう。それは単なる影像や幻影のほかは何ものをも生み出しえない。「結局、十分な知性をそなえているということは、詩人にとって第一の天賦の資質である。これは、およそ人間たるもの何人《なんぴと》にとっても同じくそうであるが」[95]とカーライルは述べている。

したがって、カーライルの理論によれば、人間における生産的・建設的な諸力すべてのきわめて稀な幸運なる結合こそ、英雄の性格をなすものである。そして、こうした諸力の中で、道徳的な力が最高の地位を占め、優越した役割を演じるのである。彼の哲学では、《道徳性》とは否定と否認の力にたいする肯定の力を意味する。真に問題なのは、肯定されたものというよりも、むしろ肯定の行為そのものと、この行為の強さである。ここでも、カーライルはゲーテをひきあいに出すことができたであろう。ゲーテは、その自叙伝で、青年時代に彼の友人が彼を特定の信仰に回心させようとするのを絶えず拒否したことを物語っている。

私は言った。信仰においては、すべてが信じるという事実にかかっている。何を信じるかということには、まったく関わりがない。信仰は現在・未来の二世に関わる深い確実感である。そして、この確実感は、無限な、全能の、計り知られぬ存在者にたいする信頼から生まれる。こうした信頼の不抜なることが重要な点である。しかし、かかる存在者をわれわれがいかに考えるかは、われわれの他の能力に、あるいは境遇如何にかかっており、そしてそれはまったくどうでもよいことなのである。信仰は、各人が彼の感情、悟性、想像力をできるだけ犠牲として、それに注ぎこむことを惜しまない神聖なる容器である。(96)

ここにわれわれは、カーライルがそのカルヴァン主義の正統信仰を放棄した後における、彼自身の宗教感情のうってつけの表現をみるのである。英雄論についての講演では、彼は宗教感情の種類ではなく、そのひたむきさということに一切の力点を置いた。それの程度が彼にとって唯一の基準であった。それゆえ、彼はダンテのカトリシズムやルターのプロテスタンティズム、あるいは古きノースの神話やイスラム教またはキリスト教について、同じ共感を抱きながら語りえたのであった。彼はこう述べた。カーライルがダンテのうちにもっとも讃美したものは、そのひたむきさであった。われわれの眼に映ずるダンテは、広い包容的な精神ではなく、むしろ狭い宗派的でさえある精神である。彼が世界的に偉大なる所以は、その世界的広大にではなく、その世界的深遠にあるのである。「私はダンテほどひたむきな者をほかに知らない(97)」。

けれども、カーライルは必ずしもこの普遍的・包容的な宗教理想に従って行動することはできなかった。彼のうちには、つねにある本能的な同感とか反感が残っていて、彼の判断に影響を与えた。このことは彼の十八世紀にたいする態度において、とくに明瞭に現われる。カーライルは歴史的過程の性格を簡潔な定式で示そうとするとき、それを《信仰対不信仰の戦争(98)》と述べた。ゲーテはその『西東詩集（*West-Oestlicher Divan*）』への註解において、こう述べた。

世界史および人間史の、本来、唯一にして最深の問題——他のあらゆる問題がこれに従属している——は、つねに信仰と不信仰の葛藤ということである。いかなる形のものであれ、信仰が支配的な時代は、いずれも同時代や後世にとって光輝あり、心情を高め、また益を与えるものである。これに反して、いかなる形のものであれ、不信仰がその惨めな勝利を占める時代は、一時の間、表面的な輝きを誇示するとしても、いずれも後世の人々の目からは消え失せてしまう。なぜなら、何人も無益なものを究明することで自分をわずらわそうとはしないからである。[99]

カーライルは、これらの言葉を、心からの同意をもって、彼のディドロに関する評論の末尾に引用した。[100] しかし、彼はそれをゲーテと同じ意味には理解しなかった。彼の《信仰》とか《不信仰》といった観念は非常に異なっていた。ゲーテによれば、人間の歴史における生産的な時代はいずれも、そのこと自体によって (*ipso facto*)、信仰の時代と考えられねばならない。その言葉は神学的な含蓄も、特殊に宗教的な含蓄さえもつものではなく、ただ否定の力にたいする肯定の力の優越性を表現しているにすぎない。したがって、ゲーテは十八世紀を不信仰の時代と言うことは決してできなかった。彼もまた、大百科全書に表わされた一般的傾向には強い個人的反感を覚えていた。その自叙伝で、彼はこう言っている。

　われわれは百科全書の人々が言うのを聞き、または彼らの浩瀚な著作の一巻を開くと、あたかも大工場の中で動いている無数の糸巻きと織機の間を通りながら、そこで軋《きし》む音や、がらがら鳴る響き、目や耳を混乱させる機械、相互に複雑きわまる嚙みあい方をした設備の不可解さを前にして、一片の布地を作るのに要する一切のものを観察して、自分の身体に着けた上着がいやなものと感じられる思いがした。[101]

けれども、ゲーテは、こうした感じ方にもかかわらず、啓蒙の時期を非生産的な時代とは決して考えなかったし、また語りもしなかった。彼はヴォルテールを厳しく批評したが、しかし、つねに彼の著作にたいする深い感嘆の念を告白した。ディドロはゲーテによって天才と考えられ、ゲーテは彼の『ラモーの甥（*Neveu de Rameau*）』を翻訳し、また彼の『絵画論（*Essai sur la peinture*）』を編んで註釈した。[102]

こうしたすべてのことは、カーライルには承認しがたい、そして理解すらしえない事柄であった。歴史家としては、カーライルはゲーテよりもいくらか有利な立場にいた。彼の歴史問題にたいする関心ははるかにひたむきであり、その事実についての知識はより包括的であった。けれども、他面において、彼は自分自身の個人的経験の見地から歴史を理解しえたにすぎない。彼の《人生哲学》が、その歴史的著作にたいする手がかりであった。青年時代の重大な危機において、彼は否定と絶望から肯定と再建へ――《永遠の否定》から《永遠の肯定》へ通じる道を見出した。爾来、彼は人類史の全体をも同じように考え、また解釈した。ピューリタンたる彼の想像においては、歴史は偉大な宗教劇――善悪の力の絶えざる葛藤ということになった。「およそ現に生存し、またかつて生存した真実の人々は、すべて天帝の統帥のもとに、同一の敵たる暗黒と邪悪の帝国にたいして闘争するために徴募された同じ軍隊の兵士ではなかろうか」[103]。かくして、カーライルは歴史を単に《記述する》わけにはいかなかった。彼は聖徒の列に加えるか、それとも破門するか、つまり、口をきわめて賞揚するか、それとも罵倒するかしなければならなかった。彼の描く歴史的肖像はすこぶる印象的であるが、しかし、そのいずれにも、われわれが他のすぐれた歴史家たちの著作において感嘆させられる繊細な陰影が欠けている。彼はつねに黒と白に描き分ける。かくて彼の見地からすれば、十八世紀は、そもそものはじめから罰せられる運命にあった。ゲーテがこの《光の一般的源泉》[104]と呼んだヴォルテールも、カーライルにとっては暗黒の精神であり、またつねにそうであった。もしわれわれがカーライルの述べるところを信じるなら、ヴォルテールは一切の想像能力を欠き、したがってまた一切の生産力をもっていない。十八世紀全体は何ものも生み出さなかった。人間の美徳や人間の能力は、一つとしてそれに負うてはいないのである。《哲学者》たちは、ただ批判し、論争し、解体したにすぎない。ルイ十五世の時代は、「気高さや、秀でた徳、あるいはすぐれた才能の表われを欠いた時代、浅薄な明るさ、円転滑脱、自惚《うぬぼ》れ、懐疑、さらに種々様々のあてこすりの時代[105]」であった。

　こうした評価において、カーライルは単にロマン主義の著作家たちの先例を踏襲したにすぎない。しかし、彼はいよいよ高められた狂信的な憎悪をもって語った。フリードリヒ・シュレーゲルのような人も、十八世紀が、その様々な限界にもかかわらず、才能ある人々に恵まれた時代であることを、まず否定はしなかったであろう。ここでは、カーライルは歴史家または文芸批評家としてではなく、神学上の狂信家として語った。彼は百科全書派の著作を《パリ反キリスト教会の使徒行伝と使徒書簡》(106)と述べたのであった。彼は啓蒙の文化生活における積極的な契機をまったく見損なった。もっとも恐るべき不信仰は自己自身にたいする不信仰であるが、われわれは、啓蒙思想家たち、大百科全書の著者たちを、こうした不信仰ゆえに責めることができるであろうか。実際、まさにそれと正反対の過誤、つまり、自らの能力や、一般に人間理性の能力にたいするその過信のゆえをもって彼らを非難することのほうがはるかに正しいであろう。

他方において、フランス革命の理想にたいするカーライルの反感のうちに特定の政治的またはは社会的プログラムを見ることは、まずできないであろう。彼はのちには次第に当時の社会問題に関心を寄せるようになったけれども、彼の関心は、つねに社会的というよりも、むしろ個人中心のものであった。その主たる関心の対象は、個々の人間であって、市民政府とか社会生活の形態ではなかった。最近の文献でなされているような、サン＝シモン主義*21と彼を結びつけようとしたり、彼の著作を社会学的歴史観の意味に解釈しようとする試みは無益である(107)。エルネスト・セイエールは、その著『カーライルの実際（*L'actualité de Carlyle*）』において、彼が以前に帝国主義の哲学についての浩瀚な著作で研究した数多い一連の思想家たちにカーライルもまた属していることを証明しようと努めたのであった(108)。別の著作家たちは、カーライルを《イギリス帝国主義の父》(109)として叙述した。しかしながら、カーライルの見解、その植民政策観(110)ですら、他のイギリス帝国主義の形態との間には、まぎれもなく明白な差異があるのである。カーライルの国家主義ですら、その独特の色彩を帯びていた。彼は国民の真の偉大さを、その政治的野望のうちにではなく、その道徳生活と精神的偉業のひたむきさと深さのうちに認めた。彼はすこぶる率直に、また大胆に語った。彼はシェイクスピアについて話しながら、その貴族主義的な聴衆にこう尋ねた。

われわれのこの国土において、われわれがかつて作り出したどの一人のイギリス人も、取り出されたどの百万のイギリス人も、われわれは、このストラトフォードの一農夫よりもむしろ手放したく思うのではなかろうか。いかに多勢のもっとも高貴な人々を並べてみても、われわれは彼をこれの代わりに売り渡そうとは思わないであろう。彼こそは、われわれがこれまでになし遂げたもっとも崇高なるものである。わがイギリスの家庭的装飾たるとともに、諸外国民の間におけるわれわれの名誉たる点において、彼よりもむしろ人手に渡すことを望まない、どのような品目があるだろうか。さて、試みに外国人からこう尋ねられたとしたら、どうであろうか。諸君イギリス人よ、諸君は諸君のインド帝国と諸君のシェイクスピアといずれを手放すつもりなのか、諸君はインド帝国かシェイクスピアを全然もたなくなるとすれば、いずれを選ぶつもりなのか、と。実際、これは重大な問題であろう。官辺の人々は、むろん官庁式の言い回しで答えるであろう。しかし、われわれとしてもまた、かく答えざるをえないのではなかろうか。インド帝国のあるなしにかかわらず、われわれはシェイクスピアなしにすますことはできない。インド帝国は、とにかくいつかは失われるであろう。しかし、このシェイクスピアは失われることがない。彼は永久にわれわれのもとに存続する。われわれは、われわれのシェイクスピアを手放すわけにはいかない[111]。

これらの言葉は、二十世紀の帝国主義や国家主義とは非常に異なった響きをもっている。われわれがカーライルの英雄崇拝の理論にいかに反対するにしても、このように語った人物を、現代のナチズムの思想や理想の唱導者だとして非難すべきではないであろう。たしかに、カーライルは《力は正義なり》[*22]と言うのをやめなかったが、しかし彼は、つねに《力》という言葉そのものを、物理的というよりも、むしろ道徳的な意味に理解していた。英雄崇拝は、彼にとって、つねに道徳的な力の崇拝を意味していた。彼は、しばしば人間性にたいして深い不信の念を抱いていたように思われる。しかし、彼は「人間が野蛮な暴力にすっかり身を委ねるということは決してなく、つねに道徳的偉大さに身を委ねる[112]」と考え、また主張するだけ、人間性について十分信頼をもち、楽観的でありえたのである。彼の思想におけるこうした原理を無視するなら、われわれは彼の歴史観、文化観、さらに政治的・社会的生活観のすべてを破壊することになるであろう。

原註

（1）カーライルの講演については、A. MacMeehan edition (Boston, Ginn & Co., 1891) の序文に詳細に叙述されている。なお、*The Correspondence of Thomas Carlyle and Ralph Emerson*, 1834-1872

(Boston, 1894), I, 293 f. 2 vols. を見よ。

(2) *On Heroes, Hero Worship and the Heroic in History*, Lect. VI, p. 195. Centenary ed., V, 202. 講演の引用は、H. D. Gray edition, in Longman's English Classics (New York, Longmans, Green & Co., 1896) による。カーライルの他の著作の引用は、Centenary edition, "The Works of Thomas Carlyle" (30 vols.) first published by H. D. Traill (London, Chapman & Hall, 1831 ff.), then superseded by a new American edition (New York, Charles Scribner's Sons, 1900) による。

(3) *On Heroes*, Lect. VI, p. 229. Centenary ed., V, 237.

(4) Durham, N. C., Duke University Press.

(5) H. J. C. Grierson, *Carlyle and Hitler* (Cambridge, England, University Press, 1933).

(6) E. Seillière, *Un précurseur de National-Socialisme: L'actualité de Carlyle* (Paris, Éditions de la Nouvelle Revue Critique, 1939), p. 173.

(7) *Idem*, pp. 203 ff.

(8) "Biography" (1832), *Critical and Miscellaneous Essays*, III, 46. Centenary ed., Vol. XXVIII.

(9) *On Heroes*, Lect. I, p. 11. Centenary ed., V, 11.

(10) *Sartor Resartus*, Bk. III, chap. VII, I, 198.

(11) *On Heroes*, Lect. IV, p. 120. Centenary ed., V, 124.

(12) *Idem*, Lect. VI, p. 209. Centenary ed., V, 216 f.

(13) "Characteristics," *Essays*, III, 6.

(14) *On Heroes*, II, 56. Centenary ed., V, 57.

(15) *Idem*, I, 25. Centenary ed., V, 26.

(16) *Sartor Resartus*, Bk. III, chap. III, I, 176.

(17) *Idem*, I, 177.
(18) "Peter Nimmo, a Rhapsody."
(19) *On Heroes*, Lect. I, p. 14 f. Centenary ed., V, 15.
(20) *Idem*, Lect. II, 41 f., Centenary ed., V, 43; Lect. III, 76 f., Centenary ed., V, 78 f.
(21) *Idem*, Lect. v, 178. Centenary ed., V, 184.
(22) *Idem*, Lect. I, 11. Centenary ed., V, 11.
(23) "Characteristics," *Essays*, III, 7.
(24) カーライルのマーガレット・カーライル（Margaret Carlyle）および彼の弟ジョン・カーライル博士（Dr. John Carlyle）宛の書簡を見よ。J. A. Froude, *Thomas Carlyle. A History of His Life in London* (New York, Charles Scribner's Sons, 1908), I, 155 ff. を参照せよ。
(25) Froude, *idem*, I, 167 を見よ。
(26) MacMeehan, *op. cit.*, pp. xxxv ff. を見よ。
(27) "On History," *Essays*, II, 90.
(28) *Sartor Resartus*, Bk. I, chap. XI, I, 59.
(29) *Idem*, Bk. II, chap. VII, I, 135.
(30) "Characteristics," *Essays*, III, 25.
(31) *Sartor Resartus*, Bk. II, chap. VIII, I, 134 f.
(32) *Past and Present*, Bk. III, chap. XI, X, 198; Carlyle's trans. of *Wilhelm Meisters Lehrjahre*, Bk. V, chap. XVI, XXIII, 386 を見よ。
(33) *Sartor Resartus*, Bk. I, chap. III, I, 14.
(34) "Diderot," *Essays*, III, 248.

（35）"Goethe," *Essays*, I, 208.
（36）"Death of Goethe," *Essays*, II, 382.
（37）R. Haym, *Herder* (Berlin, R. Gaertner, 1880), II, 618 f. を見よ。
（38）一八二三年九月二十一日付書簡。*Early Letters*, ed. Charles E. Norton (London, Macmillan & Co., 1886), p. 286 を見よ。
（39）*Reminiscences*, ed. Charles E. Norton (Everyman's Library, London, J. M. Dent & Sons; New York, E. P. Dutton & Co., 1932), p. 282.
（40）*Lectures on the History of Literature*, ed. J. Reay Greene (New York, Charles Scribner's Sons, 1892), pp. 192 ff.
（41）*Past and Present*, Bk. III, chap. IV, X, 154.
（42）*Sartor Resartus*, Bk. II, chap. IX, I, 152 f.
（43）"Novalis," *Essays*, II, 24 ff.
（44）*On Heroes*, Lect. II, p. 73. Centenary ed., V, 75.
（45）"Characteristics," *Essays*, III, 27.
（46）"Jean Paul Friedrich Richter," *Essays*, I, 16 f.
（47）*On Heroes*, Lect. II, p. 44. Centenary ed., V, 45.
（48）*Idem*, VI, 210. Centenary ed., V, 218.
（49）*Past and Present*, Bk. III, chap. XI, X, 197 f.
（50）*Sartor Resartus*, Bk. II, chap. IX, I, 157.
（51）Goethe, *West-Oestlicher Divan*, "Buch der Sprüche"：
いまだ昼なれば、男よ、働け。

夜来らば、誰も働く能わざれば。

(“Noch ist es Tag, da rühre sich der Mann!
Die Nacht tritt ein, wo niemand wirken kann.”)

（52）一八二七年四月十五日付のカーライルのゲーテ宛の書簡を参照せよ。「私が暗黒からいくぶんでも光明へ救い出されたとすれば、また私が自分自身や、さらに自己の義務や使命について少しでも認識しているとすれば、私はこれを他のいずれのものにもまさって、あなたの著作の研究に負っているのです」。*Correspondence between Goethe and Carlyle*, ed. Charles E. Norton (London, Macmillan & Co., 1887), p. 7.

（53）“Goethe's Works,” *Essays*, II, 434.

（54）Goethe, *Maximen und Reflexionen*, herausgegeben von Max Hecker, “Schriften der Goethe-Gesellschaft,” Band XXI, Nos. 442, 443 (Weimar, Verlag der Goethe-Gesellschaft, 1907), 93.

（55）“Characteristics,” *Essays*, III, 7 f.

（56）*Sartor Resartus*, Bk. II, chap. IX, I, 156.

（57）*Idem*, Bk. II, chap. VII, I, 132.

（58）“Goethe's Helena,” *Essays*, I, 157.

（59）*Sartor Resartus*, Bk. III, chap. VIII, I, 205 f.

（60）*On Heroes*, Lect. III, p. 78. Centenary ed., V, 80; Goethe, *Gedichte* (Weimar ed.), III, 88 を見よ。

自然の観察に際しては、
つねに一事は万事と考えよ。
何ものも内になく、また外にもなし、
そは内なるもの、すなわち外なるものなれば。

かくてためらわずして捉えよ、
聖なる公開の秘密。
("Müsset im Naturbetrachten
Immer eins wie alles achten;
Nichts ist drinnen, nichts ist draussen:
Denn was innen: das ist aussen.
So ergreifet ohne Säumnis
Heilig öffentlich Geheimnis.")

(61) "Novalis," *Essays*, II, 33; Novalis, *Lehrlinge zu Sais* を参照せよ。

(62) *On Heroes*, Lect. I, p. 21. Centenary ed., V, 22.

(63) Goethe, *Winckelmann und sein Jahrhundert* (Weimar ed.), XLVI, 25 ff.

(64) *On Heroes*, Lect. I.

(65) Eckermann, *Conversations with Goethe*, March 11, 1832. 英訳 John Oxenford (Everyman's Library, London, J. M. Dent & Sons; New York, E. P. Dutton & Co., 1930), p. 422.

(66) Goethe, *Maximen und Reflexionen*, No. 809, p. 179.

(67) *Idem*, No. 807, p. 179.

(68) Goethe, "Künstler-Lied," Aus den *Wanderjahren*. Carlyle's trans., XXIV, 329:
"As all Nature's thousand changes
But one changeless God proclaim;
So in Art's wide kingdom ranges
One sole meaning still the same:

This is Truth, eternal Reason,
Which from Beauty takes its dress,
And serene through time and season
Stands for aye in loveliness."

(69) *Maximen und Reflexionen*, No. 512, p. 111.

(70) さらに詳細については、E. Cassirer, *Goethe und die geschichtliche Welt* (Berlin, B. Cassirer, 1932) を見よ。

(71) *Sartor Resartus*, Bk. II, chap. VIII, Centenary ed., I, 142.

(72) "Schiller," *Essays*, II, 167 を見よ。

(73) "State of German Literature," *Essays*, I, 77.

(74) Fichte, *Grundzüge des gegenwärtigen Zeitalters*. 英訳 W. Smith, *The Popular Works of Johann Gottlieb Fichte* (4th ed. London, Trübner & Co., 1889), II, 17. Lect. II を見よ。

(75) *Correspondence with Goethe*, April 15, 1827 を見よ。

(76) Fichte, *Bestimmung des Menschen*, "Sämtliche Werke," ed. J. H. Fichte, II, 246 ff. *Popular Works*, I, 404-406.

(77) *Sartor Resartus*, Bk. II, chap. IV, I, 96.

(78) *Past and Present*, Bk. III, chap. XI, X, 198.

(79) "Jean Paul Friedrich Richter Again," *Essays*, II, 111.

(80) *Sartor Resartus*, Bk. I, chap. VIII, I, 41.

(81) Fichte, *Über das Wesen des Gelehrten*, "Sämtliche Werke," VI, 363 f. *Popular Works*, I, 224 f.

(82) フィヒテの知識学のより詳細な分析については、E. Cassirer, *Das Erkenntnisproblem* (Berlin, B.

Cassirer, 1920), Vol. III を見よ。

（83）　Fichte, *Über den Grund unseres Glaubens an eine göttliche Weltregierung*, "Sämtliche Werke," V, 185.

（84）　Fichte, *Erste Einleitung in die Wissenschaftslehre*, "Sämtliche Werke," I, 434 f. を見よ。「人がいかなる種類の哲学を選ぶかは、したがって、その人がいかなる種類の人間であるかにかかっている。……生来弛緩した……人物は、決して観念論にまで高まることはないであろう（Was für eine Philosophie man wähle, hängt sonach davon ab, was man für ein Mensch ist ... Ein von Natur schlaffer ... Charakter wird sich nie zum Idealismus erheben)」。

（85）　Fichte, *Grundzüge des gegenwärtigen Zeitalters. Popular Works*, II, 47 f. Lect. III を見よ。

（86）　*Sartor Resartus*, Bk. I, chap. x, I, 54 を参照せよ。

（87）　*On Heroes*, Lect. VI, p. 189. Centenary ed., V, 196.

（88）　前掲、註（5）を見よ。

（89）　*On Heroes*, Lect. VI, p. 230. Centenary ed., V, 238.

（90）　*Idem*, Lect. VI, p. 203 f. Centenary ed., V, 211.

（91）　*Idem*, Lect. II, p. 43. Centenary ed., V, 44.

（92）　*Idem*, Lect. II, p. 53. Centenary ed., V, 55; Lect. IV, 125, Centenary ed., V, 128.

（93）　*Idem*, Lect. I, p. 21. Centenary ed., V, 21.

（94）　*Sartor Resartus*, Bk. II, chap. IV, I, 95 f.

（95）　*On Heroes*, Lect. III, p. 102. Centenary ed., V, 105.

（96）　Goethe, *Dichtung und Wahrheit*, Buch XIV. 英訳 John Oxenford (Boston, S. E. Cassino, 1882), II, 190.

(97) *On Heroes*, Lect. III, p. 90. Centenary ed., V, 92.

(98) *Idem*, Lect. VI, p. 197. Centenary ed., V, 204.

(99) Goethe, *Noten und Abhandlungen zu besserem Verständnis des West-Oestlichen Divan*, "Werke" (Weimar ed.), VII, 157.

(100) *Essays*, III, 248.

(101) Goethe, *Dichtung und Wahrheit*, Bk. XI. 英訳 *op. cit.*, II, 82.

(102) "Werke" (Weimar ed.), XLV, 1-322. さらに詳細については、E. Cassirer, "Goethe und das achtzehnte Jahrhundert," *Goethe und die geschichtliche Welt* (Berlin, B. Cassirer, 1932) を見よ。

(103) *On Heroes*, Lect. IV, p. 117. Centenary ed., V, 120.

(104) Eckermann, *Conversations with Goethe*, December 16, 1828. 英訳 John Oxenford (前掲、註(65) を見よ), p. 286 を見よ。

(105) "Voltaire," *Essays*, I, 464 f.

(106) "Diderot," *idem*, III, 177.

(107) Mrs. L. Mervin Young, *Thomas Carlyle and the Art of History* (Philadelphia, University of Pennsylvania Press, 1939) および Hill Shine, *Carlyle and the Saint-Simonians* (Baltimore, The Johns Hopkins Press, 1941) を見よ。これらの著書の批判については、René Wellek, "Carlyle and the Philosophy of History," *Philological Quarterly*, XXIII, No. 1 (January, 1944) を見よ。

(108) Ernest Seillière, *La philosophie de l'impérialisme* (Paris, Plon-Nourrit et Cie., 1903-6). 4 vols. を見よ。

(109) G. von Schulze-Gaevernitz, *Britischer Imperialismus und englischer Freihandel* (Leipzig, Duncker & Humblot, 1906); Gazeau, *L'impérialisme anglais* を見よ。こうした叙述が誤りであること

は、C. A. Bodelsen, *Studies in Mid-Victorian Imperialism* (Copenhagen and London, Gyldendalske Boghandel, 1924), pp. 22-32 に示されている。

(110) この点については、Bodelsen, *op. cit.* を見よ。

(111) *On Heroes*, Lect. III, p. 109 f. Centenary ed., V, 113.

(112) "Characteristics," *Essays*, III, 12.

第十六章　英雄崇拝から人種崇拝へ

ゴビノーの『人種不平等論』

過去十数年にわたる政治的闘争において、英雄崇拝と人種崇拝は非常に緊密に結びつき、その利害と傾向のすべてにおいて、ほとんど同一物であるかのように思われた。まさにこの結合によってこそ、政治的神話は、その現在の形式と力にまで発展した。しかしながら、理論的分析にあたっては、二つのもののこうした結合に欺《あざむ》かれてはならない。両者は発生的にも体系的にも決して同一のものではなく、その心理学的動機、その歴史的起源、その意味および目的を異にしているのである。それらを理解するには、互いに切り離して扱わなければならない。

十九世紀後半において、こうした両思想傾向の主要な代表者となった著作家たちを研究すれば、容易にこの相違について確信することができる。これらの著作家たちに共通するものは、ほとんど何もなかった。というのも、カーライルの英雄崇拝に関する講演とゴビノーの

『人種不平等論（*Essai sur l'inégalité des races humaines*）』は、ある意味で、まったく性質を異にしたものだったからである。二つの著書は、その観念や精神傾向、さらにその様式においても同じではない。スコットランドの清教徒とフランスの貴族との間で、関心が真に一致することは決してありえなかった。彼らはまったく異なった道徳的、政治的および社会的な理想のために力をつくしたのであり、後年にいたって彼らの思想がある共通目的のために用いられえたという事実も、こうした相違を抹殺するものではない。英雄崇拝がその本来の意味を失って人種崇拝と混ぜあわされ、そして両者が同一の政治的プログラムの不可分の構成要素になったとき、それは新しい一歩、重大な帰結をもつ一歩を意味していた。

　ゴビノーの著書の内容を理解するためには、われわれもまた、それをこうした後代の政治的傾向の意味に解してはならないのである。そうした傾向は、この著者の意図するところとはまったく相容れない。ゴビノーは政治的なパンフレットではなく、むしろ歴史的・哲学的な論文を書こうと企てたのであった。彼は自分の諸原理を政治的・社会的秩序の再建とか変革に適用しようなどとは思いもよらなかった。彼の哲学は能動的なものではなく、その歴史観は宿命論的であった。歴史は一定の仮借ない法則に従うものである。事態の行程を変化することは望みえず、われわれになしうるのは、それを理解し、受け容れることだけである。ゴビノーの著書は強い運命愛[*1]（*amor fati*）に満たされている。人類の運命は、そもそものはじめからあらかじめ定められ、人間のいかなる努力をもってしても、それを転ずることはできない。人間は自己の運命を変化させえないのである。しかし、他方において、人間は絶えず同じ問いを繰り返すのを差し控えるわけにはいかない。人間が自己の運命を支配しえないものとすれば、少なくとも、彼はどこより来り、どこに行くのかを知りたいと願う。この願望は基本的な、抜き去りがたい人間本能の一つである。

ゴビノーは、この問題にたいする新しい研究方法を見出しただけでなく、自分が初めて、この古い謎を解くことに真に成功したものと確信した。以前の宗教的・形而上学的な解答はすべて不十分なものである、と彼は言明した。なぜなら、それらはいずれも人間の歴史における最大の要点、その不可欠の要素を見落としているからである。この要素を洞察しなければ、歴史は永久に封印された書物であろう。しかし、いまや、こうした封印は破られ、人間の生活と文明の秘密は明らかにされる。というのも、人種の道徳的・精神的差異という事実は明白だからである。何人《なんぴと》もそれを否認し、無視することはできない。しかし、従来まったく知られることがなかったのは、この事実のもつ意義とその絶対的な重要性である。この重要性がはっきりと理解されない間は、あらゆる文明史家は暗中模索しているのである。

歴史はなんら科学ではなく、主観的な思想のごった混ぜ、つまり一貫した体系的な理論というよりも、むしろ希望的観測にすぎない。ゴビノーは、彼がこうした事態に終止符を打ったものと大いに自負した。「歴史を自然科学の仲間に引き入れ、こうした種類の知識がもつあらゆる正確さを歴史に与え、……ついには政治的党派が今日にいたるまで気ままにそれに強制してきた偏頗《へんぱ》な裁判権から、歴史を移してやらねばならない」(1)。ゴビノーは、特定の政治的プログラムを主張する者としてではなく科学者として語り、自分の引き出した結論が絶対に確実なものと思いこんでいた。彼は、数多くの空しい努力の後に、彼の著作において、ついに歴史が成熟し遂げ、その成年に達したものと確信した。彼は自分を第二のコペルニクス、歴史的世界におけるコペルニクスとみなした。ひとたび、この世界の真の中心が見出されたなら、あらゆるものは一変する。われわれは、もはや事物についての単なる意見と関わりあうのではなく、事物そのものの中に生き、また活動するのである。われわれの目は見、われわれの耳は聞き、われわれの手は触れることができる。[2]

しかしながら、ゴビノーの著作の読者は、こうした壮大な計画とその出来映えを対比したとき、深い幻滅を覚えざるをえない。学問の歴史において、かくも高遠な目的が、かくも不適当な手段によって追求されたことは、おそらく他に例がないであろう。なるほど、ゴビノーは種々様々の源泉から取り出された厖大な資料を積み重ねた。彼は歴史家としてだけでなく、また言語学者、人類学者、さらに民族学者としても論じた。けれども、われわれが彼の論証を分析し始めると、大概の場合、それらの根拠は非常に薄弱であることがわかる。高い堂々たる建築が、非常に狭小で脆弱な基礎の上に構築されている。ゴビノーの著書を初めて取り上げたフランスの批評家は、すぐさま彼の歴史的方法の根本的な欠陥を認めた。[3] ゴビノーの一派やその後継者すら、彼の僭称する《科学的》証明のうちに欠陥や明白な誤謬があることを、はっきり認めざるをえなかった。ヒューストン・ステュアート・チェンバレンは、ゴビノーの《子供じみた博識ぶり》ということを語った。[*2] 事実、彼はあらゆることを知悉《ちしつ》しているかのようにみえる。彼にとって、歴史には少しも隠されたところがなかった。彼は歴史の一般的な行程だけでなく、その細部にいたるまで知り、非常に錯綜した問題にも自ら答えうるものと思っている。彼はきわめて遠い事物の起源をも洞察し、あらゆるものを、その本来の条件のもとに、その正しい位置において観察する。しかし、決定的な点、つまり彼の命題の経験的証明ということになると、ゴビノーの『人種不平等論』の弱点は、まぎれもなく明瞭になる。彼は非常に気ままに諸々の事実を取り扱う。彼の命題を裏書きするようにみえるものは、すべてやすやすと受け容れられ、他方において、否定的な事例はまったく無視されるか、少なくとも軽視される。彼には、十九世紀のすぐれた歴史家たちが教えてきた批判的方法が、まったく欠如している。

彼の論証と推論の方法を示す二、三の具体例を考えてみよう。白色人種のみが文化生活を形成する意志と能力をもっているということが、彼の固く抱いた確信の一つであった。この原理は、人種の根本的差異に関する彼の理論の土台石になった。黒色人種と黄色人種は、自分自身の生活、意志、能力をもたない。彼らはその支配者の手中における死せる素材——より高き人種によって動かされねばならない死せる集塊にほかならない。他方において、ゴビノーは、白色人種の影響が及んだとはほとんど信じがたいような世界の若干の地域においても一定の文明の痕跡があるという事実を、まったく看過するわけにはいかなかった。こうした障害を、彼はどのように克服したであろうか。彼の解答は非常に単純なものである。独断的教説そのものが固く確立され、何らの疑惑も例外も認めない。われわれの証拠があまりに乏しくてこの教説を確証しえない場合、あるいは、それと明らかに矛盾するように思われる場合、証拠を補充し、訂正するのは歴史家の任務である。彼は、これらの事実を、あらかじめ考えられた体系に適合するように無理に拡張解釈しなければならない。

ゴビノーは、われわれの歴史的知識の不足をきわめて大胆な仮説で補うことに何らの躊躇も覚えない。例えば、中国は非常に古い時代には高度に発達した文化生活を示しているが、しかし他面において、人類の劣等な両変種、つまり黒色人種と黄色人種が、それの上に白色人種がその繊細で物柔い糸を紡《つむ》いできた単なる粗布、木綿や羊毛にすぎないことはまったく確かであるから[4]、中国文化は中国人の作り出したものではないという結論は避けられない。われわれは、それをインドから移住してきた異種族、つまり、中国を侵略し、征服して、中華の王国と帝国の基礎を据えたクシャトリヤ[*3]のような人々の所産と考えなければならない[5]。同じことは、西半球に見出される非常に古い文化の痕跡についても妥当する。アメリカ土着の種族が、彼ら自身の努力で、文明にいたる道を発見しえたと考えることはできない。ゴビノーによれば、アメリカ大陸のインディアン種族は独立した人種をなすものではなく、黒色人種と黄色人種の混合、混淆にすぎない。こうした劣等な雑種が、かつて自ら統治し、組織することが、どうしてできたであろうか。黒色人種同士が相互に闘争しあい、黄色人種が自分の狭い圏内で行動しているかぎりは、何らの歴史も発展も起こりえなかった。こうした抗争の結果はまったく非生産的なものであり、人間の歴史に何の痕跡もとどめることができなかった。アメリカや、アフリカの大半の部分、アジアのかなりの部分における場合がそうであった。しかし、われわれが歴史と文化を見出すときには、いつでも、またどこにおいても、白人に注意していなければならない。われわれは必ず彼を見出す。なぜなら、白人の存在と活動は、単に演繹的推論の過程によって、ゴビノー理論の基本原理、すなわち「歴史は白色人種たちの接触からのみ生じる」[6]という原理から引き出されうるからである。ゴビノーは、西半球が発見される以前に白色人種とアメリカの土着種族が接触した何らの証拠もないことを認める。しかし、その事実は一般的なア・プリオリな原理に基づいて肯定されるのである。

地球上に現に生存し、あるいは生存してきた幾多の諸民族のうち、完全な社会の状態にまで達したのは十の民族にすぎない。残余のものは、多少の独立性をもちながら、ちょうど太陽をめぐる諸遊星のように、これらの民族に牽引されて、そのまわりをまわってきたのである。これら十の文明において、白色人種の刺激によらない生命の要素が少しでもあるなら、そしてそれと混淆した劣等な種族に由来したものでない死の種が少しでもあるなら、本書が拠っている理論全体は誤っていることになるであろう。[7]

ゴビノーは彼の結論に絶対の確信をもっていた。彼の自信は非常なもので、その証明は「ダイヤモンドのように不滅で」あると言明した。デマゴギー的観念の毒牙も、こうした明白な証明に嚙みつくことはできないであろう、と彼は叫んだ。けれども、こうした堅牢無比な、争う余地のない証明と言われるものの真の性格を認識することは容易である。それは一の先決問題要求の虚偽[*4]（*petitio principii*）以外の何ものでもない。論理学の教科書で、この誤謬の適切な例を必要とする場合、ゴビノーのこの著作を選ぶのがいちばんよいであろう。彼の挙げる事実は、つねに彼の原理と一致している。なぜなら、歴史的事実が欠けているときには、彼の理論に応じて挿入され、作り出されるとともに、さらにその同じ事実が、その理論の正しさを証明するために再び用いられるからである。たしかに、ゴビノーは読者を欺こうと考えたのではなかったが、しかし彼は絶えず自分を欺いていたのである。彼はまったく真面目であり、またまったくナイーヴであった。彼は、その全理論が依存している循環論法に全然気づかなかった。彼は学者として、また哲学者として語ったが、しかし彼の諸々の原理が合理的方法によって見出されたものとは決して主張しなかった。

彼にとっては、個人的感情のほうが、つねに論理的あるいは歴史的な論証よりもすぐれた、より納得のいくものであった。こうした感情は非常に明白で、確かなものであった。彼は旧貴族の家柄の出であり、過度の自尊心に満たされていたが、それは絶えず傷つけられたのであった。名門の一員たる彼は、市民体制《ブルジョア》に深い嫌悪を覚えていたが、そうした体制の卑小な諸条件の下に生きることを余儀なくされた。彼にとっては、自己の身分の見地から考えることは、当然であったばかりでなく、またある意味で道徳的義務でもあった。身分は、彼にとっては、国民や個人よりもはるかに高貴な実在であった。その著書において、彼は、アーリア人種のバラモン階級が初めてカーストのもつ価値とその卓絶した重要性を理解し、確立したものとして賞讃した。彼らは真に天才的な手際をもち、人種の進歩のためにまったく新しい路を開いた深い独創的な観念を示した。ゴビノーは、フランス貴族階級の要求を正当化するために、十八世紀にブーランヴィリエが提出し、弁護した、フランス封建制度の理論的基礎となった一の学説にまで遡っていった。モンテスキューは、ブーランヴィリエの著書を分析して、それを《第三階級にたいする陰謀》と呼んだ。ブーランヴィリエは、フランスが同種の統一体であることを強く否定した。フランス国民は何ら共通したところをもたない二つの人種に分かれている。彼らは共通の言語を話しているが、しかし、共通した権利も、共通した起源ももつものではない。フランス貴族階級は、その血統をフランク族、ゲルマン系の侵略者と征服者から引いているが、国民の大半は、自主的生活を要求する一切の権利を喪失した被征服者、奴隷に属するものである。この理論を主張する一人は、こう書いた。「今日、貴族やその一党に具現されている真のフランス人は自由人の子孫であるが、昔の奴隷や、それと同じように、昔、主人に使役されたあらゆる種族のものが第三階級の祖先なのである(8)」。

こうしたすべてのことをゴビノーは熱烈に信じこんだが、しかし彼は、より大きな、はるかに困難な仕事を自分に課したのであった。彼は、哲学者として人間文明について語ったのであり、フランス史の狭い限界内にとどまることができなかった。フランス国民において認められるものは、さらに一般的な過程の一例、一徴候にすぎない。フランス史は、いわば微細画にした肖像のようなものである。それは文化過程の全体を小規模に縮尺して示している。貴族と平民、征服者と奴隷間のかの抗争が、人類史の永遠の主題である。こうした葛藤の本質と理由を理解すれば、人間の歴史生活にたいする手がかりを見出したことになるであろう。

ゴビノー理論のこの出発点は、ただちに英雄崇拝と人種崇拝の深い差異を示している。両者は非常に異なった、正反対でさえある歴史観を示している。「歴史の全内容は人物中心のものではないだろうか」とカーライルは尋ね、そうしてこの問いにたいして肯定的に答えるのをためらわなかった。*5 こうした個人にたいする関心は、ゴビノーの著作にはまったく欠けている。実際、彼は固有名詞を挙げることさえせずに、すべての説明を与えた。カーライルを読むと、われわれは新しい偉人、宗教・哲学・文学・政治の天才が現われるごとに、人間の歴史に新たな一章が始まるという印象をもたされるのである。例えば、ムハンマドやルターの出現によって宗教的世界の全性格が完全に一変させられ、クロムウェルとかダンテやシェイクスピアによって政治の世界や文学の世界には大変革が引き起こされた。新たな英雄は、いずれも同じ《神的理念》の偉大な不可視の力を新たに体現したものである。ゴビノーの歴史的・文化的世界の叙述では、こうした神的理念は消え失せている。彼もまたロマン主義者であり、神秘主義者であるが、しかし彼の神秘主義は、はるかに現実主義的な型のものである。偉人たちは天降ってくるのではなく、その力はすべて大地に、彼らが根を下ろした生まれた土地に由来する。偉人たちのもつ最善の資質は、彼らの人種のもつ資質なのである。彼らだけでは何事をもなしえない。彼らは、その属する人種の奥底にひそむ力を具現したものにすぎない。

この意味において、ゴビノーは、個人が《世界精神の代行者》にすぎないというヘーゲルの言葉[*6]に同意することができた。けれども、ゴビノーが彼の著書の筆をとったときには、時代は一変していた。ゴビノーやまた彼の世代は、もはや高遠な形而上学的原理を信じなかった。彼らは何らかのもっと明瞭なもの、《われわれの目で見、耳で聞き、手で触れうる》ものを必要とした。新しい人種理論は、こうしたすべての条件を満足させるように思われた。

実際、これには大きな明白な利点があった。ここには、十九世紀後半においていたるところで感じられた欠陥を満たしうる何ものかがあった。人間は結局、形而上学的な動物であり、その《形而上学的欲求》は根深いものである。けれども、十九世紀の偉大な形而上学的体系は、もはや、こうした問いにたいして明白な理解しうる解答を与えることができなかった。それらは非常に錯綜した手の込んだものとなり、ほとんど理解することができなかった。ゴビノーの著書では、まったく違っていた。たしかに、人種が人間の歴史における基本的な支配力であるという彼自身の理論は、なおすこぶる形而上学的なものであった。しかし、ゴビノーの形而上学は自然科学たることを主張し、またもっとも単純な種類の経験に基礎を置いているようにみえた。あらゆる人が長々と続く形而上学的演繹についていきうるものではないし、ヘーゲルの『精神現象学（*Phänomenologie des Geistes*）』とか『歴史哲学』を学びうるわけではない。けれども、いずれの人も自分の人種と血統の言語を理解するし、あるいは理解するものと信じている。そもそものはじめから、形而上学は疑いえず、微動だにしない普遍的原理を追求してきたが、絶えずその期待は挫折させられた。ゴビノーによれば、このことは形而上学がその伝統的な主知主義的態度に固執するかぎりは避けがたいことであった。いわゆる《普遍者》とその実在性の問題は、哲学史全体を通じて論じられてきた。しかし、哲学者たちが決して悟らなかったのは、真の《普遍者》は人間の思想のうちには求めえず、人間の運命を決定する実体的勢力のうちに見出されるという事実であった。こうした勢力のうち、人種こそが、もっとも強く、またもっとも確かなものであり、ここでは、われわれは単なる観念ではなく、事実を所有するのである。

ニュートンは、物理的世界の基礎的事実を見出すことによって、物質界全体を説明することができた。彼は引力の法則を発見した。しかし、人間の世界では、万物を引きつける共通の中心は、まだ未知のものであった。ゴビノーは、自分がこの問題の解答を見出したものと確信した。そして、彼はその同じ確信を自分の読者の心にも押しつけたのであった。ここには、最初から、強い奇妙な魅力をもつ新しい型の理論が現われた。人間のうちにおいて、その人種の力を否定し、あるいはそれに反対するのは、ちょうど物質の一部が引力に抗するのと同じく、馬鹿げたことである。

《全体主義的人種》の理論

人種は人間の歴史における重要な要素であり、異なる人種は異なる形態の文化を作り上げ、こうした諸々の形態は同列にはなく、その性格も価値もともに異にするものである——

こういったことは、すべて周知の事実であった。モンテスキューの『法の精神（*Esprit des Lois*)』以来、こうした差異の自然的諸条件さえ周到に研究されてきた。しかしながら、ゴビノーが携わったのは、こうした周知の問題ではなかった。彼の課題は、はるかに一般的な、困難なものであった。彼は人種が歴史的世界の唯一の主人にして支配者であり、その他の勢力が、いずれもその部下であり、従者であることを立証しなければならなかった。現代の全体主義的国家観は、ゴビノーにはまったく未知のものであった。彼がそれを知っていたなら、激しく抗議したことであろう。愛国心ですら、彼には一の偶像と偏見にすぎなかった。しかし、国家主義的なあらゆる理想に反対したが、ゴビノーは間接的な仕方で全体主義国家のイデオロギーを準備するのに大いに与った著作家の一人である。のちの全体主義国家観への道標となったのは、まさにその人種の全体主義であった[*7]。

　われわれの問題の観点からすれば、これはゴビノーの理論におけるもっとも重要な、興味ある特徴の一つである。しかし、私の知るかぎりでは、この点は、その問題に関する文献において従来正しい評価がなされていない。ゴビノーの学説は可能なあらゆる角度から分析され、批判されてきたし、哲学者、社会学者、政治家、歴史家、人類学者たちがこの論議に加わってきた[9]。しかし、私の考えでは、ゴビノー理論のもっとも重要な要素は人種そのものの讃美ではない。自己の祖先、家柄や血統を誇ることは、人間の自然な性格である。それが一の偏見であるとしても、それは非常にありふれた偏見なのであり、必ずしも人間の社会生活や倫理生活を危険に陥れたり、その基礎を掘り毀《こぼ》つものではない。しかし、ゴビノーに見出されるのは、それとはまったく違ったものである。それは他のあらゆる価値を破壊しようとする企てである。人種の神は、ゴビノーが公言したように、嫉《ねた》みの神である。彼は自分と並んで他の神々が礼拝されるのを許さない。人種が一切であって、他の勢力はすべて無である。それらは独立した意味とか価値を少しももたない。それらが何らかの力をもつとしても、その力は自律的なものではないのである。これは、それらにたいして、より優越した至上の存在、つまり全能の人種から委任されたものにすぎない。この事実は、文化のあらゆる生活形式、宗教、道徳、哲学、芸術、国民や国家において現われている。

この命題を立証するにあたって、ゴビノーは非常に組織的に事を進めていった。彼の学説の叙述は、つねに明白で首尾一貫している。ゴビノーとカーライルの著しい相違を知るためには、両者の著作を比較するだけで十分である。カーライルの『衣服哲学』では、万事が異様で、ふざけて、脈絡がなく、散漫である。ゴビノーの『人種不平等論』では、まったく正反対である。ゴビノーの文体は空想的で情熱的なものであるが、それは複雑でも支離滅裂なものでもない。彼の受けたフランス的な教育の影響は失われてはいなかった。彼の説明はフランス的な分析的精神のあらゆる美点をそなえていた。彼は徐々に、かつ持続的に話を進めていく。ゴビノーはむりやりに進んでいくことはできなかった。彼は様々な大きな障害を克服し、数多《あまた》の偉大な権威に挑戦しなければならなかった。彼がその目的を遂げようと努めたやり方は、すぐれた手際のよさと巧妙さを証明するものであり、それは彼がものを書く技術とともに外交的術策にも長じていたことを示している。

ゴビノーにとって、もっとも強力な敵は、むろん人間の起源や運命についての宗教的思想であった。彼の理論がそれとまったく対立したものであることは、最初から明らかであった。彼の著書にたいする最初の批判者たちも、すぐさま、この点を強く指摘した。トクヴィルはゴビノーと個人的に親しく、またその才能や個性を高く評価していたが、しかし、彼が初めてゴビノーの著書を読んだとき、その説に激しく反対した。彼はゴビノーにこう書き送った。「実は、私はこれらの学説にはまったく反対なのです。それは、おそらく誤っており、そしてたしかに有害なもののように思われます」[10]。トクヴィルの議論を反駁することは非常に困難な仕事であった。というのも、この点において、ゴビノーは自分の批判者と戦わねばならなかっただけでなく、自分自身にたいしても戦わねばならなかったからである。彼は敬虔なカトリック教徒であり、キリスト教の教義を全面的に受け容れ、また教会の権威に服従した。彼にとって、聖書は依然として霊感によって記された書物であり、その真理は文字どおりに受け取られねばならなかった。したがって、彼は世界の創造や人間の起源についての聖書の理論を公然と攻撃することはできなかった。しかし、他方において、こうした出発点からは、人種の根本的差異についての彼の命題に有利な議論を見出すことは不可能であった。彼は黒色人種とか黄色人種の成員が白色人種と同じ人間の一族に入るということさえ認めえなかった。これらの民族において見出されるのは、醜悪きわまる野蛮さときわめて粗野な利己主義であった[11]。これらの存在が白色人種と同じ源泉から、その血統を引くものだと認めることができるであろうか。ある点では動物よりもはるかに劣る黒色人種が、どうしてアーリア人種の成員たち、こうした半ば神のごとき人々と同じ種に属することができるであろうか。ゴビノーは、このディレンマから逃れるために絶望的な努力を重ねたが、ついに彼は断念したようにみえる。彼は、この難問が、彼自身にとってのみでなく、人間理性一般にとっても解きがたいものであることを告白する。

私は、自分がくつがえすことのできない学問的な権威と、さらにより以上に、あえて侵しえない宗教的解釈とにたいして尊敬の念を抱いているので、絶えず私の心を圧迫してきた原初的統一性の問題についての容易ならぬ疑いを、そのままにして顧みぬことにしなければならない。……この由々しい問題には暗い神秘がおおいかぶさり、そこには自然的であると同時に超自然的でもある原因がはらまれていることについては、何人もあえて否定する者はあるまい。その問題をおおう暗さの奥底には、究極的には神の意志に由来する原因が支配している。人間の精神は、その本性を見抜くことはできないが、その存在を感じ取り、深い畏敬の念に満たされて佇《たたず》むのである。(12)

＊

そうした権威にあえて歯向かうよりも、むしろ学び知ろうとする論点を暗黒に閉ざしておくのがよいのである。(13)

しかしながら、これは単に形式的な屈服にすぎず、それはゴビノーがキリスト教の倫理的理想と甚《はなは》だしく矛盾した彼自身の理論を展開することを妨げなかった。彼はキリスト教の形而上学的な真理とその文化的な価値を截然《せつぜん》と区別することで、こうした矛盾を、その読者にたいしてだけでなく、また自分自身にたいしても隠そうと努めたのであった。前者については何らの疑いもないが、後者は無視してもよいものである。事実、キリスト教は人間文明の発展にたいして何らの影響も及ぼさなかった。それは文明にたいする能力を作り出しもしなかったし、また変えもしなかった。

キリスト教は、それが人間の心や行状をよりよいものにするかぎりにおいて、文明に導く勢力である。しかし、それは間接的にそうであるにすぎない。というのも、キリスト教は道徳や叡知のこうした改善を、この世の移ろいゆく事物に適用しようとは全然考えないからである。それは、新しい改宗者が見出される社会状態であれば、それがどんなに不完全な状態であっても、つねに満足するのである。……彼らの状態が、その回心の直接的な結果として改善されうるものであるなら、キリスト教は、たしかに、そうした改善をもたらすことに最善をつくすであろう。しかし、それは、ただ一つの慣習さえ変えようとはせず、また一の文明から他の文明へと進めるようなことをしないのはたしかであろう。というのも、キリスト教は、まだそうした文明のいずれをも自ら取り入れたことはなかったからである。(14)

＊

われわれが目下の問題において、キリスト教をまったく考慮の外に置かなければならないということは、当然の事柄でさえあるのである。あらゆる人種がひとしくキリスト教の恩恵を享受しうるものだとしても、それは人間の間に平等をもたらすために与えられたものではありえない。その王国は、まったく文字どおりの意味において、「この世のものではない[*8]」と言うことができよう[(15)]。

これはキリスト教を最高の地位にまで高めるもののようにみえたが、しかし、こうした賞讃は値高く購《あがな》われねばならなかった。ゴビノーの解釈を受け容れるなら、キリスト教は人間をその地上における闘争において助ける意志も能力ももたないことになる。それは依然として偉大で神秘的な勢力であるにしても、しかし、われわれ人間の世界を動かすために何事をもなしえない勢力である。このように結論することで、ゴビノーの目的は達せられた。つまり、人間の歴史的生活においては、キリスト教はそのあらゆる権利を放棄し、人種という新しい神に身を屈する。

しかしながら、これはほんの第一歩にすぎなかった。ゴビノーの道を遮《さえぎ》る、なおいま一つの障害が存在した。それは十八世紀の《人道主義》と《平等主義》の理念であった。これらの理念は、宗教にではなく、新しい型の哲学的倫理学に基礎を置いていた。それをもっとも明瞭に体系的に叙述したものはカントの著作に見出されるが、その礎石となるものが自由の理念であり、そして自由とは《自律》を意味していた。それは、道徳的主体が自らに定立した法則のほかはいかなる法則にも従うべきではない、という原理を表現するものである。人間は単に外的な目的のために使用されうる手段たるのみでなく、それ自身《目的の国における立法者》なのである。これこそが、人間の真の尊厳、単なる身体的存在を超越する、その特権をなすものである。

目的の国では、すべてのものは価格をもつか、尊厳をもつかのいずれかである。価格をもつものは、等価のものなら他のものと置き換えうるが、これに反して、あらゆる価格を超越するもの、したがっていかなる等価物をも許さないものは尊厳をもつ。……それゆえ、道徳性とそれをなしうるかぎりでの人間性とが、尊厳を有する唯一のものである。(16)

こうしたことはすべて、ゴビノーにとって全然理解しえなかったばかりか、まったく我慢のならないものであった。それは彼のあらゆる本能や内奥の感情と甚だしく矛盾していた。おそらく近代の他のいずれの著作家も、ゴビノーほど、ニーチェが距離のパトス*9（*Pathos der Distanz*）と呼んだあの感情に深く捉えられていた者はいなかったであろう。尊厳とは個人的な差別を意味し、そしてわれわれは他人を劣等な存在として見下すことがなければ、こうした差別に気づくことはできないのである。あらゆる偉大な文明や高貴な人種において、支配的な特徴となるものはこれであった。すなわち、「自分の血統や家柄を誇らかに思うものは、俗悪な大衆と混ぜあわされることを拒む」[17]。普遍的な倫理的基準や価値を求めるのは馬鹿げている。ゴビノーにとって、普遍性とは俗悪性を意味している。生来の貴族として、彼は庶民や大衆から自分を区別することによってのみ、自己の価値を意識することができた。彼は、こうした個人的感情を、個人の領域から人種学や人類学へ投影したのである。

優秀な人種は、自分をその足下に奴隷のようにぬかずく他の人種と比べることによってのみ、自己の何たるか、何に値するかを知ることができる。彼らの自信は、こうした軽蔑と嫌悪の要素なしには十分なものとなりえない。一は他を含み、また要求する。この見地からすれば、カントの有名な定言命法の定式は名辞矛盾ということになる。格率が普遍的法則となることを、その格率を通じてわれわれが同時に欲しうるような、そういう格率に従ってのみ行為すること*10は不可能である。普遍的人間というものが存在しない以上、どうして普遍的法則がありうるであろうか。あらゆる場合に妥当すべきことを求める倫理的格率は、いずれの場合にも妥当するものではない。誰にでも適用される法則は、いずれの人にも適用されない。それは、人間や歴史の世界に何ら照応するものをもたない、単なる抽象的定式にすぎない。この点においても、人種の本能は、われわれのあらゆる哲学的理想や形而上学的体系よりも、はるかにまさっていることを自証した。ゴビノーは、《アーリア》という言葉の語源は本来《高貴な》という意味にほかならない、という解釈を受け容れる。アーリア人種に属する者は、人間が個人的資質によってではなく、その属する人種の遺産によって高貴なものになる、ということを非常によく知っていた。「人格的名誉と尊厳を、われわれは至高の君主、真の主権者たる人種から知行を受けることにおいてのみ所有する。アーリア人種と自ら称えた白色人種は、その名称がもつ気高く華やかな意味を十分に理解し、それに強く執着した[18]」。人は、その行為によってではなく、その血統によって偉大であり、高貴であり、有徳である。われわれの個人的業績が受けなければならないただ一つの吟味は、われわれの父祖の吟味である。人にその道徳的価値の確実性を賦与するのは、彼の出生証明書である。徳は獲得されるべきものではなく、天からの賜物、より正確に言えば、大地からの、人種の身体的・精神的資質からの賜物なのである。低級な人種の成員を《道徳的》あるいは《理性的》な存在のように言うのは、きわめて低級な道徳感覚を示すものである。ゴビノーは黒色人種について叙述しながら、こう言っている。「これらの恐るべき種族にたいする比較物として用いるには、猛獣すらも、なお高尚すぎるもののように思えるであろう。身体的に彼らについての観念を与えるにはサルで十分であろう。その道徳的な点については、人は地獄の悪霊に類するものを思い浮かべる必要があろう[19]」。

ゴビノーがキリスト教の倫理的・宗教的理想について述べるときには、非常に慎重に、遠慮がちに語っている。彼は、こうした理想が何らかの実践的な意義と影響をもったことを否定したが、これらにたいして深い尊敬の念を告白せざるをえなかった。彼の真の見解は、彼がそうした伝統的な顧慮にもはやわずらわされなくなるとき、よりいっそう明瞭に現われてくる。キリスト教において、なお賞讃され讃美されたものも、これに反して、彼が包まずに率直に論じえた仏教では厳しく非難されるのである。彼は仏教のうちに人間の歴史における最大の倒錯の一つを認めた。ここでは、もっともすぐれた身体的・精神的な才能を賦与されたもっとも高貴な家柄の人間、最高のカーストに属する王侯の子孫が、突如、こうしたあらゆる特権を放棄することを決意し、貧しい、哀れな、見捨てられた人々の新しい福音の説教者になったのである。ゴビノーの眼には、こうしたことは、すべて許しがたい罪、一種の叛逆罪のように映じたのであった。それは、混血の危険から身を守るためにカースト制度を作り出した、アーリア人種の尊厳性に反する罪であった。

しかし、仏教は、ゴビノーの考え方からみれば、道徳的な誤謬ばかりでなく、重大な知的誤謬をも犯していた。それは感情の倒錯だけでなく、判断の倒錯でもあった。歴史哲学の正しいいずれの原則にも反して、仏教は本体論を道徳の上に基礎づけようと努めているが、実際は道徳が本体論に依存するものなのである。仏教の発展、その衰退と退廃は、道徳と理性にのみ基づくべきことを主張する政治的・宗教的学説がどうなるものであるかということを、もっともよく示す実例の一つである。[20]

人種本能がなお旺盛であり、それが他の勢力に歪められずに独自の道を進むかぎりは、民族がこうした誤謬にやすやすと陥ることはなかった。ゲルマン民族の場合がこれであった。ゲルマン民族の神話においては、人間は自己の徳行によって救われるのではなかった。楽園は英雄、戦士、貴族たちに、その行為に関わりなく開かれていた。「高貴な人種の人間、真のアーリア人は、その血統の力によってのみ天堂《ヴァルハル》に入る栄誉を得、これに反して、貧民、捕虜、奴隷、要するに劣等な血統を混じえた混血者は、無差別に冷たい常闇《ニーフルハイム》の国に落ちた」。[21]

こうした議論の論理的誤謬を発見するには、大して骨折って考えるまでもない。ここに見出されるのは、ゴビノーの方法の特徴であった同じ先決問題要求の虚偽（*petitio principii*）である。循環論法が彼の著書全体に特徴的である。異なる人種の道徳的性質を比較する場合には、ある一定の評価基準が必要である。こうした基準は、どこに見出されるであろうか。いわゆる普遍的な倫理原則というものが、すべて無効なものと言明された以上、われわれは特殊な価値体系の中から選び出さなければならない。明らかに、高級な人種のみが、ひとり真の高い価値を与えうるであろう。彼らが高貴で、善良で、有徳的であると名づけるものは、こうした命名によって有徳のものになるのである。かくして白色人種、とくにアーリア人種の道徳的優秀性という命題は、まったくの同語反復になる。それは、こうした人種の定義そのものから出てくる分析的判断である。彼らの行為を評価してはならない。これらの行為は、それが善き人間によってなされるがゆえに、善いものでなければならない。本体論は道徳に先立ち、つねに道徳における決定的な要素である。人間のなすことではなく、人間があるところのものが、彼にその道徳的な価値を与える。「人は、よく行為したがために善なのではなく、彼が善なる場合に、すなわち高貴の生まれである場合に、よく行為するのである」。これは、きわめて簡単なように聞こえるが、しかし同時に、驚くべくナイーヴである。まことに奇妙なことにも、まさにこうしたナイーヴな性格こそが、ゴビノーの理論に、その大きな実践力と影響力を与えたのであった。こうした循環論法的な定義によって、その理論は、ある意味で不死身のものになった。人は分析的判断に反駁すること、つまり合理的な、または経験的な証明でそれに反駁を加えることはできないのである。

しかし、普遍的な宗教や道徳の価値のほかにもなお、さらに特殊な他の価値が存在している。国家や国民というものは、人間の歴史における最大の勢力であり、人間の社会生活における最強の推進力であるように思われる。けれども、それらを独立的な勢力として、それ自体が価値あるもののように考えることは、ゴビノーの基本的原理に矛盾するであろう。彼は、宗教や道徳の理想にたいしてと同じように、政治的理想にも挑戦しなければならなかった。われわれには、人種主義《レイシズム》と国家主義《ナショナリズム》を結びつけるのは自然なことのように思える。われわれは両者を同一視さえしがちである。しかし、これは歴史的見地からも体系的見地からも、ともに誤りである。両者は、その起源においても、またその内容や傾向からしても、判然と区別されるものである。[22]こうした区別は、ゴビノーの著作を研究してみると非常に明瞭になる。彼は国家主義者でもなければ、またフランスの愛国主義者でもなかった。彼は、フランスはかつて真の国民的統一をもったことがない、というブーランヴィリエの命題を受け容れ、さらにそれを更新した。前述したように、それは征服者と被征服者、貴族と平民に分かたれるが、両者は同列にあるものではなく、また政治的・国家的生活をともにしえないものである。[23]ゴビノーは、こうした見解を人間の歴史全体に適用したのであった。いわゆる国民とは決して同種的な統一体ではない。それは混血、つまり、あらゆるものの中でもっとも危険な事実から生み出されたものである。こうした混血から生まれたものについて畏敬の念をもって語ることは、正しい歴史理論の基礎原理を損なうものであろう。愛国心は民主主義者や民衆煽動家にとっては徳であるかもしれないが、しかし、それは少しも貴族的な徳ではない。人種こそは最高の貴族主義者である。《祖国》とは何を意味するものであろうか。それは、自然的または歴史的な実在と一致することのない、単なる言葉にすぎない。国は口をきくこともないし、生々しい声で命令を下すこともできない、とゴビノーは述べている。あらゆる時代を通じて経験の教えるところによれば、単なる擬制によってなされる専制支配以上に悪いものはない。それは、その本質そのものによって、無情、冷酷であり、耐えがたいほど不遜な要求をする。ゴビノーによれば、封建制度の最大の美点の一つは、この制度のもとでは、そうした偶像に身を屈めるようなことになりにくい、ということであった。「封建時代には、祖国（*patrie*）という言葉はほとんど用いられなかった。実際、それは、ガリア・ローマ氏族が再び台頭し、政治において活発な働きを演じるにいたって初めて思い出されることになった。彼らの勝利とともに、愛国心は再び徳として通用し始めた[24]」。

われわれがゴビノーの理論の方法論的原則を受け容れるなら、ある観念のもつ真の価値を確定するもっとも簡単な方法は、つねに発生的方法である。その価値を評価するには、その起源を知らなければならない。それでは、愛国心という理想の起源は何であろうか。それが何らアーリア的理想でないことは、アーリア人種中のもっともすぐれた高貴な代表たるテュートン民族がそれを全面的には受け容れなかったという事実から明らかである。愛国心はゲルマン民族の徳ではない。ゲルマン民族の世界では、人間が何よりも重要なものであり、国家《ネイション》はほとんど意義をもたなかった。それが、ゲルマン民族とその他の人種――ギリシア、ローマ、キンメリア人たちの血統を混じえたセム族の雑種の人々――との著しい相違をなしている。「そこには群衆しかみあたらず、個人はほとんど問題にはならない。そして、混乱が増すにつれて――つまり、個人の属する人種的混淆がいっそう複雑化するにつれて、個人の存在はいよいよ影が薄くなってくる」[25]。ヨーロッパ文明において、ギリシア人は、そのポリスの盲目的讃美のゆえに、愛国心という誤った理想にたいして責任がある。ギリシアでは、個人は法律によって支配された。偏見や世論の権威が、各人から、こうした抽象物に、そのあらゆる性向、その観念や慣習、さらにその財産やもっとも親密な個人的・人間的関係さえ犠牲にすることを強要した。しかし、ギリシア人は、こうした理想を自ら作り出したのではなく、それをセム人種からとってきたのであった。要するに、愛国心とは《カナンの怪物》[26]にほかならない。

ギリシア文化にたいするこうした痛烈な批判に次いで、ゴビノーの著作ではローマ人の生活や文明にたいする批判がなされている。ここでもまた、彼は同じ方法を用いる。彼は、通常ローマ精神の最高の特質と考えられているものが、実際にはその固有の弱点であることを、われわれに納得させようとする。ローマ帝国は、そのもっとも強固な基礎をローマ法に置いていた。ローマ法はローマ人の生活を繋縛《けいばく》する唯一の力になった。それは集成され、註釈され、分析された。ついには、ローマ法は、ローマ帝国が衰微し、崩壊した後にも生命を保ってきたのである。ゴビノーによれば、ローマ法の全構造は、すこぶる賞讃されたギリシアのポリスとまさに同じ困難な状況を呈している。それは死せる抽象物にほかならない。ローマ人たちは、やむをえずなさねばならぬことを潔《いさぎよ》くした。彼らは全然異なった諸々の要素を結びあわせる人工の絆を作り出さなければならなかった。それは折衷的な立法によってのみなされうるものであったが、このことは、あらゆる人種の屑から成る住民において可能な唯一の方法であった(27)。制度を賞讃するのは無益である。なぜなら、それは二次的な、付随的な価値しかもっていないからである。それは人民の人種的状態に由来し、それに依存するものである。この人種的状態は、ローマ法のもとにおけるほど、悪く厭《いと》うべきものであったことはかつてなかった。人間文化のどの分野においても、ローマは生産的でも独創的でもなかった。それは宗教、芸術、文学のいずれにおいても、自己自身のものをもたなかった。あらゆるものが他の諸民族から採ってこられたものであった。アウグストゥス帝時代すら、それ自体としては何ら偉大でも美しくもなく、また賞讃に値するものでもなかった。それについて好意的に言いうる唯一のことは、与えられた歴史的条件のもとで、ローマ帝国の種々雑多なまったく異なる住民たちを前にして、それは可能なただ一つの解決を提出したということである。ローマ帝国の欠陥は、その個々の支配者に責があるのではなく、統御され統制されなければならなかった雑多な大衆に責があったのである(28)。ゴビノーは言う。「私はローマの名声がもつ尊厳さの前に頭《こうべ》を垂れたり、かかる成果を賞讃したりするような気持ちにはとうていなれない(29)」。

しかしながら、人間文化の分析は、まだ終わってしまったわけではない。宗教、道徳、政治および法律のほかに、なお芸術という別の偉大な領域が残されている。それにたいしても同じ原理が適用できるであろうか。シラーは、その『人間の美的教育について（*Briefe über die ästhetische Erziehung des Menschen*）』において、芸術が人間における一つの特殊な性質であるばかりでなく、人間の本性と本質をなすものであることを証明しようとした。それは人間の業ではなく、人間を造った造物主の業である。人間性の雰囲気は芸術によって醸し出される。[*11]こういったことが正しいものとすれば、あらゆる人種を結びあわせる絆が見出されたことになるであろう。なぜなら、芸術は一人種にのみ与えられた特権ではないからである。それは善人も悪人も照らす太陽のように、高級な人種とともに低級な人種のためにも存在するものである。この事実をゴビノーは否定しない。かえって、彼はそれを肯定し、強調する。そして、ここから引き出される彼の理論に反するように思われた結論は、彼を特に力づけるものをもっていたに違いない。というのも、彼は芸術に深い関心をもっていただけでなく、それは彼の生涯を通じて最大の情熱の一つだったからである。彼は詩人であり、彫刻家であり、また芸術の種々の分野でその腕をふるってみようとした。彼の命題がこのきわめて重大な点で成り立たないようなら、彼がそれを主張することはまず不可能であったろう。

彼がこのディレンマから逃れるやり方は、一見すると、非常に意外なものである。彼は、芸術がアーリア人種にのみ与えられた特別の賜物ではないことを率直に認める。アーリア人種の成員だけでは、おそらく偉大な芸術を生み出すことはなかったであろう。芸術は想像力の産物であるが、想像力は真のアーリア人の特性ではない。それは彼の血管を流れる異種の血潮である。というのも、それは黒色人種に由来するものだからである。黒人においては、想像力は支配的な、圧倒的な、溢れるばかりの力である。ここに芸術の真の源泉があり、芸術は黒色人種からの遺産なのである。ゴビノーの読者にとっては、こうした発見は大きなショックになったに違いない。ゴビノーは、最大級の軽蔑と嫌悪の口調で黒色人種について語っていたのではなかったか。彼は、彼らがその身体的構造ではサルにも劣り、動物的本能では猛獣よりもなお悪く、道徳的には地獄の悪霊と同列にある、と述べていたではないか。こうした連中を、いまや最初の芸術家と考えるべきであり、他のあらゆる人種がそれを継承する者として彼らに負うているということは、実際、大きな逆説であった。しかし、ゴビノーはたじろがなかった。

ひとたび自分の血統を意識した高貴な人種に属する人は、こうした危険な遺産にたいして用心していなければならない。彼は大して躊躇することもなく、それを受け容れたり、またその魅力に屈したりしてはならない。芸術は、つねにわれわれの最良の精神的・道徳的才能を誘惑し、すかして眠らせようとする偉大な魔女《セイレネス》である。われわれは彼女に耳を傾けることもあろうが、しかし賢い人なら、セイレーンたちに魅惑されないように用心したオデュッセウスのように振る舞うであろう。[*12] ゴビノー自身は、つねに自己の芸術的本能にたいして多少の不信の念を抱いていた。彼は、それを一種の疚《やま》しい気持ちで眺めた。そうしたものは、彼がもっていた真のアーリア人種の像に一致しなかった。アーリア人種は芸術と正当な婚姻を結ぶことができないのであって、芸術は、彼にとって、つねに大きな誘惑者、あるいは妻ならざる高等の娼婦なのである。

しかしながら、なお最後の問題が残されている。異なった人種を結びあわせる、少なくとも主観的な絆がありはしないか。冷酷無情な自然法則に従って、劣等な人種は永遠に「主人たちの足下に這いつくばうように」宣告されているのだ、とゴビノーは言明した。しかし、これらの主人たち自身は、こうした惨めな境遇について何らかの理解をもつべきではなかろうか。ゴビノーは、そうした義務を絶対に否定はしなかったであろう。なるほど、彼はつねに非常に不遜な態度で論じているが、しかし彼は生来の貴族として、貴族たる者は身分にふさわしい振る舞いをしなければならない（*noblesse oblige*）ということを十分に承知していた。彼は《人道主義的》理想をことごとく否定したが、しかし、この点ではあまり自信ありげではなかった。彼の行動は、その原則と必ずしも厳格には一致していなかった。こうした矛盾した態度は、彼が有名なユダヤの学者アドルフ・フランクに宛てた一つの書簡の中に、非常によく示されている。彼は、そのペルシア滞在中に、テヘランのユダヤ人たちを不正、抑圧、迫害から守ってやる多くの機会をもったことを述べている[30]。したがって、われわれはゴビノーが人間的同情や、善良さ、慈悲心といったものをもちあわせていなかったと責めることはできない。彼は、様々な《人道的》理想に、決して逆戻りしなかったわけではない。しかしながら、彼の理論そのものは、少しも選択の余地を残していなかった。彼の個人的な感情は沈黙させられねばならなかった。彼の一般的命題が展開される場合には、そうしたものの入る余地はなかったのである。

この点においても、ゴビノーとカーライルを比較することは、すこぶる有益である。一見すると、両者の政治的傾向は非常に類似しているように思われる。両者ともに、十八世紀の政治理想、つまり自由、平等、友愛の理想の不倶戴天の敵である。カーライルは、これらの理想の破壊的な影響から免れるために、英雄崇拝への復帰による以外の手段を知らなかった。彼は、英雄崇拝のみが、われわれを崩壊や滅亡、完全なアナーキーから救いうるものである、と言明した。にもかかわらず、カーライルの英雄崇拝とゴビノーの人種崇拝には根本的な相違がある。前者は結合し、統一しようとするが、後者は分割し、分離しようとする。カーライルの英雄たちは、いずれも同じ言葉を話し、同じ主義のために戦う――彼らはすべて、「かの神聖なる黙示録――その一章は、新しい時代ごとに完結され、人の呼んで歴史とするところのものである――の霊感を受けてものを言い、活動する本文なのである」[*13]。実際、自然の手から出てきた偉人たちは、つねに同種のものである。「私は、これらのものが本来すべて一つの素材から成るものである所以を明らかにしたい」[*14]とカーライルは述べた。しかし、ゴビノーにとっては、こうした同一性は想像もつかない。北欧人たるオーディンとセム人たるムハンマドが同じ人間の一族の者であるように言うことは、彼には冒瀆のように思えたであろう。そして、普遍的な正義、万人に妥当する同一の正義について語ることは、誤解というより以上のものであり、それは道徳的な罪である。カーライルは叫んだ。「正義よ、正義よ、しかじかの理由より、われらが正義をなしえざるときは、つねに災いあれ。……世界の必要とするただの一事、しかも不可欠の一事あり。正義よ、正義よ、神の御名にかけて、正義を与えよ、さればわれらは生く。ただその擬物を与えんか、われらは滅ぶ(31)」。

こうした個人的感情がカーライルの社会哲学を貫いている。彼は決して社会主義者ではなかったし、つねにイギリスの保守派《トーリー》に属していたが、そのごく年少の時代から、貧民の問題をわがことのように考えるのがつねであった。われわれは『衣服哲学』における次のような光景を思い起こす。珈琲店の中で腰を降ろしていたトイフェルスドレック教授が、突如立ち上がって、彼の巨大なコップを挙げて乾盃の辞を述べるのである。「神と悪魔の名において貧民のために(32) (Die Sache der Armen in Gottes und Teufels Namen)」。けれども、ゴビノーはまったく違った調子で貧民について語った。彼は、富者と貴族だけが天堂《ヴァルハル》の光栄に入ることを許された古いゲルマン的体系に心から同意した(33)。貧困は賤《いや》しむべきものである。アーリア人種たるゲルマン人は、自己や、また世界において演じる自分の役割について、非常に高尚な観念を抱いていた。というのも、彼は当然にも封建領主や地主、つまり世界の一部の所有者だったからである(34)。そうした生来の世襲の資格を要求しえない者は、つねに社会の除け者であった。それが、アーリア人種の祭司たちによって導入された、古いカースト制度を構成する不可欠の要素であった(35)。

ゴビノーの理論は、明らかに文明の生活圏全体を包括し、その目的をやり遂げた。新たな宗教、人種の崇拝は固く確立され、もはやどのような反対者も恐れるには及ばない。キリスト教は無能で無力、仏教は道徳的倒錯、愛国心はカナンの怪物、法と正義は単なる抽象、芸術は誘惑者にして娼婦、被抑圧者にたいする同情や貧民にたいする憐れみは感傷的な幻想、かくしてリストは完成される。これは新しい原理の勝利である。

こうした組織的な破壊作業の後には、何が残されていたであろうか。ゴビノー自身にとって何が残され、また彼はその追随者や信奉者たちに何を約束しえたであろうか。はじめの問いにたいする解答は、ゴビノーの最後の著書に見出される。一八七九年に、彼はその『ノルマンディ・ブレー地方の征服者、ノルウェー海賊、オッタール・ジャール、およびその後裔の歴史[36]（*Histoire d'Ottar-Jarl, pirate norvégien, conquérant du pays de Bray en Normandie, et de sa descendance*）』を著わした。この書物は、おそらく文学史全体を通じてもっとも奇妙なものの一つであろう。この著書では、ゴビノーはもはや人間文明の歴史を問題にしない。彼の関心は変わってしまった。彼が知ろうと望む一切は、彼自身の血統であり、彼の家族の家系である。彼は自分の家族がオッタール・ジャール——有名なノルウェー海賊で、さらにその血統を最高神オーディンにまで遡るインリング王族の一員である——の直系の子孫であることの確たる証拠を握っているものと信じている。そして、この書物では、何と偏狭な人生観や歴史観がみられることであろう。それが出版された当時に、ゴビノーが『人種不平等論』や『ルネサンス（*Renaissance*）』の作者としてよく知られた著作家でなかったなら、誰もそれを真面目には考えなかったであろう。彼は、つねに極端で法外な貴族的自尊心をもって語っていたが、しかしこのたびは、彼の自尊心は馬鹿げた滑稽なものになり、ほとんど誇大妄想狂に近いと言ってもよかった。世界史の哲学者は自分の家族の歴史の哲学者となった。文化の系譜学を研究する代わりに、彼はもっぱら自分自身の系図学に心を奪われた。それが、かくも巨大な企てが到達した悲しむべき結末であった。ゴビノーは、その出発において、歴史を厳密科学たらしめ、歴史の行程に関するあらゆる主観的幻想や先入見からわれわれを解放するという素晴らしい約束を与えた。(37) しかし、彼の著作家としての生涯を終えるにあたって、こうした視界は次第に狭くなっていった。彼の感情や思想は一つの点——自分自身の系図に固定される。「山々が産気づき、滑稽なる鼠が生まれる*15 (Parturiunt montes, nascetur ridiculus mus)」。

こうしたものは、すべてゴビノーの思想の一般的な特徴を明らかにしている。彼の個人的な生活内容が貧しいものとなり、その精神的視界が狭くなったことは、ある意味で彼の理論の必然的な帰結であった。アーリア人種の優秀性とその無類の価値を発見した彼は、非常な熱狂に捉えられた。この人種が初めて人間の歴史に登場する瞬間を論じて、彼はその決定的な重大性を叙するに十分力強い言葉を見出すことがほとんどできないほどである。これは単に地上的なだけでなく、また宇宙的な意義のある瞬間であり、人間のみならず神々や天界にとっても素晴らしい光景であった。(38) これは恍惚となるような歴史観であり、非常な期待と約束に満ちた始まりであるように思われた。もっとも高貴な、もっとも知的で精力的な人種たるアーリア人種が偉大な歴史のドラマにおける真の立役者であるとすれば、人間文明の進歩にたいして、われわれは何と無限な希望を抱きうることであろう。かくして、ゴビノーの著作は一種の陶酔、人種崇拝と自己崇拝の陶酔で始まるのである。

しかし、こうした最初の興奮は、深い幻滅に取って代わられる。一種の逆の弁証法によって、はじめの楽天主義的見解は、突如として深い、救いがたい悲観主義に転化する。高き人種は、その歴史的使命を果たすと、必然的に、不可避的に自滅する。彼らは、この世と密接に交渉しあわなければ、世界を支配し、組織することができない。しかし、彼らにとって、こうした接触は危険なものであり、絶えず悪い影響を受ける源泉である。その結果は、高き人種にとって惨憺たるものにほかならない。異なる人種同士が協力するとは同棲することを意味し、同棲は血の混じりあうことを意味し、混血は腐敗と堕落を意味する。それはつねに終わりの始まりである。人種の純粋性が失われると、その力、その組織能力も消え失せる。高き人種は、自分自身の業の犠牲になり、自分の奴隷の奴隷となる。

その著書の最後で、ゴビノーは、この理論の諸原則から一般的な結論を引き出した。彼は地上に生存する最後の人間像を想像して描き出している。そのときには、高貴な人種の堕落は完成し、あらゆる人種の差異は消滅しているであろう。そのとき、人間の歴史における生命原理は存在するのをやめているであろう。なるほど、人々はともに平和に生活し、そこには何らの争いも起こらないであろう。しかし、反面において、そこには少しも精力、進取の気性、権力と征服への意志は存在しないであろう。現代のデマゴーグたちが唱える平等主義の理想が成就されているであろう。しかし、人間の生活は、それを生きるに値せしめた一切のものを失っていることであろう。人々は、あたかも羊や牛の群れのように、幸福な状態で暮らすことであろう。こうした素晴らしい満ち足りた眠い時期には、ぼんやりした時期が、そして最後に完全な昏睡の時期が続くことであろう。ゴビノーは、こうした様々な時期の長さを概算してみようとさえ企てたのであった。彼の判定は、力の時代、真の生命の時代は遠い以前に過ぎ去ってしまったというものである。われわれは、いまや老衰と消耗の状態に生きている。人類は、おそらく、そのつまらぬ哀れな生存を、さらになお数百年間、引きずっていくことはできよう。しかし、その運命は定まっており、その死は不可避である。

これがゴビノーの理論の最後の言葉である。そして、実際、それは彼の著作全体の心髄である。その著書の冒頭における文章で、彼はすでにこうした結末を予示していたのであった。ゴビノーにとって、人種崇拝は最高形式の崇拝、最高神の礼拝であった。しかし、この神は決して無敵でも不滅でもない。かえって、それは非常に傷つきやすいものである。もっとも有頂天になった瞬間にあってさえ、ゴビノーは来るべき運命、つまり《神々の黄昏》の運命を決して忘れ去ることができなかった。神々は死なんとしている（*Les dieux s'en vont*）。神々は死ななければならない。

文明の没落は、あらゆる歴史現象のうち、もっとも著しいと同時に、もっとも不明瞭な現象である。それは魂を驚愕させる不幸な出来事であるが、しかしまた、そこにはきわめて神秘な、きわめて巨大な何ものかが蔵されているので、思想家は絶えず倦《う》むことなく、それを観察し、究明し、その秘密を模索するのである。……あらゆる人間集団は、それがいかに精巧に張りめぐらされた諸々の社会関係で保護されていようと、それが生まれ出てくるその日から、その生命の諸契機の間に隠れて、避けがたい死の種子を宿すのである。しかし、この種子、この死の原理とは何であろうか。それは、それがもたらす帰結と同じく一様なものであり、またあらゆる文明は同一の原因に基づいて滅ぶものであろうか[39]。

いまや、その解答はまさにわれわれの眼前に示されている。帰着したところは、深い悲観主義であるだけでなく、完全な否定論であり、ニヒリズムである。ゴビノーは人間的な価値をことごとく一掃してしまった。彼はそれを新しい神、人種というモロクに犠牲として供する決意をした。しかし、この神は死すべき神であり、その死は人間の歴史と文明の運命を確定した。すなわち、それは自らの滅亡の中に、それらをも巻きこんだのであった。

原註

(1) Gobineau, *Essai sur l'inégalité des races humaines* (2d ed. Paris, Firmin-Didot), "Conclusion générale," II, 548. 2 vols.
(2) *Idem*, II, 552.
(3) 例えば、Quatrefage の論文 "Du croisement des races humaines," *Revue des deux mondes*, March 1, 1857 を見よ。
(4) *Essai*, "Conclusion générale," II, 539.
(5) *Idem*, Bk. III, chap. v, I, 462 ff.
(6) *Idem*, Bk. IV, chap. I, I, 527.

（7）*Idem*, Bk. I, chap. XVI, I, 220. 引用は、英訳 A. Collins (London, William Heinemann; New York, G. P. Putnam's Sons, 1915), p. 210 による。ゴビノーの著作六巻のうち、この翻訳は最初の一巻を含むにすぎない。

（8）より詳細については、A. Thierry, *Considérations sur l'histoire de France* (5th ed., Paris, 1851), chap. II および Ernest Seillière, *Le Comte de Gobineau et l'aryanisme historique* (Paris, Plon-Nourrit et Cie., 1903) の序文を見よ。

（9）例えば、"Numéro consacré au Comte de Gobineau," *Revue Europe*, October 1, 1923 および "Numéro consacré à Gobineau et au gobinisme," *La nouvelle revue française*, February 1, 1934 を見よ。

（10）Lettre du 17 novembre 1853, *Correspondance entre Alexis de Tocqueville et Arthur de Gobineau*, 1843-59, publ. par L. Schemann (Paris, Plon, 1908), p. 192. トクヴィルとゴビノーの関係については、Romain Rolland, "Le conflit de deux générations: Tocqueville et Gobineau," *Revue Europe*, No. 9 (October 1, 1923), pp. 68-80 を見よ。

（11）*Essai*, Bk. II, chap. I, I, 227.

（12）*Idem*, Bk. I, chap. XI, I, 137 f. 英訳 p. 134.

（13）*Idem*, I, 120. 英訳 p. 117.

（14）*Idem*, Bk. I, chap. VII, I, 64. 英訳 p. 65.

（15）*Idem*, I, 69. 英訳 p. 70.

（16）Kant, *Grundlegung zur Metaphysik der Sitten*, Sec. II, "Werke," ed. E. Cassirer, IV, 293.

（17）*Essai*, Bk. IV, chap. III, II, 21 f.

（18）*Idem*, Bk. III, chap. I, I, 370.

（19）　*Idem*, Bk. II, chap. I, I, 227.
（20）　*Idem*, Bk. III, chap. III, I, 442.
（21）　*Idem*, Bk. VI, chap. III, II, 370.
（22）　《人種主義《レイシズム》》と《国家主義《ナショナリズム》》の差異は、最近、Hannah Ahrendt の論文 "Race-Thinking Before Racism," *The Review of Politics*, VI, No. 1 (January, 1944), 36-73 において、非常に明瞭に論述されている。
（23）　本章、三九四頁を見よ。
（24）　*Essai*, Bk. IV, chap. III, II, 29, n. 2.
（25）　*Idem*, Bk. VI, chap. III, II, 365.
（26）　*Idem*, Bk. IV, chap. III, II, 29 and 31.
（27）　*Idem*, Bk. V, chap. VII, II, 260 ff.
（28）　*Idem*, Bk. V, chap. VII, II, 249 ff.
（29）　*Ibid.*
（30）　A. Combris, *La philosophie des races du Comte de Gobineau* (Paris, F. Alcan, 1937), p. 232 を見よ。
（31）　*Latter-Day Pamphlets*, No. II, "Model Prisons." Centenary ed., XX, 68.
（32）　*Sartor Resartus*, Bk. I, chap. III, I, 11.
（33）　本章、四〇七頁を見よ。
（34）　*Essai*, Bk. VI, chap. III, II, 372.
（35）　*Idem*, Bk. III, chap. I, I, 388.
（36）　Paris, Didier-Perrin, 1879.

（37） *Essai*, "Conclusion générale," II, 548.

（38） *Idem*, Bk. III, chap. i, I, 374 f.

（39） *Idem*, Bk. I, chap. i, I, 1 f. 英訳 pp. 1 f.

第十七章　ヘーゲル

近代政治思想の発展にたいするヘーゲル哲学の影響

政治生活にたいしてヘーゲルの形而上学ほど強く永続的な影響を及ぼした哲学体系は、かつて存在しなかった。彼以前の偉大な哲学者たちは、いずれも政治的思惟の一般過程を規定するような国家理論を提出したが、しかしそれは政治生活において、ごくわずかな役割しか演じなかった。彼らは《理念》や《理想》の世界に属し、《現実の》政治的世界に属する者ではなかった。哲学者たちは、しばしばこの事実を託《かこ》ってきたのである。カントは一つの特別な論文を書いて、そこで《理論上は正しいかもしれないが、しかし実際には役立たない》[*1]という主張を反駁しようと努めた。けれども、こうした努力はすべて空しかった。というのも、政治的思惟と政治生活の裂け目が、依然として克服しえないままに残されていたからである。様々な政治理論が激しく論議された。それらは攻撃され、また弁護され、立証され、また反駁された。しかし、すべてこうしたことが政治生活の闘争にたいして及ぼす影響は、たとえあったとしても、ごくわずかなものにすぎなかった。

ヘーゲル哲学を研究していると、まったく違った状況に遭遇する。彼の論理学と形而上学は、はじめ、彼の体系のもっとも強固な砦《とりで》だと考えられた。けれども、まさにこの側面から、彼の体系はきわめて激しい危険な攻撃にさらされることになり、しかも束の間の闘争の末、こうした攻撃が勝利を収めたかのようにみえたのであった。しかし、ヘーゲル主義はやがて復活した。しかも、論理学や形而上学の思想の分野においてではなく、政治思想の分野において。偉大な政治的体系で、それに影響されないようなものは、ほとんど存在しなかった。現代の政治的イデオロギーも、すべてヘーゲルの法哲学と歴史哲学のうちに初めて導入され、弁護された諸々の原理の力、その持続性と永続性を示さないものはない。

しかしながら、それはピュロスの勝利[*2]にひとしかった。ヘーゲル主義は、その勝利の報いを受けなければならなかった。それは、その行動半径を無限に拡大していったが、しかしその統一性と内的調和は失われる。それは、もはや明晰な、同質的な、首尾一貫した政治思想の体系ではない。様々な学派や党派がいずれもヘーゲルの権威に訴えるが、しかし同時に彼らは、ヘーゲルの様々な基本原理にたいして、まったく異なった相容れない解釈を下すのである。これらの原理は、一人の哲学者からちりぢりにされた残片となった。ヘーゲルの政治理論には、シラーが『ヴァレンシュタイン（*Wallenstein*）』の序詞に述べている言葉をあてはめることもできよう。「党派の愛憎に乱されて、史上の彼は性格揺らぐ」。ボルシェヴィズムやファシズム、さらにナチズムが、ヘーゲル体系を分解し、寸断した。彼らは、絶えず互いに分捕り品の残余をめぐって争うのである。しかも、これはもはや単なる理論的論争ではなく、恐るべき政治的効果をもつものである。

最初からヘーゲル解釈者たちは二つの陣営に分かれていた。ヘーゲル主義の《右派》と《左派》は、相互に絶えず抗争しあった。この論議は、それが単に哲学上の学派間の論争にとどまっているかぎりは、比較的無害なものであった。しかしながら、最近の十数年に事態はまったく一変した。現在、問題になっているのは、以前の論争とはまったく違ったものなのである。それは生死を賭する闘争となった。最近、ある歴史家は、一九四三年というこの年におけるロシア人と侵略者たるドイツ人との闘争は、結局、ヘーゲル学派の左派と右派の抗争なのではなかろうか、という疑問を提出したのであった(1)。これは問題を誇張して述べたもののように思えるかもしれないが、しかし、そこには核心的な真理が含まれているのである。

ヘーゲル哲学を研究するには、他の思想家たちの場合と同じやり方でするわけにはいかない。プラトンの認識論、アリストテレスの自然哲学、またはカントの倫理学説といったものなら、これらの哲学者たちの主要な帰結を記述するだけでも、その性格を洞察することを望みうるかもしれない。しかしながら、ヘーゲルの体系を論じる場合には、そうした記述ではまったく不十分であろう。ヘーゲルは、その『精神現象学』の序文において、こう尋ねている。

ある哲学的著作の核心は、その諸々の目的および結果におけるより以上に、いかなる点において表現されているであろうか。そして、この目的と結果は、同じ時代に同じ分野で活躍している他の人々が生産するものと区別することによるよりも以上に、これを決定的に認識せしめうる方法があるだろうか。しかしながら、こうした行為が認識のはじめ以上のものとみなしうるものなら、つまり、それが哲学体系の現実的認識とみなしうるものであるなら、実際、われわれは、それを問われている真の問題を回避せんがための詭計と考えなければならない。……なぜなら、真の主題はその目的の中につくされているものではないし、……また単に到達された結果も具体的全体そのものではないのであって、その到達過程を併せた結果が具体的全体なのである。……むきだしの結果は、その指導的傾向を背後に残した死屍である。……この種の行為は、問題そのものを把握する代わりに、つねにその問題からまったく離れているのである。……もっとも容易なのは、堅固な実質のあるものを評価することであり、それよりもさらに困難なのは、かかるものを把握することであり、もっとも困難なのは、評価と把握をともに行い、かかるものにその体系的説明を生み出すことである。(2)

こうした困難さが、ヘーゲル哲学についての種々様々の解釈の理由なのである。われわれが一つの特殊な特性を取り出すなら、まさにそれと正反対の特性が、容易に、否、さらに必然的にさえ見出されるのである。ヘーゲルは、こうした矛盾を恐れなかった。彼は、そうした矛盾の中に、思弁的思惟と哲学的真理の生命そのものを認めたのであった。再三、彼は有名な同一・矛盾律に挑んだ。この原理は誤ってはいないが、しかし単に形式的・抽象的なものであり、したがって浅薄な原理なのである。現実に見出されるものは、つねに反対の一致である。

ヘーゲルにおいては、その政治思想にあってさえ、あらゆる命題には必ず反対命題がともなわれる。したがって、この政治体系を、ある特殊な標語で定義することは不可能である。彼はつねに、自分が自由の哲学者たることを主張した。

> 物質の本性が重力だとすれば、反対に精神の実体・本質は自由だと言うことができよう。精神がもつ様々な属性の一つとして自由もあるという説には、誰もが容易に同意するであろう。しかし、哲学は、精神の一切の属性が、ただ自由によってのみ存在する、ということを教える。……自由が精神の唯一の真理であるということこそ、思弁哲学の成果にほかならない[3]。

ヘーゲルの反対者たちは、これは彼の教説を述べたものではなく、むしろそのカリカチュアだと思いこんでいた。哲学者フリースは、ヘーゲルの国家理論が「学問の花園のうちにではなく、奴隷根性の堆肥の上に」生じたものだ、と言明した。ドイツの自由主義者たちは、みな同じように感じ、また語った。彼らはヘーゲルの体系に、もっとも堅固な政治的反動の牙城を認めたのであった。彼らの判断によれば、ヘーゲルはデモクラシーの理想のもっとも危険な敵なのであった。ルドルフ・ハイムは、その著『ヘーゲルとその時代（*Hegel und seine Zeit*）』において、こう述べた。

私のみるかぎりでは、かつてホッブズとかフィルマー、さらにハラーとかシュタールなどが教えたすべてのことは[*3]、ヘーゲルの（法哲学の）序文の意味における現実的なるものの合理性という有名な言葉に比べれば、比較的、考え方の自由な教説である。君主神権説と絶対服従説は、現存しているものそれ自体を聖化する恐るべき教説に比べれば、罪のない無害なものである(4)。

しかし、ここでわれわれは大きな問題に当面しなければならない。《現存のものそれ自体》を聖化したような哲学体系が近代の政治思想において最大の革命的勢力の一つになるというようなことが、どうして可能であったろうか。ヘーゲルの死後、彼の学説が突如としてまったく別の角度からみられ、まったく違った方法で用いられるにいたったのは、どうしてであろうか。プロイセン王国の哲学者がマルクスやレーニンの教師——《弁証法的マルキシズム》の先駆者となった。ヘーゲル自身は、こうした発展にたいしては責任がない。彼は自己の政治理論の諸前提から引き出された結論の多くを、たしかに否定したであろう。彼の性格やその個人的気質について言えば、彼は急進的な解決にはすべて反対であった。彼は伝統の力を擁護した保守主義者であった。習俗（Sitte）は、彼にとって、政治生活における基本的な要素であった。ヘーゲルは、ギリシアのポリスやローマの共和制を論じた初期の著作において、[*4]この理想を讃美しているが、彼はつねに同じ見解を主張し、弁護したのであった。彼は習俗のうちに現われるものより高い倫理的秩序を決して認めようとはしない(5)。

ここにおいて、ヘーゲルの《観念論》とプラトンのそれとの根本的な差異が理解される。プラトンはソクラテスの弟子として語り、個人的責任を求めるソクラテスの要求に訴えたのであった。習俗や慣習は無価値なものと言明された。真の政治生活の原理は伝統や慣例のうちに見出すことはできない。こうした原理は《臆見（doxa）》にではなく、真の学的認識（epistēmē）、つまりソクラテスが発見した新しい形式の合理性と道徳意識の上に基礎を置いている。[*5]ヘーゲルにとって、《理性》は、こうしたプラトン的な型のものではない。

自覚的理性の実現の概念は、事実、……ある民族の生活において、その完全な実在性を見出すのである。ここでは、理性は流動的な普遍的実体として現われ、……同時に、多数の完全に自立的な存在者にも分散する。……これらの存在者は、自分たちが個別的な自立的存在であるのは、自分たちの個別性を犠牲に供して、この一般的な実体を自分たちの霊魂や本質とすることに基づくものであることを自覚している(6)。

したがって、保守主義がヘーゲルの倫理説のもっとも著しい特徴の一つである。にもかかわらず、それがすべてではない。それは特殊な一面だけの側面にすぎず、それを全体と見誤ってはならない。ヘーゲルの政治理論や歴史哲学には、相反する二つの傾向の奇妙な混淆が認められる。彼は歴史的世界の全体を包括しようとする。彼はギリシア、ローマ、あるいはゲルマンの文化は言うまでもなく、東洋文化、中国あるいはインドについても論じている。彼がその体系において明らかにしようと望んだのは、ある特殊な民族の精神ではなく、普遍的精神、つまり世界精神なのである。「具体的理念たる諸々の民族精神は、その真理および特性を絶対的理念のうちにもつ。これらの民族精神は、世界精神の王座をめぐって、その実現の遂行者として、またその栄光の証示および装飾として存在する。世界精神は、精神として、もっぱら自己に——自己自身の存在および自由の使命の自覚的認識に——赴くことを必要とする[7]」。

しかし、その政治体系と実際の政治においては、ヘーゲルはこうした包括的課題をやり遂げることができなかった。彼自身、つねに、哲学者がその現在する世界のもつ諸々の限界から免れえないことを強調したが、ヘーゲルの《現在する世界》とは、むしろ狭隘なものであり、それはドイツとプロイセンに結びつけられていた。ヘーゲルはドイツの愛国者として出発した。彼は、その時代や自らの国家の問題に深い関心を抱いていた。一八〇一年に執筆された彼の初期の政治的著作は、ドイツ憲法論に関するものであった。ドイツの政治生活は深刻な危機に瀕し、その権力と尊厳をことごとく喪失してしまった、とヘーゲルは言明した。やがて解放戦争の後、彼はドイツの政治生活がその危機の解決を見出したものと確信した。

この解決においてプロイセンが指導的役割を演じたので、爾後、彼の思考も希望もあげてプロイセンの国家に集中した。こうした現実の政治問題を取り扱いながら、ヘーゲルは次第次第にその哲学的普遍主義を制限しなければならなかった。彼は、その普遍主義から国民主義《ナショナリズム》に移行しただけでなく、また一種の偏狭な地方根性に移っていった。その『法哲学（*Grundlinien der Philosophie des Rechts*)』の序文において、彼は自分の個人的な感情、反感、性癖をあえて洩らしさえした。

この点において、ヘーゲル哲学の形式は、その直の内容よりはるかにすぐれたものであった。それは、ヘーゲルの死後、さらに彼の形而上学の崩壊後も、長くその影響をもち続けた。それは十九世紀を通じて政治的思惟の発展における爆発的勢力の一つとなった。爾来、それはヘーゲルの政治理論に影響を与えたあらゆる個人的・一時的な諸条件から切り離され、そして非常にしばしばヘーゲルその人に反して働いたのであった。それは、彼が固く守り、深く愛した政治的確信のいくつかに矛盾し、その基礎を掘り毀《こぼ》つものであった。実際、こうした過程は、弁証法の一般的性格にまったく一致している。思想というものは、つねにそうした二面性を示すものである。ヤヌスの神の像のように、それは前にも後にも向いている。弁証法的過程においては、新しいどの段階も、それに先行するすべての段階を内に含み、保存する。そこには唐突な変化もなければ、連続性が中断されることもない。しかし、そうした反面において、この保存の行為は必然的に止揚の行為でもある。弁証法的過程によって生じたものは、すべて止揚的契機[*6]（*aufgehobenes Moment*）としてのみ、その真理性と価値をもつ。それは不可欠の構成要素として保存されるが、しかし、それが過程全体から切り離される場合には実在性なきものとみなされる。有限な現存在は、いずれも新しい、より完全な形態に席を譲るために滅びなければならない。

しかしながら、こうした考えは《現存のものそれ自体の聖化》とはまったく両立しえない。ヘーゲルが、その晩年に次第次第にこうした誘惑に屈したとき、彼は自らの体系の精神に反して行動したのであった。彼の初期の論文の一つ、一八〇二年に書かれた『自然法の学問的取り扱い方について（*Über die wissenschaftlichen Behandlungsarten des Naturrechts*）』において、彼はそれと正反対の態度を強調した。ここでは、彼は世界史を、絶対者が永久に自分自身とともに演じている倫理的生活の偉大な悲劇として描いたのであった。絶対的精神が自らを永久に客観性の中に生み、苦悩と死に身を委ね、そして自らの灰から新しい栄光へと自らを高めることが、それの運命である。神的なものは、自らの形態と客観性において二重の本性をもち、その生命はこれらの本性の絶対的統一である[8]。明らかに、これは単なる保守主義や伝統主義ではなく、まさにその正反対のものである。

したがって、ヘーゲルの政治理論の真の性格を理解しようと思うなら、問題をより広い視野で捉えなければならない。具体的な政治問題に関する彼自身の意見を研究するだけでは不十分である。これらの意見は個人的な興味を引き起こすにすぎず、哲学的関心に値するものではない。「意見〔私念〕とは私のものである[*7]（*Die Meinung ist mein*）」とヘーゲルはその有名な語呂合わせの一つで述べた。ここで問題なのは、政治的信条ではなく、彼の体系によって導入された政治的思惟の新しい方向づけなのである。ヘーゲルが与えた個々の解答ではなく、むしろ新しい問題設定の仕方こそが、もっとも重要であり、また永続的な興味と影響をもっていた。しかし、この点を明らかにし、ヘーゲルの政治思想を十分正しく評価するには、われわれの視界を拡げ、ヘーゲル哲学の基礎原理にまで遡ってみなければならない。

ヘーゲルの政治理論の形而上学的背景

宗教の問題と歴史の問題が、ヘーゲル学説の二つの知的中心である。最初から、両者はヘーゲルの哲学的思惟にとって、最大の、もっとも激しい関心の的であった。ヘーゲルの初期の著作を研究する場合、二つのものを区別することはほとんどできない[9]。両者は互いに融合されて、不可分の一体をなしている。われわれはヘーゲルの思惟の根本傾向を、彼が宗教を歴史の言葉で、そして歴史を宗教の言葉で論じた、というように述べることもできよう。

かくして、宗教的思惟のもっとも古くからの、またもっとも困難な問題の一つは、突如として新しい形態をとることになった[*8]。古代や近代の思想家たちは、様々な角度から神義論の問題に近づいていった。ストア哲学者、新プラトン主義者、さらにライプニッツは、自然的または道徳的な悪の存在を前にして、神の摂理について弁明してきた。啓蒙主義の時代は、こうした神学的解決の多くを否定したが、にもかかわらず、その問題はなお一般的な哲学的関心の焦点であった。それはヴォルテールとルソーの間の争いの種になった[*9]。こうした論争で用いられたあらゆる論証は、今やヘーゲルによって古すぎるものと言明された。われわれは自然的な悪や道徳的な悪の《弁明》、正当化を求めるには及ばない。悪とは単に偶然的な事実にすぎないものではなく、むしろ現実性の基本的性格、その定義そのものから生じてくるのである。現実性の肯定的および否定的な両極を分かつのは恣意的であり、また皮相である。

にもかかわらず、古来の神義論の問題は忘れ去られたのではない。かえってヘーゲルは、自分が初めて、この問題を正しい観点から眺めたものと確信している。彼によれば、われわれはその問題の意味を新しく明らかにしなければならない。すなわち、その宗教的・神学的意味の背後に、さらに深い哲学的意義を見出さなければならない。これが、彼の歴史哲学において果たされねばならない課題であった。自然が空間における理念の展開であるように、一般に歴史は時間における精神の展開である。

> 動物とか、植物とか、個々の事件に示された神の智恵を讃美するということが、一時流行したものである。しかし、摂理がこのような対象や素材の中に啓示されるということが認められるなら、どうして世界史の中にも現われないことがあろうか。これは、そのように考えるにはあまりにも大きすぎるようにも思われる。しかし、神の智恵、すなわち理性は、事の大小によって違うものではない。したがって、神がその智恵を大きな規模では働かせられないほど弱いものだと考えてはならない。……この点では、われわ

れの主題の扱い方は神義論であり、ライプニッツが彼流のやり方で形而上学的に、すなわち無規定的な抽象的カテゴリーの形で——世界のうちに見出される悪も包容されるべきであり、思惟的精神は悪の現存という事実と宥和されなければならないというように——試みた神の弁明なのである。実際、世界史におけるほど、こうした宥和的見解が切に要求されるところはどこにもない。そして、これはただ、否定的要素〔悪〕がその中では従属的なもの、克服されたものとして消失してしまう肯定的な存在を認識することによってのみ達成されうるのである。[10]

ヘーゲルに反対する人々は、つねに、この歴史の宥和は単に偽造にすぎない、と言明した。彼らはそれに浅薄な楽天観しか認めなかった。ヘーゲル哲学の対立者ショーペンハウアーは、そうした楽天観は馬鹿げているだけでなく邪悪なものである、と述べた。しかしながら、これは明らかにヘーゲルの見解を誤解したものである。ヘーゲルは、人間の歴史に内在する様々な悪や悲惨、残酷な行為、犯罪などを決して否定しなかったし、またこのような諸々の悪を軽視したり宥《ゆる》したりしようとは思わなかった。この点では、彼は厭世観の議論をすべて承認した。彼はこう言明する。いわゆる幸福とは、特殊的目的の領域に属するものである。「自分の特殊的性格、意欲、恣意にうまく適合するような境遇を見出し、その境遇の中で自分自身を享楽する者は幸福である。〔けれども〕世界史は幸福の舞台ではない。幸福な時期とは世界史における空白の頁である。というのも、このような時期は調和の時期であり、対立を欠く時期だからである」[11]。この対立がなければ、歴史は生命なきものとなり、その意味と刺激を喪失する。われわれが人類の歴史において求め、享楽するのは、人間の幸福ではなく、その活動であり、エネルギーである。

したがって、約束された歴史的世界の調和は、従来のあらゆる神義論の試みとはまったく異なるのである。それは自然的な悪や道徳的な悪の事実を無視したり排除したりせず、むしろ強調する。それは個人の意志そのものが客観的世界のうちに満足を見出しうるものとは主張しない。そのような要求は空しい希望である、と言明される。現実は、われわれの個人的な欲求や願望に応じるものではない。それは、はるかに苛酷な素材からできており、それ自身の仮借ない法則に従うのである。現実の世界のうちにわれわれ自身の目的の実現を求めるなら、深い幻滅を味わうだけである。かくして、われわれは主観的領域と客観的領域が完全に疎隔していることを認識せざるをえない。しかし、この同じ疎隔は、それよりはるかに危険な形式で、いま一つの思想傾向にも現われている。プラトンからカント、フィヒテにいたるまでの理想主義学派は、すべて現実の世界から、より高き崇高な秩序に逃避することを勧めてきた。彼らは、われわれの経験的世界と厳しく対立する道徳秩序を構築した。「世界のどこにも、否、世界の外においてさえも、無条件に善と呼ばれうるものは、ただ一つ善なる意志以外にこれを考えることはできない」[*10]とカントは言った。しかし、いったい、この《善なる》意志とか《道徳的》意志というのは何を意味するものであろうか。それは、もはや個別的な意志ではなく、普遍的な意志である。しかし、その普遍性は依然として、まったく抽象的なままである。ここで現実の世界、人間経験の世界に対立させられているのは、形式的な道徳的要求である。われわれは、あるがままの世界ではなく、あるべき姿の世界を眺めている。それは高き崇高な思想のように思われる。というのも、ここでは、もはやわれわれの個人的利害には関わらないからである。われわれは、やすやすと、これらの利害をすべて義務の祭壇に犠牲として捧げる。けれども、現実の世界に適用された場合、この道徳的利他主義は、われわれの私的欲求よりする利己主義と同じ幻滅を味わわされる。世の成り行きは、絶えず、また不可避的に、われわれの道徳的要求を挫折させる。われわれの意識は、こうした挫折を受け容れず、わが身を責める代わりに現実に罪を負わせる。そして、このような現実からの疎外は、現実の事物の秩序を攻撃し、破壊するまでにいたるのである。

ヘーゲルは、こうした破壊を『精神現象学』の有名な一章《心情の法則と自負の狂気》で描いている。明らかに、彼はここで、最高の道徳理想——自由・平等・友愛——から始まり、恐怖政治で終わったフランス革命のことを念頭に置いている。フランス革命によって《心情の法則》は至高の道徳原理だと言明されたが、しかし、この原理には、現実、つまり心情の法則に一致しない暴虐な世の法則と世の法則下に悩む人類とが対立していた。この現実を攻撃することこそが、第一の主たる課題となった。「かくして、ここでは単に様々な特殊な快楽をのみ意欲した以前の流儀におけるような軽薄さはもはやなく、高貴なる目的を抱く真摯さがみられるのであり、それは自分自身の卓越した本性を表現し、また人類の幸福を実現することのうちに自己の快楽を求めるのである。……かくして、個人は自らの心情の法則を実現し、現実化する。この法則は普遍的法則となる」。しかし、この法則を現実の世界に強制し、われわれの観点を実行に移そうとするなら、きわめて強く激しい抵抗に遭遇する。われわれは、事物の歴史的秩序全体を廃棄しなければ、この抵抗を克服することができない。かくして《心情の法則》は、建設的な原理、つまり真の倫理的秩序を確立し、確証する原理たる代わりに、破壊的・革命的な原理になるのである。フランス革命は、こうした破壊を讃美した。「無媒介で無訓練の本質を現実化することが、卓越さを表現し、人類の幸福を実現する所以だとされている」。「それが意識的破壊というこの契機を表現するとき、……心情の法則は、自己が自身にとってこうした内的転倒であり、狂乱した意識であること、さらにそれ自身の実在がただちに非実在であり、その現実がただちに非現実であることを示している[12]」。

ヘーゲルがその歴史哲学において企てた宥和は、まったく異なった思考様式である。彼は所与の事物の秩序を肯定し、そのうちに真の倫理的実体を認める。彼は歴史的世界の諸々の悪、悲惨、罪を取り除こうとはしない。こうしたすべてのものは、当然のことと考えられる。にもかかわらず、彼はこの苛酷で悲惨な現実を正当化しようとする。思弁的思惟の観点からは、それはもはや偶然的な事実とか恐るべき必然性としては現われない。それは単に《理性的》であるだけでなく、理性そのものの具現であり、実現なのである。しかし、《理性》ということを、もはやカントの《実践理性》の意味に理解してはならない。それは単に抽象的で形式的な原理、つまりカントの定言命法のような道徳的要求にすぎないものではない。それは歴史的世界のうちに生き、それに組織的な形態を与える理性である。「哲学が教えなければならない洞察は、現実の世界があるべき姿のままにあるということ――真実の善、普遍的な神的理性は単に抽象的なものではなく、自分自身を実現しうる生ける原理でもあるということである。……哲学は、神的理念の実体的内容、その現実性を認識して、かくも侮蔑された事物の現実を弁明しようとするのである」[13]。

しかし、ヘーゲルは、彼以前の哲学思想家たちが、すべて理性の《実体的な力》を軽視する者であったと、どうして言うことができたであろうか。彼らの多くは、プラトン、アリストテレス、ライプニッツ、カントのいずれにしても、断固たる合理主義者ではなかったか。そしてまたヘーゲルは、偉大な宗教的思想家たち――聖アウグスティヌス、トマス・アクィナスやパスカル――が《神の摂理》が実際に意味するところを理解しなかったと、どうして非難しえたであろうか。こうしたすべてのことは、ヘーゲルの宗教哲学とその歴史哲学における特殊な傾向に留意する場合にのみ理解することができる。

彼の哲学の主題となったのは、これら両要素、つまり歴史的および宗教的要素の綜合であり、その相関と相互移入である。そして彼は、自分が初めて、こうした相互依存を正しく認識したものと確信していた。プラトンからカントにいたるまで、形而上学の全歴史は《感性》界と《叡知》界を根本的に区別することが、その特徴であった。哲学者たちは、これら二世界にたいする人間の認識の関係如何という点で一致しなかった。プラトンは、真理と実在が純粋な理念、または形相の世界にのみ見出しうることを確信していた。現象界では真理を見出すことはできず、そこで見出されるのは、はかない影像にすぎない。しかし、カントはそれと反対の見解を抱いた。彼は人間の認識を経験的世界の限界内に限定する。「私の観念論を一貫して支配する基本原則は、こうである。すなわち、単なる純粋悟性概念、もしくは純粋理性によって得られる事物の認識は、すべて仮象にほかならない。真理は、ただ経験においてのみ存在する」[14]。けれども、一般的に認められ、哲学的観念論の従前の形式すべてに共通しているのは、感性界（*mundus sensibilis*）を叡知界（*mundus intelligibilis*）から分かつ一つの境界がある、ということである。この二元論は、形而上学的思惟の根底そのものをなしていた。

たしかに、すぐれた形而上学的思想家で、通常《二元論的》と呼ばれる体系をもつ人たちも存在する。スピノザは超越因（*causa transiens*）ではなく内在因（*causa immanens*）としての神について論じた。神は自然を越えて、あるいは自然の外にあるのではなく、神と自然とは同じものである[*11]。しかし、この場合にも、なお形而上学的思惟の根本的な二元論は、決して克服されず、ただ新しい形式のもとに現われるにすぎない。このスピノザ哲学的な神に見出されるものは、ヘーゲルによれば、死せる統一性にすぎない。それは差別や変化、あるいは多様性を少しも容れない峻厳な抽象的一者である。二つの異なる秩序、すなわち時間の秩序と永遠の秩序との間には、依然として裂け目、乗り越えがたい深淵が横たわっている。スピノザの体系においては、時間は真の実在性を少しももたない。哲学的思惟が実在に関わるものである以上、時間は何ら哲学の本来的対象ではない。それは哲学的思惟または直観の様態ではなく、《想像力》の様態であるにすぎない。時間の観念は《不十全なる》観念である。ヘーゲルは、その哲学史において、スピノザ哲学の体系を《無神論》の体系と言うのは誤解である、と述べている。[*12] そこに見出されるのは、まさにその正反対のものである。スピノザが否認するのは、神の実在ではなく、世界の実在なのであり、われわれは彼を無神論者というよりも、むしろ《無世界論者》と呼ぶべきであろう。自然の実在性は、スピノザの思想においては、いわば蒸発している。自然は、もはや自立的な意味をもたない。それは抽象的な神的統一によって──自己自身においてあり、自己自身によって思惟するスピノザ哲学的実体によって吸収される。時間は無実体で非現実なものであり、哲学的思惟に値しない。というのも、万物を永遠の相のもとにみることこそ、この思想の基本的な特徴だからである。

キリスト教哲学は、こうした時間の廃棄と否定に原則上対立しているように思われる。キリスト教は受肉という基本的な教義に基礎を置いているが、キリストの受肉は形而上学的ではなく、歴史的な事実である。それは時間における出来事であり、判然とした区切りを画し、人類の生活と運命に新しい発端をなすものである。したがって、時間はもはや単に偶然的なものとは考えられず、それは本質的なものである。偉大なキリスト教思想家たちは、いずれもこの問題に当面しなければならなかった。聖アウグスティヌスは感性界と超感性界、現象界と本体界というプラトン的区別を受け容れたが、しかしプラトンや古代の他のいずれの哲学者たちに対比しても、彼は新しい一つの特徴を付け加えなければならなかった。彼は、その『神の国』において、歴史哲学を展開しなければならなかった。彼は永遠の秩序と時間的または世俗的秩序との関係を確定し、地の国（*civitas terrena*）を神の国（*civitas divina*）に、すなわち可視的なこの世の国を不可視の神の国に対立させた。しかし、聖アウグスティヌスにおいてさえ、これら両秩序を分かつ裂け目は、依然として克服されえないまま残されている。時と永遠との間には、何らの宥和もありえない。人間の歴史の価値に関しては、聖アウグスティヌスの時代以来、キリスト教思想家たちの中世的二元論は、プラトンとまったく同じように判断を下したのであった。世俗的生活は、すべてその原理そのものにおいて堕落している。その救済は、それを根底的に破壊することによってのみもたらされうるのであり、それが偉大な歴史的および宗教的過程の頂点をなすものである。神的秩序と時間的秩序との疎隔は、キリスト教思想によっても除きえない。それはまったく避けがたく、救いがたい。哲学は、この事実を受け容れなければならない。パスカルが強調したように、[*13]キリスト教の神は、すべての哲学者たちにとって、つねに躓《つまず》きの石であり続けるであろう。神は哲学的思惟には計り知れぬものであり、神秘に包まれた隠れた神なのである。

　ヘーゲルは、この神秘を明らかにしようと企てた。彼がその歴史哲学で提示するものは、一の逆説である。それは《キリスト教的合理主義》であり、《キリスト教的楽天観》である。ヘーゲルは、こうした態度によってのみキリスト教を理解しうるし、単にその消極的な意味ではなく、積極的な意味において、それを解釈しうることを確信していた。

キリスト教においては、神は自己を啓示した。すなわち、神は神が何であるかの認識をわれわれに与えたのである。したがって、神はもはや隠れた、あるいは秘密の存在ではない。かくして、われわれに与えられた神を認識するこの可能性は、そうした認識を義務として課すものである。……ついには、世界史がわれわれに提示する、こうした創造的理性の豊かな所産を理解する時が来なければならない。(15)

いまや、ヘーゲルがその歴史哲学においてなそうとした《侮蔑された現実》の弁明という事柄の意味するところを理解しうるであろう。キリスト教思想家たちは、彼らが自然の領域と恩寵の領域と呼んだものを画然と区別した。カントの政治体系ですら、《自然の国》と《目的の国》を対立させることから出発する。[*14] こうしたすべてのことはヘーゲルによって否定される。彼はこうした対立を受け容れない。彼によれば、真の思弁的な歴史観は、こうした区分の作為性をわれわれに確信させるのに十分である。歴史においては、《時》と《永遠》という両要素は、それぞれ切り離されて存在するのではなく、互いに浸透しあっている。永遠は時間を超えるのではなく、かえって時間そのもののうちに見出されるのである。時間は単に転変の舞台にすぎないのではなく、真の実体を内に含むものである。「時間的なもの、暫時的なものの仮象のうちに内在する実体と、現在する永遠的なものとを認識することが、哲学の主題である」。(16) ヘーゲルは、プラトンのように天の彼方に《イデア》を求めることをしない。彼は、それを人間の社会生活や政治的闘争の現実の真ん中に見出すのである。

かくして、われわれが問題にするのは、ただ精神の理念のみであって、世界史においては、あらゆるものを、ただこの精神の現われとみるのであるから、われわれが過去を遍歴するとき、それがどんなに広大なものであっても、現在するものだけを問題にしなければならない。というのも、哲学は真理を探究するものであるから、永遠に現在するものを問題にしなければならないからである。哲学にとっては、過去のすべてのものが失われずに残っている。なぜなら、理念は永遠に現在するものであり、精神は不死だからである。すなわち、精神にとっては過去も未来もなく、本質的な今があるのだからである[17]。

その当初から、ヘーゲルは汎神論という非難をこうむってきた。彼に反対する神学者は、いずれもそう言って彼を非難した。この非難は全然根拠がないわけではないが、しかしそれは、ある説明と限定を必要としている。もし《汎神論》が万物を同列にあるものとし、存在または価値の本来的な差別がないことを意味するものなら、スピノザもヘーゲルも汎神論者とは呼びえない。スピノザの体系においては、実体とその様態、永遠なものと時間的なもの、必然的なものと偶然的なものとの間に截然《せつぜん》たる区別が存在する。同じことはヘーゲルにも妥当する。彼は現実性を経験的な現存在と決して同一視しなかった。現実的なものは理性的なものだと彼が述べたことを、このような意味に解釈されたとき、彼はその解釈が自分の根本思想をまったく誤解するものとみなしたのであった。

　われわれは、存在が一部分は単なる現象であり、一部分のみが現実であることを……知っているだけの知性は前提しなければならない。日常生活では、気紛れ、誤謬、悪、さらに悪い性質をもったあらゆるもの、並びにどんなみすぼらしい一時的な存在でも、手あたり次第に現実と呼ばれている。しかし、われわれはふつうの感じから言っても、明らかに偶然的な存在が現実という名には値しないことを感じている。というのも、偶然的なものは、可能的なもの以上の価値をもたない存在であり、あるかもしれず、ないかもしれないものだからである。現実性という言葉については、これらのとやかく言う人たちは、私がどんな意味にそれを用いているかを考えてみるべきであろう。論理学を詳細に述べた本のうちで、私は他のものに並んで現実性〔Wirklichkeit〕についても論じており、それを厳密に偶然的なもの——これもやはり現存在をもつものである——から区別しているだけでなく、さらに現存在〔Existenz〕、およびその他、様々な存在の諸範疇からも区別しているからである。[18]

　実際、ヘーゲルの体系について論じる場合には、こうした論理学的な区別を、つねに心に留めておかなければならない。彼は《現実性》と呼ぶものと、腐った現存在[*15]〔*faule Exi-*

stenz）と呼ぶものとを判然と区別する。[19] それが彼の独特のタイプの《汎神論》を特徴づけているのである。ヘーゲルはスピノザ主義者ではなかった。彼は神即自然という同一化を決して受け容れなかった。ヘーゲルの体系においては、自然は何ら独立した存在をもたない。それは絶対的なるものではなく、《その他在における理念（Die Idee in ihrem Anderssein）》である。

> 自然は……神化されてはならない。太陽、月、動物、植物を、人間の行為や事件よりもすぐれて、神の業であるとみなすべきではない。自然は、即自的には、その理念においては神的なものであるが、しかしその存在においては、その概念とは合致しない。……したがって、自然は理念の自己自身よりの頽落――自己自身に合致しないこの外面性の形態においてある理念――として叙述されてきた。……自然は偶然性に従うのであり、その個々の規定すべてにわたって理性に浸透されることはありえない。[20]

理念の、神的なるものの真の生活は、歴史のうちに始まる。ヘーゲルの哲学においては、神即自然（*Deus sive natura*）というスピノザ哲学の定式は、神即歴史（*Deus sive historia*）という定式に転化された。

けれども、この神化は個々の歴史的事件にはあたらない。それは全体としてみられた歴史過程にあてはまるのである。「このような《理念》あるいは《理性》が真理であり、永遠であり、全能の実体であるということ、またこの理念が自分を世界の中に啓示するということ、したがって、この世界に啓示されるものはこの理念とその栄誉と栄光にほかならないということ、このことが哲学の中で証明されてきた命題であり、ここでは証明されたものとみなされている」[21]。例えば、聖アウグスティヌスやヴィーコあるいはヘルダーのような、従前の哲学的また神学的な思想家たちですら歴史を神の啓示と語っていたが、しかしヘーゲルの体系においては、歴史は単なる神の現象ではなく、その現実性である。つまり、神はただに歴史を《もつ》ばかりでなく、神は歴史そのものなのである。

ヘーゲルの国家理論

歴史観から国家観が帰結される。ヘーゲルにとっては、国家とは歴史的生活の一部、その特殊領域であるばかりでなく、その本質、中核そのものである。それはアルファにしてオメガである。ヘーゲルは国家の外に、また国家以前に、歴史生活を語りうるということを認めない。

多くの民族は、このような〔国家を形成するという〕彼らの目的を達成するまでに長い生活を過ごしてきたし、またその間に、ある方面では無視できない文化を生み出してもきたであろう。……しかし、明らかに、かくも広範にわたるこの出来事も歴史の範囲外に属する。……けれども、歴史の散文に適するだけでなく、歴史そのものをも同時に作り出すような内容は、国家になって初めて出てくるのである。(22)

現実性が自然の用語ではなく歴史の用語で定義されなければならないものであり、さらに国家が歴史にとってその必要条件であるとすれば、われわれは国家のうちに至高の、無欠の現実性をみなければなるまい。ヘーゲル以前には、いかなる政治理論も、かつてこうした主張をしたものはなかった。ヘーゲルにとっては、国家は《世界精神》の表現であるだけでなく、それをまさに具現するものである。聖アウグスティヌスは地の国（*civitas terrena*）を、神の国（*civitas divina*）を歪め、損なうものと考えたが、ヘーゲルはこの地の国（*civitas terrena*）に《地上に現存する神的理念》[*16]を認めたのであった。これは、まったく新しい型の絶対主義である。

しかしながら、ヘーゲルは、その主張を通すために、従来の政治理論によって作り出された様々な障害を取り除かなければならなかった。自然法的国家論にたいする彼の闘争は、早くも一八〇二年に、その論文『自然法の学問的取り扱い方について』に始まり、さらにのちのすべての論文でも継続された。十九世紀初頭にいたるまでは、国家が契約に由来するというのが通説であった。そうした契約が一定の条件に制約され、法律的または道徳的拘束を受けるということは、はじめからはっきりした結論であるように思われた。このような障害を避けるために、ヘーゲルは非常に思いきった手段を講じなければならなかった。彼は永年にわたって支配してきた《道徳性》の観念そのものを変えなければならなかった。この観念は単に《主観的》な概念であり、真の客観的妥当性を要求することはできない、と彼は言明した。

それ以前の倫理体系、例えばカントやフィヒテの体系で理解されたような意味における《道徳性》は、普遍的法則たることを要求する。カントはこう述べている。「定言命法はただ一つしかない。すなわち、格率が普遍的法則になることを、その格率を通じて汝が同時に欲しうるような、そうした格率に従ってのみ行為せよ、という命法のみである」[*17]。しかし、この定言命法は、抽象的・形式的な法則、つまり個人の意志を拘束はするが、事物の現実性にはまったく無力な法則を与えるにすぎない。カントの体系においては、道徳的世界、すなわち目的の国は、自然的世界、すなわち因果の世界に対立している。われわれは、これら二つの世界の統一を要請することはできても、そうした統一を証明することはできない。それは空しい期待に終わらなければならない。たとえ世界は滅ぶとも、正義は行わしめよ[*18]（*Fiat justitia, pereat mundus*）――これが、この道徳性の格率である。その義務を果たすにあたって、個人は世界を否定し、自己自身を破滅させなければならない。なぜなら、彼の道徳的本性はその身体的な本性と両立しえず、彼の義務はその幸福とつねに衝突するからである。

道徳意識は義務を本質的な実在だと考える。……しかし、この道徳意識は、同時に、自分の前に自然の仮定された自由をも見出す。すなわち、道徳意識は、自然が道徳意識にたいして、その現実性と自然の現実性の統一の意識を与えることに無頓着であることを経験し、したがってまた、自然は道徳意識を幸福ならしめるかもしれないが、しかしおそらくはまた幸福ならしめないかもしれないことを認めるのである。……それゆえ、道徳意識は、自己自身と現存が一致することのない状態を嘆き、またそれが純粋な義務の形式においてしかその対象をもつことができず、この対象や自分自身が現実化されるのをみることが許されない不正な状態を悲しむに足る十分な理由を見出すわけである。[23]

ヘーゲルの神義論の主たる目的の一つは、そのような空しい悲嘆をなくすことである。ヘーゲルによれば、そうした嘆きは、倫理的な現実性が何であり、何を意味するかについて、まったく誤解していることから生じるものである。単なる形式的法則においては、真の倫理的秩序、倫理的《実体》を見出すことはできない。それは、はるかに高い意味において、現実的・具体的な実在性において、国家の生活のうちに表現される。ヘーゲルは、その『人倫の体系（*System der Sittlichkeit*）』[24]――そこで彼は初めて道徳性（*Moralität*）と人倫（*Sittlichkeit*）を画然と区別するにいたる――で、こう述べている。「国家は自立的・絶対的精神であり、それは善や悪、恥や卑劣、詭計や欺瞞についての抽象的な諸規則を何ら承認しない」。

これは、ある意味において、完全な価値の転換、従来の一切の規準の転倒である。この新しい評価によれば、国家には、もはや何らの道徳的義務も存在しない。道徳性は個人意志には妥当するが、国家の普遍的意志には妥当しない。国家にとって何らかの義務があるとすれば、それは自己保存の義務である。ヘーゲルは、そのドイツ憲法に関する論文において、「国家の特殊的利害がもっとも重要な事柄であるということは、一般に認められた周知の原則である」[*19]と述べている。

　国家は世界において存在し、世界のうちに意識を通じて実現される精神である。しかるに、自然においては、精神はただ自らの他者として、眠れる精神として自己を実現するにすぎない。……国家をなすものは、世界における神の道行きである。……国家について考える場合、人は特殊な国家、特殊な制度を思い浮かべてはならない。むしろ理念、地上において現在する神のみを考えなければならない(25)。

　この点において、ヘーゲルの学説は、それ以前のあらゆる自然法論にたいしてだけでなく、またロマン主義的国家論にたいしても画然と対立している。たしかに、ヘーゲルはロマン主義から深く影響され、そのいくつかの基本的観念をも受容している。彼の一般的な歴史観や《民族精神》の観念には、ヘルダーや初期ロマン主義の著作家たちの影響が明らかに認められる。しかし、彼の政治論はまったく別の原理に基づいている。彼のロマン主義的思惟との関連は、消極的なものにすぎない。彼は、国家が社会契約または服従契約によって結合された個人意志の集合体でしかないとする《機械的》理論を否定する。ロマン主義の政治的著作家たちと同じく、ヘーゲルも国家が《有機的》統一性をもつものと主張する。そうした有機体においては、アリストテレスの定義によれば、全体は部分に《先立つ》のである。*20 けれども、この有機体の本質に関しては、ヘーゲルの見解はロマン主義の著作家たちのほとんどいずれのものとも異なっている。ヘーゲルにとって、《有機的統一》という概念そのものが、真のロマン主義哲学者たるシェリングに用いられたのと同じようには用いることができない。ヘーゲルの統一とは、弁証法的な統一であり、矛盾の統一である。それは最大の緊張と対立を許すだけでなく、それを要求しさえする。こうした見地から、ヘーゲルはシェリングやノヴァーリスの美的理想を否定しなければならなかった。ノヴァーリスは国家を《美しき個体》と述べた。その小論『キリスト教世界あるいはヨーロッパ』において、彼は包括的な、真に《普遍的な》《カトリック》教会の指導と権威のもとに、あらゆるキリスト教諸国民の統一を夢想した。(26) こうした政治的・宗教的和平の理想は、ヘーゲルの理想とするところではなかった。(27) 彼によれば、政治的思惟のうちに、彼が「否定的なるものの真面目さと苦悩と忍耐と労苦」と呼ぶものを導入することが必要である。

　政治生活の否定的な役割は、戦争という事実のうちに含まれている。戦争を廃し、または止めることは、政治生活にとどめを刺すことであろう。国家間の紛争が法律的手段で、国際仲裁裁判所によって解決しうるものと考えるのは、単なるユートピア的理想にすぎない。国家間には、それを裁判しうる何らの司法官も存在しない。国際連盟による永遠の平和というカントの理念*21は、各国から承認された権力によって紛争を解決し、軋轢を調停しようとするものであるが、これは諸国家の一致団結を前提する。しかし、この一致団結は、つねに特殊な自立的意志に基づいており、したがって非常に偶然性のまつわったものであろう。[28]「独立性の関係における諸国家は、特殊的意志として互いに対峙しあい、条約の効力はこの点にかかっている。しかも、国家の特殊的意志の内容はその福祉であるから、この特殊的福祉こそが国家相互の関係における最高の法則である」[29]。

初期の青年時代から、ヘーゲルはあらゆる《人道主義的》理念を否定してきた。彼は《普遍的な人類愛》は《愚かしい虚構》にすぎないと言明した。現実の具体的対象をもたない、そのような愛は浅薄で不自然なものである。[30]そうしたあやふやな一般性に耽溺するよりは、現実の政治生活に固有の一切の欠陥を容認するにしくはない。

いずれの国家も――それが何人《なんぴと》かの原則によって悪いものと断言され、あれこれの欠点を認識されるにしても――それが発達した現代の国家に属しているかぎりは、つねに、その真の現存の本質的契機を所有している。しかし、肯定的な特徴を把握するよりも欠陥を見出すほうがいっそう容易であるために、ややもすれば、国家の外部的側面に考えをめぐらして、国家そのものの内部的組織を看過するという誤りに陥りやすい。国家は何ら芸術品ではない。それは世界のうちに、したがって恣意、偶然および誤謬の領域に存在する。それゆえ、その成員の悪しき行動が国家を多方面から歪曲しうる。しかし、もっとも畸形化された人間、犯罪者、病人および障害者ですら、なお生きた人間であることに変わりはない。肯定的なもの、すなわち生命は、欠陥があるにもかかわらず存立する。そして、ここでは、ただ、この肯定的なもののみが問題なのである。(31)

ノヴァーリスとは異なり、ヘーゲルは国家の美しさではなく、その《真理性》に関心を抱いている。そして、彼によれば、この真理は道徳的なものではなく、むしろ《権力のうちにある真理》である。「人々は愚かにも、良心の自由や政治的自由に熱狂するあまり、権力のうちにある真理を……忘却する」[*22]。一八〇一年、今を去ることおよそ百五十年も前に書かれたこれらの言葉は、政治的または哲学的な著作家によって、かつて提出されたもっとも明確な徹底したファシズムのプログラムを含むものである。

同じ原則は、国民や国家の行動にたいしてだけでなく、また政治的世界の行程を決定し、現実の歴史を作るような特別な個人にたいしても妥当する。そうした人々もまた、一切の道徳的要求から自由である。彼らの行為をわれわれの因襲的基準で測るのは馬鹿げたことであろう。ヘーゲルの体系においては、国家崇拝は英雄崇拝と結合される。英雄の偉大さは、それのいわゆる《徳》とは関係がない。偉大さとは力を意味するがゆえに、悪徳もまさに徳と同じく偉大であることは明らかである。抽象的な道徳観は例の歴史の《心理学的》解釈を生むが、これはあらゆる偉大な行為や英雄たちをこせこせしたみすぼらしい心理学的動機に帰することで、それらを貶《おとし》めようと努めるのである。「これは、英雄たちが存在しないという理由からではなく、自分たちがただ侍僕にすぎないという理由から、何人《なんびと》も英雄ではないということを説く心理学者の侍僕がもつ見解である」[32]。そうした歴史解釈を、ヘーゲルはつねにまったく軽蔑した口調で語っている。

たしかに、彼自身は多くの偉大な政治的行為の動機に関して何らの幻想も抱かなかった。彼はこうした動機を《理想化》しようとは決して企てない。ここでもまた、彼は浅薄な楽天観からはかけ離れている。彼は、個人の野心があらゆる偉大な政治的行為に与《あずか》っているだけでなく、多くの場合、それこそが実際の推進力であることを、きわめてよく知っている。こうしたすべてのことは、それらのものの価値を損なうものではなく、むしろそれを増すものである。人間の情熱を軽蔑的な調子で語る人は、歴史過程の真の性格について目を閉ざすものである。歴史的行為を動かせ、確固と存在させる力は、人間の欲望、衝動、傾向であり、情熱である。このように、個人の存在がその活動と仕事において自分自身に満足を与えるということこそが、その絶対的権利なのである。

それゆえ、われわれは行為者側における関心なしには一般に何事も成就しなかった、と言いたい。そして、関心が情熱と呼ばれるなら、われわれは、世界におけるいかなる偉業も情熱なしには成就されなかったということを、はっきり断言することができる。したがって、二つの契機がわれわれの考察の対象になってくる。その一つは理念であり、他は人間の情熱である。一方は世界史という大きな織物の縦糸であり、他はその横糸である。[*23]

抽象的な道徳家には、情熱は邪悪な側面をもつもの、多少とも不道徳なものと考えられている。しかし、ここでもまた、ヘーゲルはマキャヴェッリの徳[*24]（*virtù*）という思想を受け容れる。《徳》とは強さを意味する。そして、人間の生活において、偉大な情熱よりも強力な動機は存在しない。理念そのものは、人間の情熱が関与することなしには、自己を現実化しないであろう。

それゆえ、情熱の特殊的関心と普遍的原理の現実的な展開とは不可分のものである。というのも、普遍的なものは、特殊的なある特定のものと、それの否定の結果として生じるものだからである。特殊的なものは互いに闘争し、結局、その一部は没落していくことになるのである。対立と闘争に巻きこまれ、危険にさらされているのは普遍的理念ではない。それは、侵されることなく、損なわれることなく、闘争の背後につねに存在し続ける。理性が情熱を勝手に働かせながら、しかも損害をこうむり、痛手を受けるのは、〔理性ではなしに〕そうした衝動によって生み出されるものにほかならない、ということを理性の狡智と呼ぶことができよう[(33)]。

こうした世界史観に基づいて、ヘーゲルは通常なされる《利他的》行為と《利己的》行為の区別を撤廃する。ニーチェの《非道徳主義》[*25]は何ら新しい特徴のものではなく、すでにへーゲルの体系において先取りされていたのである。

歴史を一瞥してすぐさま確信させられるのは、人間の行動がその欲望、情熱、性格、才能から起こるものであり、またそのような欲望、情熱、関心のみが、この活劇における唯一の原動力であり、主役であるということである。たしかに、そうしたもののうちには、慈悲の心とか崇高な愛国心というような、自由な、あるいは普遍的な目的も見出されないわけではない。しかし、これらの徳や普遍的な目的は、世界とその出来事に比べれば、言うに足らないものでしかない。……これに反して、諸々の情熱、私的な目的や利己的欲求の満足は、もっとも強力な原動力である。それらの力は、それらが正義や道徳が押しつけるいかなる制限も眼中に置かないということ、またこうした自然的衝動のほうが秩序や節制、法や道徳のための人為的な退屈な訓育よりも、人間にたいして、はるかに直の影響を及ぼしうるという事実に存するのである。(34)

ヘーゲルは利己主義ということを恐れなかった。彼は利己主義を避けえざる悪とみなしたばかりでなく、それを《理想的な》原理の地位にまで高めた最初の哲学思想家であった。彼は神聖な利己主義*26（*sacro egoismo*）という観念を導入したが、彼以後、それは近代の政治生活において決定的な危険な役割を演じてきたものである。ヘーゲルの時代以来、強調点が転移したことはたしかである。彼自身は、個人を世界史の偉大な人形芝居における操り人形だと考えていた。彼によれば、歴史という演劇の作者、劇作家は《理念》であり、諸々の個人は《世界精神の代行者》[35]にほかならない。やがてヘーゲルの形而上学がその影響力と拘束力を失うにいたったとき、こうした思想は逆転させられた。《理念》は、実際の《指導者》である個人の代行者となった。

ヘーゲルの政治理論は二つの大きな思想の流れの分水界をなすものであり、それは二つの時代、二つの文化、二つのイデオロギーの間の転換点を示している。それは十八世紀と十九世紀の境界線上に立っている。ヘーゲルは、いずれの思想家も彼自身の時代を超えて進みえないことを固く確信していた。「哲学は、思想において把握されたその時代である。したがって、ある哲学がそれの現在する世界を超越しうると考えるのは、個人がその時代を跳び越え、ロードスを跳び越えうるものと思うのと同じく愚かなことである」[*27]。これこそが、啓蒙の精神と新しい十九世紀精神の相違をもっともよく表現するものである。フランス百科全書派の人々にしても、カントにしても、彼自身の時代に逆らって考えることを恐れはしなかった。彼らはアンシャン・レジームと戦わねばならなかった。そして、この闘争に哲学がもっとも強力な武器の一つとして与るものと確信していた。しかし、ヘーゲルは、もはやこうした役割を哲学にあてがうことはできなかった。彼は歴史の哲学者となった。歴史は哲学的思惟によって記述され、表現されうるけれども、しかし創造されたり変形されたりはできないものである。ヘーゲルの《歴史主義》は、その合理主義の必然的な相関物であり、両者はそれぞれ相互に明らかにしあうものである。それはヘーゲルの政治理論の最大の長所の一つであると同時に、その本質的な限界の一つでもある。この理論は純粋に思弁的な思惟の帰結であり、頂点であるように思われる。しかし、こうした思弁の中には、つねに現実の政治生活の脈搏が感じられる。これこそが、ヘーゲルの全概念に、その普遍性にもかかわらず、特殊な色彩と外貌を与えるのである。従来の概念は、そのほとんどすべてのものが、彼の体系において深い意味の変化を経験する。十八世紀のいずれの思想家も《自由の意識における進歩》[*28]というヘーゲルの世界史の定義に同意することができたであろう。事実、初めてこうした定義を下したのは、ヘーゲルではなくカントであった。[(36)]けれども、《自由》あるいは《進歩》という言葉、さらに《意識》という言葉ですら、カントの体系とヘーゲルの体系では異なった意味をもっていた。

ヘーゲルがカントやフィヒテにおいて異論をさしはさむのは、彼らの観念論が《主観的》観念論にすぎない、ということであった。彼によれば、そのような観念論は反省哲学[*29](Reflexionsphilosophie)を与えるが、現実性の哲学を与えるものではない。ヘーゲルの理論は《構成的》思惟の成果として賞讃され、また批判されてきたが、しかしそれはもはや十八世紀の諸体系と同じ意味で構成的ではなかった。それは、むしろ観照的であり、与えられた歴史的現実を解釈することで満足していた。カントは、こう言明した。人間悟性は単に自然法則を見出すのではなく、それ自身が自然法則の源泉なのである。すなわち、「悟性は、その（先天的）法則を自然から導き出すのではなく、逆にこれを自然に規定するのである」[(37)]。同じ原則が、カントにとって、倫理思想の領域にも妥当する。ここにおいてさえ、人間は、神の意志とか、その他何らかの権威によって強制される法則に単に服従するのではない。あらゆる理性的存在者の意志は《普遍的立法意志》であり、理性的存在者は、彼自らも立法するのではない法則には服従しないのである。[38] フィヒテとともに、この意志の自律は最高の形而上学的原理になる。

ヘーゲルは、カントやフィヒテの観念論を単に否定するとか廃棄するのではなく、またフランス革命の政治理想の価値を軽視したのでもなかった。その青年時代には、彼はそれらのものに強く影響されていた。ヘーゲルがまだテュービンゲンの神学部学生であり、フランス革命の第一報がドイツに伝わったとき、彼はその友人であったシェリングやヘルダーリンとともに革命を熱狂的に歓迎した。のちにヘーゲルが革命の明らかな反対者となったときにさえ、彼は革命の不倶戴天の敵であるかのようには語らなかった。

こうした普遍的な諸規定——自然の諸法則と正しくかつ善なるものの内容——は理性と呼ばれ、こうした諸法則の妥当性を認めることが啓蒙（*Aufklärung*）という言葉の意味するところであった。この啓蒙はフランスからドイツに入り、新しい観念の世界を作り出した。そこで宗教的な信仰とか既成の実定法……などに基づいた一切の権威に代わる絶対的基準は、信じられたり従われたりされるべき当のものの性格について、精神自らが下す判断そのものである。……しかしながら、これと同じ原理は、ドイツではカント哲学において思弁的な形で承認されたということを指摘できよう。……これは存在と自由のもっとも深い内奥に関する巨大な発見である。いまや、精神的なものについての意識が政治組織の本質的基礎とされることになり、それによって哲学が支配権を握ることになった。フランス革命は哲学に由来するものと言われてきたし、また哲学が《世界智（Weltweisheit）》と呼ばれているのはもっともなことである。というのも、それは事物の純粋な本質として真理そのものであるばかりでなく、世事のうちに示されるその溌剌たる形式において真理だからである。……権利の思想、権利の観念が突然その権威を主張することになったが、こうした攻撃にたいして、古い不正な体制は何らの抵抗もなしえなかった。そこで、権利の思想に基づいて憲法が制定され、それ以後、一切の立法はこうした基礎の上に据えられることになった。太陽が蒼空に位し、星辰《せいしん》がこれをめぐって運行するようになって以来、人間が頭の上に、すなわち思想の上に立ち、思想に基づいて現実界を築き上げるようになろうとは、夢想だにされないことであった。……その意味で、これは輝かしい精神の曙《あけぼの》であった。思惟する一切のものが、ともにこの新時代を祝った。崇高な感激が当時の人々の心を支配し、精神の熱狂は、あたかも神的なものと世界との宥和がここに初めて成就されたかのように、世界を震撼させたのであった。(39)

このように語りえた人間が、単なる政治的反動であるはずはなかった。彼はフランス革命の真の性格や、啓蒙のあらゆる理想について深い洞察をもっていただけでなく、またそれらを深く尊敬したのであった。にもかかわらず、彼はこうした理念が社会的・政治的世界を組織化するにふさわしい手段であるとは考えなかった。

彼がカントやフィヒテ、さらにフランス革命において反対したものは、彼らによって王位につけられ、布告された自由の理念が《単に形式的なもの》にとどまったということであった。この《形式性》とは、どんな意味であろうか。それは思惟が自己を見出し、主張するにあたって、現実界との接触を失うにいたったということを意味する。現実界とは歴史的世界のことであるが、しかもフランス革命がなしえたすべてのことは、事物の歴史的秩序を否定し、破壊するということであった。そのような疎隔を《現実的なもの》と《理性的なもの》の真の宥和と考えるわけにはいかない。事物の理想像、単に《あるべき》姿を歴史的世界にたいして描いてみせることは、哲学の課題ではありえない。そのような観念論は空しく、また無益であろう。したがって、ヘーゲルは《客観的》観念論を奉ずるものと公言するが、それは諸々の理念があたかも人間の脳裡にまつわるにすぎないもののようには考えない。彼は、そうした理念を現実の中に、すなわち歴史的事件の行程のうちに求めるのである。[40]

現実の実際政治の領域では、この原理は、しばしば非常に異論の多いようにみえる結論を帰結した。ヘーゲルは、ほとんどあらゆるものと――それが自らの力で自らの正しさを証明したと考えられるかぎり――和解することができた。ナポレオンが一八〇六年にプロイセン軍を撃破したイエーナ会戦の後、イエーナを巡視したときにヘーゲルはこの事実を非常に熱狂して語った。「私は皇帝が、この世界精神が馬に乗って街頭を進むのをみた」と彼はその書簡の一つに書いたのであった。[*30] やがて、彼はまったく異なる判断を下すにいたった。ナポレオンは敗北して流謫《るたく》され、プロイセンがドイツにおける支配的権力となった。《世界精神》は政治的世界の他の部分に移っていった。爾来、ヘーゲルはプロイセン王国の哲学者》になった。ベルリン大学の教授に任命されたとき、彼はプロイセン王国が「叡知に基づいて」いるものと言明した。(41)

しかしながら、ヘーゲルをまったくの政治的機会主義者というように非難するのは正しくないであろう。彼は、強い党派の風向きに応じて意見を変えるような、単なる日和見主義者ではなかった。前述したように、彼はつねに《現実的》なものと《腐った現存在》しかもたないものとを明確に区別した。(42) しかし、こうした区別を、われわれの政治的・歴史的生活にどのように適用しうるであろうか。歴史的世界において、何が実体的であり、または偶有的であるのか、何が仮象的・一時的であり、または現実的・永遠的であるのかを、いかにして知りうるであろうか。この問いにたいして、ヘーゲルの体系はただ一つの解答を与えうるにすぎない。世界史とは世界の審判である。この最高の法廷——その判決は不可謬で取り消しえないものである——に訴えるということのほかには、いかなる手段も残されていない。《民族精神》でさえ、この審判から逃れることはできない。

民族精神は、その客観的現実性と自己意識を特殊性において有するところの現存する個体であり、この特殊性ゆえに制限される。諸国家相互の関係におけるその運命と行動は、こうした精神の有限性の可視的な弁証法である。この弁証法から普遍的精神、すなわち世界精神、無限の精神が自己自身を生み出す。それは最高の権利を所有し、世界史における低い精神にたいして、その権利を行使する。世界史は世界法廷である。(43)

ヘーゲル哲学がその後の政治思想の発展に及ぼした影響を究明してみると、ここでは彼の基本的な見解の一つが完全に逆転していることが認められる。この点では、ヘーゲル主義は近代の文化生活におけるもっとも逆説的な現象の一つである。おそらくヘーゲル主義そのものの運命ほど、歴史の弁証法的性格をよく、また適切に示す例はないであろう。ヘーゲルの擁護した原理が、突如として、その反対のものに転化するのである。ヘーゲルの論理学や哲学は、合理的なものの勝利を告げているように思われた。哲学がもたらす唯一の思想は、単純な理性の思想、つまり世界史がわれわれの眼前に理性的な過程として現われるということである。けれども、ヘーゲルが自らは意識しないで、人間の社会的・政治的生活のうちにかつて現われたもっとも非合理な力を解き放ったということこそ、彼の悲劇的な運命であった。他のいずれの哲学体系も、ヘーゲルの国家学説――この《地上に現存する神的理念》という理論ほど、ファシズムと帝国主義を準備するのに貢献したものはない。歴史の各時代には、世界精神を実際に代表するただ一つの民族が存在し、そしてこの民族が他の一切の民族を支配する権利をもっているという思想は、実際、ヘーゲルによって初めて言い表わされたものであった。

> 世界精神は、その発展過程において、各民族に、その民族自身の特殊な使命を実現すべき課題を与える。かくして世界史において、各民族は交互にその時代にたいして（そして各民族は、ただ一度かぎり、そうした時代を画しうるのである）支配者である。世界精神の現在の発展段階の担い手であるというこの絶対的権利にたいしては、他の諸民族の精神は絶対的に権利がなく、そして彼らは自らの時代が過ぎ去った民族精神と同じく、もはや世界史のうちに算入されることはないのである。[44]

ヘーゲルに匹敵するような哲学者で、かつてこのように論じた者はいなかった。十九世紀初頭の十数年には、民族主義的理想が勃興し、さらにその影響が絶えず増大していくのが認められる。しかし、倫理学の体系や法の哲学が、そうした仮借なき帝国主義的ナショナリズムを弁護したとき、つまり、ヘーゲルが、与えられた歴史的時点において《世界精神の代行者》とみなされるべき唯一の民族にたいしては、他の諸民族の精神は「絶対的に権利がない」と言明したとき、それは政治思想史における新しい出来事であり、影響するところの大きい恐るべき帰結をはらんだ出来事であった。

しかしながら、ヘーゲルの教説と現代の全体主義国家の理論との相違が明らかに認められる一点がある。なるほど、ヘーゲルは国家を一切の道徳的義務から解放したし、またわれわれが私的な生活や行動の問題から国家の行動に移るときには、道徳の諸規則はその自称する普遍性を喪失すると言明したが、しかしそこには国家といえども自由になりえなかった別の束縛がなお存在しているのである。ヘーゲルの体系においては、国家は《客観的精神》[*31]の領域に属しているが、しかし、この領域は理念が自己を実現する場合の一契機であるにすぎない。弁証法的な過程において、それは別の領域——ヘーゲルの用語によれば《絶対的理念》[*32]の領域と呼ばれる——によって超越される。理念は自己自身を三つの契機、すなわち芸術、宗教および哲学のうちに展開する。明らかに、国家は、こうした最高の文化財を自己の目的のための単なる手段として取り扱うことはできない。それらは尊重され、助長されねばならない目的そのものである。たしかに、人間が社会生活を組織することなしには、それらのものを発展させえない以上、それらは国家の外に切り離されて存在するものではない。にもかかわらず、こうした文化生活の諸形態は、独立した意味と価値をもち、外的な支配権のもとに置かれえないものである。国家はつねに、ヘーゲルが述べているように「有限性の領域の上に[45]」存在する。ヘーゲルは、芸術や宗教や哲学を国家に従属させることはできなかった。

かくして、精神的な、したがって高邁な勢力と考えられる国家に具現された客観的精神をさらに超える、より高き領域が存在する。国家は、他の精神的勢力を抑圧しようと試みてはならず、むしろそれらを承認し、解放しなければならない。「国家が達成しうる最高の目的は、そのうちに芸術や学問が育成され、民族の精神に応じる高さにまで到達されるということである。それこそが国家の至高の目的であるが、しかし、それを外的な業として生み出そうとすべきではなく、自ら生じ来るものでなければならない[46]」。

ヘーゲルは、国家の権力だけでなく、また国家の《真理性》についても語り、《権力のうちにある真理》を非常に讃美した。にもかかわらず、彼はこの権力をまったくの物理的暴力と取り違えはしなかった。単なる物質的な富や権力の増大を、国家の繁栄や強壮さの基準とはみなしえないことを、彼は非常によく知っていた。その『大論理学（*Wissenschaft der Logik*）』の一節で、彼はこうした見解を力説している。彼が指摘するように、国家の領土の拡大は、非常にしばしば、国家の形態を弱め、あるいは解体させることさえあり、したがってその崩壊の端緒ともなりうるであろう[47]。

彼の『ドイツ国制論』においてさえ、ヘーゲルは、国の強さがその住民や戦闘員の数の多さとか、その国の大きさに存しないことを強調した[*33]。憲法の保証は、むしろ「憲法がそれによって作られてもきたし、また作られてもいる、民族に内在する精神とその歴史のうちに[48]」あるのである。この内在的精神を一政党の、あるいは一指導者の意志に屈従させることは、ヘーゲルには不可能であった。この点において、彼は現代の《全体主義的》国家観を否定し、嫌悪したことであろう。

そして、ヘーゲルがこうした国家観に同意しえなかった、さらにいま一つの理由がある。全体主義国家の主要な目的とその基礎条件の一つは、《均制化[*34]（Gleichschaltung）》の原則である。存続せんがためには、それは自分以外のあらゆる社会的・文化的生活形式を排除し、一切の相違を抹殺しなければならない。ヘーゲルによれば、そうした排除によっては、真の有機的統一性を得ることは決してできない。それは、ヘーゲルがつねに非難した《抽象的》統一性を帰結するにすぎないであろう。真実の統一性は、様々な差異を除去したり抹消したりはせず、それを保護し、保存しなければならない。ヘーゲルはフランス革命の理想に強く反対したが、にもかかわらず彼は、国家の権力と統一の強化に藉口《しゃこう》して社会的・政治的体制におけるあらゆる相違を廃棄することが自由そのものの終わりを意味することを確信していた。「自由を深く、また現実的たらしめる唯一の本質的な基準は、国家の一般的な利害に関わるどの仕事にも、それらが本質的に異なったものであれば、別々に組織させる、ということである。そのような現実的な区別がなければならない。なぜなら、自由が深さをもつのは、ただそれが十分に分化され、こうした区別が現実に現われるときだけだからである」[49]。ヘーゲルは国家を賞揚し、讃美しえただけでなく、実際、それを神化することさえできた。しかしながら、ヘーゲルの国家権力の理想化と現代の全体主義体制の特徴であるあのような偶像化との間には、明白な、まぎれもない相違が存在しているのである。

原註

(1) Hajo Holborn, "The Science of History," *The Interpretation of History*, ed. Joseph R. Strayer (Princeton, University Press, 1943), p. 62 を見よ。

(2) Hegel, *Phenomenology of Mind*. 英訳 J. B. Baillie (London, S. Sonnenschein & Co.; New York, Macmillan, 1910, 2d ed. London, George Allen & Unwin; New York, Macmillan, 1931), I, 3 f. 2 vols.

(3) *Lectures on the Philosophy of History*. 英訳 J. Sibree (London, Henry G. Bohn, 1857, p. 18; new ed. London, G. Bell & Sons, 1900).

(4) R. Haym, *Hegel und seine Zeit* (Berlin, R. Gaertner, 1857), p. 367; Hugh A. Reyburn, *The Ethical Theory of Hegel; A Study of the Philosophy of Right* (Oxford, Clarendon Press, 1921), p. 63を参照せよ。

(5) *Rechtsphilosophie*, § 151. 英訳 *The Ethics of Hegel; Translated Selections from his "Rechtsphilosophie"*, by J. Macbride Sterrett (Boston, Ginn & Co., 1893), p. 142. 全訳 S. W. Dyde, *Hegel's Philosophy of Right* (London, G. Bell & Sons, 1896), p. 161.

(6) *Phenomenology of Mind*. 英訳 I, 341 f.

(7) *Philosophy of Right*, § 352. Sterrett trans., pp. 210 f. Dyde trans., pp. 345 f.

(8) Hegel, *Schriften zur Politik und Rechtsphilosophie*, ed. Georg Lasson, "Sämtliche Werke," VII (Leipzig, Felix Meiner, 1913; 2d ed. 1923), 384 f.

(9) Hegel, *Theologische Jugendschriften*, ed. H. Nohl (Tübingen, Mohr, 1907).

(10) *Lectures on the Philosophy of History*, p. 16.

(11) *Idem*, p. 28.

(12) *Phenomenology of Mind*. 英訳 I, 359, 363.

(13) *Philosophy of History*, p. 38.

(14) Kant, *Prolegomena, Kant's Critical Philosophy for English Readers*, trans. John P. Mahaffy and John H. Bernard (3d ed., London, Macmillan, 1915), II, 147.

(15) *Philosophy of History*, pp. 15 f.

(16) *Philosophy of Right*, Preface. Dyde trans., p. xxvii.

(17) *Philosophy of History*, p. 82.

(18) *Encyclopedia of the Philosophical Sciences*, § 6.

(19) *Philosophy of History*, p. 38.
(20) *Encyclopedia*, § 248.
(21) *Philosophy of History*, p. 10.
(22) *Idem*, p. 62 f.
(23) *Phenomenology of Mind*. 英訳 II, 611 f.
(24) この区別を表わす様々な英語の訳し方が試みられているが、通常、*Moralität* には "morality" の訳語が、*Sittlichkeit* には "ethicality" の訳語があてられている。例えば、J. M. Sterrett, *The Ethics of Hegel*（前掲、註（5）を見よ）, p. 60 を見よ。
(25) *Philosophy of Right*, § 258. Sterrett trans., p. 191; Dyde trans., pp. 244-247.
(26) 本書、第十四章、註（13）を見よ。
(27) *Phenomenology of Mind*, Preface, p. 17.
(28) *Philosophy of Right*, § 333. Dyde trans., p. 338.
(29) *Idem*, § 336. Dyde trans., p. 339.
(30) Hegel, *Theologische Jugendschriften*（前掲、註（9）を見よ）, pp. 295, 323.
(31) *Philosophy of Right*, § 258. Sterrett trans., pp. 191 f.; Dyde trans., p. 247.
(32) *Idem*, § 124. Sterrett trans., p. 113; Dyde trans., p. 120.
(33) *Philosophy of History*, p. 34.
(34) *Idem*, p. 21.
(35) *Idem*, p. 32.
(36) Kant, *Ideen zu einer allgemeinen Geschichte in weltbürgerlicher Absicht*（1784）, "Werke," ed. E. Cassirer, IV, 149 ff. を見よ。

（37） Kant, *Prolegomena*, § 36. また *Critique of Pure Reason*（1st ed.）, p. 127 を参照せよ。

（38） Kant, *Fundamental Principles of the Metaphysic of Morals*. 英訳 T. K. Abbott（6th ed., London, Longmans, Green & Co., 1927）, pp. 50 ff. を見よ。

（39） *Philosophy of History*, pp. 460-466.

（40） *Idem*, pp. 9 f. を見よ。

（41） 一八一八年十月二十二日にベルリン大学での開講に際しての聴講者にたいするヘーゲルの挨拶、"Sämtliche Werke," VI, xxxv-xl および *Encyclopädie der philosophischen Wissenschaften*, ed. G. Lasson（2d ed. Leipzig, Felix Meiner, 1905）, pp. lxxi-lxxvi を見よ。

（42） 本章、四四八頁を見よ。

（43） *Philosophy of Right*, § 340. Dyde trans., p. 341.

（44） *Idem*, § 347. Sterrett trans., 209. Dyde trans., pp. 343 f.

（45） *Encyclopedia*, § 483.

（46） *Vorlesungen über die Philosophie der Geschichte*, ed. Georg Lasson, "Sämtliche Werke," VIII-IX（Leipzig, F. Meiner, 1919-20）, 628.

（47） *Science of Logic*. 英訳 W. H. Johnston and L. G. Struthers（London, George Allen & Unwin, 1929）, I, 354.

（48） *Encyclopedia*, § 540.

（49） *Encyclopedia*, § 541.

第十八章　現代の政治的神話の技術

現代の政治的神話を、その諸要素に分解しようと試みるなら、われわれは、それがまったく新しい特色を含んでいないことを発見する。ことごとくの要素がすでに十分知られていた。カーライルの英雄崇拝の理論や、また人種の道徳上および精神上の根本的な差異を説くゴビノーの命題は、繰り返し論じられてきたものであった。——しかし、こうした議論はすべて、ある意味で単にアカデミックなものにすぎなかった。古い思想を強力な政治的武器に変えるためには、それ以上に何ものかが必要であった。それらは以前とは違った聴衆が理解しうるように調整されなければならなかった。この目的のために、新しい道具——思考の道具のみならず、行動の道具が要求され、新しい技術が発達させられなければならなかった。これが最後の、そして決定的な要素であった。それを科学的用語で言うなら、この技術が触媒的効果をもっていたと言うことができるであろう。それはあらゆる反応の速度を増し、それらに十分な効果を与えた。二十世紀の神話を培《つちか》う土壌は、ずっと以前から準備されてきていたが、しかし、新しい技術的な手段を巧みに使用しなければ、実を結ぶことができなかったであろう。

この発展を促進し、その最後的な勝利に寄与した一般的な諸条件は、第一次世界大戦後の時期に現われたものであった。この時期には、大戦に参加したすべての国々が同じ重大な難局に遭遇した。彼らは、戦勝国にとってさえ、大戦がいずれの分野においても真の解決をもたらさなかったことを悟り始めた。あらゆる面で、新しい問題が現われてきた。国際的、社会的あるいは人間的な葛藤がますます激しくなり、それはいたるところで感知された。しかし、イギリスやフランス、さらに北米では、こうした葛藤をふつうの、正規の手段によって解決する何らかの見通しがつねに残されていた。けれども、ドイツでは事情は別であった。日を追って、問題はさらに緊急なものとなり、さらにいっそう紛糾してきた。ヴァイマール共和国の指導者たちは、外交的折衝とか立法的措置によって、これらの問題に対処しようと全力をつくしたが、彼らの努力はすべて空しいようにみえた。インフレーションと失業の時期に、ドイツの社会的・経済的制度全体が完全な崩壊に瀕し、正規の手段はつきてしまったように思われた。こうした状況こそ、政治的神話が生育し、そこに豊かな養分を見出しえた本来の土壌であった。

神話が人間の社会感情や社会生活全体に浸透し、それを支配している原始社会においてすら、それは必ずしもつねに同じように機能するのではないし、また同じ強さで現われるわけでもない。人間が異常で危険な状況に直面しなければならないとき、神話はそのまったき支配力をもつにいたるのである。永年の間トロブリアンド諸島の先住民の中で生活し、その神話的表象や呪術的儀式を徹底的に分析したマリノウスキーは、繰り返しこの点を主張した。

彼が指摘しているように、原始社会においてさえ、呪術の使用は特殊な活動分野に限られている。比較的単純な技術的手段で処理しうるような場合には、すべて呪術に頼らないのである。それは、ただ人間の生来の能力ではまったく手に負えないようにみえる課題に直面する場合にのみ現われてくる。しかしながら、そこには呪術とか神話に影響されず、それゆえ世俗的な領域として記述されうる、ある一定の領域がつねに残されている。ここでは、呪術的儀式や呪文の力の代わりに、彼自身の技倆に頼っている。マリノウスキーは『信仰と道徳の基礎（*The Foundations of Faith and Morals*）』で次のように言う。

先住民は道具を製作しなければならないときには呪術に頼らない。彼は材料の選択においても、また刃を鍛え、刻み、磨く方法においても、きわめて経験的、すなわち科学的である。彼はまったく自分の技倆や理性、さらに忍耐に頼っている。知識で間にあうような事柄では、先住民はもっぱらそれに頼っている、と言っても過言ではない。……中央オーストラリアの先住民は、真正の科学または知識、すなわちまったく経験や理性によって統制され、いかなる神話的要素にも全然影響されない伝統を所有している。

＊

そこには世代から世代へと伝えられる一群の規則があるが、これは人々が小屋に住み、摩擦によって火を起こし、食物を集めて料理し、互いに愛しあい、また争いあうやり方に関するものである。……この世俗的な伝統が可塑的、選択的、さらに理知的で、そしてまた十分に根拠づけられたものであるということは、先住民がつねに新たな適合した材料を採択する、という事実から了解することができる。(1)

何ら特別の異常な努力や、特別の勇気とか忍耐を要さないような仕事の場合には、すべて呪術や神話がまったくみられない。しかし、もし企図されたことが危険で、その結果が不確かな場合には、つねに、高度に発達した呪術や、これと関連して神話が現われるのである。

この原始社会における呪術や神話の役割について述べられていることは、人間の政治的生活の高度に発達した段階にも、そのまま妥当する。絶望的な状況においては、人間はつねに絶望的な手段に訴えるであろう。――そして、現代の政治的神話は、まさにそうした絶望的な手段であった。理性がわれわれを見捨てた場合には、つねに残されているのは最後の議論*1 (*ultima ratio*)、すなわち奇蹟的な、神秘的なものの力である。原始社会は成文法、法規、制度または憲法、権利章典または政治憲章によっては支配されない。にもかかわらず、社会生活のもっとも原始的な形態でさえ、非常に明確な、そして非常に厳密な組織をもっている。この社会の成員は、決して無政府状態や混乱状態の中に住んではいない。おそらく、われわれに知られたもっとも原始的な社会は、アメリカの土着の種族や北部および中央オーストラリアの先住民のうちに見出されるトーテム社会であろう。それについては、スペンサーやギレンの著作で綿密に研究され、記述されているが、これらのトーテム社会においては、ギリシアやインドあるいはエジプトの神話に匹敵する複雑で精巧な神話は見出されない。人格神の礼拝も、自然力の擬人化といったものも認められない。しかし、その社会は、いま一つの、より強力でさえある力、すなわち神話的観念に基づく一定の祭儀——動物祖先の信仰によって統一を保たれている。集団のいずれの成員も一定のトーテムの氏族に所属し、それによって強固な伝統の鎖に縛りつけられる。彼はある種の食物をとることを禁じられ、また異族結婚あるいは同族結婚の非常に厳格な規則を遵守しなければならない。そして、ある時期には、一定の間を置いて厳格な一定不変の順序に従い、トーテムの祖先の生活を劇的に表示した同一の儀式を行わなければならない。これはすべて、種族の成員たちに強制的に押しつけられるのではなく、彼らの基本的な神話的観念に基づいてなされるのであるが、しかし、こうした観念のもつ拘束力は抗しがたいものであり、少しも疑いをさしはさまれることはないのである。

やがて他の政治的および社会的な勢力が出現する。神話的な社会組織は合理的な組織に取って代わられるようにみえる。静穏で平和な時代、相対的な安定と安寧の時期には、この合理的な組織を維持していくことは容易であり、それはあらゆる攻撃から安全であるように思われる。しかし、政治においては、完全な均衡が打ち立てられることは決してない。ここで見出されるのは、静的な均衡というよりも、むしろ不安定な均衡である。政治においては、われわれはつねに火山地帯に住んでいる。われわれは突然の震動や爆発を覚悟していなければならない。人間の社会生活が危機におちいる瞬間には、つねに古い神話的観念の発生に抵抗する理性的な力は、もはや自己自らを信頼しえない。このような時点において、神話の時機が再び到来する。なぜなら、神話は実際に征服され、隷属させられてはいないからである。神話は暗黒の中にひそみ、その時刻と機会を待ちながら、つねに存在している。この時刻は、人間の社会生活の他の拘束力が、あれこれの理由でその力を失い、もはや魔力的な神話の力と闘うことができなくなるや否や、ただちに到来するのである。

フランスの学者E・ドゥッテはきわめて興味深い著書『北アフリカにおける呪術と宗教（*Magie et religion dans l'Afrique du Nord*）』を著わしているが、この著書で彼は神話の簡潔で明快な定義を与えようと試みている。ドゥッテによれば、原始社会に見出される神々や悪霊は、集団的願望を人格化したものにほかならない。神話は《人格化された集団的願望（le désir collectif personifié）》である、とドゥッテは述べている。この定義は、ほぼ三十五年前になされたものであり、むろん著者は今日の政治問題を知りもしなかったし、また考えもしなかった。彼は北アフリカのある未開種族の宗教的祭儀や呪術的儀式の研究に携わった一人類学者として語ったのである。しかし、他方において、ドゥッテのこの定式は、現代の指導*2または独裁の観念をもっとも簡潔で明快に表現するものとして用いることができるであろう。指導を求める叫びは、ただ、集団的願望が圧倒的に強くなり、しかも、この願望を通常の正規の方法で実現しうる一切の期待が失われたときにのみ現われてくる。こうした時期には、その願望は生々しく感じ取られるだけでなく、また人格化される。それは人間の眼前に、具体的、可塑的、個性的な形態をとって現われる。集団的願望の激しさは指導者のうちに具現される。かつての社会的な絆——法律、正義、さらに諸々の組織——は何らの価値もないものと言明され、ただ残るところは指導者の神話的な権力と権威であり、指導者の意志が至高の法則となるのである。

しかしながら、集団的願望の人格化が、未開種族によるのと同じような具合に、すぐれた文明国民によって充足されえないことは明らかである。むろん、文明人もきわめて激しい激情のとりことなり、この激情が極点に達した場合には、きわめて不合理な衝動に身を委ねることになりやすい。しかし、その場合でさえ、文明人は合理性の要求をまったく忘れ、あるいは否定するわけにはいかない。信ぜんがために、彼は自分の信仰に何らかの《理由》を見出さなければならない。つまり、自分の信条を正当化するためには、彼は《理論》を形成しなければならない。しかも、その理論は少なくとも素朴なものであってはならず、かえって非常に手のこんだものであることが必要である。

未開人の生活において、あらゆる人間の力や自然の力が一個人のうちに凝集され、集約されうるものと考えられていることは、容易に理解されるであろう。魔術師が当を得た人間であり、魔法の呪文を解し、それを適当な時に適当な順序で用いる方法を知っているなら、彼は万物の支配者である。彼はあらゆる害悪を退け、すべての敵を打ち破ることができる。つまり、彼は自然界のあらゆる力を支配するのである。すべてこうしたことは、現代的な考え方からは非常にかけ離れているので、まったく理解しがたいもののように思えるかもしれない。けれども、現代の人間は、もはや自然力の呪術は信じないとしても、一種の《社会的呪術》にたいする信仰は決して放棄していないのである。集団的願望がその十分な強さと激しさにおいて感じられる場合には、人々はそれを実現するために、ただそれにふさわしい人間を必要としているだけである、と容易に信じさせられるのである。この点において、カーライルの英雄崇拝の理論は、その影響力をもっていた。この理論は、その起源や傾向において決して合理的ではなかったある種の思想に、合理的な正当化を約束するものであった。カーライルは、英雄崇拝が人間の歴史における不可欠の要素であることを強調していた。それは、人類そのものが存続するかぎり、永久に存続する。「世界史のいかなる時期においても、偉人はその時期の欠くべからざる救世主であったことを、われわれは見出すであろう。この電光がなかったなら、薪《まき》は決して燃えなかったであろう[2]」。偉人の言葉は、万人が信じうる起死回生の名言である。

しかし、カーライルは、その理論をある一定の政治的プログラムとしては理解しなかった。彼の英雄主義《ヒロイズム》の観念はロマン主義的なものであり、現代の政治的《現実主義者》たちのそれとはまったく異なるものであった。現代の政治家たちは、はるかに激烈な手段を用いなければならなかった。彼らは様々な点で円積法にも似た、不可能な問題を解かなければならなかった。文明史家たちは、人類がその発展において二つの異なる局面を経過しなければならなかったことを説いている。人間は魔術人（*homo magus*）として出発したが、やがて魔術の時代から技術の時代へと進んだ。昔の、原始文明の魔術人は、技術人（*homo faber*）、技師となった。こうした歴史的な差別を認めるなら、現代の政治的神話は、実際、すこぶる奇妙な逆説的なものとして現われる。なぜなら、そこには互いに排除しあうように思われる二つの活動が混じりあっているのが認められるからである。現代の政治家は、自分自身のうちに、まったく異なった、さらには矛盾さえした二つの機能を結合しなければならなかった。彼は同時に、魔術師として、技師として行動しなければならない。彼は新しい、まったく非合理的な、神秘的な宗教の祭司なのである。しかし、この宗教を擁護し、宣《の》べ伝えなければならないときには、彼は非常に系統的に事を始める。いかなることも成り行きには任されず、いずれの措置も十分に準備され、計画される。現代の政治的神話がもっとも著しい特徴の一つは、こうした奇妙な結合にある。

神話は、つねに無意識的活動の結果、あるいは自由な想像力の所産として記述されてきた。しかし、ここでは計画に従って作り出された神話が見出される。この新しい政治的神話は、ひとりで生育したものでもないし、また豊かな想像力の野生の果実でもない。それは非常に老練で巧妙な技師によって作り出された人工品なのである。新しい神話の技術を発達させることは、二十世紀、つまり現代の巨大な技術の時代において初めてなされたのであった。爾来、神話は現代における他のいずれの武器――機関銃や飛行機――を作るのとも同じ意味で、また同じ方法で製作されうるのである。それは新しい事態、しかもきわめて重大な意味をもつ事実である。それは、われわれの社会生活の形態全体を一変してしまった。政治の世界がドイツの再軍備と、それがもたらす国際上の様々な影響について多少憂慮し始めたのは、一九三三年のことであった。事実上、この再軍備は何年も前から始まっていたが、ほとんど気づかれずにきたのであった。実際の再軍備は、政治的神話の生起とともに始まった。のちの軍事的な再軍備は単に事後従犯にすぎず、犯罪行為そのものは、ずっと以前の既成事実であった。つまり、軍事的再軍備は、単に政治的神話によって引き起こされた精神的再軍備の必然的な結果にすぎなかったのである。

最初の必要な第一歩は、言語の機能における変化であった。われわれが人間の言葉の発達を研究するなら、文明史において言葉が二つのまったく異なる機能を果たしていることに気づくであろう。それを簡単に言えば、それぞれの機能を意味論的な語法、および呪術的な語法と名づけることができよう。いわゆる原始的言語においてさえ、言葉の意味論的機能は決して欠けておらず、それなしには、いかなる人間の言葉も存在しえないであろう。しかし、原始社会では、呪術的言語が支配的・圧倒的な力をもっている。それは事物とか事実間の関係を描写するものではなく、効果を生み、自然の運行を変えようとするものである。これは手のこんだ魔術的技術をもってしなければ行うことができない。呪術師または魔術師のみが、この呪術的言語を支配することができる。しかも、彼の手中において、それはもっとも強力な武器となり、いかなるものもその力に抗しえない。オウィディウスの『変身物語（*Metamorphoses*）』の中で、魔術師メデイアはこう言っている。「呪文によれば、月すら天から引き降ろすことができる（Carmina vel coelo possunt deducere lunam）」。

まことに奇妙にも、こうしたすべてのことは現代の世界でも再現されているのである。われわれが現代の政治的神話およびその使用される方法を研究すると、非常に驚くべきことに、そこにおいて、われわれの一切の倫理的価値の転倒が認められるだけでなく、また人間の言葉の変質が見出されるのである。呪術的な言語が意味論的な言語に優越している。今日、私が最近十年間に出版されたドイツの書物、それも政治的ではなく理論的な著書、つまり哲学的・歴史的あるいは経済的な問題を扱った著作をたまたま読んでみると、私はもはやドイツ語を理解しえないのに驚かされるであろう。新語が作り出されているだけでなく、古い言葉ですら新しい意味が用いられ、深刻な語義変化をこうむっているのである。こうした語義変化は、以前には記述的、論理的、あるいは意味論的な意味で用いられていたこれらの言葉が、今や、ある効果を引き起こし、ある情動をかき立てることを目的とした呪術的言語として使用されている、という事実によるものである。われわれの日常の言葉は、そのうちに意味をもたされているが、これらの新奇な言葉は感情や激しい激情に満ちている。

少し前になるが、非常に興味ある小冊子『ナチ・ドイツ語——現代ドイツ慣用語法略解（*Nazi-Deutsch. A Glossary of Contemporary German Usage*）』が出版された。その著者はハインツ・ペヒター、ベルタ・ヘルマン、ヘドヴィヒ・ペヒター、およびカール・O・ペテルである。この著書の中には、ナチ政権によって作り出されたあらゆる新語が綿密に記載されているが、それは厖大なリストである。全面的な破壊を免れたのは、ごくわずかの言葉にすぎないようにみえる。著者たちはそれらの新語を英語に翻訳しようと試みているが、この点については成功していないように私には思われる。彼らは真の翻訳ではなく、ドイツ語の語句を単にまわりくどく表現することができたにすぎなかった。なぜなら、不幸にも、あるいはおそらくは幸いにも、これらの言葉を適切な英語に翻訳することは不可能だったからである。それらの言葉を特色づけているのは、その内容や客観的な意味ではなく、むしろそれを取り巻き包む情緒的な雰囲気である。こうした雰囲気は感じられるほかはないものであり、それを翻訳することも、一つの精神的風土からまったく違った風土へ移し変えることもできないのである。この点を説明するために、私は思いつくままに選んだ一つの適切な事例で満足しようと思う。私は右の『略解』から、最近のドイツの慣用語法ではSiegfriedeとSiegerfriedeの二語の間には明確な相違があるということを理解する。ドイツ人の耳をもってしても、この相違をつかむことは容易ではなかろう。二つの語はまったくよく似た発音をされ、同じことを意味しているように思われる。Siegは勝利を意味し、Friedeは平和を意味している。この二つの語の組みあわせが、どうしてまったく異なる意味を生み出しうるのであろうか。にもかかわらず、現代ドイツの慣用語法では、二つの語の間には非常な差異があると言われる。なぜなら、Siegfriedeはドイツの勝利による平和であるが、これに反してSiegerfriedeはその正反対のことを意味し、連合国側の征服者によって支配される平和を意味するものとして用いられる。他の語についても同様である。こうした言葉を作り出した人々は、政治的宣伝技術に非常に長じた人たちであった。彼らは、もっとも単純な手段によって、激しい政治的熱情をかき立てるという、その目的をなし遂げたのである。一単語、あるいは単語の中の一音節の変化すら、しばしば、この目的に十分役立った。われわれがこれらの新しい言葉を耳にすれば、それらのうちに人間の情動の全域——憎悪、怒り、憤怒、驕慢、侮蔑、傲慢あるいは軽蔑を感じ取るであろう。

しかし、呪術的言語の巧妙な使用だけがすべてではない。もしその言語が十分な効果を発揮すべきだとすれば、それは新しい儀式を取り入れることによって補われねばならない。[*3] この点でもまた、政治的指導者たちはきわめて徹底的、組織的に、また巧妙に事を進めた。すべての政治的行動は、その独特の儀式をもっている。しかも、全体主義国家では、政治的生活と無関係な私的領域はまったく存在しないので、人間生活の全面に、突如おびただしい新たな儀式が氾濫することになるのである。そうした儀式は、原始社会に見出されるのと同じように、規則的で、厳格で、仮借のないものである。あらゆる階級、性別、世代ごとに、それ自身の儀式をもたされる。いずれの人も政治的儀式を行いながらでなければ、街路を歩くこともできないし、隣人や友人に挨拶することもできないであろう。そして、原始社会におけるのと同じく、定められた儀式の一つでもおろそかにすることは、悲惨と死を意味していた。幼い子供たちにおいてすら、それは単なる怠慢の罪とはみなされず、指導者と全体主義国家の尊厳にたいする犯罪になるのである。

こうした新しい儀式のもつ効果は明白である。同一の儀式を絶えず、一斉に、一本調子に遂行することより容易に、われわれの能動的な力、判断力や批判的な識別能力をすべて眠らせ、そしてわれわれの人格意識や個人的な責任感を取り去ってしまうものはないであろう。実際、祭儀によって支配され、治められているいずれの原始社会においても、個人的な責任というものは未知の事柄である。ここで見出されるのは集団的責任のみである。個人ではなく、集団が真の《道徳的主体》なのである。氏族、家族、さらに種族全体が、その全成員の行為にたいして責任を負う。罪が犯された場合にも、それは個人のせいではない。一種の毒気または社会的伝染によって、犯罪は集団全体に広がり、いかなるものも、それに感染することを免れえないのである。復讐や刑罰もまた、つねに全体としての集団に向けられる。血讐が最高の義務の一つであるこうした社会においては、殺害者自身に復讐することは決して必要ではない。彼の家族、あるいは種族の一員を殺せば十分なのである。ある場合には、例えばニューギニアやアフリカのソマリ人におけるように、殺されるのは加害者自身よりも、むしろ最年長の兄弟である。

過去二世紀の間に、われわれが文明人の生活に比較して考えた未開人の生活の特徴についての見方は完全に一変してきた。十八世紀には、ルソーが未開人の生活と自然状態について彼の有名な描写を与えている。[*4] 彼はそこに簡素、無垢、幸福という真の楽園をみたのであった。未開人はその生まれた新鮮な森の中で、ただ一人、本能に従い、その単純な欲望を充足させて生活していた。彼は最高の幸福、つまり絶対的な独立性という幸福を享楽した。不幸にも、十九世紀になされた人類学的研究の進歩は、この哲学的田園詩をまったく破壊してしまった。ルソーの記述は、その正反対のものに変えられた。E・シドニー・ハートランドは、その著『原始法（*Primitive Law*）』において次のように言う。

未開人は、ルソーが想像するように、自由で無拘束なものでは決してない。かえって、それはあらゆる側面において、その氏族の慣習によって取り巻かれており、彼は太古からの伝統の鎖に拘束されている。……こうした束縛は、彼によって当然のこととして認められ、彼は決してそれを破棄しようとはしない。……文明人についても、しばしば同様のことを観察しうるかもしれない。しかし、文明人は、黙従の態度を長くもち続けるには、あまりにも落ち着きがなく、変化を望み、自分の環境をしきりに疑うのである。(3)

この言葉は二十年前に書かれたものであるが、しかしその間に、われわれは新しい教訓、つまり人間の矜持にとってきわめて屈辱的な教訓を学んだ。すなわち、現代の人間は、その落ち着きのなさにもかかわらず、そしておそらくはまさにその落ち着きのなさゆえに、未開人の生活状態を実際には克服していない、ということを学んだのである。未開人の場合と同じ力の前に立たされると、現代の人間は容易に完全な黙従の状態に投げ返されてしまう。彼は、もはやその環境を疑おうとはせず、当然自明のものとしてそれを受け容れる。

ここ十二年間の痛ましい経験すべての中で、これはたぶん、もっとも恐るべきものであろう。それはキルケの島におけるオデュッセウスの経験に比せられることができよう。[*5] しかし、それはなお悪いものでさえある。キルケはオデュッセウスの友や仲間を様々な動物の形に変えたが、ここでいま問題になっているのは、知識や教養のある人々、突如として人間の最上の特権を放棄した誠実で正直な人々である。彼らは自由な人格的行為者たることをやめ、定められた同じ儀式を行いながら、同じように感じ、考え、話し始める。彼らの身ぶりは生々として熱烈であるが、しかし、それは単に不自然な虚偽の生活であるにすぎない。実際、彼らは外部からの力によって動かされ、人形芝居のマリオネットのように行動し、そしてこの芝居や、さらには人間の個人的・社会的生活全体の様々な糸が、これ以後、政治的指導者たちによって操られるということを知りさえしない。

われわれの問題を理解するためには、これはきわめて重要な点である。政治生活においては、強制や抑圧の方法がつねに使用されてきた。しかし、多くの場合、この方法は外的な効果を狙うものであった。きわめて狂暴な専制体制ですら、人々にある特定の行動の規律を押しつけることで満足していた。それは人々の感情や判断、さらに思考にまで介入することはなかった。たしかに、巨大な宗教闘争においては、人間の行動だけでなく、その意識をも支配するために、きわめて激しい努力が重ねられた。しかし、この試みは挫折せざるをえなかった。それは宗教的自由を求める感情を強めるにすぎなかったからである。さて、現代の政治的神話は、まったく異なる仕方で事を始めた。それは、ある特定の行動を要求したり、または禁止したりすることからは始めなかった。それは人々の行動を規制し、統制しえんがために、それらの人々を変革しようと企てたのであった。政治的神話は、ちょうど蛇がその獲物に攻撃を加える前に、それを麻痺させるのと同じように行動した。人々は何ら真剣な抵抗をすることなしに、その犠牲者となった。彼らは実際に起こったことを自覚する前に、すでに征服され、服従させられていた。

通常の政治的抑圧の手段では、こうした効果を引き起こすには不十分であった。きわめて厳しい政治的抑圧のもとでさえ、人間は自分自身の生活を営むのをやめなかった。そこには、つねに、こうした圧迫に抵抗する人格的自由の領域が残されていた。古代の古典的な倫理的理念は、古代世界の無秩序と政治的退廃の真ん中でも、その力を保ち、強めたのであった。セネカはネロの時代にその宮廷で生活したが、しかしこれは、彼がその論文や倫理書簡において、ストア哲学のもっとも高遠な理念、つまり意志の自律や賢人の独立といった思想についてまとめることの妨げとはならなかった。現代の政治的神話は、その活動を始める前に、こうしたすべての理念や理想を破壊した。それは、この側面からの反対を少しも恐れるには及ばない。われわれはゴビノーの著書を分析して、どんな方法でこうした反対が打ち破られたかを学んだ。人種の神話は強い腐蝕剤のように作用して、他のあらゆる価値を解体し、崩壊させることに成功したのである。

この過程を理解するには、《自由》という概念の分析から始めることが必要である。自由は、哲学のみならず政治的な用語の中で、もっとも曖昧で多義的な概念の一つである。われわれは意志の自由について思考し始めるや、ただちに形而上学的問題や二律背反の逃れられない迷宮に入りこんでいることに気づくであろう。政治的自由については、われわれはみな、それがもっともよく用いられ、濫用されたスローガンの一つであることを知っている。いずれの政党も、自分がつねに自由を真に代表し、擁護するものであると確言するが、しかし彼らは自由という観念を、つねに自分自身の意味で定義し、それを自分の特殊利益のために使用するのである。倫理的自由は、本来、はるかに単純なものである。それは、形而上学においても政治においても、ともに不可避なようにみえるこうした曖昧さから免れている。人間は自由な行為者として行動するが、そのことは彼が無関係者の自由なる判断（*liberum arbitrium indifferentiae*）を所有しているがゆえではない。自由な行為たらしめるものは、動機が欠如していることではなく、その動機の特徴である。倫理的意味で、人が自由な行為者であるのは、こうした動機が道徳的義務の何たるかについての彼自身の判断と確信に依存している場合である。カントによれば、自由とは自律と同義のものである。それは《非決定論》を意味せず、むしろ特殊な決定、つまり、われわれが行動において服従する法則が外部から強制されるものではなく、道徳的主体がこの法則を自分自身に与えるものであることを意味している。[*6]

カントは、自己の理論を詳説しながら、絶えず根本的な誤解にたいして注意を喚起している。彼はこう言明する。倫理的自由は事実ではなく要請である。それは与えられた（*gegeben*）ものではなく、課せられた（*aufgegeben*）ものである。それは人間本性に賦与された賜物ではなく、むしろ一の課題、しかも人間が自らに設定しうるもっとも困難な課題である。それは所与ではなく要求であり、倫理的命法である。この要求を実現することは、公生活全体がまさに崩壊せんとするかにみえる重大で深刻な社会的危機の時期においては、とくに困難になる。このような時期には、個人は自分自身の能力に深い疑惑を感じ始める。自由は人間の生来の相続物ではなく、それを所有するためには、われわれはそれを創造しなければならない。人間がただその生来の本能に従うにすぎないなら、彼は自由を求めて努力しようとはせず、むしろ隷属することを選ぶであろう。明らかに、自分で思考し、判断し、決定することよりも、他人に依存することのほうがはるかに容易である。これこそが、個人生活と政治生活のいずれにおいても、自由が非常にしばしば、特権というよりも、むしろ重荷と考えられている事実を説明するものである。きわめて困難な状況のもとでは、人はこの重荷を振り捨てようとするが、まさにここにおいて全体主義国家や政治的神話が登場してくる。[*7] 新しい政党は、少なくともこの窮地からの脱却を約束する。彼らは自由にたいする感覚そのものを抑圧し、破壊するが、同時にまた、人々を一切の個人的責任から解放する。(4)

そのことは当面の問題のいま一つの側面にわれわれを導いていく。いままで述べてきた現代の政治的神話には、なお一つの特徴が欠けている。われわれが指摘したように、全体主義国家においては、政治指導者たちは原始社会で魔術師たちが果たした機能をすべて引き受けなければならなかった。彼らは絶対的な支配者であり、どのような社会の病気もすべて治癒することを約束する医師であった。しかも、それだけでは十分ではなかった。未開種族においては、魔術師はなおいま一つの重要な任務をもっている。魔術師（*homo magus*）は同時に予言者（*homo divinans*）でもある。彼は神々の意志を明かし、未来を予言する。予言者は、原始的な社会生活においては、その確固たる地位と不可欠の役割をもっている。政治的文化の非常に進んだ段階においてさえ、予言者はなお、その古い権利や特権を十分に所有している。例えばローマでは、卜占官や占い師の助言なしには、いかなる重要な政治的決定もなされなかったし、またいかなる困難な事業も企てられず、さらにはいかなる戦闘も行われなかった。ローマの軍隊が派遣されるときには、つねにその占い師たちがともなわれ、彼らは幕僚の欠きえない一員であった。

この点においてさえ、現代の政治的生活は、突然、まったく忘れ去られていたようにみえた形式に復帰した。たしかに、われわれは、もはや原始的な一種の籤占い、つまり、おみくじによる予言をしないし、鳥が飛ぶのを観察したり、殺された動物の内臓を調べたりすることもしない。われわれは、はるかに洗練された精巧な予言の方法——科学的・哲学的たることを求める方法——を発達させた。しかし、われわれの方法は変わったとしても、事柄そのものは決して消滅したわけではなかった。現代の政治家たちは、大衆が単なる物理力によるよりも想像力によって、はるかに動かされやすいことをよく知っており、さらにこの認識を十分に活用したのであった。政治家が一種の公の予言者となる。予言的能力は新しい統治技術の本質的な要素である。まったく信じがたい、あるいは不可能でさえある約束がなされ、千年王国[*8]が繰り返し告知される。

まことに奇妙なことには、この新しい予言の技術が初めて現われたのは、ドイツの政治ではなく、ドイツの哲学においてであった。一九一八年に、オスヴァルト・シュペングラーの『西洋の没落（*Der Untergang des Abendlandes*）』が現われた。おそらく、かつて哲学書がこのようなセンセーショナルな成功を収めたことは決してなかったであろう。それはほとんど各国語に翻訳され、種々様々の読者——哲学者や科学者、歴史家や政治家、学生や学者、あるいは商人や一般大衆——に読まれた。こうした未曾有の成功の理由は何であったろうか。そしてまた、この著書が読者たちに及ぼした不思議な魅力は何であったろうか。それは逆説的にみえるかもしれないが、私には、シュペングラーの成功の原因は、この著書の内容というよりも、むしろ表題にあるように思われる。『西洋の没落』というその表題が、シュペングラーの読者たちの想像力に火をつけた電気火花であった。この著書は、一九一八年七月、第一次世界大戦の終わりに出版された。この時期には、ほとんどの人とは言わないまでも、多くの人々が、すこぶる讃美された西欧文明の現状の中に何か腐敗したものがあるということに気づいていた。シュペングラーの著書は、こうした一般的な不安を鋭く激しく表現したのであった。それはまったく科学的な著書ではなかった。シュペングラーは、あらゆる科学的方法を軽蔑し、それに公然と挑戦した。「自然は科学的に、歴史は詩的に論じられなければならない」とシュペングラーは言明した。しかし、これすらもシュペングラーの著作の真に意味するところではない。詩人はその想像の世界のうちに住む。ダンテやミルトンのような偉大な宗教詩人もまた、予言者的幻想の世界に住んでいる。しかし、彼はこうした幻想を現実とは取り違えないし、またそこから歴史哲学を作りもしない。しかしながら、まさにこれこそが、シュペングラーの場合なのである。彼は天文学者が日蝕や月蝕を予報するのと同じように、またそれと同じだけ正確に、歴史的・文化的な事件を予言しうる新しい方法を見出したものと自負していた。「歴史をあらかじめ規定しようとする試みがなされたのは、本書をもって嚆矢とする。それは、今日この地球上において完成しようとしている一つの、否、唯一の文化、すなわち西欧・アメリカ文化の運命を、まだ解き明かされない道程の中に追求しようとするものである」[*9]。

　この言葉は、シュペングラーの著書とそれが及ぼした巨大な影響を理解する上で手がかりを与えてくれる。人間文明の歴史を物語るだけでなく、その未来の行程をもあらかじめ規定しうるのであれば、実際、偉大な進歩がなされたことになるであろう。むろん、このように語る人は、単なる科学者でもなければ、また歴史家や哲学者でもなかった。シュペングラーによれば、文明の発生や衰退や崩壊は、いわゆる自然法則によるものではない。それらは、より高い力、つまり運命の力によって規定されている。因果性ではなく、運命が人間の歴史の原動力である。文化的世界の発生は、つねに神秘的な行為、運命による定めである、とシュペングラーは言う。そうした行為は、われわれの貧弱な、抽象的・科学的あるいは哲学的な諸概念にとってはまったく不可解である。

　一つの文化が生まれるのは、偉大な魂が永遠に幼い人間性の原始的精神状態から目覚め、無形態のものから形態として分離し、無限界で永遠的なものから、限定的で死すべきものとして分離する瞬間である。……文化が死ぬのは、この魂がその一切の可能性を民族、言語、教義、芸術、国家、科学の形で実現した後、ふたたび原始的魂に帰るときである。(5)

　ここでもまた、最古の神話的主題の一つが再生しているのが認められる。世界のほとんどすべての神話には、避けることも、動かすことも、変えることもできない運命という観念が見出される。宿命論は神話的思惟から不可分のものであるようにみえる。ホメロスの詩においては、神々でさえ運命に服従しなければならない。すなわち、運命の女神（Moira）はゼウスからは独立に行動するのである。プラトンは、その『国家』第十巻で、あらゆる天体の運行がそれにかかっているという有名な《必然の糸巻き棒》について述べている。紡錘《つむ》が必然の膝の上で回転している一方では、運命、すなわち必然の娘たち、ラケシス、クロト、アトロポスが王座に座り、そしてラケシスは過去を歌い、クロトは現在を、アトロポスは未来を歌う(6)。これはプラトンの神話である。そして、プラトンは、つねに神話的思惟と哲学的思惟を判然と区別している。しかし、現代の一部の哲学者は、こうした区別をまったく抹消してしまっているように思われる。彼らの与える歴史の形而上学は、神話のもつ著しい特徴をことごとく示している。初めて『西洋の没落』を読んだとき、たまたま私はイタリア・ルネサンスの哲学の研究に没頭していた。そのとき、いたく心を打たれたのは、シュペングラーの著書と私がごく最近読んだいくつかの占星術の論文が非常によく類似している、ということであった。もちろん、シュペングラーは運星のうちに文明の未来を読み取ろうとはしなかった。しかし、彼の予言は占星術の予言とまったく同じ型のものである。ルネサンスの占星家たちは、個人の運命を探究することで足れりとはしなかった。彼らは大きな歴史的・文化的現象にたいしても、その方法を適用した。この占星家たちの一人は、キリスト誕生時の星位を測り、キリストの降誕からキリスト教の滅亡が近いことを予言したかどで教会から咎《とが》められ、火刑にされた。実際、シュペングラーの著書は、歴史の占星術──その朦朧とした黙示的幻想を明かす予言者の著作であった。

しかしながら、シュペングラーの著作をのちの政治的予言と結びつけることが、実際できるであろうか。われわれはこの二つの現象を同列に論じうるであろうか。一見したところ、このような対比は非常に疑わしいように思われる。シュペングラーは禍いの予言者であったが、新しい政治指導者は、その帰依者たちにまったく法外な希望をかき立てようと望んだのであった。シュペングラーは西洋の没落を述べ、他方はドイツ民族による世界制覇について語った。明らかに両者は同一のものではない。さらに、シュペングラーは個人的にもナチ運動の信奉者ではなかった。彼は保守主義者であり、古いプロイセンの理想の讃美者、賞讃者であった。かつまた、新来者たちの計画はまったく彼の気に入らなかった。にもかかわらず、シュペングラーの著作はナチズムの先駆的著作の一つとなった。なぜなら、シュペングラーが彼の一般的命題から引き出した結論は何であったろうか。彼は、その哲学がペシミズムの哲学と呼ばれることに激しく抗議し、自分が悲観主義者ではないことを断言した。たしかに、西欧文明は没落すべき運命にある。けれども、この明白で避けがたい事実を嘆くのは無意味である。われわれの文化が喪失されるとしても、なお現代の世代には他の多くの、おそらくは、はるかによきものが残されているであろう。

西欧の人間には、偉大なる絵画や音楽に関しては、もはや何らの問題もないであろう。……彼らに残されたものは、ただ外延的可能性だけである。しかし、無限の希望に満ちた旺盛なる時代が、その希望の一部が無に帰さざるをえないのを早くから認めるということは、私には少しも不利なことではないように思われる。……ある人々が、彼らの決定的な歳月に、建築、演劇、絵画の領域において、獲得すべき何ものも自己のために残されていないという確信に捉えられたとすれば、それはたしかに彼らにとって悲劇的な成り行きであろう。彼らが没落するものなら、没落するがよい。……今にいたって、ついに西欧の人間は、数百年の労作によって、自己の生命の位置を全般的な文化体系と関連させて瞰望《かんぼう》し、さらに自己の能力と目的を吟味することができるようになったのである。新時代の人々が、本書に動かされて、抒情詩よりも工業に、絵画よりも海事に、認識批評よりも政治に身を投ずるなら、私の望みは満たされたものと言うことができる。彼らからそれ以上のことを望みえないであろう(7)。

抒情詩よりも工業を、認識論よりも政治を、という文化哲学者のこの勧告は、容易に理解されえたであろう。新来者たちは、自分たちこそシュペングラーの予言を成就したものと確信し、彼を自分自身の意味で解釈した。われわれの文化――科学、哲学、詩、さらに芸術が死滅するのなら、新しい出発をしようではないか。われわれの限りない可能性を試し、新世界を創造し、この世界の支配者になろうではないか。

同じ思想傾向は、現代ドイツの一人の哲学者の著作にも現われている。その哲学者は、一見したところ、ほとんどシュペングラーと共通したところがないようにみえ、しかもその理論を彼とはまったく無関係に発展させているのである。一九二七年にマルティン・ハイデガーは、その著『存在と時間（*Sein und Zeit*）』の第一巻を出版した。ハイデガーはフッサールの弟子で、ドイツ現象学派[*10]の傑出した代表者の一人に数えられていた。彼の著書はフッサール編集の『哲学および現象学研究年報（*Jahrbüchern für Philosophie und phänomenologische Forschung*）』に発表された[(8)]。しかし、この著書の態度はフッサール哲学の精神とは正反対のものであった。フッサールは論理的思考の原理を分析することから始め、彼の哲学全体は、この分析の結果によるものである。彼の最高の目的は、哲学を《厳密科学》となし、それを確固たる事実と明白な原理の上に基礎づけることであった。こうした傾向はハイデガーにはまったく相容れないものである。彼は《永遠》の真理、プラトンの《イデアの国》、あるいは哲学的思考の厳密に論理的な方法といったものが存在することを認めない。そうしたものはすべて把握しがたいと言明される。論理的な哲学を打ち立てようとするのは無意味であり、われわれになしえられるのは、実存哲学[*11]（*Existenzphilosophie*）を示すことだけである。かかる実存哲学は、客観的で普遍妥当的な真理を与えるものと主張するのではない。いかなる思想家も自分自身の実存の真理以上のものを示すことはできないし、またその実存は歴史的性格をもつものである。それは個人が生活している特殊な諸条件と密接な関わりをもち、こうした諸条件を変えることは不可能である。ハイデガーは、彼の思想を表現するために新しい用語を作り出さなければならなかった。彼は人間の被投性[*12]（*Geworfenheit*）

について論じた。時間の流れに投げ入れられているということが、われわれ人間の状況の根本的で不変的な特徴である。われわれは、この流れから逃れることができないし、その行程を変えることもできない。われわれは自らの実存の歴史的条件を受け容れねばならない。われわれは、それを理解し、解釈しようとすることはできるが、それを変えることはできないのである。

私は、こうした哲学的学説がドイツにおける政治理念の発展に直接の関係がある、と言おうとするのではない。これらの理念の多くは、まったく異なる源泉に由来するものであり、それは《思弁的な》内容ではなく、きわめて《現実主義的な》内容をもつものであった。けれども、新しい哲学は、現代の政治神話に抵抗しうる力を弱体化させ、徐々に掘り崩していったのである。文明の没落と不可避の崩壊という暗憺たる予言を内容とした歴史哲学や、さらに人間の主たる特性の一つをその被投性のうちにみるような理論は、人間の文化生活の建設や再建に積極的に寄与する望みをすべて断念してしまっている。このような哲学は、自らの根本的な理論的・倫理的な理想を放棄している。かくして、それは政治指導者たちの手中における従順な道具として使用されうるであろう。

現代における宿命論への復帰は、いま一つの一般的な疑問にわれわれを導いていく。われわれは自然科学を誇っているが、しかし自然科学は、人間精神の成果としては、ごく真新しいものであることを忘れてはならない。それは十七世紀、つまりガリレオやケプラー、デカルトやニュートンなどの偉大な世紀にすら、しっかりと確立されたわけでは決してなかった。それは、なおも確固たる立場を求めて闘わなければならなかった。ルネサンス時代を通じて、いわゆる神秘学、魔術、錬金術、占星術がなお支配的であり、それらが新しく繁栄した時代でさえあった。ケプラーは、初めて遊星の運行を精密な数学的用語で叙述することができた偉大な経験主義の天文学者であった。しかし、この決定的な一歩を踏み出すのはきわめて困難であった。というのも、ケプラーはその時代と闘うばかりでなく、自分自身とも闘わなければならなかったからである。天文学と占星術は、まだ分離されていなかった。ケプラー自身が、プラハの宮廷では占星家として任命され、また晩年にはヴァレンシュタインの占星家となった。彼がついに自分を解放するにいたった方法は、近代科学史上もっとも重要な、魅力ある章の一つである。彼は占星術的思想から完全には脱却しえなかった。彼は天文学は占星術の娘だと言明し、またこの娘がその母親を否定し、あるいは軽蔑するようになることはないであろうと述べた。近代の十七〜十八世紀に先立って、経験主義的思惟と神話的思惟との間に一線を画することは不可能である。語の近代的意味における科学としての化学は、ロバート・ボイルとラヴォワジェの時代にいたるまで存在しなかった。

　こうした事態は、どのようにして変えることができたのであろうか。自然科学が空しい努力を重ねた末に、ついに魔法の呪文を破ったのは、いかにしてであろうか。この偉大な精神革命の原理は、近代経験主義思想の先駆者の一人であるベーコンの言葉、「自然はただ服従することによってのみ征服できる（Natura non vincitur nisi parendo）」の中に、もっともよく表現されているものと言いうる。ベーコンの目的は、人間を自然の支配者たらしめることであった。しかし、その支配は正しく理解されなければならない。人間は自然を従属させ、または隷属させることはできない。自然を支配するには、それを尊敬し、その基本法則に服従しなければならない。人間は自らを解放することから始めなければならない。すなわち、その錯誤や迷妄、その個人的性癖や空想を取り除かなければならない。ベーコンは、その『ノヴム・オルガヌム（*Novum organum*）』の第一巻において、これらの迷妄について体系的概観を与えようとした。彼は種々様々の偶像、種族の偶像[*13]（*idola tribus*）、洞窟の偶像[*14]（*idola specus*）、市場の偶像[*15]（*idola fori*）、劇場の偶像[*16]（*idola theatri*）について述べ、さらに真の経験科学に通じる道を明らかにするために、そうした偶像を克服する方法を示そうと努めたのである。

　政治においては、まだこのような道は見出されていない。人間のあらゆる偶像のうち、政治的偶像、つまり市場の偶像がもっとも危険でもあり、また永続的なものである。プラトンの時代以来、偉大なる思想家たちは、いずれも合理的な政治理論を見出すために非常な努力を重ねてきた。十九世紀には、ついにその正しい道を見出したものと確信された。一八三〇年にオーギュスト・コントが、その『実証哲学講義（*Cours de philosophie positive*）』の第一巻を出版した。彼は自然科学の構造を分析することから始め、天文学から物理学へ、物理学から化学へ、化学から生物学へと進んだ。しかし、コントによれば、自然科学は単なる第一歩にすぎない。彼が真の目的とし、最高の野心とするところは、新しい社会科学の創始者となり、この科学に物理学や化学のうちに認められるのと同じ正確な推論の方法、同じ帰納的または演繹的な方法を導入することであった。

二十世紀に突如、政治的神話が台頭してきたことは、コントやその弟子、あるいはその信奉者たちのこのような希望が尚早なものであったことを示している。政治学はまだ厳密科学たりえないのはもちろん、実証科学であることからも程遠い。しかし、私は、のちの世代がわれわれの政治的体系の多くを、現代の天文学者が占星術の書物を、あるいは現代の化学者が錬金術の論文を研究するのと同じような感情で回顧するであろうということを疑わない。政治には、まだ確固とした信頼しうる基礎が見出されていない。ここには整然たる秩序が確立されていないようであり、われわれは絶えず突如として、もとの混沌状態に逆転する恐れにさらされている。われわれは壮大な体系を立てていながら、しかもその基礎を固めるのを忘れている。人間が魔術の呪文や儀式を巧みに用いて自然の行程を変化させることができるという信念は、人間の歴史を数千年の間、支配してきた。あらゆる避けがたい挫折や失望にもかかわらず、人類は、なおもこの信念に、頑固に、執拗に、かつ絶望的にすがりついている。それゆえ、われわれの政治的行動や政治的思惟のうちに魔術がまだその地歩を占めているというのは驚くにはあたらない。けれども、小集団の者がその願望や空想的な理念を多くの国民や国家全体の上に強制しようとする場合、彼らは一時的には成功し、華々しい勝利を収めさえするかもしれないが、しかし、それはつねに、はかない勝利にとどまらざるをえない。なぜなら、結局のところ、ちょうど物理的世界の論理が存在しているのと同じように、社会的世界の論理が存在し、そこには罰せられずには違背しえない、ある一定の法則が存在しているからである。この領域においてさえ、われわれはベーコンの忠告に従わなければならない。われわれは社会的世界を支配しようと企てる前に、その法則に服従する方法を学ばなければならない。

この政治的神話にたいする闘争において、われわれを助けるために、哲学はいったい何をなしうるであろうか。現代の哲学者たちは、政治的・社会的な出来事の経過に影響を及ぼす望みを、すべてずっと以前に断念してしまったように思われる。ヘーゲルは哲学の価値と尊厳性をきわめて高く評価した思想家であったが、にもかかわらず、世界を改革せんとするには哲学の生まれ来るのがつねに遅きにすぎる、と断言したのはヘーゲルその人であった。したがって、ある哲学が現在する時代を超越できると考えるのは、あたかも個人が自らの時代を飛び越えうるものと考えるのと同じく、馬鹿げたことである。「哲学がその灰色を灰色に描くとき、生の姿はすでに老いている。そして、灰色に描くことによって、生の姿は若返らされえず、ただ認識されるのみである。ミネルヴァの梟《ふくろう》は襲い来る薄暮を待って、初めてその飛翔を始める[9]」。もし、このヘーゲルの語るところが真実なら、哲学は絶対的な静寂主義、人間の歴史生活にたいしてまったく受動的な態度であることを運命づけられるであろう。それはただ、所与の歴史的状況を受け容れ、それを解釈し、その前に屈服しなければならない。このような場合、哲学は一種の思弁的な怠惰以外の何ものでもない。しかしながら、私には、これは哲学の一般的性格にも、また哲学の歴史にも反するものであるように思われる。こうした見解を反駁するには、プラトンの古典的な例だけで十分であろう。過去の偉大なる思想家たちは、単に「思想において自身の時代を把握する」だけではなかった。非常にしばしば、彼らは自身の時代を超え、あるいはそれに抗して思考しなければならなかった。こうした精神的・道徳的勇気なしには、哲学は人間の文化的・社会的生活におけるその課題を果たしえなかったであろう。

政治的神話を破壊するのは哲学の力には余ることである。神話は、ある意味で不死身のものである。それは合理的な論証を受けつけないし、三段論法で反駁されることもできない。しかし、哲学はわれわれに別の重要な寄与をなすことができる。それは、われわれに敵を理解させうるのである。敵と戦うためには、敵を知っていなければならない。これは正しい戦略の根本原則の一つである。敵を知るというのは、その欠点や弱点を知るだけでなく、またその強さをも知ることを意味している。われわれはみな、従来、この強さを軽視しがちであった。政治的神話について初めて耳にしたとき、われわれは、それがきわめて不合理で、つじつまが合わず、また空想的で馬鹿げているのを認めて、それを真面目に取り上げるように説かれても、ほとんど承知しえなかった。今日では、これが大きな誤りであったことは誰の目にも明らかになった。われわれは同じ誤りを二度と繰り返してはならない。われわれは政治的神話の起源、構造、方法および技術を周到に研究しなければならない。われわれは敵と戦う方法を知るために、それを面と向かって見なければならないのである。

原註

（1）B. Malinowski, *The Foundations of Faith and Morals* (London, Oxford University Press, 1936), pp. 32 f.

（2）Carlyle, *On Heroes*, Lect. I, pp. 13 ff. Centenary ed., V, 13.

（3）E. Sidney Hartland, *Primitive Law* (London, Methuen & Co., 1924), p. 138.

（4）スティーヴン・ラウシェンブッシュは次のように述べている。「アメリカからの訪問者に事態の説明を厭わないドイツのある食料品商に向かって、私は、自由が放棄されるとともに、きわめて貴重な何ものかが失われるのだ、というわれわれの気持ちを話してみた。すると、彼の返事はこうであった。『ところが、あなたには何もわかっていないのです。これまでは私たちは、やれ選挙だ、政党だ、投票だとわずらわしい思いをしなければなりませんでした。私たちは責任を負っていました。しかし、いまでは、そういったものを少しも負っていません。いまでは私たちは自由なのです』」。Stephen Raushenbush, *The March of Fascism* (New Haven, Yale University Press, 1939), p. 40 を見よ。

（5）Oswald Spengler, *Der Untergang des Abendlandes* (München, Beck, 1918). 英訳 Charles F. Atkinson, *The Decline of the West* (London, G. Allen & Unwin, 1926), p. 106. chap. IV, "The Destiny-Idea and the Causality-Principle" の全体を見よ。

（6）Plato, *Republic*, 616 f.

（7）Spengler, *op. cit.*, pp. 40 f.

（8）Vol. VIII (2d ed. Halle, Niemeyer, 1929).

（9）Hegel, *Philosophy of Right*. Dyde trans., Preface, p. xxx.

結　語

われわれが現代の政治的生活という厳しい学校で学んだことは、人間の文化が、われわれがかつて考えていたように強固に確立されたものでは決してない、という事実である。われわれの西欧文明の基礎を築いた偉大な思想家、科学者、詩人、さらに芸術家たちは、しばしば、彼らの確立したものが永遠に存続しうるものと信じていた。トゥキュディデスが従来の神話的な歴史の扱い方に反対して新しい歴史の方法を論じたとき、彼は自分の著作を《永遠の財宝（*κτῆμα ἐς ἀεί*）》と述べた。ホラティウスは、その詩を、かぎりない歳月や時代の経過によっても破壊されることがない《青銅よりも恒久なる記念碑（monumentum aere perennius)》と呼んだ。しかしながら、われわれは、人間文化の偉大な傑作を、はるかに謙遜な仕方で眺めなければならないように思われる。それは永久的なものではないし、また論駁の余地のないものでもない。われわれの科学や詩や芸術、さらに宗教は、非常な深さにまで達している古い地層の上の単なる新層にすぎない。われわれは、われわれの文化的世界や社会的秩序を、その根底そのものから揺り動かせる激動があるかもしれないことを、つねに予期していなければならない。

神話と他の偉大な文化的勢力の関係を明らかにするために、おそらく神話そのものから採ってきた比喩を用いてもよいであろう。バビロニアの神話には、世界の創造を述べた伝説がある。それによれば、最高の神マルドゥクは、その業を始めうる前に、恐るべき闘争をしなければならなかった。彼は蛇ティアマトやその他、暗黒の竜に打ち勝ち、それを服従させなければならなかった。彼はティアマトを殺し、竜を縛りつけた。怪物ティアマトの死体から彼は世界を造り、それに形態と秩序を与えた。彼は天と地、星座と遊星を作り、その運行を定めた。彼の最後の業が人間の創造であった。このようにして、原始的混沌から宇宙秩序は生まれ、それはさらに永遠に保たれるであろう。「マルドゥクの言葉は永遠であり、その命令は不変である。いかなる神も、彼の口から出ずるものを変えることはできない(1)」とバビロニアの天地創造の叙事詩は歌っている。

人間文化の世界は、このバビロニアの伝説の言葉で叙述することもできるであろう。それは暗黒の神話が戦い取られ、征服されるまでは、現われることができなかった。しかし、神話的怪物は完全には破壊されなかった。それは新しい世界創造のために用いられたが、なお、この世界のうちに生きながらえているのである。神話の威力は、よりすぐれた勢力によって阻止され、服従させられた。こうした勢力、知的・倫理的および芸術的勢力が十分な力をもっているかぎり、神話は馴らされ、従わされる。しかし、ひとたび、それらの勢力が力を失い始めると、混沌が再び到来する。そのとき、神話的思惟が再び現われ、人間の文化的・社会的生活の全体を支配し始めるのである。

原註

（1） P. Jensen, *Die Kosmologie der Babylonier* (Strassburg, Trübner, 1890), pp. 279 ff. を見よ。

訳註

第一章

＊1　宗教改革の先駆者の一人ヤン・フスが、コンスタンツ宗教会議によって異端のかどで焚殺の刑に処せられたとき、一人の老婆が彼を焼くための薪を運ぶのを眺めて、この有名な言葉を発したと言われる。

＊2　『ファウスト』第一部、魔女の厨、二四二九行以下参照。

＊3　シェリングにおいては、精神と自然はその根底において同一であり、いわゆる自然は無意識なる精神、いわゆる精神は意識せる自然にほかならない。この意識なき自然の最低の状態から、精神の最高の状態にいたる自覚の歴史を明らかにすることが、その超越論的観念論の課題である。さらに彼は、その同一哲学において、主観と客観の全的無差別としての絶対的同一者を説き、そこではあらゆる個別的・有限的な存在は両者の量的差別に基づいて生じ、自然と精神はそれぞれ絶対的同一者の展相の系列として示される。しかし、個々の展相そのものは空虚な抽象であり、その真の存在は展相の総体的系列のうちにあって、互いに不可分的に関連しあうものとされる。なお、第十四章訳註＊4を参照。

＊4　タイラーは未開社会を広く観察して、身体とは別の生命原理としての霊魂観念をもつことが原始宗教の基本をなすものと認め、ラテン語のアニマ（霊・生命）からとって、それをアニミズムと名づけた。広義には、動植物や無生物、天然現象にも霊魂を認める原始的心性を言う。

＊5　未開社会において、部族・氏族などの地域的・血縁的集団の象徴、あるいは守護者として崇拝される特定の動植物（稀には無生物）をトーテムと言う。北米インディアンの言葉によって名づけられた。トー

テム動植物には厳重のタブーがともなっている。このトーテムと集団との間に呪術的・宗教的な関係が結ばれているという信仰、制度、慣習をトーテミズムと言う。

第二章

＊1　ヘーゲル『歴史哲学』（グロックナー版全集、第十一巻）九六頁。

＊2　スペンサーが彼の哲学を名づけたもので、科学を集大成する哲学の意。第一原理、生物学原理、心理学原理、社会学原理、倫理学原理の全十巻より成り、進化の原理に基づいて星雲の生成から人間社会の道徳原理の展開にいたるまでを組織的に叙述する。

第三章

＊1　未開社会において一定の物に触れ、一定の場所に近寄るなどの行動にたいする神秘的理由に基づく宗教的・社会的な禁止。ポリネシア語から英語に転化したもので、その侵犯にたいする制裁が外的な圧力なしに自動的に行われると信じられる点に特色がある。なお、トーテム制度については、第一章訳註＊5を参照。

＊2　いずれもフロイトの作った精神分析の用語。ギリシア神話のエディプス王が父を殺害し、母と結婚した物語にちなんで、広義のエディプス・コンプレックスは男性が無意識のうちに父を憎み、母の愛を得ようとする態度、また女性が母を憎み、父の愛を得ようとする態度を総称する。後者をとくにエレクトラ・コンプレックスと呼ぶこともある。

＊3　精神分析で、一般に感情が一つの対象から離れて、別の対象に向けられることを言う。フロイトはそれが抑圧によって行われるものと解釈した。例えば、ある人にたいして激しい憎悪を抱いているとき、夢の中でその人に代わるもの（その人の渾名がイヌだとすればイヌといったようなもの）を殺すような現象

で、これは夢に限らず日常生活にも存在するが、この場合、殺人を禁止する心理的抑圧によって憎悪の対象が他に転移するのである。

*4　本書、第四章、七八頁以下、参照。なお、「訳者解説」をも参照。

*5　旧約聖書『申命記』第五章八節。

*6　月の女神セレネは、美青年エンデュミオンを愛し、彼との間に五十人の娘を生んだ。女神は彼を不朽の若さに保つためにゼウスに乞うてラトモス山の洞窟で彼を永久の眠りに入れ、毎夜抱擁するためにそこを訪れた。

*7　曙の女神エオスは地球の東側に住み、毎朝ヘリオス（太陽）に先立って天空を駆け、夕は西天に没して夜の間に東天に回帰するが、美しい若者を愛して、しばしばこれを人界から奪い去った。トロイアの王子ティトノスもエオスに愛され、彼女との間にメムノンが生まれた。エオスはゼウスに彼を不死にするように願ったが、不老を乞うのを忘れたため、ついに萎びた生物となった。

*8　アッティカの狩人ケパロスは曙の女神エオスに愛されたが、妻プロクリスと相愛していたので、この愛を退けた。狩猟の女神アルテミスはプロクリスを愛し、彼女にいかなる相手をも追い越す犬と、必ず命中する矢を与えたが、彼女はこれを夫に贈った。プロクリスは夫が狩りに出て、草の上に横たわってゼピュロス（西風）に話しかけるのをみて、夫に愛人ができたものと誤解して悲しむが、彼はそのとき茂みに隠れていた彼女を獣と勘違いして右の矢で射殺し、妻と知って大いに悲しんだ。

*9　クピドによって太陽の神アポロンは恋をそそる黄金の矢で射られ、ニュンペのダプネは恋をはねつける鉛の矢で射られたため、彼女はアポロンの恋を嫌って逃げ回り、ついに母なる大地によって月桂樹と化した。例えば、この神話についてマックス・ミュラーは次のように説明する。ギリシア語で月桂樹を意味する *δάφνη* という言葉は、サンスクリット語で曙を意味する Ahana と同根であり、それゆえ神話では、太陽の神アポロンはその恋人である曙を追跡してまさに捕えようとするとき、ダプネは月桂樹と化するの

である（カッシーラー『言語と神話』一九二五年、三―四頁、参照）。

＊10　一九〇六年にベルリンに創立され、エーレンライヒ、ヴィンクラー、ジーケなどの学者が属していた。

第四章

＊1　北方アジア民族の原始宗教において、主として占術と呪医に従事する呪術者を指し、この行法とこれへの信仰を包括してシャーマニズムと呼ぶ。シャーマンの行法では、神霊が実存して人間に憑くと信じられ、恍惚、忘我の状態をともなうところに特色がある。

＊2　ウパニシャッドは師弟対座して伝授する秘密の教義の意で、古代インドの一群の哲学書。現在、二百余種伝えられている。インド正統バラモン思想の淵源をなすもので、その全体を貫く根本思想は、万有の基本原理を究明して、大宇宙の本体であるブラフマンと個人の本質であるアートマンの一体たることを説く梵我一如の思想である。

＊3　後註＊11を参照。

＊4　前註＊2を参照。

＊5　一地域のトーテム集団の成員が降雨やトーテムの動植物の繁殖を確実にする目的で行う神秘的な祭儀。その祭儀や舞踊の法悦陶酔のうちに、現在の個人、彼の中に再生する祖先、およびそのトーテム動植物が一緒に混じりあった本質との一体感が更新され、維持される。さらにインティシュマには、降雨後、つまり動植物の繁殖後に行われる第二期の儀式があり、トーテム動植物を聖餐として共同で食する。この動植物は、彼らにとって聖なる威力の象徴であり、社会的生命力をそのうちに宿すものであるから、これをともに食することによって聖に与り、その生命力を回復して、相互の共同を強化するのである。

＊6　バビロニア、シリアに発する神で、ギリシア神話ではアプロディテとペルセポネに愛された美しい若

者とされるが、この愛と死の二女神の争いは、ゼウスによって、アドニスが一年の半分を下界で、他の半分を上界でそれぞれとともに暮らすように裁決された。やがて彼は狩りに出て野猪のために殺されたと言われる。西アジアおよびギリシア各地で行われたアドニス祭儀では、毎年、この神の死が主として女たちにより、激しい慟哭をもって嘆かれ、死骸のごとく装われたその像は葬式のようにかつぎ出され、それから海または泉水のなかに投げこまれ、さらにある地方では彼の復活がその翌日に祝われた。こうした神は地より生育する植物神であるとともに、また地母にたいする男性原理でもあり、アドニスの死と復活の儀礼は、植物生命の衰退と復活の劇的表現である。一年の半分をそれぞれ上界と下界で過ごす神話は、彼が一年の半分を地中に隠れ、残りを地上で過ごす植物、とくに穀物を表わすことを当然に推定させる。そして、アドニスのこの穀物的性格は、彼の礼拝者たちが、すでに遊牧的生活様式を捨てて、その生存のために主として農耕の産物に依存していた歴史的な文化段階に到達していたことを示すものである。

＊7　アッティスはプリュギアの大地女神キュベレ（またはアグディスティス）に愛された若く美しい牧人で、処女ナナが熟した巴旦杏《はたんきょう》あるいは柘榴《ざくろ》を胸に押しつけて懐妊し、生んだ子である。一説によれば、彼を愛していたアグディスティスは彼の結婚を阻止するために彼を発狂させたので、彼は自分の身体を傷つけて死んだ。後悔した女神の願いによって松になり、その血から菫《すみれ》が生じたと言われる。彼もアドニスと同じく植物生滅の象徴神であったと考えられ、その死と復活は年ごとに春の祭儀にあたって嘆かれ、また祝われた。

＊8　オシリスは文明と農業を教えたエジプト神話の神で、仁慈にして民から愛され、その弟たる砂漠の神セトによって非業の死を遂げたが、妻イシスによって死から甦らされた。この神話におけるオシリスの死はナイル河の減水と砂漠の風の吹き始める季節を、その復活はナイル河の増水と新穀を意味する。エジプトの種播きの祭儀では、土と穀粒から作られたオシリスの像が、そこに死んだのちに新しい農作物としてまた甦るように地に埋められた。オシリスはこうした穀物神としてだけでなく、また幽界において死霊を

裁き、死者を甦らせる神であり、同様の像を墓の中に葬る埋葬儀典は、エジプト人がオシリスの死と復活から墓の彼方の永遠の生命に関する希望をもちえたことを示している。

＊9　ヴィンケルマンがギリシア彫刻の一般的特徴を表わすために用いた言葉。その特徴は「姿勢と表出における高貴なる単純さと静かなる偉大さ（Edle Einfalt und stille Grösse）である。表面は如何に波高く荒れてゐようとも底では常に静けさを保てる海洋の如く、希臘彫刻のもつ表出は如何なる激情においても常に偉大にして安らかな心を示してゐる」（井島勉『ヰンケルマン』弘文堂、一九三六年、八四頁参照）。

＊10　神話的な詩人オルペウスに帰せられる古代ギリシアの密儀宗教。霊魂の不滅を信じ、霊肉二元論に立って、肉体から解放されて初めて神と合一しうるとする。そのためにディオニュソスの祭儀に加わり、禁欲的道徳を要求した。

＊11　マレットは宗教の起源をアニミズムに先立ついっそう原始的な心性、すなわち畏怖や驚異などの感情が投射されて生じた《神秘的で超自然的なもの》、つまりタブーに守られたマナの意識に認め、宗教の最小限の定義として《タブー・マナの公式》を掲げたが、これをプレアニミズムと称する。

第五章

＊1　アナクシマンドロスは、タレス説を修正して、世界の根源を水のような冷湿に偏したものではなく、冷温乾湿の対立がそこから分離されるようなもの、つまり万有を包有し、あらゆる運動変化を規定しながらも自らは無限な没規定的なものでなければならないとし、それをト・アペイロンと呼んだ。彼の弟子アナクシメネスは、それを空気（aer）に代えたが、同じく《無限定》であることを認めた。

第六章

＊1　前六世紀頃、南イタリアでピュタゴラスによって創始された学団。密儀宗教の形をとり、オルペウス教の霊魂の不滅、輪廻の思想を信じ、魂の浄化のための禁欲をとなえ、魂を静める音楽と永遠の真理を教える数学の研究に努めたが、他面では万有を数で説明する無意味な数の神秘主義にも陥った。

＊2　プラトンの著作は三期に大別される。前期（前三九九—三八五年頃）はソクラテスを主人公とする対話篇で、『イオン』、『プロタゴラス』、『リュシス』、『ソクラテスの弁明』、『ゴルギアス』、『メノン』、『クラテュロス』、『饗宴』などを含む。中期（前三七七—三六九年頃）はアカデメイア開設の時期で、『国家』、『パイドロス』、『パルメニデス』、『テアイテトス』などの諸著が含まれる。後期（前三六七—三四七年）はシケリア事件と重なり、文体・登場人物・思想内容なども前期著作と著しく異なる時期で、『ソピステス』、『政治家』、『ピレボス』、『法律』などを含む。

＊3　言うまでもなく、プラトンの『法律』には明らかに法の支配を基本原理とする国家観が示されているが、ここで「法治国家」と訳した原文の“Legal State”は、むしろ、一方では神話的国家観、他方では権力国家観と対立させられた倫理的国家観であり、プラトン的正義、ロゴス・ノモス・タクシスという普遍的秩序の具現された正義国家の意味である。事実、別の箇所では法治国家即正義国家（the state of justice）と述べられている（一一八、一二〇、一六六頁など）。プラトンの『国家』における正義観については、同書、第二巻、三七一E以下、第四巻、四三二B以下、四四一C以下、第六巻、五〇四A以下などを参照。

＊4　プラトン『パイドロス』二四七以下および『パイドン』一〇九以下などを参照。

＊5　『国家』第七巻、五一四以下。

＊6　『国家』第十巻、六一七以下。なお、後出（本書、一二五頁）を参照。

＊7　『国家』第十巻、六一四以下。なお、『パイドン』一一三以下参照。

＊8　例えば、トラシュマコスは「正義や正しいことというのは、実は他人の好都合、すなわち強者にして、かつ統治する者の利益であるが、服従し、かつ仕える者にとっては自己の損害である」（プラトン『国家』第一巻、三四三C）と語り、またカリクレスも「強者が弱者を支配し、またより多くの分け前をもつことが確定的な正義である。……もし十分な力をもつ男がいれば、……彼は自然に反したあらゆるノモスを蹂躙し、奴隷であったのに立ち上がってわれわれの主人として現われ、そこに自然の正義が光り輝くであろう」（プラトン『ゴルギアス』四八三D―四八四A）と述べている。

＊9　ダイモンは、ホメロスにおいては神（力）を意味するが、ヘシオドスではすでに黄金時代の人間が死後にダイモンになるとされ、プラトンはこれを神々と人間との中間的存在としている（『饗宴』二〇二E）。各人には生まれ落ちるとともに善悪のダイモンがついていて、各人の運命を支配するというのが、比較的一般にいきわたっていた信仰であった。キリスト教では悪しき異教の神を意味する。

第七章

＊1　原語は「ともにもつこと」を意味し、プラトンの説くイデアが感覚的個物から超越して存在すると同時に、個物はイデアを共有する、という関係を示す用語。例えば、美しい個物が存在する場合、それは美のイデアに与るかぎりにおいて美の性質をもつものだとされる。

＊2　新約聖書『ヨハネによる福音書』第一章一節。

＊3　旧約聖書『箴言』第一章七節。

＊4　プラトンの真理認識の根拠に関する理論で、地上生活以前に自由なる霊魂にすでに与えられていた真なるもののイデアは、魂が肉体と結合するに及んで忘却されるが、しかしイデアを映す感覚的事物を機縁として新たに想起される、という前期イデア論の中心思想。

＊5　形相はものをそのものたらしめるもの、目的はものの存在・生成行為を促し、理由づけるもので、い

ずれも一種の原因と考えられる。例えば、生物が種子から成長する場合、その目的は生物が本来もつべき完全な状態の実現であり、一般にこうした状態はそのものの形相でもあるから、形相因と目的因は区別しがたい。作用因はものの生成・変化・運動を引き起こす動因となるものを言い、質料因とともにいずれもアリストテレスの四原因の一つ。

＊6　ローマ末期から中世にわたって中等・高等程度の学校で教授された一般学芸の課程で、三学（文法学、修辞学、弁証法）、四科（算術、幾何学、天文学、音楽）より成る。古典を受け継ぎ、神学に従属する中世の人文的教養の基礎をなすもの。

＊7　アンセルムスによって初めて試みられた神の概念そのものから神の存在を推論する証明で、最高、完全、絶対たる神の概念は存在をも含んでいなければならない、とするものである。これにたいするカントの批判は有名である。

＊8　アベラルドゥス（アベラール）は、スコラ哲学者中もっとも鋭利な思弁家の一人で、パリに学校を開き、哲学、神学を講じて令名を謳われた。哲学上では実念論、唯名論の両極端に反対して、認識の批判的取り扱いの道をひらき、神学上では弁証法を神学の対象にも適用した。博学の佳人エロイーズとの相愛は両者の生涯の転機となり、それぞれ修道院に遁世することを余儀なくされて、有名な《愛と教導の書簡》を世に残した。本文に引用されている第十七書簡は、一一四〇年のサンス公会議で聖ベルナルドゥスと対決し、その教義の異端を断ぜられたアベラルドゥスが、真の彼を理解してくれるものと信じたエロイーズに向かって、ベルナルドゥスの前では一言も述べるのを潔しとしなかった己が信仰告白を述べている。

第八章

＊1　中世における法治国家（Legal State）思想という用語について言えば、例えばバーカーは次のように述べている。「中世思想家にとって rex（王）であった lex（法）は、人間の立法から生まれたものでは

なかった。それは、啓示されたかぎりにおいて、神の声の厳しい娘であり、自然であったかぎりにおいて、よってもって神の心を見出しうる人間理性の必然的な所産であった。いずれの点からみても、法は普遍的かつ永久的であった。法はあらゆる人間社会に浸透し、その妥当性には何らの限界もなかった。したがって、あらゆる人間の行為はあらかじめ存在し、一切を決定する法の雰囲気の中で行われるものであった」(ハーンショウ編『中世思想家の社会・政治思想』(一九二三年、一九頁))。したがって、近代的法治主義とはむろん異なるが、ある意味では中世についても《法の支配》を語りうるであろう。

＊2　スコラ哲学において、他によって、また他においてのみ存在しうる偶有性にたいして、他に俟つことを要さない独立自存の実体を意味する。

＊3　ローマ人がフマニタスと呼んだものは、ギリシアのパイデイアに近く、キケロ時代のローマにおいて、自己の教養の乏しさを認めたローマ人がギリシア人のうちに見出した人間性完成のための普遍的教養の総体のことであった。それはさらに人間性の共通普遍を説くストア哲学の世界主義的理念によって、あらゆる人間に通じる人間性を意味するようになり、そこからまた普遍的な人間愛（ピラントロピア）をも意味することになった。

＊4　いずれも東ローマ皇帝ユスティニアヌスが法学者トリボニアヌスを主班として編修せしめたもので、『学説彙纂』は、主として一世紀または三世紀、すなわちローマ法隆盛期の学説を資料として、とくにパピニアヌス、パウルス、ガイウス、ウルピアヌス、モデスティヌスの学説がもっとも多く採録され、五十巻の法典として完成された。『法学提要』は、主としてガイウスの『法学提要』を資料に用い、初学者のための教科書の用をなすべき法典として編修された。これらは三―四世紀の勅法を資料として採録・修正した『勅法彙纂』とともに『ローマ法大全』と総称される。

＊5　君主権の源泉を直接神に求め、神にたいしてのみ君主が責任を負い、正統な継承による君主に絶対的な支配権を帰して、それにたいする無抵抗および受動的服従ということを内容とする学説である。古くは

使徒パウロ、中世以来、存在する。しかし、それが歴史的に重大な役割を果たしたのは、のちに近世初頭において、絶対主義君主が外では教皇の宗教的権威に対抗し、内では封建領主の多元的権力を一元化するために、その世俗的権威を神聖化し、その支配を正当化する理論的武器として機能したときである。

第九章

＊1　ルソーの『学問芸術論』(*Discours sur les sciences et arts*, 1750)、『人間不平等起源論』(*Discours sur l'origine et les fondements de l'inégalité parmi les hommes*, 1754) などの初期の論文を指す。前者は《自然に帰れ》を叫んで堕落した人間文明の痛烈な批判を試み、後者は所有権制度、社会組織の発展から生じた人間の不平等、奴隷状態を平等で幸福な自然状態と対比することによって現代の社会悪を抉り出した。

＊2　後出。本書、第十一章、二二五頁以下参照。

＊3　グノーシスは本来「知識」を意味するが、宗教史上、ギリシア末期の神秘的・直観的に体験された神の認識を言う。キリスト教グノーシス派は、キリスト教の真理をグノーシスとして解釈しようとした二世紀末の異端的諸団体で、一般に霊と物質の極端な二元論に立ち、物質的な現世の滅亡、霊魂の肉体からの解放を説き、禁欲生活を教えた。なお、キリスト仮現説をも主張した。

＊4　人間生活の最高理想を言い、倫理学で行為の価値を目的の観点から判断する学派の中心的な概念。善悪を判定する究極の標準となる最高目的を意味する。

第十章

＊1　スピノザ『政治論』第一章四節。

＊2　これはイタリアの小国グアスタッラの宮廷を舞台とするレッシングの政治的戯曲で、ようやく成熟し

来った個人の内面的独立と、なお持続する放恣な専制政治との対立がその基調となっている。清純なる少女エミーリアを公爵の手に渡そうとするマリネリの権謀術策から彼女を救おうとする父に残された唯一の方法は、娘を殺害することであった。そして、第一幕第六場で「王侯に友はないのか」と嘆じた公爵は、悲劇の大詰めで股肱と頼んだマキャヴェリスト・マリネリを《悪魔》と呼ばざるをえなかった。

＊3　ギーズとは、一五七二年サン＝バルテルミのユグノー大虐殺の立役者アンリ・ロレーヌを指す。ギーズの魂に変貌していたマキャヴェッリの魂が再びイタリアに帰ってきた、という意。

＊4　正確には『ティトゥス・リウィウス初篇十巻論議（*Discorsi sopra la prima deca di Tito Livio*）』。原名が長いため、一般には『ディスコルシ』または『ローマ史論』の名で呼ばれている。

＊5　のちのフリードリヒ大王の現実政策がポーランド分割をはじめ、仮借ない国家理性の追求であったことは周知のところであるが、晩年の『政治遺訓』（一七五二年）には、「野心満々たる列強の間にあっては、没利的態度をとる権力は滅亡せざるをえない、とマキャヴェッリは言ったが、遺憾ながら余はこの言葉の正しいことを認めなければならない」（フォルツ編、一九三六年、六三頁）と述べて、個人倫理を超える政治権力のダイナミクスを説くマキャヴェッリ的思考をはっきりと肯定している。

＊6　ヘーゲル『ドイツ国制論』（ヘルマン・ヘラー編、一九二二年）一二四―一二八頁、参照。英訳の引用文では相当省略されているが、訳文でもとくに補うことはせず、そのまま掲げた。なお、ヘーゲルはのちに『歴史哲学』においても、マキャヴェッリの『君主論』に言及して、「この著書は、しばしば冷酷きわまる暴政の格率に満ちたものとして嫌悪され、非難されるが、しかしマキャヴェッリは、国家形成の必然性という高い見地から、当時の状況にあって採らざるをえなかった諸原則を打ち立てたのであった」と述べ、ボルジア的な征服も「人倫的意味において（im sittlichen Sinne）まったく正当であった」ことを認めている（グロックナー版全集、第十一巻、五〇九頁）。

＊7　前出。本書、第五章、九〇頁を参照。

第十一章

＊1　ブルクハルトの『イタリア・ルネサンスの文化』（一八六〇年）は、ルネサンス概念の発展史において一つの境界を画するもので、従来いわばトルソにとどまったルネサンス像をいちおう完成し、定型化したと言うことができる。ルネサンスを、理想的模範たる《古典古代の復活》として、したがって対照的に《暗黒野蛮な中世》にまったく対立し、断絶した、人間理性と芸術によって創造された《美と自由と光明の一新時代》として捉え、そこでは個性の解放と現世的生の肯定に示される《世界と人間の発見》がなされたものと定式化された。

＊2　ブルクハルトの様式的・静態的なルネサンス観がルネサンスによる中世の解体即近世の生誕とする解釈であるのにたいして、いわゆるロマン主義的ルネサンス観の立場をとる人々（トーデ、ブルダッハ、ノイマンなど）は、ルネサンスの根源をむしろ中世に遡って求め、それを中世文化の成熟した形態として捉えて、とくにアルプス北方諸国に現われた十五世紀リアリズムをルネサンスの決定的契機とみなす。これにたいして、ホイジンガは、ルネサンスに統一性を求めるブルクハルト的立場がそれのもつ豊かな多様性を逸する危険があるとして、それを錯雑した矛盾対立の相において捉える複数主義の必要を説き、さらにルネサンスを中世文化の実りの《秋》として、中世から近世文化への過渡期とする。同じくヴァルザーも、ルネサンスを近代意識の合理性と中世的神秘性とがまだ明確に分裂せずに美しい調和を保った時代として把握する比較的穏健中正な立場に立つ。さらにヴァイゼやエッペルズハイマーなどは、新しいルネサンス観の一面的な中世重視の傾向を是正して、古代の復興によって素朴なリアリズムを克服した十六世紀の美術にルネサンスの本質があるとしてイタリアを重視し、ブルクハルトの立場を継承する正統的ルネサンス観の新しい擁護を試みている。

＊3　ギリシア哲学以来、ふつうの物質とは異なる軽妙な気、もっとも微細な物質と考えられる。アリスト

テレスによれば、地水火風の四元素のほかの第五の元素で、性質上、第一物体で生成変質せず、天体はこれから構成されるものと言われる。

＊4　十四―十五世紀のイタリアは、政治的統一を欠き、諸国家間で戦争が絶えなかったが、その際に使用された傭兵の指揮をとった傭兵隊長を言う。彼らは自ら集めた傭兵を率いて諸国に仕え、戦争を職業として倫理を無視し、きわめて打算的であった。しかし、中にはすぐれた人物もあり、とくにスフォルツァが著名であるが、マキャヴェッリも傭兵隊長として名を挙げたカストルッチョ・カストラカーニについて短い伝記を書いている。彼らは当時の専制君主とともに、ブルクハルトのいわゆる《個性人《ウオーモ・シンゴラーレ》》、《万能人《ウオーモ・ウニヴェルサーレ》》を政治的に体現したルネサンス的人間にほかならない。

＊5　チェーザレ・ボルジアのこと。ボルジアは一四九三年にイスパニアのヴァレンシアの枢機卿となったが、僧職を捨てるとともに、この称号も失った。しかし、彼は世俗的名誉を求めてフランス王からヴァランス公領を与えられてヴァレンティーノ公となり、俗にヴァレンティーノと呼ばれる。

＊6　「すべての人は、上に立つ権威に従うべきである。なぜなら、神によらない権威はなく、およそ存在している権威はすべて神によって立てられたものだからである」。

＊7　当時、反対宗教改革の神学者たちは、神政的思想を高調したが、しかし対教会関係を除いては、純粋に哲学的な世俗的国家論が発展させられた。むろん、国家の権力を神に由来するものとする原則は放棄されなかったが、それはもっぱら理性法による国家構成の妨げにはならない意味で解釈された。まさに、こういった思想の発展を完成した形で示したのがスアレスである。彼によれば、主権は各個人の自然的理性に、それゆえ神の意志に一致してはいるが、まったく自由な意志に基づく合意によって生じる《政治的・神秘的共同体》とともに直接的・必然的に成立する。もちろん、神はあらゆる権力の源泉であるが、全体社会の主権は神の特別な行為によって与えられるのではなく、むしろ自然的理性の力から生じるのである（ギールケ『ヨハネス・アルトゥジウス』第三版、一九一三年、六五頁以下、参照）。

＊8　フリードリヒ二世は、封建勢力と教会勢力の結合にたいして、皇帝の人格に体現された国家の至上権を主張するため、皇帝に従属する専門官僚制度が不可欠であることを認め、一二三一年のメルフィの法令全書――通常《近代官僚制の出生証書》とされている――において、一般的な官吏法を制定し終えた（ボルヒ『官憲と抵抗』一九五四年、八七頁を参照）。

＊9　マキャヴェッリの virtù は、一般的な徳性（virtus, virtue）とは異なり、気紛れな運命にも敢然と立ち向かう男性的精神、活動力を意味する。それはこの世において無制限な量であるのではなく、世界中を不断に移動し、virtù の存する国は栄え、それをもたない国を支配する。しかし、マキャヴェッリは偉大な共和制ローマこそその理想と考えた自由国家のうちに、この virtù を生み出す最上の条件を認めたのであり、したがって virtù は支配者の徳と市民の徳を包含し、すぐれた国家の建設者・指導者の叡知、行為、活力とともに、公共体にたいする熱烈な献身をも意味していた。ただ、前者が高次の創造的・本源的な virtù であるのにたいして、後者は公共体によって造り出される派生的なもので、前者ほど永続性もなく純正でもないと考えられた。このことは彼が共和制の理想を下から、民主主義からでなく、上から、統治者から眺めていたことを示している。それは、当時のイタリアのように、封建的・多元的な貴族勢力によって国の virtù が窒息させられ、腐敗が構造化している社会では、君主一個の強大な権力なしには自由国家が生まれえないことの認識を背景とするものであろう（なお、後出、本書、第十二章、二五一頁以下を参照）。

第十二章

＊1　自然法が国家の源泉、目的、限界であるとする思想は、十六世紀以来のあらゆる自然法的国家論の中心となった。しかし、宗教改革によるキリスト教世界の分裂は、自然法の世俗化を必然たらしめ、グロティウスは自然法を神の権威から解放して、理性的・社会的な《人間の本性》への一致に自然法の基準を認

め、それを国家および実定法の根底として、生命、自由、私的所有、契約を侵すべからざる基本権とみなした。ホッブズにいたっては、自然法は万人の闘争たる自然状態を否定的に克服する理性的判断であり、そこから社会契約を媒介して形成される国家の全能性が帰結され、主権的な国家権力にたいするあらゆる法的拘束が否定される（なお、本書、二九七頁以下、参照）。プーフェンドルフはホッブズにたいして、自然法が国家以前にも妥当し、実定法の規範原理であり、主権者をも拘束することを主張したが、ホッブズ的理念の影響のもとに、自然法が不完全な法であり、国家において引き続き妥当するには主権者の裁可に依存し、主権者がその規範を遵守することは不完全債務であると説いた。それ以後、ドイツで展開された自然法学は、その表見的近代性と体系性ゆえに、神権説に対抗して絶対主義や啓蒙専制の内的規制原理・法的外被として機能した。しかし、他方、絶対王制に対抗する個人主義の立場からは、自然法は自由・平等な個人の幸福追求の自然権を中心とし、合意の拘束を自然法に求める社会契約説として市民革命の理論となった。なお、社会契約説については、第十三章訳註＊11を参照。

＊2　ドイツあるいはイタリア・ファシズムに典型化されるように、民族的・国家的全体を究極の実在とみなし、全体の個人にたいする優位を主張する何らかの普遍主義と結びついて、現実の権力関係を隠蔽するとともに、立憲主義や議会制の廃止、思想の自由、法の前の平等などの基本的人権の否定、指導者原理による個人の絶対服従などを通じて、こうした権力的統合を制度的に現実化する政治原理を言う。

＊3　スピノザ『エチカ』第三部、感情の起源および性質について、序言、参照。

＊4　イソクラテスは前四世紀のアテナイの修辞家で、また政治評論家としても活躍した。その代表作『民族祭典演説（パネギュリコス）』（前三八〇年）では、アテナイ、スパルタなど諸都市の和解達成による東方ペルシア帝国の遠征を勧告し、さらに第五演説『ピリッポスに与う』（前三四六年）では、長大な公開状の形で、その事業をマケドニア王ピリッポス二世に期待しているが、その後、前三三八年のカイロネイアの戦いの後、ピリッポスに書を呈して、ギリシア連合軍の敗北によるギリシア統一が近いことを喜び、

ペルシア討伐の勧告を繰り返している。

＊5　既成道徳や固定化して腐敗した善悪の観念を超越し、いわゆる《一切価値の転倒》を通じて、新しい倫理的価値を樹立する態度を言う。例えば、ニーチェが従来のキリスト教道徳の謙遜、憐憫、同情を奴隷道徳として排し、それに代わって権力意志の権化である超人の君主道徳を説いたごときがそれである。こうした新しい道徳のための手段的道徳破壊を非道徳主義（immoralism）と呼ぶ場合もある。

＊6　フェヌロンはルイ十四世の孫ブルゴーニュ公の師傅に任ぜられ、その教材の一つとして『テレマックの冒険』を著わした。そこで描かれるミノス王の姿は、王が神によって、彼自身のためではなく人民のために王とされ、したがって自己の配慮をすべて人民のためにつくすべきで、公共の福祉に意を用いる間のみ王たるに値するものとされた。こうした思想的寓意はルイによって政治批判として受け取られ、この書物は禁止されたが、かえって公衆の関心を引き、全ヨーロッパに広まった。

第十三章

＊1　ルルスが自明な基本概念の機械的結合によって一切の真理を発見しようとして考案した新しい論理的方法を言う。彼はこの結合を容易にし、直観的に表示するため、同心の七箇の回転盤上にもっとも普遍的な概念と事物の普遍的叙述語とを記し、盤の回転によって研究対象についてのできるだけ多くの概念結合を導き出そうとした。

＊2　デカルトに発し、ライプニッツが構想した一の学問理念で、数学のあらゆる認識が基本的な公理から演繹しうるように、一切の認識を単純観念を含む論証を要さない根本命題から演繹しうるように組織した学を言い、普遍数学とも呼ばれる。普遍記号学（後註＊4参照）と、あらゆる演繹的推理を数学的計算の形式で表現しようとする推理計算との二分野より成る。

＊3　デカルトによれば、明晰とは注意深い精神にたいして現前的に明らかなことを言い、判明とは他のあ

らゆるものから区別されて、明晰なもの以外を含まない認識を言う。デカルトが普遍的懐疑より引き出した第一原理《われ思う、ゆえにわれ在り》は、この意味で明晰かつ判明な認識以外を含まず、したがってそれは真なる認識の基準となるものであり、ここから《明晰かつ判明に認識されたものは真理である》という第二の重要な原理が導出される。

＊4　ライプニッツにおいて、《人間思想のアルファベット》として、いかなる科学にも通用すべき普遍的言語の確立を目指す学を言う。数が素数に分解され、またその積として構成されるように、概念を分解して、他の概念に還元されない単純な第一次的概念を見出し、その積として複雑な第二次的概念を構成しようとした。彼の《結合法》は、この普遍的記号学の第一歩をなすものと言われる。

＊5　例えば、スピノザ『エチカ』第二部、定理四十三、備考を参照。

＊6　オランダの神学者ジャンセニウスのアウグスティヌス的教会改革の精神を奉じ、パリのポール＝ロワイヤル修道院を中心に新しいカトリック的敬虔を鼓吹した団体の立場を指す。パスカルなどもその中心的思想家であるが、つとにジェズイット派およびカトリック教会より弾圧され、十八世紀はじめにはほとんど根絶せしめられた。

＊7　イグナチオ・デ・ロヨラによって設立され、カトリック教会の反対宗教改革の中心勢力となった団体（イエズス会と呼ばれる）の立場を指す。修道士の従来の三誓約（清貧、服従、貞潔）のほかに、とくに教皇への服従の誓いを加えた。その厳格な軍隊的規律・訓練によって育まれた戦闘的な信仰は、教会擁護のためにあらゆる手段をつくして異端と戦うことを神聖なる義務とした。

＊8　カトリック教理によれば、万人に等しく与えられる助力の恩寵（十分なる恩寵と同義）により、万人は律法を行う直接能力を有するのであり、人が事実において律法を行うとき、前記の恩寵は有効なる恩寵になる。人は事実において、この有効なる恩寵には反抗しえず、二つの恩寵は本質において同一だと言われる。この恩寵の、人にたいする二つの段階に関して、恩寵と自由意志について、十六世紀末スペインの

ジェズイット派とドミニコ会に激しい紛争が生じたが、のち和解し、十七世紀フランスにおけるジャンセニストとの論争では両派は協同してジャンセニストにあたった。しかし、ジャンセニストはドミニコ会との思想上の一致を主張し、パスカルもまたそうした一致の意識のもとに『プロヴァンシアル』の筆をとっている。パスカルの解釈によれば、ジェズイットは十分なる恩寵が万人に分かたれ、人は自己の自由意志によってこの恩寵を有効にも無効にもなしうるとし、また律法を守るのに必要なもの、神の扶助を祈求するのに必要なすべてのものを所有し、つまりそれを行う直接能力を有し、神に祈り求めるために何ら別の有効な恩寵を必要としない、として自由意志を強調する。これにたいして、ジャンセニストにとっては、十分なる恩寵は現実に有効なもので、現実に人の意志を決定して行動させるのであり、すべての義人はつねに律法を守る真の能力をもつが、それを行い、また祈るためには、有効なる恩寵が不可抗的に彼の意志を規定することが必要であり、人は神に従ってのみ真の自由をもつ。しかも、この恩寵は神の純粋な意志に依存し、必ずしもつねにすべての義人に与えられるものではないという（『プロヴァンシアル』第一・第二・第三・第四書簡参照）。

＊9　道徳の掟を外的・律法的に規定し、多くの義務・傾向・関心などが衝突する場合、その掟に従っていちいちの場合を判定し、決定しようとするもので、ある場合には詭弁的な傾向をもっていることは否定できない。

＊10　ジェズイット的決疑論を指す。彼らはその道徳的三原則として、第一に、この《蓋然主義》、つまり良心に従えば疑わしい場合に、おそらく真実を認められる権威に従って実行すべきこと、さらに、本来は正しくない行為も正しい目的のためには許されるとする、いわゆる《目的は手段を神聖にする》原則、第三に、よき目的のためなら両義的な言葉を用いてもよいとする、いわゆる心裡留保を主張した。

＊11　社会契約を説く他の自然法論は、ホッブズにたいして、個人の本源的な自然権が存続することを主張し、自由・平等という天賦の不可譲の人権という思想がその理論の本来的中核をなしていた。これはロッ

クにおいて古典的な完成をみるが、彼によれば、自然法はすでに自然状態においても妥当する理性的規範であり、自然権はこの自然法のうちに成り立つ。社会契約によって形成される国家の機能は自然法の妥当性を保障することにあり、人格的自由と並んで財産が不可侵の基本権とされて、ここに立法部による大権の拘束、人民の革命権が自然法によって肯定される。ヴォルフは、プーフェンドルフ、ライプニッツの系譜に立ち、絶対主義への傾斜を著しくもっていたが、なお自然権を自然状態に妥当する純粋なものと国家契約によって限定されるものとに区別することを前提として、前者を個人の放棄しえない、また実定法によっても奪いえない天賦・不可譲の権利とみなした。かくして、やがて人権宣言に極まる発展の道が開かれていた。ルソーは統治契約を抹殺して、もっぱら個人の自由な合意に国家の法的基礎を求めたが、この社会契約は個人の一切の人権を主権的な全体社会に譲渡するホッブズ的性格をもっていた。しかし、ルソーにおいては、国家は結合した個人の総計たる社会と同一視され、失われた自然状態における自由・平等の理念を社会的に再生することをその目的として、人民主権論に結びついたものである。

第十四章

＊1　十八世紀の認識論も《体系的精神（esprit systématique）》を、むろん否定したわけではないが、ダランベールやコンディヤックなどは、それを《体系の精神（esprit de système）》から明確に区別することに努め、十七世紀の諸体系が事実に即することなく、単一な概念を一面的にドグマに高めたことを批判した。ここでは《理性》は、現象に先立つア・プリオリなものとして自己完結的な体系の形式のうちに先取りされるものではなく、事実の認識の展開につれて、その内在的連関として次第に明らかになるものと考えられ、スコラ的ないしは純数学的概念の論理ではなく、むしろ実証的および合理的精神を結合した《事実性》の論理が重んじられた（カッシーラー『啓蒙の哲学』一九三二年、九頁以下、参照）。

＊2　理論理性にたいする実践理性の優位を意味する。カントは、理論理性がその認識の権能において有限

で、現象界にのみ関わるのにたいして、実践理性が理論理性にとって二律背反となる形而上学的イデー（自由、霊魂の不滅、神の存在）の存在をも要請的に確立し、理論理性の力が及ばない物自体の世界をも実践的に証明しうる能力をもつところに、その優越性を認めた。

＊3　実際、のちの経歴がきわめて保守的・反動的なロマン主義者（例えば、ゲレスからティークにいたるまで）も、なおその若い時代にはフランス革命を熱狂的に讃美することを躊躇しなかった。フリードリヒ・シュレーゲルの初期の『共和主義概念に関する試論』（一七九六年）はカントの共和制、永久平和の概念をさらに急進的に批判したものであったが、のちの著作では神政的理念に基づいた身分制国家を主張した。

＊4　シェリングは、その晩年にいたって、宗教が人間意識における神の自己啓示にほかならないゆえに、その神話意識と宗教意識の発展および変遷を通じて神の本質が現われるものと考え、《神話と啓示の哲学》を説いた。神話は、単なる人間の構想ではなく、意識において自ら発展する神統記的過程であって、その客観性は絶対者の自己発展として保証される。したがって、神話は高き展相において繰り返された《自然の歴史》であり、逆に自然の神秘文字を解読すれば精神の叙事詩にすぎないように、自然も一種の神話となる。

＊5　フィヒテの構想力を極度に主観主義的に解釈したノヴァーリスの象徴的世界観で、詩人の精神が無限的創作力の最高意志として世界の存在論的原理となり、その主観的能動性を魔術のごとく用いて、自然を自身で生み出し、また逆に化石化した自然に生命を与え、かくして自然と歴史をポエジーにおいて合一化することを説く。

＊6　「政治的世界に信仰と愛を浪費してはならぬ。久遠の教養の聖火の流れに棹さし、汝の衷心を学と芸術の神的世界に捧げよ」（フリードリヒ・シュレーゲル『青年期の著作』ミノール編、第二巻、三〇〇頁。なお二九三頁、参照）。

＊7　シュライエルマッハー『宗教について』第二講、参照。

＊8　ナポレオンにたいする反抗と憎悪を託したクライストの愛国劇『ヘルマンの戦い』は著名であるが、グンドルフによれば、アルントその他の人の祖国愛がドイツ民族、ドイツ精神にたいする《素朴な》感情的愛に発しているのにたいして、クライストの愛国的憤怒は《意識的》なもので、彼は自らに《強制した》憎悪者として現われる（グンドルフ『ハインリヒ・フォン・クライスト』一九二二年、一一七頁、一二一頁以下、参照）。

第十五章

＊1　Sans-culottesという言葉は、本来、フランス革命初年に革命軍の装備の悪い義勇兵に用いられたが、一般には革命の過激共和派に適用された。彼らは貴族の穿いていた半ズボン（culotte）の代わりに、従来下層民の専用であった長ズボンを穿いて自由・平等の象徴として用いた。

＊2　ナチズムの《指導者原理（Führerprinzip）》によれば、民主制的な大衆思想を排し、貴族主義的な人格の価値に基づいて、もっともすぐれた人間が民族の指導にあたるべきである。したがって、多数決ではなく、一人の人物が決定するのであって、ナチ体制では《指導者の下への権威と上への責任》の原則のもとに、カリスマ的権威をもった指導者の無制限な独裁的権力にたいする被治者の自発的な信従が要求された。

＊3　カーライルは別の箇所でも「社会は英雄崇拝に基礎を置いている。人間の結合体が依存するあらゆる位階の尊厳性は、英雄制度《ヒアローアーキー》（英雄政治）と呼びうるし、あるいはまた、きわめて《神聖》でもあるところから、聖職政治と言ってもよい。……いずこの社会も、位階等級のある英雄崇拝――真に偉大にして賢明なる人物にたいしてなされる崇敬と服従――の表示でないものはない」（『英雄崇拝論』第一講、ボストン版全集、第一巻、二四五頁）と述べている。

＊4　カルヴァン主義（カルヴィニズム）においては、神がその主権的意志に基づき、自由なる恩寵によって、ある者を救い、他の者を滅びにあらかじめ定めたとする徹底した二重予定の教理が説かれ、この神の絶対的尊厳性の強調に応じて、人間の神にたいする絶対服従と、すべてを神の栄光のために捧げる厳格な倫理生活が要求された。カルヴァン自身の神政制的な教会・国家観には、なお貴族主義的色彩が残っており、とくに王権は神によって立てられ、いかに悪しき君主も神的権威をもつ者として抵抗権は否定されたが、しかし王権が神に反する場合には《人に従うよりも神に従う》ことが認められた。それ以後、そこに内在していた民主主義的原理は人民主権理論として具現され、ユグノーの闘争、オランダ独立戦争、ピューリタン革命の原動力になることができた。

＊5　歴史家としてのカーライルは、『フランス革命史』（一八三七年）でその地位を確立し、さらに『オリヴァー・クロムウェルの書簡と演説』（一八四五年）や大作『フリードリヒ大王伝』（一八五八—六五年）などを著わした。これらは偏見その他、事実記述の正確性に欠陥はあるが、克明な研究、鋭い洞察、歴史を生けるものとして把握する精彩ある描写など、特色ある歴史書とされている。

＊6　カーライルのベンサム批判は、講演においては第二講で、快楽の量的計算を基礎として正邪を決定する功利的態度を痛論しているが、ムハンマドに対比してベンサムが「人間およびこの宇宙における人間の運命について、より貧弱な、より虚妄な見解を下している」（『英雄崇拝論』第二講、ボストン版全集、第一巻、三〇五頁）と言う。講演の際、この「より貧弱な」という言葉に及んだとき、聴衆の一人であったミルが突如立ち上がって「否」と叫んだという有名な逸話がある。カーライルは、なお第五講でも、自己のベンサム批判が《熟慮の上の意見》なることを重ねて述べ、ただそれが理論的に誤っているとしても、自己偽善的態度を捨てて徹底した結論を下している点を《盲いたる英雄主義》と呼び、《新しき信仰への手がかり》として、かなりの評価を与えている（三九四頁以下、参照）。

＊7　キェルケゴールにおいては、真理はつねに各個人の、自己自身の主体的実存の事柄であり、それは単

なる理性の問題ではなく、人間の特殊な生き方、単独者としてのあり方に関わるものである。したがって、ヘーゲル的な汎論理主義的思惟の普遍性、客観性、抽象性は否定され、その宥和的な弁証法に代わって、信仰的決断による神と人との質的弁証法が説かれる。

＊8　ノヴァーリス『断章』（カムニッツェル編）二〇二七（六五二頁）。しかし、やがてノヴァーリスは『ヴィルヘルム・マイスター』を「実際、不快な、愚かしい書物であり、その精神について言えば、きわめて非詩的なものである」（断章一九六九、六三二頁）と語り、「ゲーテは凌駕されるであろうし、また凌駕されねばならない」（断章二〇二九、六五六頁）と批判するにいたる。

＊9　パスカルは神信仰の弁証にあたって有名な賭けの論理を用いた（パスカル『パンセ』ブランシュヴィック編、二三三）。ブートルーのパスカル解釈によれば、神ありとする機会の数は極小に見積もって一とすれば、信仰の代償として与えられる価値は無限であり、$1 \times \infty$になる。これに反して神なしとする機会の数は有限でnとすれば、この世の幸福は有限のαであり、$n \times \alpha$である。しかるに、$1 \times \infty > n \times \alpha$として神信仰の絶対性が証明される（ブートルー『パスカル』一七九頁）となすもので、ここで「パスカルの語調で」というのは、こうした数学的解釈の手法を指すものであろう。

＊10　例えばフリードリヒ・シュレーゲルにおいて、創造的自我が恣意的に対象を否定し、ついには自己自らをも対象化して破壊する不断の自己克服の態度、精神の絶対的自由を主張するものであり、それはフィヒテの絶対的自我の哲学とシラーの《遊戯》の美学思想につながっている。ただ、こうした《高きイロニー》は、例えばティークの諷刺的な童話劇にみられる舞台上のイリュージョンの破壊、仮象と現実との気まぐれな混淆のような作者の作品および読者・観衆にたいする戯れのごとき《卑俗なイロニー》とはいちおう区別して考えなければならない（クルックホーン『ドイツ・ロマン主義の思想遺産』第三版、一九五三年、二〇頁以下参照）。

＊11　「おお、怠惰よ、汝は無心と法悦の生の快楽。幸いなるもの汝を息づく。汝をもち、汝を抱くものは

幸いなるかな。汝、神聖なる宝玉。楽園よりわれらに残されし、ただ一つの神にたぐう断片」(シュレーゲル『ルツィンデ』第二版、一八五九年、四二―四三頁)。

＊12 ゲーテ『ファウスト』第一部、書斎、一三三八―一三四四行(なお、天上の序言、三三八行以下をも参照)。

わたしはつねに物を否定する霊です。
そして、それは至当です。なぜなら、一切の生じるものは
滅ぶのがふさわしいものです。
してみれば、何事も生ぜぬに如くはない。
こんなわけで、あなたがたが罪悪だ、
破壊だ、要するに悪だ、と名づけられるものは、
すべて私のまさに本領とするところです。

＊13 ゲーテ『ファウスト』第二部、第五幕、一一二〇四―一一二〇五行、参照。

＊14 プロクルステスはアッティカの追い剝ぎで、通行人を捕えて寝台に寝かせ、寝台の丈に合わせてその足を切り落とし、あるいは槌で打ち伸ばしたと言われる。思考の勝手な枠ほどの意。

＊15 ゲーテ『ヴィルヘルム・マイスターの遍歴時代』第二巻第一章を参照。教育州において学生たちは、われわれの上にあるものにたいする畏敬、われわれと等しいものにたいする畏敬、われわれの下にあるものにたいする畏敬を教えられる。そして、第一の畏敬に基づく宗教は民族的宗教、第二のものは哲学的宗教、第三のものはキリスト教的宗教と名づけられ、三者相合して真の宗教が現われ、三つの畏敬から最高の畏敬、すなわち自己にたいする畏敬が生じるとされる。

＊16 もっとも、エッカーマンの対話の真偽性に関するペーテルゼンの研究によれば、この対話は、まったく自由に創作されたもので、信頼しえないものと言われる(ペーテルゼン『エッカーマンの対話の成立お

よびその可疑性』第二版、一九二五年、参照)。

＊17　ゲーテ『ファウスト』第一部、夜、五八二行。

＊18　ゲーテにおいては、主観と客観は互いに浸透しあったものであり、精神のない自然もないし、自然のない精神もない。したがって、スピノザ的汎神論に著しく類似するが、ゲーテの自然は形成的生命力を自らにもち、その統一性は個々の多様な事物のうちに個別化され、その発展は変態と形態の昂進を通じて行われ、自然は生ける色彩と具体性をもつものとされる。

＊19　前出、本書、三四〇頁参照。

＊20　フィヒテの知識学における自我の根源的活動を指す。自我は物のようにまず存在してのち何らかの働きをするのではなく、自我は働くことにおいて初めて自我として存在する。自我は自己を思惟する働きそのものがそのあり方であり、その働きにおいて自我としてある。この自我において自己定立の活動とその結果としての存在が一つであることを「事行」と呼ぶ。

＊21　フランスの空想的社会主義で、サン＝シモンによって始められ、その理論と実践は門下のバザールなどによって著しく発展させられた。社会生活の基礎を経済に求め、全国民の大多数を占める《産業者》を変革の担い手とする搾取なき新社会の樹立を目標とし、それは労働と科学に基づいて組織された合理的な産業主義の集権的社会だとされた。さらに新社会形成の支柱として《新キリスト教》が称えられたが、これは、のちに門下のアンファンタンによって、労働による浄化と法悦を説く狂信的方向に推し進められた。

＊22　力と正義を同一視する思想は、すでに『フランス革命史』にも示されているが、それがもっともよく表現されたのは『フリードリヒ大王伝』においてである。フリードリヒのシレジア侵略や、さらにポーランド分割をも天の命ずるところとして正当化しているように(第十一巻第十一章、第二十一巻第四章、参照)、《権力は、長い目でみれば正義である》というのは彼の固く抱く信念であった。しかし、またカーラ

イルにおいては、つねに「道徳性そのものは、人間がそれによって存在し、活動する同じ生命力の別の側面なのではないか」とされていることが看過されてはならない（『英雄崇拝論』三三三頁、なお三四一頁、参照）。

第十六章

＊1　ニーチェの言葉で、彼は人間が自己の運命を深くみつめ、運命の必然を自らのものとして肯定して、愛情をもって受容するなら、人は自己の運命と一つになり、それに忍従したり反抗したりする立場を超えて、存在のより高い真理に到達しうる、と説く。

＊2　チェンバレンは第一次大戦前の人種理論の代表的思想家で、古いゴビノー的人種論とのちのファシズムとの間でイデオロギー的媒介の役割を果たした。したがって、すでに彼においては、ゴビノーの直観主義的人種論の非科学性が公然と批判され、生の哲学と結合することによって人種論に世界観的規定が与えられ、またゴビノーの宿命観的な絶望に代えて戦闘的な行動主義が前面に出される。とくにその『十九世紀の基礎』（一八九九―一九〇一年）は、六世紀以後の偉大な政治思想や芸術がすべてゲルマン民族の後裔によるものであり、彼らこそが人種混合によるヨーロッパ文化の没落を救ったことを強調している。やがてユダヤその他の民族混沌の要素を徹底的に克服することによってドイツ人が世界支配の使命を有することを説き、汎ゲルマン主義やドイツ軍国主義への道を鼓吹することになった。事実、彼はのちにローゼンベルクによって《ナチズムの真実の精神的父祖》の一人に数えられた。

＊3　インド四カーストの第二。サンスクリット語の《支配》、《権力》から来た言葉で、王族的地位をもつ古代アーリア貴族を意味していたが、のちのヴェーダ文献では、バラモン（司祭者）から区別され、それに次いでヴァイシャ（庶民）とシュードラ（奴隷）の上に位置するものとされる。

＊4　循環論証を意味し、今から論証されるべき事柄を主張の論拠として前提して用いることを言う。した

がって、まずかかる前提のよって立つ根拠を先決問題として要求しなければならない。

＊5　前出。本書、第十五章、三二六頁以下、参照。

＊6　後出。本書、第十七章、四六一頁、参照。

＊7　この人種の《全体主義》という言葉で意味させられているのは、それが人種以外のあらゆる価値を否定し、排除することを要求するものであることである。以下、順次分析されるように、宗教、政治、法制、芸術、憐憫などの従前の理想や価値は、すべてゴビノーにおいては人種という新しい理念の前に無価値なものとして一掃される。

＊8　新約聖書『ヨハネによる福音書』第一八章三六節。

＊9　ニーチェにおいては、人間に価値的段階が認められ、支配者の徳のみをもつ高貴なる人間と奴隷の徳のみをそなえた畜群的人間の二類型が分かたれるが、前者が後者に身を引き下げるのではなく、後者との精神的距離を保ち、わが身を守り通そうとするパトスを言う。ここに同情、憐憫などは厳しく退けられ、かくしてのみ人類の向上も期せられる、という彼の貴族主義的思想が展開される。

＊10　カント『人倫の形而上学の基礎づけ』(カッシーラー版全集、第四巻)二七九頁、参照。

＊11　シラー『人間の美的教育について』第十五、二十一、二十七書簡、参照。シラーによれば、感性的であると同時に超感性的でもある人間は、美的教養、遊戯の生活においては、両面からの影響を等しく受容しやすい中間状態にあり、したがって人間に特有な独自の本性全体をもっとも純粋かつ完全な調和として表現することができる。美は現象における自由および合目的性であり、感性界と超感性界の調和、ひいては人間精神の最高の形態を意味する。

＊12　セイレーンは、ギリシア神話における一小島に住む、きわめて歌の巧みな魔女で、その歌声を聞いた者は、故郷を忘却し、白骨になるまでそこにとどまる。オデュッセウスはトロイアからの帰途、船がこの島を通過するとき、従者の耳に蠟を詰め、自分の体を帆柱に縛ってその難を避けた。

＊13 カーライル『衣服哲学』第二巻、第八章（ボストン版全集、第一巻）一三五頁。
＊14 カーライル『英雄崇拝論』第二講、二七四頁。なお、本書、第十五章、三三一頁、参照。
＊15 泰山鳴動して鼠一匹の意。ホラティウス『詩論』にある。

第十七章

＊1 カントの論文『理論と実践』（一七九三年）を指す。カントはこの論文において、ガルヴェ、ホッブズ、メンデルスゾーンに反論し、道徳、国家法、国際法の各分野に関して、それらがいずれもア・プリオリな原理を基礎とするものであり、したがってそれと一致することなしには何らの実践も妥当なものとはならない道徳、国家法、国際法の理論が存在すると説く。
＊2 大きな犠牲を払って得た引きあわない勝利の意。エペイロス王ピュロスが前二七九年にアスクルムにおいて多大の犠牲を払ってローマ軍に勝ったことから言う。
＊3 ホッブズは、国家を一切の個人権が委譲された絶対的主権をもつリヴァイアサンとして示し、自然法的契約説から、その全能性を帰結した。フィルマーは君主神権説の代表者で、王権を神からアダム、ノアへと伝えられた長子権とみなし、王を神権を基礎とする族長的支配者とした。ハラーは君主たる個人の私的侍僕としての官吏、私有財産としての公共物、その使用料としての人民の租税を説く家産的・正統信仰的国家理念を主張した。シュタールはプロイセン保守主義の代表的思想家で、ルター主義的教義を国家と法の基礎に置く神政主義的政治観を樹立した。
＊4 ヘーゲル『自然法の学問的取り扱い方について』（グロックナー版全集、第一巻）五一四頁。
＊5 前出。本書、第六章、一一六頁、参照。
＊6 ヘーゲルは、弁証法的過程において、あらゆる矛盾した要素は止揚され、克服されて、それだけでは存在しえなくなるが、それはより広い関係の中に編みこまれ、その関係を成立させるための不可欠のもの

として高められた形で保存されるとして、そうした要素を「止揚的契機」と名づける。

＊7　例えば、ヘーゲル『エンチクロペディー』第一部（グロックナー版全集、第八巻）七五頁、参照。「私がただ思念するにすぎないものは私のものであり（Was ich nur meine, ist mein）、この特殊な個人としての私のものである」。

＊8　この世に悪が存在することは、神の世界創造あるいは世界支配を信じる立場にとって神の全能・正義と矛盾するように思われるが、この矛盾を解決して悪の存在が神の義を毀損するものではないことを証明する試みを言う。これは古くは旧約聖書の『ヨブ記』などにその問題提出がなされているが、ライプニッツが初めてこの問題に新しい方向と「神義論（Theodicée）」という表現を与えた。ヘーゲルは、世界史が変転する歴史の舞台で演じられる精神の道行き、精神の現実的生成であること、かくして精神を世界史および現実界と宥和させることの中に、歴史における神の義の証、真の神義論があると説く。

＊9　一七五五年のリスボンの地震はヨーロッパ全体を震撼させた事件で、カントにそれに関する論文の筆をとらせ、また幼いゲーテの宗教観にも影響した話は有名である。ヴォルテールは、この世が《可能なる世界のうち最善の世界》であるというライプニッツ的楽天観に悲観的たらざるをえず、のちの『カンディード』でもそれを激しく非難している。しかし、ルソーは『ヴォルテール氏への手紙』（一七五六年）でライプニッツの立場を強く弁護し、悲惨な地震でさえ、六階も七階もの家を建て、自分の身体を他のすべてのものより軽くみるような人間にとってのみ禍いなのであり、宇宙は全体としてみれば秩序であり、摂理であって、相対的に悪とみえるものも普遍的な調和に向かって善と協力しているという神義論を展開した。ルソーの知らない間に刊行されたこの手紙が両者を敵視させる最初の機縁になったと言われる。

＊10　カント『人倫の形而上学の基礎づけ』（カッシーラー版全集、第四巻）二四九頁。

＊11　スピノザの神は人格的・超越的な神ではなく、世界のうちに内在する神である。有限物の世界を自然と呼ぶなら、この自然を存在せしめ、またそのものたらしめる原因のほうからみたものが神であり、つま

り世界が所産的自然（natura naturata）であるのにたいして、神は能産的自然（natura naturans）である。この「神即自然」はスピノザ汎神論の根本命題である。

＊12　ヘーゲル『哲学史講義』（グロックナー版全集、第十九巻）三七二頁以下、参照。

＊13　パスカル『パンセ』（ブランシュヴィック編）一九四、二四二、五八五などを参照。

＊14　例えば、カント『人倫の形而上学の基礎づけ』（カッシーラー版全集、第四巻）二九七頁、参照。成員としてのすべての人格に固有の立法によって「理性的存在者の世界（叡知界）が目的の国として可能になる」。したがって、各理性的存在者は、自己の格率を通じてつねに普遍的な目的の国の立法的成員であるかのように行為しなければならない。これらの格率の形式的原理は、あたかも汝の格率が同時に理性的存在者すべての普遍的法則になるように行為せよ、ということである。つまり、「目的の国は、ただ自然の国とのアナロギーによってのみ可能であり、後者は外的に強制された作用・原因の法則に従ってのみ可能である」。しかし、自然全体は機械とみなされるにもかかわらず、目的としての理性的存在者と関わりをもつかぎりにおいて、やはり自然の国と呼ばれるのである。

＊15　ヘーゲルの普遍的な神的理性は、現実の世界で自己を実現する力をもつ。したがって、世界を統治するのは神であり、その神の統治の内容、神の計画の遂行が、すなわち世界史である。そして、この計画に基づいて実現されるものだけが現実性（Wirklichkeit）をもつのであり、それに外れたものは単に腐った現存在（faule Existenz）にすぎないのである。

＊16　ヘーゲル『歴史哲学』（グロックナー版全集、第十一巻）七一頁。

＊17　カント『人倫の形而上学の基礎づけ』（カッシーラー版全集、第四巻）二七九頁。

＊18　例えば、カントはその『永遠平和のために』において、この句を引きながら、やや誇張されるきらいはあるが、真なる命題、勇気ある法原則としてそれを讃え、この命題の意味するところを、政治的格率は、国家が自己の対象とする目的、その安寧と幸福からではなく、「たとえ、どのような物理的結果が現

われようと、それに関わりなく、法的義務の純粋概念から、すなわち、その原理が先天的に純粋理性によって与えられている当為から出発すべきである」（カッシーラー版全集、第六巻、四四六頁、参照）と説いている。

＊19　ヘーゲル『ドイツ国制論』（ヘルマン・ヘラー編）一一八頁、参照。なお、原文（カッシーラー）のこの箇所は、次の『法哲学』からの引用と一緒になっているが、訳文では訂正して示した。

＊20　アリストテレス『政治学』一二五三a参照。

＊21　カントにとっては、各国家の公民体制が共和的であることと、世界共和国の積極的理念に代わる現実的な消極的代用物たる国際連盟の存在は、永遠平和のための不可欠の《確定条項》の内容をなすものであった（『永遠平和のために』カッシーラー版全集、第六巻、四三六、四四二頁、参照）。カントは、すでに一七八五年に、国際連盟の中心としてドイツを想定し（アカデミー版全集、第十五巻、五九一頁、参照）、フランス革命とともに、それを共和制フランスに求め（『永遠平和のために』四四一―四四二頁）、さらに二年後には、より具体的に諸国家の結合を恒常的国家会議と考えて、その実例をハーグの国際会議に見出しうるごとき任意に解消しうる自由な連盟を構想した（『人倫の形而上学』カッシーラー版全集、第七巻、一五八頁）。

＊22　ヘーゲル『ドイツ国制論』（ヘルマン・ヘラー編）九五頁。なお、マイネッケ『ドイツの悲劇』（矢田俊隆訳、弘文堂、一九五一年）二〇頁、参照。「その歴史がヘーゲルと共に始まったドイツの権力国家思想は、ヒットラーにおいて、最も悪しき、また最も不運な昂揚と酷使を経験すべき運命にあった」。

＊23　ヘーゲル『歴史哲学』（グロックナー版全集、第十一巻）五二頁。なお、『エンチクロペディー』四七四―四七五節参照。

＊24　第十一章訳註＊9参照。

＊25　第十二章訳註＊5参照。

＊26　この言葉自体は（より正確には sacro egoismo della Patria《祖国の神聖なる利己主義》）、一九一四年十月に初めてイタリアの首相サランドラによって、もっぱら国家的利害に制約されたイタリアの外交政策を示すために使用されたと言われる。ただ、ここでは一般に個々の利害、特殊な目的、あるいは利己的な意図から生じる人間の活動、つまりヘーゲルの言う情熱の特殊的関心が普遍的理性の世界史における展開と不可分のものであり、しかもこの個人を通じて理念が現実化される場合にも、その個人の主観的側面、すなわち欲望、衝動、主張といったものの関心がそれ自体としては満たされねばならない無限の権利をもつことを意味する。

＊27　ヘーゲル『法哲学』序文（グロックナー版全集、第七巻）三五頁。

＊28　ヘーゲル『歴史哲学』（グロックナー版全集、第十一巻）四六頁。

＊29　「悟性哲学」とも呼ばれ、実在の内的本質、具体的全体に透徹する弁証法的・思弁的な理性認識にたいして、悟性的思惟の抽象的・外的な規定にとどまる認識方法にヘーゲルがとくに名づけた言葉。

＊30　ヘーゲルの一八〇六年十月十三日付ニートハンマー宛の書簡（ヘーゲル『書簡』ホフマイスター編、第一巻、一二〇頁）。「皇帝が――この世界精神が閲兵のために馬上ゆたかに街を出ていくところをみました。このような個人を目のあたりにみるのはまったく何とも言えない気持ちです。この個人こそ、この一点に結集して、馬上にまたがっていながら、しかも世界をわしづかみにしながら、これを支配しています。……プロイセン軍の運命はもちろんはじめからこのくらいであろうと予想されていましたが、しかし木曜から日曜にかけてのこの進撃は、この超人にして初めて可能です。この人に驚嘆しないわけにはいきません」。

＊31　ヘーゲルの精神哲学は、自然における他在から自己内に還帰した理念の学を意味し、主観的（個人的）精神、客観的（社会的）精神、絶対的（神的）精神の三段階で発展する。法および国家の問題はこの客観的精神において展開されるが、自由になった意志はまず抽象法において外面的法として現われ、道徳

において内面的人格性として発現し、この合法性と道徳性との統一が人倫であり、この人倫はさらに自然的・実体的な関係としての家族から、裁判・警察制度をともなう欲望の体系としての市民社会を経て、さらにその悪無限的矛盾を分業に基づく身分から成る国家のうちに止揚される。かくして国家は客観的精神の最高形態であり、《自由の現実態》であるとされる。

＊32　ヘーゲルの絶対者は精神であり、個別的主観、客観的世界における有限性を止揚して絶対精神となる弁証法的過程のはじめにしてまた終わりである。これは主観と客観、有限と無限の対立を統一し、自己を対象として純粋に意識する完全に自由な精神であり、そして直観、感情および表象、概念的思惟という自己認識の三つの方法によって、それぞれ芸術、宗教、哲学の形態をとる。

＊33　ヘーゲル『ドイツ国制論』（ヘルマン・ヘラー編）六三頁。なお、ここでヘーゲルは、その国土の一半が戦時において互いに相鬩《せめ》ぎ、他の一半が中立によって敵に委棄されるような国が、戦時平時を通じて寸断され、分割されざるをえないことを述べ、なぜなら一国の強さは「国の各部分が一の国家権力に合理的に結合されて、これらすべてが共通の防衛という偉大な目的のために用いられる方法如何にある」からだと説いている。

＊34　均制化とは、本来、ナチの権力掌握後、非ナチ組織の接収、その団体財産の収奪およびその成員の民主的権利の剥奪を意味していたが、こうした革命的前衛組織の直接的抑圧にとどまらず、革命勢力の成長のためのあらゆる源泉と通路の閉塞を目的としてなされたドイツ社会全体の強制的同質化の過程を総称して用いられる。それは労働組合、反対政党はもとより、教会や文化団体、社交的集会にいたるまで、いわゆる自発的結社の中に政治的不満と抵抗の拠点を予測して、それらを全面的に解体させ、新たに指導者原理に基づいた上からの単一的な階層的組織の中に強制的に統合した。

第十八章

＊1　非常手段、最後の手段を意味し、しばしば ultima ratio regum（帝王の最後の議論――ルイ十四世がその大砲に刻んだ句）として、武力、戦争の意で用いられる。

＊2　第十五章訳註＊2参照。

＊3　ナチズムにおいては、周知のように、《公益優先》、《血と土》、《共同体》などのスローガンがきわめて効果的に使用されただけでなく、さらにそれらを具象化する旗、音楽、照明などで整えられた大衆集会や大衆行進の儀式において、大衆は集団の心理的圧力や、その被暗示性によって理性を放棄して集団の中に統合されていった。こうしてナチズムはヴァイマール・デモクラシーを《儀式的・魔術的民主主義》（ノイマン）に変え、そこでは魔術が主要な関心事となった。様々な場合に、未開種族の慣習を思わせる魔術的儀式が祝われた。例えば、年ごとになされるヒトラー青少年団員の入党は、未開社会の成人式に匹敵し、大衆集会での斉唱は自然や社会すら一変させる力をもつかのように信じられる。指導者《ヒューラー》に触れることとそのことも魔術的な儀式となる。さらに、こうした魔術の強調は、言語さえ変化させ、そこでは名詞が動詞に取って代わる傾向がある。事物はなされるのではなく、生じるのである。《運命》、《摂理》が事物を――ドイツの勝利を生み出すものとされる。このように言語において能動性が否定され、名詞や非人称代名詞《それ》の非人格性が強調されることの背後には、ナチ社会において人間の自発的な思考や能動的な役割が喪失されているという事実が対応している。

＊4　ルソー『人間不平等起源論』第一部、参照。もっとも、この《自然人（l'homme de nature)》はおよそ自然的概念から遠いものであり、ルソー自身も自然状態を実在したものとは決して考えていない。それは《歴史的真理》ではなく、当代の社会悪に対比させて、その本性を解明するために適当な単なる《仮説的・条件的推理》であった。

＊5　キルケはギリシア神話においてアイアイエ島に住む魔女で、その宮殿の周囲には彼女の魔法によって

人間から転身した野獣が住み、客人におもねった。オデュッセウスがトロイアからの帰途、この島に着いたとき、その仲間は豚に変えられたが、彼はヘルメス神に助けられてキルケを捕え、仲間を人間に復帰させた。

＊6　カントによれば、自由は偶発的な行為、すなわち非決定論のうちにはなく、絶対的な自発性にある。しかも、それは実践理性の自律において、単なる自然的機制からの消極的自由のほかに、積極的自由としても示される。自律とは、意欲の対象の性質によって規定される他律とは異なり、意志がそれによって自己自身にとっての法則であるところの意志の性質、構造である。法則は客観的・普遍妥当的であるゆえに、自律の原理は意志の格率が普遍的立法原理として妥当しうることを求める定言的命法である。したがって、自律的意志は本来、自己の立法に自ら服従するから自由であるが、しかし人間はその意志が感性に触発される有限的理性存在であり、純粋に理性のみに規定される自律的意志は実現されるべく課せられた理念である。例えば、カント『人倫の形而上学の基礎づけ』（カッシーラー版全集、第四巻）二九九頁以下、『実践理性批判』（カッシーラー版全集、第五巻）九五頁以下などを参照。

＊7　この点については、とくにエーリヒ・フロム『自由からの逃走』（一九四一年）などを参照。

＊8　終末観的思惟に支えられた宗教的ユートピアで、ユダヤ教のメシア待望から起こり、初代キリスト教では、『ヨハネの黙示録』第二〇章に示されるように、キリストが再臨して千年の間統治した後、世界が終末に達して新天新地が現われ、永遠なる神の国が始まる、と信じられた。ナチの説いた第三帝国による世界制覇は、まさにそうした擬似宗教的期待をドイツの民衆に抱かせるものであった。

＊9　シュペングラー『西洋の没落』第二版、一九一九年、一頁。

＊10　フッサールの超越論的現象学は、外的経験界の実在性を素朴に信じる日常的態度を中性化し、すべての対象の存在を括弧に入れて超越論的意識に内在化せしめ、かくして得られた純粋意識の事実に即して、その本質を究明し、記述する学を言う。この意識そのものに即し、純粋内在において本質的に透観しうる

以外のものを要求しない態度によって、哲学は初めて普遍的、根本的な意味で厳密な学となり、諸学の対象の本質だけでなく、純粋意識のノエシス・ノエマ的相関の本質をも明らかにすることによって、学一般の本質と根拠をも開示されると説く。

＊11　ハイデガー自らは、自己の立場を解釈学的現象学を方法とする基礎的存在論と呼び、実存哲学から区別しているが、存在そのものの解明が意図され、その場合の通路として実存が重視されているかぎりにおいて、広義の実存哲学の範疇に入る。ハイデガーにおいて、その人間のあり方は、現存在として世界・内・存在であり、憂慮をその根本的規定とする。しかし、日常性においては人は非本来的な《ひと》の世界に頽落しているが、不安に目覚めるとき、自己がこの世にどこからか投げ出され、死によって終わる有限的存在であり、その基底に無がひそむことを自覚する。そして、人は自己を未来に投げかけ、死への先駆的決意において本来的自己に開かれ、自己の実存を回復する。この場合、超越はまったく時間性の地平で行われるのであるが、しかし戦後のハイデガーにおいては《存在の神秘主義》への傾斜が著しく、はじめ消極的に規定された無は、存在するものを基礎づける超越的存在の性格を強く帯びるようになる。従来、被投的な投企であったものも、存在の側から考えられて存在解明として捉えられ、実存はこの超越的存在の明るみの中に立ち、その光被を証するものとされる。

＊12　前註を参照。

＊13　人間という種族、すなわち人類に固有の特性から生じる偏見で、感覚の誤謬や、自然の擬人化、事実の目的論的見方のように、人間の性質を万事に投射する誤謬が含まれる。

＊14　プラトンの『国家』第七巻の有名な洞窟の比喩からとられたもので、自己の特殊な性質や境遇のために事実をありのままに把握しない偏見を言う。

＊15　広義には市場に具体化される社会生活から生じる偏見を言うが、ベーコンは特に思想伝達の手段である言語を実物と混同することから生じる誤謬として説く。

＊16　自分自身の判断によらず、歴史、伝統、権威に頼ろうとする偏見で、ベーコンは伝統的権威をもつ諸学説が劇場の舞台で演じられる虚構の世界のごときものにすぎないとして、この名を用いる。

訳者解説

政治においては、われわれはつねに火山地帯に住んでいる。われわれは突然の震動や爆発を覚悟していなければならない。人間の社会生活が危機におちいる瞬間には、つねに古い神話的観念の発生に抵抗する理性的な力は、もはや自己自らを信頼しえない。このような時点において、神話の時機が再び到来する。(1)

これは、エルンスト・カッシーラーの遺著である本書『国家の神話』(初版一九四六年)の一節である。本書は、現代文明の暗い破局的な側面——ナチ的全体主義——を解明し、それと対決するために執筆された。カッシーラーは、すでに第二次大戦のただなかにおいて、ナチズムの権力支配が絶頂に達しつつあった一九四一年に、この本の基本的着想を得ていた。最終稿は、彼が亡くなる直前には完成していたが、出版されたのは、ようやく没後の一九四六年においてであった。

本書の著者エルンスト・カッシーラー(一八七四—一九四五年)は、新カント学派に属する現代最大の哲学者、哲学史家の一人として、いまさら改めて紹介することを要さないであろう。ここでは、まず、その生涯と業績とを短く振り返ることによって、本書がその遺著たるにふさわしい内容と意義をもつ所以を明らかにすることから始めよう。

一 生涯と著作

カッシーラーは、一八七四年にブレスラウのユダヤ富商の家に生まれた。ベルリン、ライプツィヒ、ハイデルベルクの諸大学を転々としながら、はじめ法律学を選び、まもなくそれをやめて、もっぱら哲学、文学、歴史学を学ぶようになった。とくにゲオルク・ジンメルの感化を受けてカント哲学への関心を深めた(一八九二—九六年)。のちマールブルク大学に転じ、ヘルマン・コーエン、パウル・ナトルプの指導のもとでカント、プラトン、デカルト、ライプニッツの哲学を研究し、さらにコーエンのカント解釈の理解のために不可欠な数学、物理学、生物学などの自然科学をも学んだ。

彼は、生来、その類い稀な記憶力と、すぐれて創造的な思考力、さらにそれと結びついて問題の本質的核心に迫り、他の問題との有機的関係をも見透す鋭い洞察力とに恵まれていた。すでにマールブルクでの最初の学期末には、大学と大学町のすべての人々から、その非凡な才を認められていたと言われる。ほぼ二年後、ライプニッツに関する浩瀚な研究(2)をすでに完成していたが、その最初の部分にあたるデカルトの認識論の研究(3)によって、一八九九年にはマールブルクの哲学部から学位を与えられた。

その後、マールブルク学派の立場に立って、数学的・自然科学的思考の認識論的基礎づけを試み、それを裏づけるためにルネサンス以後の科学史、哲学史に関するすぐれた研究を次々と発表していった。それらは、いずれも認識論、近世哲学史の分野において一時期を画するものであった。カント哲学にきわまる近代ヨーロッパ思想の発展を跡づけた大作『認識問題』は、一九〇六年にその第一巻（クザーヌスからベールまで）、さらに二年後に第二巻（ベーコンからカントまで）が世に送られ、ただちに広く、その高い学問的価値を承認された。(4)

この書物では、イタリア、ドイツ、フランス、イギリスの哲学思想家たちが、周知の哲学体系や理念の発展の中で有機的に連結され、新たな意義づけと歴史的評価を与えられた。さらにケプラー、ガリレイ、ニュートン、オイラーなどの自然科学者の名前が初めて哲学史の中に位置づけられ、その哲学的観念、科学的方法や成果、彼らの認識論にたいする重要性が詳細に分析された。とくに、認識の展開を神話や宗教、心理学や形而上学、倫理学や美学といった精神文化の全体と結びあわせて広範な一般的背景を示した点に、その重要な意義があった。

この書物の大きな成功とともに、カッシーラーは、コーエンの勧めに従ってベルリン大学の私講師になることを決意する。一九〇六年の就任講演をめぐる討論にあたって、次のような挿話が伝えられている。当時、ベルリン大学ではマールブルク学派に強く批判的であったアロイス・リールやカール・シュトゥンプフが哲学部門を牛耳っており、彼らはカッシーラーの就任を拒否しようとした。しかし、この討論に立ち会った老ヴィルヘルム・ディルタイがはっきりとカッシーラーの肩をもち、後世の人から彼を拒んだと言われたくないと断言したため形勢が一変し、即座に彼の就任が決定したという。なお、この前後から、彼は三巻にわたるライプニッツ著作集の監修にもあたっている。[5]

カッシーラーの最初の体系的著作は、近代科学の構造、その基礎概念の認識批判的な研究を行った『実体概念と関数概念』である。[6]そこでは、厳密な自然諸科学の様々な分野の基礎にどのような特殊な概念があるか、数、空間、時間、エネルギーなどのようなカテゴリーの論理学的本質は何か、といったことが究明されている。とくに彼が興味を寄せたのは、科学の一の分野から他の分野、例えば数学から物理学へ、物理学から生物学へといったように移行する場合、諸概念の構造がその性格をどのように変化させるか、という問題であった。この書物の最後の部分は認識論プロパーにあてられ、いかなる概念や方法によって人間理性が感覚的印象から客観的科学の諸体系へ変わっていくかについて論じられている。こうして人間理性の諸原則や方法は、それを実体化する絶対性の要求から自由にされ、人間の認識のための柔軟な道具としての機能的本質を明らかにされた。

この著書の出版後も、彼のベルリンの私講師としての地位は依然として変わらなかった。しかし、その間に、コーエンなどとの協力のもとでカント全集の原典批判ならびに刊行に従事した。[7]この新版全集のために、彼はカント哲学を伝記的・哲学的に解説した力作を著わした。[8]これは、カントの中心思想の発展を明快に跡づけるとともに、例えば『判断力批判』についての独特な分析などにおいて、カント解釈の定評ある研究の一つになった。

第一次大戦の勃発とともに、カッシーラーは文官勤務に徴募された。彼の仕事は外国新聞の閲読だったため、戦争の帰趨を様々な観点から眺め、また事態の真相を知る上で便宜であった。彼はすでに戦争の初期からドイツの敗北を予想していた。実際、彼の人柄そのものが、明らかにプロイセン軍国主義の帝国主義的妄想とは相容れなかった。しかし、彼は、自ら実践にたずさわる政治家たるよりも、むしろ哲学することを好む人間であり、この戦争の究極的な精神的価値——当時、《ドイツ的自由》と《一七八九年の理念》をめぐって闘われていた——にたいして自己の態度を表明することで満足した。すなわち、一九一六年に著わされた『自由と形式』では、ルターからドイツ観念論にいたるドイツ精神史の展開を跡づけ、ドイツの思想と文化において個人や諸国民の尊厳性と自由を主張する一切の人間主義的・理想主義的な諸傾向を力強く擁護することに努めている[9]。彼は、人間の精神的解放のための闘いを、ルターにおける信仰の自由から、レッシングの寛容の理念、シラーの自由への熱情、カントの自然権の思想、ゲーテの教養の理想にいたるまで、美しい文章で叙述している。

第一次大戦後、カッシーラーは、ドイツに新設されたハンブルク、フランクフルトの両大学から招聘され、一九一九年からハンブルク大学の哲学正教授に就任した。爾来、その職にあった期間は彼のもっとも多産な時期で、『認識問題』二巻に続いてカント以降フリースまでの諸体系を扱った第三巻（一九二〇年）、相対性原理を認識論的に考察した『アインシュタインの相対性理論[10]』、さらに、先のドイツ精神史の研究を補う古典派やロマン派に関する論文集『理念と形姿』(11)などを次々と世に送った。

やがて概念形式を単に認識に限らず、様々な世界了解の具体的な諸形式にも認める立場に立って独自の哲学を樹立するにいたる。

言うまでもなく、第一次大戦は、ヨーロッパに深い精神的危機をもたらした。それは、なかんずく、人間理性こそが社会生活の原動力だとみなす伝統的信念を、その根底まで震撼させた。戦争の進展およびそれに続く歳月において、戦争によって破壊され、混乱させられたヨーロッパの多くの諸国に全体主義的イデオロギーが生まれた。それが権力の座に誇らかに進んでいった過程は、《ファシズムの精神的な父》(B・ムッソリーニ)と呼ばれるジョルジュ・ソレルによって今世紀初頭に語られていた予言――つまり、人間の行動、ひいては歴史を規定するものは理性ではなく社会的神話ではないか、という予言――の真理性を実証するようにみえた。こうした激動する歴史の過程は、現実の問題にたいする新しいアプローチを要求し、それを理解するためには従来とは別の方法を必要とするであろう。カッシーラーのシンボル形式の哲学が生まれた背後には、こうした時代の状況が存在していた。

いまや、カント＝コーエン的認識論の一面性がカッシーラーには明らかになった。人間の精神と了解の前提となるのは、単に人間理性にのみ限られたわけではない。むしろ、人間の精神と現実を架橋し、われわれの現実性の観念を規定し、形作るものは、想像、感情、意欲、論理的思考といった、様々な機能や衝動をもつ人間精神の全体である。現実界の全体は、ある一定の心的形象＝《シンボル形式》によってのみ把握されうるのであり、人間文化の総体は、われわれの精神において、これらのシンボル形式の無限の系列の中に反映される。カッシーラーは、この形式の一般的構造、それを規定する心的機能を分析し、さらに人間生活の様々な分野、宗教、芸術、科学、社会行動などの基礎には、いかなるシンボル形式があるかを見出そうと努めた。

カッシーラーがハンブルクに赴任したことは、とくにこの研究にとって好都合な条件を提供した。ハンブルクにおいて、彼はこうした研究に必要な資料を豊富に収集している有名なヴァールブルク・ビブリオテークを利用することができたからである。一九二三年から二九年にかけて三巻に分けて公刊された大著『シンボル形式の哲学』は、豊富な歴史的・体系的素材に基づいて、世界了解の前提となるシンボル形式の一般的理論を与え、それを言語、神話、認識の諸問題に適用している。それは、各シンボル形式の特有の傾向・性質を分析し、現実を全的に捉え、この精神形式論によって精神科学の方法を確立しようとするものであり、ヘーゲルの精神現象論への接近を示している。(12)

カッシーラーのハンブルクにおける十数年の多産な歳月には、その他、主要なものだけでも、なお次のようないくつかの著作が含まれている。ギリシア初期の哲学やルネサンス期の哲学、さらにイギリスにおけるプラトニズムの発展を扱った哲学史の研究(13)をはじめ、カント哲学の啓蒙思想における独創的な位置づけを与えた『啓蒙主義の哲学』(14)、ゲーテの文学批評としてもすぐれた『ゲーテと歴史的世界』(15)（邦訳『ゲーテとプラトン』）などが次々と世に送られた。この間、一九三〇年にはハンブルク大学総長に選ばれた。彼は、その広い教養と深い学識によって、大学の多面的な文化的役割をよく代表することができた。

とくに見逃してならないのは、それを代表的に示す一例として、一九二八年八月に行ったヴァイマール憲法記念日の講演であろう。彼は、ヴァイマール共和国を《非ドイツ的》と誹謗する多くの反動の声に抗して、デモクラシー支持の態度を明らかにした。「個人の不可譲の基本権という思想が理論の領域から実際の政治の世界にまで拡がっていった」という事実の中に、彼は近代憲法史のもっとも重要な成果を見出した。そこには、単に哲学思想の歴史家というだけでなく、一個の市民かつ人間として、自由、正義、平和などの理念の歴史的由来を遡り、それによって時代の政治的趨勢に立ち向かうようにドイツ国民を勇気づける姿勢が表われていた(16)。

それより前、徐々にドイツ全土を席捲しつつあったナチズムが、一九三三年には、ついに共和国の権力を掌握するにいたった。すでに数年来、カッシーラーは、このナチ運動の大きな危険性を認めていた。彼はヒトラーやナチ指導者たちの演説を耳にしたことがなく、また彼らの著書や宣伝文書を決して読もうとしなかった。しかし、この運動がドイツと世界に何をもたらすかということを鋭く洞察していた。したがって、カッシーラーは、ナチ政権の成立後、ただちに罷免を待つことなく辞職し、ヒトラーのドイツにおいてなすべき何ものも残されていないことを見きわめ、国外への亡命を決意した。

カッシーラーは、ドイツを離れて最初にオクスフォード（一九三三―三五年）、次いでスウェーデンのイェテボリ（一九三六―四一年）の各大学の教授となったが、このスウェーデン滞在中の数年間も彼にとって実り多い歳月になった。

一九三七年には現代の原子物理学の問題を扱った著作が公刊された[17]。これは、現代物理学の基礎概念の発展を跡づけ、量子論にいたる思想の歴史的連続性を明らかにするとともに、彼のシンボル形式の哲学の基本原理に基づく量子論の認識論的解釈を与えている。すなわち、量子論の当面する困難性は、そこで使用されているシンボルの体系があまりに狭すぎることにあることを論証した。スウェーデンにあった数年間、彼は、その融通無礙の精神の適応性を発揮して、スウェーデン語を完全にわがものにし、スウェーデンの芸術、哲学、文学、歴史をも研究した。そこで出版されたデカルトに関する新しい研究では、クリスティーナ女王の譲位というスウェーデン史上もっとも困難な問題にたいして、デカルトに新しい光をあて、その思想的影響を分析している[18]。一九四一年夏までには、十九世紀半ばから現代にいたる認識論の発展をたどり、現代哲学の分野におけるあらゆる重要な運動を批判的に分析した『認識問題』第四巻が脱稿されていた（戦後になって公刊）。そのほかにも、文化科学の論理学に関する著作など[19]、いくつかの力作を通して、ナチ権力のもとで圧殺されたドイツの学問的伝統を、よく国外にあって守り通した。

一九四一年の夏にはイェール大学の客員教授として渡米した。彼の当初の意図では二年間だけアメリカに滞在し、その間に市民権を得たスウェーデンに帰るつもりでいた。しかし、第二次世界大戦によってそれを不可能にされ、終生アメリカにとどまることになった。

こうして、カッシーラーは、イェール（一九四一―四四年）、コロンビア（一九四四―四五年）の各大学で科学哲学や歴史哲学を講じながら、アメリカ科学の成果を取り入れて、一九四四年には自ら英語で執筆した『人間』を著わした。この書物において、彼はそのシンボル形式の哲学を平明に解説し、人間文化の様々な領域、とくに初めて芸術と歴史学の領域においてシンボル形式が決定的な役割を演じていることを明らかにした。[20]

生涯の最後の十年ばかりの間、カッシーラーは、ますます社会科学の分野の研究に時間を捧げるようになった。従来においても、つねに彼を強く惹きつけていたが、まだ一度も体系的に論じたことのなかった人間文化のこの分野に、いまこそ彼はそのシンボル形式の哲学を適用すべきときだと感じた。ほとんどヨーロッパ全土を制覇するかにみえた全体主義的イデオロギーの進展は、世界全体を脅かすこの破壊的勢力に正面から立ち向かうべきことを、ついにカッシーラーに迫った。

彼は当時、様々な主題を扱った論文の中の一つで、ナチズムがそのイデオロギー上のスケープゴートとして、なぜユダヤ人を選んだかについて独自の分析を与えている。[21]そこでは、ナチズムがその権力の基礎を歴史的・社会的神話に置くのにたいして、ユダヤ人がつねに神話的思惟への傾向を欠いていた所以を明らかにした。この間、彼は自らの主要な課題とみなした全体主義の神話の研究に没頭し、一九四四年には、この問題にたいする彼の解決を示した浩瀚な原稿が出来上がっていた。それが彼の遺稿となった本書『国家の神話』であり、やはり彼自身の手によって英語で執筆されたものである。

本書は、神話の本質の規定に始まり（第一部）、初期ギリシア哲学以後の政治理論の発展を神話との闘争の関連において分析し（第二部）、さらに人間文化の全面的な破壊しかもたらさない現代の政治的神話の技術をくわしく究明している（第三部）。したがって、本書は、彼のシンボル形式の哲学にきわまる神話、宗教、言語、科学についてのほぼ半世紀にわたる長い哲学的研究と、さらにその数多くの業績に示される該博な哲学史的研究の成果とを集大成して、時代の問題と対決したものと言ってよいであろう。こうして彼は、その死の直前にいたるまで精力的な著作活動を続け、本書の公刊をみることなく一九四五年四月に死去した。その死後、彼の主要な著作が次々と各国語に翻訳され、とくにその大作が英語に移されていることは、現在なお彼の哲学的業績がアメリカをはじめ世界の哲学界で高く評価されていることを物語るものである(22)。

二　カッシーラーの神話理論

カッシーラーの神話に関する理論は、『国家の神話』を別として、すでに述べたように『シンボル形式の哲学』第二巻で詳細に展開され、さらに『人間』や比較的小冊子の『神話的思惟における概念形式』、『言語と神話』などでも扱われている。それらに示される神話理論を顧みることは、彼のナチズムとの対決を理解する上で不可欠であろう。しかし、その前に、あらかじめ、カッシーラーの神話理論がその中に位置づけられている彼のシンボル形式の哲学について簡単に触れておかなければならない。

カッシーラーのシンボル形式の哲学は、彼の自然科学や精神科学の認識論的研究を一の文化哲学の体系にまで綜合したものと言うことができる。この場合、彼は、新カント主義の人々と同じく、経験一般の可能性の制約を経験の対象の可能性の制約と同一視するカントのいわゆる綜合的判断の最高原則から出発する。同時にまた、彼はそれをマールブルク学派の立場から《カントを超えて》推し進めようとする。その経験の対象が《物自体》から区別された《現象》にすぎなかったカントにとって、経験と対象との同一視は、つねに限定されたものにとどまっていた。したがって、カントを超えるためには、この《物自体》を捨て、対象からあらゆる実体性を奪い、それを単に客観化の論理的過程の帰結ないしは《機能》とみなすことで、同一視を全面的なものにしなければならない。

カッシーラーによれば、われわれが所与の現実にたいする創造的精神の優位、あるいは《対象》にたいする《機能》の優位という批判哲学の基本的命題をひとたび承認するなら、それを認識機能とその対象である認識可能な事物にのみ限るには及ばない。精神がそれを通して創造性を表現しうる別の形態があり、それはたしかに認識とは異なるとしても、しかしそれに劣らず一定の構造と法則をもち、それ自身の意味の領域を形作っているのである。これらの構造を探り、その意味内容を探ねることは、一の対象あるいは一群の対象のうちに現われる精神の様々な基本的な志向や傾向の差異を見分けることと同じである。なぜなら、これらの対象は、それが由来する精神的志向によって形作られた所産にほかならないからである。

例えば、芸術作品について考える場合、それが芸術的な想像力との関連、あるいはそれの所産としてあるところのものを抜きにすれば、実際いかなるものも存在しないであろう。芸術的対象の世界は、そうした精神的志向の一つが不断に整然と表現されたものにほかならない。同じことが神話的思惟や言語についても妥当するであろう。こうしてカッシーラーは、カントの先験的批判が純粋認識にたいしてなし遂げたものを、広く精神形態の全般にわたって適用し、世界了解一般の根本的諸形式を明らかにしようとする。

これによって、理性の批判は文化の批判になる。それは、文化の一切の内容が単に個別的な内容以上のものであり、ある普遍的原理に基づくものであるかぎり、精神の創造的行為を前提する所以を理解し、証明することに努める。ここに初めて観念論の基本的命題がその本来の完全な実証を見出すであろう。(23)

観念論的分析が認識の領域に限られているかぎり、素朴な実在論的世界観はまだ徹底的に打ち破られたとは言えない。様々な文化的形態の存在に目を向けるとき、初めて非精神的な実体としての《物自体》の観念は無意味になるであろう。

そして、こうした精神の形態をカッシーラーは《シンボル形式》と名づけている。彼によれば、シンボル（象徴）は記号とは異なって直観的な普遍的意味を表現する。つまり、象徴の意味は、それに本来内在するものであり、それとは別の対象に関連づけられて初めて理解されるものではない。したがって、シンボル形式は任意に構成されたり取り替えられたりすることはできない。それは、いわば意味を吹きこまれ、意味によって生気づけられた媒体なのであり、形式の中にというよりも、形式として自己表現された意味だと言うことができる。

このような観点から、神話、芸術、言語、科学は象徴と考えられる。それらは現にある現実を具体的な形象として表わし、アレゴリーの形で指示し、解釈するのではなく、それぞれが固有の意味の世界を作り上げ、生み出すという意味において象徴なのである。これらのうちに、それによってのみ精神にとって一の《現実》、一定の秩序づけられた存在が現われる精神の自己展開が表示されている。いまや、個々のシンボル形式は、それによってのみ現実にあるものが精神的了解の対象となり、またそのようなものとしてわれわれに可視的なものとなるがゆえに、この現実の模倣ではなく、その機関なのである。(24)

象徴は、単なる観念的な構成物ではなく、むしろ現実を形作る動態的な精神の機能なのであり、象徴とその対象を分離することはできない。こうしてカッシーラーは、精神の自発的創造性を強調し、精神を多様な表現の中で存在の統一を示す構成的機能として考えているのである。

真の現実性の概念は、単なる抽象的な存在形式の中に押しつめて表わされるものではなく、むしろ、それは精神的生活――それに内面的必然性の刻印とともに客観性の刻印が表現されているごとき生活――の多様で豊かな形式の中に現われる。この意味において、いかなる新しい《シンボル形式》も、すなわち、単に概念的な認識の世界だけでなく、直観的な芸術の世界、あるいは神話や言語のそれも同じく、ゲーテの言葉に従うなら、内から外に向けられた啓示、《世界と精神の綜合》を意味する。(25)

したがって、純粋な認識形式に限らず、様々なシンボル形式は、それぞれ世界把握の固有の態様を表現するものである。たとえば、神話や宗教は情動の、言語は知覚の、芸術は直観の象徴的表現なのである。いずれも現実了解、いわば観念的な世界創造の固有のオルガンとして、理論的・科学的認識と並んで独自の課題と権利をもっている。これらの文化的表現の諸形式は、それぞれの視角において、人間が自己認識や総体的な環境についての認識を試み、人間が経験し、知覚する世界を構成する場合に、感覚的直観や論理的範疇の一定の形式が自然界を構成するのと同じ機能を果たすのである。そして、このような象徴過程のすべてを通じて、文化的象徴の構想と形成における人間精神の創造的な機能を見逃してはならない。

こうしてカッシーラーの『シンボル形式の哲学』全三巻は、人間文化の全体をまさに人間精神の客観的表現として理解する。しかも、シンボル形式が特定の視点によって初めて可能となる以上、諸々の異質な現象や実在の連関のうちにそれぞれ独自の固有性を認め、《人間文化の現象学》を展開するものにほかならない。

しかし、哲学がこうした人間の諸活動を有機的全体として了解させ、その基本的構造を捉えようとするものであるかぎり、それは単に経験的または歴史的に人間文化の資料を蒐集するだけでは不十分であり、いっそう大きな綜合と包括をなし遂げなければならない。このような人間文化の事実の組織化は、個々の科学、たとえば比較神話学、宗教学、言語学、芸術史などですでに始められており、こうした科学それ自身によってあらかじめ行われる綜合がなければ、そもそも哲学はその出発点を見出すことができない。

この点において、カッシーラーは、新カント主義の人々がいわばカントからヘーゲルへの歴史的歩みを再び繰り返し、ついにコーエンやナトルプにみられるように、宗教哲学の優位を承認し、形而上学的色彩を帯びるにいたったのとは趣きを異にしていた。彼は批判哲学を思弁的構成の出発点としてではなく、《経験の豊饒なパトス》の上に用うべきことを説くカントの警告に、きわめて忠実であった。しかし、他面において、これらの科学が個別的に成立するとしても、そこには何ら体系的なコスモスの成立を認めることはできない。したがって、哲学はここにもとどまりえないのであり、実在全体の統一をいっそう体系的・包括的に追求しなければならないであろう。

このことは、人間を何らかの実体的な統一として、人間の形而上学的本質を仮定し、あるいはその先天的能力を前提することによって捉えうるものではない。むしろ、人間の機能的統一を考えることによって可能である。[26] カッシーラーの哲学の根底にあるのは、実体概念と関数（機能）概念との対立であり、あらゆる実体化を排して、実体的直接性を関係概念に変えることであった。そしてシンボル（象徴）という概念は、人間の文化的および前文化的な活動の全体に適用された、このような機能的概念にほかならない。

カッシーラーによれば、人間のあらゆる認識は歴史的文化の象徴的カテゴリーによって組織化されるものである。それゆえ、人間の象徴的な文化的表現の分析を抜きにして、その存在論的ないしは実体的な存在を考えることは不可能である。こうして、哲学の課題は、神話的形象、宗教的教理、言語的形態、芸術作品等々の無限の多様性の中に、これらを結合する人間精神の一般的な象徴機能の統一を明らかにすることである。これらの様々なシンボル形式は、いずれも精神の同一の象徴機能の客観的実現にほかならないが、それぞれ異なった実在の側面をわれわれに示すことによって、互いに補完しあい、弁証法的統一の関係に立つのである。

人間にとって、あらゆる現実は、究極的には、人間精神そのものが歴史的発展の過程の中で作り出した文化的現実あるいは象徴的現実である。この客観的意味をもつ象徴的世界は、いわば現実性の新しい次元を形作るものと言うこともできる。こうして、人間精神は自らの経験や思想の織りなす象徴の世界に住み、さらにこれを利用し、それによってこのような世界にたいする新しい展望を獲得し、ついには、この世界を克服するにいたる弁証法的発展を遂げるのである。

カッシーラーは、神話的意識の弁証法を論じながら、シンボル形式のたどるこのダイナミックな発展の図式を与えている[27]。神話的意識を育《はぐく》む生命は、神話の世界を超えて新しい自由を求め、それを宗教のうちに見出す。宗教は、たしかに神話意識にまつわる物質性を脱してはいるが、なお感覚的基底から全面的に解放されてはいない。それは、神秘主義への傾向のうちに非形態的な精神性を示すとともに、また、宗教的イメージの世界に強く引きつけられて具象性を欠くことができない。こうした精神性と具象性との緊張と対立は、他の象徴的表現の形態、つまり芸術の領域において解決される。芸術的意識においてのみ、形象はそのようなものとして承認されるからである。そして、純粋な観照にふける芸術的意識は、象徴的表現のまったき精神化と自由の最大限の実現とをなし遂げるであろう。

こうして象徴的思考こそ、人間の自然的慣性を克服して、人間に新しい能力——人間的宇宙を不断に再建し、理想的世界を築き上げる能力を与えるものにほかならない。したがってまた、人間が《象徴的動物（animal symbolicum）》であり[28]、人間精神が象徴を必要とする知性である以上、歴史的世界や精神科学の方法論的基礎づけをはじめ、自覚としての哲学を本来的性格とする哲学的人間学も、この象徴機能の十分な理解を前提としてのみ成り立つであろう。

カッシーラーの神話理論は、こうした彼の文化哲学の体系の不可欠の一部をなすものである。神話もまた人間精神の固有のシンボル形式として考えられなければならない。したがって、それはもちろんシェリング的な絶対精神の神統記的過程ではないが、また単に経験的な心理学的表象の所産とみなされることもできない。

神話意識の批判的現象学は、根源的な形而上学的事実としての神性からも、また根源的な経験的事実としての人間性からも出発しえないのであって、それは、ただ文化過程の主体である《精神》をその純粋な現実性とその多様な形態において捉え、それらのものが従う内在的規範を確定しようとするのである。(29)

カッシーラーは、神話的機能の本質を探り、それを他の言語、芸術、認識などの機能と対比して把握することに努める。神話は、固有の精神的原理に基づく独自の意味の世界を創造する。この点において、神話は「ただ曖昧な表象や情動のうちにとどまるだけでなく、客観的な形態をもとりうる。それは、むろん《対象規定》の論理的形式と一致するものではないが、なお特定の形態を与え、客観化をもたらす仕方、《多様なものを綜合し》、感覚的な諸要素を総括し、互いに関連づける一定の仕方を固有のものとしてもっている」(30)。たしかに、原始的トーテミズムの奇妙な観念は、現代の四次元空間の概念とはまったくかけ離れているようにみえるかもしれない。しかし、いずれも、ともにある一定の内的構造の規則性を示し、人間精神の若干の基本的機能に還元されうるのである。

カッシーラーによれば、神話的思考は、その様々な特性をもった一元的な意識形態である。神話における対象には何ら一致がなく、ただその独特の経験様式に表現された機能において一致しているだけである。したがって、彼は神話の起源をある特定の自然的対象に関連させて説明しようとする、いずれの《自然神話学》の形態にも反対した。カッシーラーの課題は、無限に多様な神話の世界が、それによって固有の精神的全体を作り上げる形態的な統一性の本質を明らかにすることであった。

神話は独自の文化的形態なのであり、他の象徴形式、例えば言語に還元して説明することは許されない。ここに神話の起源を一種の言語疾病とみなすマックス・ミュラーの解釈の問題性がある。言語あるいは自然的対象といったものにおける起源の統一性ではなく、最後に生み出されたもののうちに現われる構造と機能の統一性こそが真に客観的なものである。神話は、それから独立した客観的現実の反映ではなく、むしろ真に創造的な精神の所産であり、そのようなものとして神話的思惟は、その固有の客観的現実の形態を表現し、他のシンボル形式と区別される独自の真理をもっている。

こうしてカッシーラーは、いずれの比喩的解釈にたいしても、それが神話を他の哲学、宗教、歴史のごとき文化的真理様式に引き戻すことによって、神話的表現のユニークな特性を説明しえないがゆえに反対する。

神話においては、現実的なものと観念的なものとの間に何らの区別も存在しない。イメージはそのままものそのものであり、それゆえ神話的思考には観念的なものというカテゴリーが欠如している。このことは、あらゆる段階の神話的思考にみられるが、とくに神話的行動においてもっともよく表われる。神話的な行動において、祭儀を行っている人間は、彼が表示している神やデーモンそのものに変わるのである。ここから、カッシーラーはロバートソン＝スミスと一致して、祭儀が神話に先行し、神話の物語が直接的な所与である祭儀を間接的に解釈したものと考える。こうして、舞踏や祭儀において、その執行者は自分が単に神話中の人物を模倣し、その力を代表しているものとは考えない。むしろ、その瞬間には、当の人格と一体化し、その力を発揮しているものと感じられる。

同じように、言葉や名称というものも、単に対象を示し、表わすというだけでなく、その対象の本質そのものであり、その魔力的な力をもつものである。あるもののイメージがそのものの現実的な力をもち、イメージに起ることがその対象にも起こるということは、原始的な呪術の多くにある基本的前提である。こうして、原始的な言語、芸術、呪術において、神話的思考はその象徴的な表現を対象から区別することなく使用する。それとともに、本来、原始文化においては、神話、言語、芸術などは互いに分離されない形で混在している。やがて人間精神の発展とともに、そうしたシンボル形式の多様性と相対的な自律性が意識されるようになる。その意味では、神話は、人間精神が自らの生み出した象徴的世界を通して経験する拘束と解放との弁証法の第一の階梯を意味するものと言うことができよう。

カッシーラーは、その後期の著作で再び神話の問題を取り上げている。しかし、そこには以前のものと多少異なる扱い方がうかがわれる。

『人間』では、神話に客観的特性ではなく《相貌的特性》が認められるとカッシーラーは言う。神話の世界は劇的な世界、行為と力の世界であり、神話的知覚には、つねにこうした情動的性質が入り混じっている。科学的思考のあらゆる努力は、こうした主観的・相貌的な自然観を抹消することに向けられている。しかし、相貌的経験そのものの素材は、依然として変わらずに残っている。「科学は、それらの客観性を制限しようとするが、その現実性を完全に破壊し去ることはできない[31]」。人間的経験の各側面が現実的たることを要求しているのであり、神話的知覚もまた科学と同じく現実的なのである。こうして神話は、自らの象徴的形式と範疇によって現実を了解する独特の仕方として固有の真理をもちうるであろう。

さらに、本書『国家の神話』（第一部）において、カッシーラーは、神話がその起源において情動的であるとともに、その機能が本質的に実際的・社会的であること、つまり、神話が全体の自然あるいは生命との調和の感覚とともに、社会成員相互の統一性の感情を促進するという理論を展開している。こうした神話の実際的機能の主張は、大部分、カッシーラーがしばしば言及しているマリノウスキーから引き出されたものである。ここでは、「神話の真の基礎は思考ではなく感情であり」、芸術が直観の統一性を、科学が思考の統一性を与えるのにたいして、「宗教や神話は感情の統一性をわれわれに与える[32]」。

こうした心理学的前提に基づいて、神話は自然の客観的説明というよりも人間的情動の合理化と確認をもたらす。この点において、カッシーラーは、原始文化における感情と行動に優位を与え、この心理学的現実から神話にたいする祭儀の歴史的先行性を承認する。

ところで、こうした感情の統一性という観念は、神話や宗教が人間の心的能力としての感情に共通の起源をもっているという事実に関連しているだけではない。それは別の存在論的意義をもち、生命の連帯性という事実にも関連がある。神話的世界の著しい特徴である《変態の法則》によって、どんなものも他のどんなものにも転化しうるということは、そこから由来する。こうして未開人の自然観は理論的でも実践的でもなく、情緒的で共感的なのである。未開人は、生命の多様な形態の根底にあるその基本的な統一性について、深い直接的な感情を所有している。「神話的・宗教的感情において、自然は一つの大なる社会、生命の社会となる」(33)。

したがって、カッシーラーが神話の社会的機能を論じるとき、この宇宙的共感の原理は、容易に人間社会の連帯性の観念へと移されたのである。彼は、デュルケームやマリノウスキーと一致して、神話の実際的機能は社会的危機の時期に自然全体との連帯性とともに社会的連帯性の感情をも促進することである、と主張する。むしろ、「自然ではなく社会こそが神話の真のモデルであり、神話のあらゆる基本的モティーフは、人間の社会生活の投影である」。神話の真理は、それが社会的祭儀の象徴的表現たることにある。この点において、カッシーラーは神話が単に情動に起源をもつものとするだけではない。「それは情動の表現だからである。感情の表現は感情それ自体ではない。それは形象《イメージ》に転化された情動なのである」(34)。神話は、そうした祭儀に示される人間の社会的衝動や、さらに社会的経験の客観化であり、人間の様々な恐怖や希望を組織化することによって、それを耐えやすい永続的なものに変形する。このようにして神話的思考は、とくに死の事実を否定し、生命の破れざる統一性と連続性を肯定することにつくすのである。

こうしたカッシーラーの神話理論においては、人間の心的能力としての《感情の統一性》と生命の破れざる連帯性の超生物学的仮定としての《統一性の感情》とが、いわば同一のものであるかのように論じられ、明確に区別されていないように思われる。さらに、この点とも関連して、彼のシンボル形式にたいする進化主義的なアプローチはマリノウスキーの機能主義的な神話理論と必ずしも一致しないのではないか、という疑問も提出されている(35)。

すでにみたように、『シンボル形式の哲学』によれば、人間意識が漸進的に展開するにつれて、神話的・呪術的な複合体から、しだいに言語、芸術、宗教、科学などの象徴的機能が——なおその神話に由来する痕跡をとどめながらも——分化されてくるのである。彼が批判している民族学者にとってと同じく、彼自身にとっても、神話は文化的発展の一段階たるにとどまり、せいぜい人間精神の創造的表現と自己解放のために不可欠な一段階にすぎないようにみえる。後期の著作でも、人間文化は——それを全体的に考察した場合——神話的思考から科学的思考へとその重心を移行する《人間の漸進的な自己解放の過程》として記述されている。そして、「科学の新しい光の下で、神話的知覚は光輝を失わなければならなかった。……それは、客観的または宇宙論的な意味をすべて失った(36)」と言われている。もしそうであるなら、そこに存続しているとされる《相貌的特性の人間学的価値》というものも、前批判的な人間経験の記録以上の意義をもちえないのではないか、という疑問が出てくるのではなかろうか。

カッシーラーは、本書でもみられるように、レヴィ＝ブリュールの見解[37]に批判的である。しかし、両者は、ともに原始的心性が——前論理的と名づけるか、神話的と名づけるかは別として——科学的ないしは論理的思考とは根本的に異なっており、さらにそうした科学的合理性が文化的発展の中で徐々に到達された心的状態であることを前提している点では同じである。これに反して、マリノウスキーの機能的理論[38]にとっては、神話から論理的思考のこうした進化的解釈を、とくにとる必要はない。彼によれば、神話とは超自然的なものにたいする信仰の行為の表現であり、そのようなものとして、事実上、人間文化のいずれの段階においても人間の特性をなすものである。神話的思考は合理的手段がつきた危機のときに訴えられるのであり、その意味では《前》論理的というよりも《後》論理的＝《後》科学的と言うことができる。このようにみると、カッシーラーの神話理論の問題性は、本来相容れないレヴィ＝ブリュールとマリノウスキーの見解を同時に取り上げようとするところにあるのではないかとも考えられる。

本書（第三部）の最終章「現代の政治的神話の技術」において、カッシーラーは、未開人も科学的合理性と神話的感情を明確に区別する、という機能主義の命題を承認する。それとともに、また神話を非論理的・非合理的とするレヴィ＝ブリュールの前提と一致して、合理的思考から神話的思考への逆転を、二つのものの根本的な相違を明確に区別することに失敗したものとみなしている。そこでは、神話が社会的危機において社会および自然との連帯性の感情を促進する積極的機能を果たし、また社会的神話が政治的指導者に人格化される《集団的願望》の表現ないしは客観化として駆使されることが認められる。しかも、それが非合理主義の勢力の勝利として出現するものとみられ、ネガティヴに評価されている（本書、四七九頁以下）。

全体としてみた場合、カッシーラーの神話にたいする態度は必ずしも明確ではない。彼は民族学者の見地からは神話が人間文化の発展における本質的要素をなすというロマン主義的見解に与《くみ》するとともに、批判哲学者としては、基本的に非合理的・魔力的な神話の力にたいして闘う合理主義者として立っているようにみえる。むろん、カッシーラーの神話の哲学そのものを、こうしたロマン主義と合理主義の両極端を調停する試み——その成否は別として——とみることもできるかもしれない。ここでは、しかし、カッシーラーの神話理論にたいする批判を、これ以上詳しく述べる必要はないし、またそのための場所でもないであろう。

三　《現代の政治的神話の技術》に抗して

いずれにしても、政治の領域においては、カッシーラーは、はっきりと理性の支配を主張する合理主義の立場をとっている。《二十世紀の神話》を分析して、彼は無意識的活動あるいは自由な想像力の所産としての神話を意識的で巧妙な技術によって生み出された新しい政治的神話と対比させながら論じている。

カッシーラーによれば、原始社会における呪術や神話は、例外的・絶望的な状況における《最後の議論（ultima ratio）》として、すなわち「奇蹟的な、神秘的なものの力」として社会統制的な機能を演じる。それと同じことが高度に発達した社会にも妥当する。破局的な経済的・社会的危機を克服するための絶望的な手段として、神話は政治的機能を果たす。それは人々に情動的な同意と一体性を作り出す（本書、四七八頁以下）。

ただし、現代の神話は、無意識的な活動の結果ではなく、計画に従って技術的に作り出されることを特徴とする。ナチ運動の台頭期や権力確立過程において宣伝と情報の新しい技術が重要な役割を演じてきたことは、これまでにも多くの研究者によって解明されてきた。カッシーラーもまた、現代の全体主義的な政治的指導者がその人格に魔術人＝呪術人と技術人＝技師とを一身に体現していることを指摘する。

この新しい政治的神話は、ひとりで生育したものでもないし、また豊かな想像力の野生の果実でもない。それは非常に老練で巧妙な技師によって作り出された人工品なのである。新しい神話の技術を発達させることは、二十世紀、つまり現代の巨大な技術の時代において初めてなされたのであった。爾来、神話は現代における他のいずれの武器——機関銃や飛行機——を作るのとも同じ意味で、また同じ方法で製作されうるのである。

（本書、四八三頁）

この新しい政治的神話は、まず意味論的な語法を呪術的な語法に変えた言語機能における巧妙な変化を通じて捏造された。「新語が作り出されているだけでなく、古い言葉ですら新しい意味が用いられ、深刻な語義変化をこうむっているのである」(本書、四八五頁。さらに、同頁以下、参照)。カッシーラーは、ハインツ・ペヒターらによる「ナチ・ドイツ語」に関する興味深い研究から、これまでの慣用語法では区別できない独特の言い回しの事例を紹介している。

例えばSieg(勝利)とFriede(平和)という二つのドイツ語から独特の新語が作り出される。Siegfriedeはドイツの勝利による平和を意味し、Siegerfriedeは反対に連合国側の征服者によって支配される平和を意味する、といった具合に。二つの語の組みあわせ方だけで、あるいは単語の中の一音節を変化させるだけで、激烈な政治的情動をかき立てることに役立てられる。

こうした呪術的言語の使用に加えて、そこではさらに、未開社会におけるのと同じように、組織的な社会的儀式が大規模に導入され、現代の神話の貫徹力を著しく高めた。ナチ社会では、公私の生活領域の区別がまったく存在しないため、日常生活の全局面にわたって、おびただしい儀式が氾濫することになった。いずれの人も、政治的儀式を行いながらでなければ、街路を歩くことも隣人や友人に挨拶することもできない。こうした新しい儀式のもつ効果は明白である。

同一の儀式を絶えず、一斉に、一本調子に遂行することより容易に、われわれの能動的な力、判断力や批判的な識別能力をすべて眠らせ、そしてわれわれの人格意識や個人的な責任感を取り去ってしまうものはないであろう。（本書、四八七頁）

カッシーラーは、さらに新しく装われた政治的予言の技術も挙げている。全体主義的な政治過程において、指導者の演じる予言者的役割もまた呪術的＝神話的である。

現代の政治家たちは、大衆が単なる物理力によるよりも想像力によって、はるかに動かされやすいことをよく知っており、さらにこの認識を十分に活用したのであった。政治家が一種の公の予言者となる。予言的能力は新しい統治技術の本質的な要素である。まったく信じがたい、あるいは不可能でさえある約束がなされ、千年王国が繰り返し告知される。(39)（本書、四九四頁）

カッシーラーは、こうした予言の風土を用意した先駆者として同時代の哲学者を挙げる。現代の西欧文明が没落の運命にあると予言したオスヴァルト・シュペングラーの『西洋の没落』は、その一つである。さらにハイデガーの『存在と時間』における人間の運命的な《被投性》の議論も、それに並行する例として引かれる（本書、五〇〇頁以下）。むろん、こうした哲学的学説がナチ・ドイツの政治思想の発展にたいして直接の関係をもつというのではない。事実、シュペングラーの《保守的革命》思想とナチズムとの愛憎に富む関わりにも、ハイデガーの有名なヒトラー礼讃の総長演説にも言及されてはいない。[40]

> けれども、新しい哲学は、現代の政治神話に抵抗しうる力を弱体化させ、徐々に掘り崩していったのである。文明の没落と不可避の崩壊という暗憺たる予言を内容とした歴史哲学や、さらに人間の主たる特性の一つをその被投性のうちにみるような理論は、人間の文化生活の建設や再建に積極的に寄与する望みをすべて断念してしまっている。このような哲学は、自らの根本的な理論的・倫理的な理想を放棄している。かくして、それは政治指導者たちの手中における従順な道具として使用されうるであろう。(本書、五〇一頁)

このようにして現代の全体主義国家では、現代の人間が容易に未開人の生活状態――完全な黙従の状態――に投げ返され、自由の喪失を自覚しないまま神話に屈服させられるのである。しかも、カッシーラーにとって、この新しい未開状態は、原始的心性の非合理主義に現代科学の技術が《触媒》的に作用して作り出されたがゆえに、古いそれよりも、いっそう恐るべきものであることを意味していた。

彼がこの《二十世紀の神話》という第三部の表題を用いたときには、言うまでもなくナチの理論的指導者アルフレート・ローゼンベルクの同名の著作が念頭にあったことは明らかであろう。もっとも、本書では、カッシーラーはローゼンベルクの名前を一度も挙げていない。ナチ・ドイツのリーダーたちについても同様であり、ヒトラーの名前さえ、別の研究者による本のタイトルに出てくるだけである。これは、彼が『国家の神話』から時事評論的な印象を払拭して、あくまでも哲学的研究書としての性格をもたせることを意識したからであろうか。もしそうだとすれば、いかにもカッシーラーらしい手法と言うこともできよう。

いずれにせよ、このナチ公認の《哲学者》ローゼンベルクは、そもそも《神話》をどう考えていたのであろうか[41]。ローゼンベルクによれば、科学の対立概念として一般に軽視されがちな神話は、むしろ科学を超える真理を示すものとして積極的に評価される。神話は、人種や民族による自然や生命の直観であり、その民族の特質や運命を啓示するものである。むろん、そこでは客観的・普遍的な真理の基準たるべきものが、ことごとくユダヤ人、カトリック、あるいは民主主義者の倒錯として否定される。逆に、北欧的人間、とくに指導者ヒトラーのみが民族にとって何が真理であるかを誤りなく決定する資質をもつものとされている。こうしてローゼンベルクの神話の哲学は、民族共同体とその指導者の特定の政治的行動様式を正当化する役割を果たすものであろう。それは客観的な規範的真理の諸前提を掘り崩し、国際関係に妥当する普遍的な理性と文明の価値基準を破壊する試みでしかありえない。そして、カッシーラーがその激しい非難と批判を投げかけたのは、まさにこの新しい《国家の神話》――むしろ正確には《民族の神話》――にほかならなかったのである。

本書の第三部において、カッシーラーはナチズムの政治神話をイデオロギー的に構成する要素として、英雄崇拝、人種主義、さらに全体主義的国家を挙げ、これら三者について思想史的遡源を試みている。カーライル、ゴビノー、ヘーゲルというそれぞれの代表的思想家たちが、イギリス、フランス、ドイツというように地域的・歴史的に《配分》されていることも注目される。(42)

こうしてみれば、《二十世紀の神話》は、それぞれの契機としては、すでに長い系譜に立つものだったことがわかる。しかし、これらの契機を《混合》することによって生じる恐るべき爆発力に照らせば、当時、それを一体化して受容することなど思いつく者はいなかったであろう。実際また、その爆発は、何人も予想できなかった例外的な歴史的状況なしには生じえなかったものであった。

さらにカッシーラーは、こうした現代の政治神話を諸要素に分解して取り出した場合、それぞれの思想家たちの議論は、あくまでも「アカデミックなものにすぎなかった」と指摘している（本書、四七五頁）。

たとえばカーライルの場合、その道徳的な英雄観は普遍的な妥当性をもつものとされていた。その「ロマン主義的」英雄主義の観念は、現代の政治的「現実主義者」たちのそれとは異なるものであった。ある意味では、同じことがゴビノーの人種論にも指摘できるであろう。むろん、ゴビノー理論のどの部分についても、カッシーラーは賛成できなかった。しかし、ゴビノーの貴族人種の理論は、近代ナショナリズムの政治的情動と融合することによって、初めて巨大な爆発力を与えられた。にもかかわらず、このナショナリズムの契機こそゴビノー自身には欠落していたものであり、彼は愛国心をゲルマン的美徳の退廃現象とみなしていた。

こうした視点から、カッシーラーのヘーゲル像は、いっそう注目に値する。彼はヘーゲルの『法の哲学』から《対位法《コントラプンクト》》的（H・リュッベ）に二つの結論を引き出している（本書、四六七、四六九頁）。

他のいずれの哲学体系も、ヘーゲルの国家学説――この《地上に現存する神的理念》という理論ほど、ファシズムと帝国主義を準備するのに貢献したものはない。歴史の各時代には、世界精神を実際に代表するただ一つの民族が存在し、そしてこの民族が他の一切の民族を支配する権利をもっているという思想は、実際、ヘーゲルによって初めて言い表わされたものであった。

文化生活の諸形態は、独立した意味と価値をもち、外的な支配権のもとに置かれえないものである。国家はつねに、ヘーゲルが述べているように「有限性の領域の上に」存在する。ヘーゲルは、芸術や宗教や哲学を国家に従属させることはできなかった。

すなわち、ヘーゲルにおいては、たしかに国家は一切の道徳的義務から解放されていた。しかし、国家はなお「客観的精神」の領域に属するものであり、理念が自己を実現する場合の一契機にすぎなかった。弁証法的過程において、国家は「絶対的理念」の領域によって超越される。すなわち、国家は芸術、宗教および哲学という最高の文化財を自己の目的のための手段として取り扱うことはできないのである。

有名な《権力のうちにある真理》を論じた若きヘーゲルの『ドイツ国制論』についても、カッシーラーは同じように論じている。彼は、そこに「かつて提出されたもっとも明確な徹底したファシズムのプログラムを含む」と認めつつも、この憲法を作り、支える民族に内在する精神を「一政党の、あるいは一指導者の意志に屈従させることは、ヘーゲルには不可能であった」と結論する（本書、四五七、四七〇頁）。

ヘーゲルは国家を賞揚し、讃美しえただけでなく、実際、それを神化することさえできた。しかしながら、ヘーゲルの国家権力の理想化と現代の全体主義体制の特徴であるあのような偶像化との間には、明白な、まぎれもない相違が存在しているのである。（本書、四七一頁）

こうした基調は、さらにヨーロッパ政治思想史における神話的思考との闘争を跡づけた本書の第二部でも一貫していることは当然である。むろん、そこには、この二つの部分の間を有機的に関連づけた説明が必ずしも十分になされていない、という批判もある。[43] また、思想史の部分についても、例えばルネサンスに多くの筆が費やされながら、ひとしく重要な宗教改革について内容的にはまったく言及されていない、という指摘もある。[44]

しかし、強烈な現代的問題意識に貫かれてヨーロッパ思想史の再検討を試み、初期ギリシアから十九世紀にいたる政治思想の発展を、その哲学的・形而上学的背景に即して、簡潔に、しかも流れの本筋を明確に力強い筆致で叙述しているのは、さすがに大家の筆になるものとして驚嘆に値する。古代・中世思想における合理主義的な思想遺産の把握や、マキャヴェッリにおける技術学としての政治思想の偏見のない解釈など、まことに見事と言うほかない。とくにカッシーラーの晩年の著作では、ルネサンス時代の思想家たち――ガリレイやケプラーからピーコ・デッラ・ミランドラ、さらにフィチーノなど――にたいする関心が高いことも印象的である。

総じてルネサンスと啓蒙主義こそ、カッシーラーをもっとも惹きつけた精神史の時代だったように思われる。とくに啓蒙主義において、哲学は大学の講壇から一歩踏み出し、現実政治の紛糾の中へ入っていった。人間の基本的権利という思想は、抽象的な理念から政治的行動となり、新しい社会的現実性を獲得した。ホッブズの社会契約論について論じている結論を引いてみよう。これこそが、カッシーラーによるナチ政治神話批判の中核をなすものであろう。

この基本権、人格にたいする権利は、ある意味において、他のあらゆる権利を包含している。自己の人格を維持し、発展させることは、普遍的な権利である。それは個々の人間の気紛れや移り気に任せられないものであり、したがって一の人から他の人に譲渡するわけにはいかない。あらゆる権力の法的根拠である統治契約は、それゆえ、その固有の限界をもつものである。人間が自由な主体としての地位を放棄し、自己を隷属化させうる服従契約（*pactum subjectionis*）、服従行為というものは存在しない。なぜなら、そうした権利放棄の行為によって、人間は、その本性と本質をなすところの、かの特性そのものをも放棄するだろうからである。つまり、彼はその人間性を喪失することになるであろう。（本書、二九八―二九九頁）

ファシズム思想の由来を思想史的に跡づけた部分でも、先述したヘーゲルの周到な分析にみられるように、たとえばドイツ・ロマン主義の思想が爾後の発展において重大な帰結をもたらす危険な可能性をはらんでいたことを見逃してはいない。しかし、同時にまた、過去のドイツ思想や文化を、ただちにナチズムにつながる系譜学的源泉とみなす急進的な直結論には与しない。この当時、数多く出版されたナチズムの由来に関する思想史的研究は、戦時下の切迫した危機意識にかられて、ドイツ思想にたいして一括的な断罪を下しがちであった。[45]そうした中にあって、カッシーラーの『国家の神話』は特異な位置を占め、彼の学風を偲ばせるものがあると言ってよい。その鋭利な分析や正当な評価は、今後の思想史研究にとって共有財となるものである。

カッシーラーは本書の終わりで、ファシズムの勝利がいかに華々しくみえようとも、それはつねにはかないものにすぎない、と結論している（本書、五〇四―五〇五頁。なお、五〇二頁以下参照）。

なぜなら、結局のところ、ちょうど物理的世界の論理が存在しているのと同じように、社会的世界の論理が存在し、そこには罰せられずには違背しえない、ある一定の法則が存在しているからである。この領域においてさえ、われわれはベーコンの忠告に従わなければならない。

フランシス・ベーコンは、新しい自然科学を開く『ノヴム・オルガヌム』の冒頭に、人間認識の迷妄や錯誤を組織的に摘発・解体することを課題とするイドラ論（＝偶像批判）を置いた。同様に、カッシーラーも政治の世界におけるイドラ論を要請する。そして、ベーコンに倣って「われわれは社会的世界を支配しようと企てる前に、その法則に服従する方法を学ばなければならない」と記している。ここには、究極における社会的論理の勝利を固く確信する合理主義の使徒の信仰告白が示されている。

カッシーラーは、かつてカントを論じて、彼は「語のもっとも美しい崇高な意味における啓蒙主義の哲学者である。彼は、存在のもっとも暗い深層や根底を省察するときにすら、光と明晰を熱望する」と語ったことがある。(46) しかし、これはそのままカッシーラー自身にも妥当するであろう。これまでも、カッシーラーの立場にたいして、《新カント主義者》という——しばしばステレオタイプ的な——批判が加えられてきた。[47]しかし、カッシーラーは、歴史の学校から学び、政治的情況やそのアクターの歴史的性格にも目を開かれていた。本書の「結語」として、彼は次のように記している。

われわれが現代の政治的生活という厳しい学校で学んだことは、人間の文化が、われわれがかつて考えていたように強固に確立されたものでは決してない、という事実である。……われわれの科学や詩や芸術、さらに宗教は、非常な深さにまで達している古い地層の上の単なる新層にすぎない。われわれは、われわれの文化的世界や社会的秩序を、その根底そのものから揺り動かせる激動があるかもしれないことを、つねに予期していなければならない。[48]（本書、五〇九頁）

カッシーラーは、ここで有名なバビロニアの天地創造の叙事詩を引き、暗黒の神話の威力は、いっそうすぐれた知的・倫理的・芸術的勢力が十分に力をもっているかぎりは飼い馴らされるが、そうした勢力が力を失い始めると、混沌が再び到来する、と語っている。

こうした文章は、カッシーラーが政治をつねに歴史的な前提の下に立つものとして捉え、政治の課題を現代的な諸条件に規定されているものとみる《状況的》思考に開かれていたことを示しているのではなかろうか。彼は、歴史的事件や政治的過程を理性的な原理から《演繹》して捉えることからは遠かった。すでにみた《二十世紀の神話》の構成要素についての《対位法的》分析からも、ナチズムとの哲学的対決を特定の理論や原理から引き出すことにたいする留保を読み取ることができるかもしれない。

たしかに、カッシーラーは、現代における神話的思考の復活に促されて、彼の哲学的な神話研究に基づいて、神話的象徴の有効性をみきわめ、その誤用を阻止するために役立てようと考えたのであろう。しかし、その場合にも、こうした精神的・倫理的決断を可能にさせたのは、必ずしもそのシンボル形式の哲学のみではなかったのではなかろうか。むろん、それとも連動しながらではあるが、むしろ彼が深く傾倒した――ギリシア文化から啓蒙の合理主義にいたる――ヨーロッパ思想の古典的な形而上学的伝統との歴史的な結びつきのほうが、いっそう有力だったと言うべきではなかろうか。

註

（1） Ernst Cassirer, *The Myth of the State*, New Haven: Yale University Press, 1946; 3rd ed., 1950（本書、四七九―四八〇頁）。

（2） *Leibniz' System in seinen wissenschaftlichen Grundlagen*, Marburg: Elwert, 1902.

（3） *Descartes' Kritik der mathematischen und naturwissenschaftlichen Erkenntnis*, Marburg: s. n., 1899.

（4） *Das Erkenntnisproblem in der Philosophie und Wissenschaft der neueren Zeit*, 2 Bde., Berlin: B. Cassirer, 1906-08（『認識問題――近代の哲学と科学における』全四巻（全五冊）、須田朗・宮武昭・

村岡晋一・山本義隆訳、みすず書房、一九九六―二〇一三年）。

（5） G. W. Leibniz, *Philosophische Werke*, 3 Bde., herausgegeben von A. Buchenau und Ernst Cassirer, Leipzig: F. Meiner, 1904-15.

（6） *Substanzbegriff und Funktionsbegriff: Untersuchungen über die Grundfragen der Erkenntniskritik*, Berlin: B. Cassirer, 1910（『実体概念と関数概念――認識批判の基本的諸問題の研究』新装版、山本義隆訳、みすず書房、二〇一七年）。

（7） *Immanuel Kants Werke*, 10 Bde., herausgegeben von Ernst Cassirer, Berlin: B. Cassirer, 1912-22.

（8） *Kants Leben und Lehre*, Berlin: B. Cassirer, 1918（『カントの生涯と学説』門脇卓爾・高橋昭二・浜田義文監修、みすず書房、一九八六年）。

（9） *Freiheit und Form: Studien zur deutschen Geistesgeschichte*, Berlin: B. Cassirer, 1916（『自由と形式――ドイツ精神史研究』新装版、中埜肇訳、ミネルヴァ書房（MINERVA哲学叢書）、一九九八年）。

（10） *Zur Einstein'schen Relativitätstheorie: erkenntnistheoretische Betrachtungen*, Berlin: B. Cassirer, 1921（『アインシュタインの相対性理論』改訂版新装、山本義隆訳、河出書房新社（河出・現代の名著）、一九九六年）。

（11） *Idee und Gestalt: Goethe, Schiller, Hölderlin, Kleist. Fünf Aufsätze*, Berlin: B. Cassirer, 1921（『理念と形姿――ゲーテ・シラー・ヘルダーリン・クライスト』中村啓・森淑仁・藤原五雄訳、三修社、一九七八年）。

（12） *Philosophie der symbolischen Formen*, Teil I: *Die Sprache*, Berlin: B. Cassirer, 1923; Teil II: *Das mythische Denken*, 1925; Teil III: *Phänomenologie der Erkenntnis*, 1929（『シンボル形式の哲学』全三巻（全四冊）、生松敬三・木田元・村岡晋一訳、岩波書店（岩波文庫）、一九八九―九七年）。なお、この

問題に関連して、他に、*Die Begriffsform im mythischen Denken*, Leipzig: B. G. Teubner, 1922; *Sprache und Mythos: ein Beitrag zum Problem der Götternamen*, Leipzig: B. G. Teubner, 1925（『言語と神話』岡三郎・岡富美子訳、国文社、一九七二年）などの著作がある。

(13)　»Die Philosophie der Griechen von den Anfängen bis Platon«, in *Die Geschichte der Philosophie*, dargestellt von Ernst von Aster, Ernst Cassirer, Max Frischeisen-Köhler, Josef Geyser und Ernst Hoffmann, Berlin: Ullstein, 1925; *Individuum und Kosmos in der Philosophie der Renaissance*, Leipzig: B. G. Teubner, 1927（『個と宇宙——ルネサンス精神史』薗田坦訳、名古屋大学出版会、一九九一年／『ルネサンス哲学における個と宇宙』末吉孝州訳、太陽出版、一九九九年）; *Die platonische Renaissance in England und die Schule von Cambridge*, Leipzig: B. G. Teubner, 1932（『英国のプラトン・ルネサンス——ケンブリッジ学派の思想潮流』花田圭介監修、三井礼子訳、工作舎、一九九三年）。

(14)　*Die Philosophie der Aufklärung*, Tübingen: J. C. B. Mohr, 1932（『啓蒙主義の哲学』全二冊、中野好之訳、筑摩書房（ちくま学芸文庫）、二〇〇三年）。

(15)　*Goethe und die geschichtliche Welt: drei Aufsätze*, Berlin: B. Cassirer, 1932（『ゲーテとプラトン』友田孝興・栗花落和彦訳、文栄堂書店、一九九一年）。

(16)　*Die Idee der republikanischen Verfassung: Rede zur Verfassungsfeier am 11. August 1928*, Hamburg: de Gruyter, 1929, S. 17. この講演にたいするカッシーラーの政治的意図をトニ・カッシーラー夫人の回想録は的確に伝えている（Toni Cassirer, *Mein Leben mit Ernst Cassirer*, Hildesheim: Gerstenberg, 1981, S. 175 f.）。

(17)　*Determinismus und Indeterminismus in der modernen Physik: Historische und systematische Studien zum Kausalproblem*, Göteborg: Elanders Boktryckeri Aktiebolag, 1936（『現代物理学におけ

る決定論と非決定論』山本義隆訳、学術書房（科学史研究叢書）、一九九四年）。

（18） *Descartes: Lehre, Persönlichkeit, Wirkung*, Stockholm: Bermann-Fischer, 1939（『デカルト、コルネーユ、スウェーデン女王クリスティナ——一七世紀の英雄的精神と至高善の探求』朝倉剛・羽賀賢二訳、工作舎、二〇〇〇年）。

（19） *Zur Logik der Kulturwissenschaften: fünf Studien*, Göteborg: Elanders Boktryckeri Aktiebolag, 1942（『人文科学の論理——五つの試論』中村正雄訳、創文社、一九七五年）。

（20） *An Essay on Man: An Introduction to a Philosophy of Human Culture*, New Haven: Yale University Press, 1944（『人間——シンボルを操るもの』宮城音弥訳、岩波書店（岩波文庫）、一九九七年）。

（21） "Judaism and the Modern Political Myths", *Contemporary Jewish Record*, Vol. 7, 1944, pp. 115-126（「ユダヤ教と現代の政治的神話」、『象徴・神話・文化』D・P・ヴィリーン編、神野慧一郎・薗田坦・中才敏郎・米沢穂積訳、ミネルヴァ書房（ミネルヴァ・アーカイブズ）、二〇一三年）。

（22） カッシーラーの研究書としては、つとにCarl H. Hamburg, *Symbol and Reality: Studies in the Philosophy of Ernst Cassirer*, The Hague: M. Nijhoff, 1956; *The Philosophy of Ernst Cassirer*, edited by Paul Arthur Schilpp, 2nd ed., New York: Tudor Pub. Co., 1958 などが知られ、後者に所収のいくつかの論文は、本解説の執筆にあたっても非常に参考になった。なお、最近の研究については「付記」を参照されたい。

（23） Cassirer, *Philosophie der symbolischen Formen*, Teil I, S. 11.

（24） Cassirer, *Sprache und Mythos*, S. 6-7.

（25） Cassirer, *Philosophie der symbolischen Formen*, Teil I, S. 47-48.

（26） Cassirer, *An Essay on Man*, pp. 67 f., 222.

(27)　Vgl. Cassirer, *Philosophie der symbolischen Formen*, Teil II, S. 289 ff.
(28)　Cassirer, *An Essay on Man*, p. 26.
(29)　Cassirer, *Philosophie der symbolischen Formen*, Teil II, S. 18.
(30)　Cassirer, *Die Begriffsform im mythischen Denken*, S. 7.
(31)　Cassirer, *An Essay on Man*, pp. 76 f.
(32)　Cassirer, *op. cit.*, p. 81; 本書、六六―六七頁。
(33)　Cassirer, *An Essay on Man*, p. 83.
(34)　Cassirer, *op. cit.*, p. 79. なお、p. 84; 本書、七五頁。
(35)　David Bidney, "Myth, Symbolism, and Truth," in *Myth: A Symposium*, edited by Thomas A. Sebeok, Bloomington: Indiana University Press, 1958, pp. 7 f.
(36)　Cassirer, *An Essay on Man*, pp. 77, 228.
(37)　Cf. Lucien Lévy-Bruhl, *La mentalité primitive*, Paris: Félix Alcan, 1922; *L'âme primitive*, Paris: Félix Alcan, 1927.
(38)　Cf. Bronislaw Malinowski, *Myth in Primitive Psychology*, New York: W. W. Norton, 1926 (『神話と社会』国分敬治訳、創元社、一九四一年／「未開心理における神話」、『呪術・科学・宗教・神話』宮武公夫・高橋巌根訳、人文書院、一九九七年); *The Foundations of Faith and Morals: An Anthropological Analysis of Primitive Beliefs and Conduct with Special Reference to the Fundamental Problems of Religion and Ethics, Delivered before the University of Durham at Armstrong College, Newcastle-upon-Tyne, February* 1935, London: Oxford University Press, 1936.
(39)　なお、こうしたナチ政治神話の構造と機能については、宮田光雄『ナチ・ドイツの精神構造』岩波書店、一九九一年、第二部「政治的言語と政治的祭儀」を参照。

(40) シュペングラーの《保守的革命》思想とナチズムとの関係をめぐる問題については、宮田光雄『現代ドイツ政治思想史研究』（『宮田光雄思想史論集』第六巻）、創文社、二〇〇六年、八四頁以下、参照。ハイデガーの同じ問題については、H・E・テート『ヒトラー政権の共犯者、犠牲者、反対者——《第三帝国》におけるプロテスタント神学と教会の《内面史》のために』宮田光雄・佐藤司郎・山崎和明訳、創文社、二〇〇四年、五三—六九頁、参照。

(41) Vgl. Alfred Rosenberg, *Der Mythus des 20. Jahrhunderts: eine Wertung der seelisch-geistigen Gestaltenkämpfe unserer Zeit*, 11 Aufl., München: Hoheneichen-Verlag, 1933（『二十世紀の神話——現代の心霊的・精神的な価値争闘に対する一つの評価』吹田順助・上村清延訳、中央公論社、一九三八年）。なお、宮田光雄『十字架とハーケンクロイツ——反ナチ教会闘争の思想史的研究』新教出版社、二〇〇〇年、二〇一—二三〇頁、参照。

(42) Vgl. Hermann Lübbe, *Cassirer und die Mythen des 20. Jahrhunderts: Festvortrag anläßlich der Tagung "Symbolische Formen" gehalten am 20. 10. 1974 in Hamburg*, Göttingen: Vandenhoeck und Ruprecht, 1975, S. 11.

(43) Book Review by Franz L. Neumann, *Political Science Quarterly*, Vol. 62, No. 3, September 1947, p. 434.

(44) Book Review by Thomas I. Cook, *American Political Science Review*, April 1947, p. 332. しかも、ナチ・ドイツ治下とドイツ軍占領下の北欧との教会闘争においてルター神学が演じた《対位法的》な関わり（宮田『十字架とハーケンクロイツ』前掲、三三二頁以下、三八〇頁以下、参照）を考えれば——カッシーラーの視野には当然入っていたと思われるだけに——宗教改革について実質的に論じていないことは問題的であろう。

(45) たとえば、cf. William Montgomery McGovern, *From Luther to Hitler: The History of Fascist-*

Nazi Political Philosophy, Cambridge: Riverside Press, 1941; Peter Viereck, *Metapolitics: From the Romantics to Hitler*, New York: A. A. Knopf, 1941; Rohan d'O. Butler, *The Roots of National Socialism 1783-1933*, London: Faber and Faber, 1941.

(46) Cassirer, »Kant und das Problem der Metaphysik: Bemerkungen zu Martin Heideggers Kantinterpretation«, *Kant-Studien*, Bd. 36, 1931, S. 24.

(47) カッシーラーの言う合理的な綜合は、数学的・同質的な連続性の原理を自然と精神の領域に見出すだけで、そこには真の弁証法的矛盾による綜合が欠けているのではないか、という批判もある。さらに、シンボル形式の概念も、真に多様を統一しうる法則を欠如した抽象で、異質的な要素を総括しているようにみえるのは法則というより類推にすぎないのではないか、といった批判さえなされている。たとえば、vgl. Siegfried Marck, *Grosse Menschen unserer Zeit: Portraits aus drei Kulturkreisen*, Meisenheim am Glan: A. Hain, 1954, S. 166 ff.

(48) なお、カッシーラー哲学と政治的可能性との関わりを扱った新しい研究として、馬原潤二「エルンスト・カッシーラーと「啓蒙」の行方——「シンボル形式」の哲学から「シンボル形式」の政治へ」全二回(『同志社法學』第五二巻第四—五号、二〇〇〇年十一月、二〇〇一年一月)参照。

＊付記　最後に、以上に引用したもの以外で、比較的新しい参考文献を挙げておこう。

Cassirer, Ernst, *Symbol, Technik, Sprache: Aufsätze aus den Jahren 1927-1933*, herausgegeben von Ernst Wolfgang Orth und John Michael Krois unter Mitwirkung von Josef M. Werle, Hamburg: F. Meiner, 1985.（『シンボル・技術・言語』篠木芳夫・高野敏行訳、法政大学出版局（叢書・ウニベルシタス）、一九九九年）

—— *Rousseau, Kant, Goethe*, herausgegeben, eingeleitet sowie mit Anmerkungen und Registern versehen von Rainer A. Bast, Hamburg: F. Meiner, 1991.（『十八世紀の精神——ルソーとカントそしてゲーテ』新装版、原好男訳、思索社、一九八九年）

—— *Erkenntnis, Begriff, Kultur*, herausgegeben, eingeleitet sowie mit Anmerkungen und Registern versehen von Rainer A. Bast, Hamburg: F. Meiner, 1993.

—— *Philosophie der symbolischen Formen / Wesen und Wirkung des Symbolbegriffs*, 5 Bde., Sonderausgabe, Darmstadt: Wissenschaftliche Buchgesellschaft, 1994.

Bevc, Tobias, *Kulturgenese als Dialektik von Mythos und Vernunft: Ernst Cassirer und die Kritische Theorie*, Würzburg: Königshausen & Neumann, 2005.

Biezais, Haralds (ed.), *The Myth of the State: Based on Papers Read at the Symposium on the Myth of the State Held at Åbo on the 6th-8th September, 1971*, Stockholm: Almqvist & Wiksell, 1972.

Braun, Hans-Jürg, Helmut Holzhey und Ernst Wolfgang Orth (hg.), *Über Ernst Cassirers Philosophie der symbolischen Formen*, Frankfurt am Main: Suhrkamp, 1988.

Graeser, Andreas, *Ernst Cassirer*, München: C. H. Beck, 1994.

Jürgens, Andreas, *Humanismus und Kulturkritik: Ernst Cassirers Werk im amerikanischen Exil*, München: W. Fink, 2012.

Krois, John Michael, *Cassirer: Symbolic Forms and History*, New Haven: Yale University Press, 1987.

Lipton, David R., *Ernst Cassirer: The Dilemma of a Liberal Intellectual in Germany, 1914-1933*, Toronto: University of Toronto Press, 1978.

Paetzold, Heinz, *Die Realität der symbolischen Formen: die Kulturphilosophie Ernst Cassirers im Kontext*, Darmstadt: Wissenschaftliche Buchgesellschaft, 1994.

Parkhomenko, Roman, *Cassirers politische Philosophie: zwischen allgemeiner Kulturtheorie und Totalitarismus-Debatte*, Karlsruhe: Universitätsverlag Karlsruhe, 2007.

Peters, Jens-Peter, *Cassirer, Kant und Sprache: Ernst Cassirers "Philosophie der symbolischen Formen"*, Frankfurt am Main: P. Lang, 1983.

Recki, Birgit, *Kultur als Praxis: eine Einführung in die Philosophie Ernst Cassirers der symbolischen Formen*, Berlin: Akademie Verlag, 2003.

Rudolph, Enno (hg.), *Mythos zwischen Philosophie und Theologie*, Darmstadt: Wissenschaftliche Buchgesellschaft, 1994.

Skidelsky, Edward, *Ernst Cassirer: The Last Philosopher of Culture*, Princeton, N. J.: Princeton University Press, 2008.

Villinger, Ingeborg, *Ernst Cassirers Philosophie der symbolischen Formen und die Medien des Politischen: mit einer Studie zum Demonstrationsritual im Herbst 1989*, Würzburg: Ergon, 2005.

学術文庫版訳者あとがき

カッシーラーは、本書の最後で破局的な経済的・社会的状況の中で危機克服の絶望的な手段として政治的神話の果たす危険な役割について記しています。しかも、それが二〇世紀三〇年代のヒトラー支配に見られるように、最新の情報技術によって計画的に作りだされるものだとして言語機能における巧妙な変化を引き起こす新語の捏造にも触れています。

二一世紀二〇年代に入ろうとする現在、国際政治の世界でも国内政治の舞台でも、しばしば《ポスト真実》ということが平気で口にされ、公共の場で《大いなる嘘》が権威ある発言であるかのようにまかり通っていくかに感じられます。たとえば、最近よく耳にする《積極的平和主義》というスローガンは、これまで平和研究で定着してきた学術用語を詐取して意味論的内実をすり替えた《呪術的語法》を思わせるものではないでしょうか。

ふり返ってみれば一九八〇年代末に冷戦が終結したとき、いよいよ平和な世界が到来するかと大きな期待に満たされました。にもかかわらず、それまで分極化していた東西世界のそれぞれの内部で、今まで押さえつけられてきた各地におけるナショナリズムの紛争が噴出してきたのです。それは、東西対立の下に隠されていた南北問題の所在——先進諸国の植民地主義的支配による不平等な経済関係から生まれるさまざまの社会問題、貧困や飢餓などの厳しい現実——を露呈するものでした。

とくにイスラム圏世界では、そうした政治的・経済的誘因から生まれる社会的な不満や紛争が、宗教的イデオロギーによって、いっそう激烈な形で動員されることになりました。そこでくり返される《殉教死》を正当視する宗教的テロリズムの本当の原因は、新自由主義の名の下に進められてきた多国籍企業や国際的な金融資本の支配にこそ由来するものです。そこには、経済的搾取と疎外によって、草の根の多くの民衆を苦しめる貧困が世界的に拡がっているのが認められます。いまでは《差別と格差》の波は、北側世界の先進国自身にも押し寄せ、かつてリベラル・デモクラシーの代表格だった国々の中にも怪しげなポピュリズムを生み出しています。カッシーラーの本書から学びうることは少なくないのではないでしょうか。

＊

本書は、もともと創文社から訳者による最初の学術書として翻訳・出版されたものです（初版一九六〇年）。訳者の若き日の仕事ゆえに、当時、哲学史家や法制史家など多くの先学知友の助力に与り、イタリア語やラテン語などについて教示していただきました。

原書には、最初に約六頁にわたってイェール大学におけるカッシーラーの同僚チャールズ・ヘンデル教授による原著者紹介の序文が収められています。しかし、この訳書では、それに代えて訳者自身の手による詳細な原著者の生涯と思想の解説を加えました。

この創文社版は、同社の「名著翻訳叢書」の一冊に加えられ、これまですでに八版を重ねてきましたが、この度、同社と講談社編集部の間の了解にもとづき、「講談社学術文庫」版として刊行されることになりました。カッシーラーのドイツ語の文章は名文をもって知られ、彼の英文も「明快に、よどみなく、語義についてのよいセンスで」（C・ヘンデル）書かれていると言われています。新しい文庫版が、これまで以上に、いっそう多くの読者の目に触れうることを期待しています。

「本文」については基本的には創文社版の訳文を底稿に用いましたが、人名や漢字／かな表記など、現在の日本語に慣用化された表現に変えられています。加えて、この間に刊行されたカッシーラーの著作、その他の邦訳書の日本語タイトルの変更、それらの書誌情報にもとづく説明文の補足などもされています。

「訳者解説」についても、元来の創文社版にあった文章とは異なり、その後、訳者の『思想史論集』第四巻（創文社、二〇一一年）に収録するため新しく執筆した小稿「エルンスト・カッシーラーとナチズム――カッシーラー『国家の神話』を読む」（二〇〇五年末脱稿）を再録しました。この最後に「付記」した参考文献には、さらにその後に訳者の目にとまったカッシーラー研究文献の中から、とくにシンボル形式の哲学と現代政治思想との関わりを扱ったものを数点追加してあります。

巻末の「人名・作品名索引」もふくめ、本書を新しい読者にいっそう正確かつ読みやすいものとするために必要とした補正作業の多くは、講談社編集部の互盛央氏に負うものです。

カッシーラーのこの名著を《決定版》として将来の世代に残すべく多大の時間と労力を惜しまれなかった同氏の御熱意と尽力にたいして、訳者としても深く共感し感謝の意を表する次第です。

二〇一七年一〇月　宗教改革記念の日に

仙台にて　宮田光雄

(William Robertson)（1721-93年）308
ロバートソン＝スミス、ウィリアム（William Robertson-Smith）(1846-94年)　46
『セム族の宗教』　46
ロムルス（Romulus）　215

『人間機械論』 348
ランゲ、カール・ゲオルク（Carl Georg Lange）（1834-1900年） 49
リウィウス、ティトゥス（Titus Livius）（前59頃-後17年） 214
リエンツォ、コーラ・ディ（Cola di Rienzo）（1313/4-54年） 251
リシュリュー（Richelieu）（1585-1642年） 259, 260
リプシウス、ユストゥス（Justus Lipsius）（1547-1606年） 202, 285, 286
『恒心について』 285
『ストア派の哲学と自然哲学』 285
『政治学』 202
リー、ヘンリー（Henry Lee）（1787-1837年） 303
リボー、テオデュール（Théodule Ribot）（1839-1916年） 48, 51, 55, 76
ルイ十二世（Louis XII）（1462-1515年） 244
ルイ十四世（Louis XIV）（1638-1715年） 290-292
ルイ十五世（Louis XV）（1710-74年） 373
ルソー、ジャン＝ジャック（Jean-Jacques Rousseau）（1712-78年） 105, 181, 182, 242, 301, 302, 436, 488
『告白』 301
『社会契約論』 181, 182
『政治制度論』 301
『論文』 182
ルター、マルティン（Martin Luther）（1483-1546年） 323, 331, 334, 356, 370, 395
ルッチェライ、コジモ（Cosimo Rucellai）（1495-1519年） 216
ルーミー、マウラーナー・ジャラール・ウッディーン（Jalāl al-Dīn Muḥammad Balkhī-e-Rūmī）（1207-73年） 72
ルルス、ライムンドゥス（Raimundus Lullus）（1232頃-1315年） 280
レヴィ＝ブリュール、リュシアン（Lucien Lévy-Bruhl）（1857-1939年） 24, 26-29
レシチニスキ、スタニスワフ（Stanisław Leszczyński）（1677-1766年） 284
レッシング、ゴットホルト・エフライム（Gotthold Ephraim Lessing）（1729-81年） 202
『エミリア・ガロッティ』 202
レーニン、ウラジーミル（Vladimir Lenin）（1870-1924年） 431
レーマン、ベンジャミン・H（Benjamin Harrison Lehman）（1889-1977年） 324
『カーライルの英雄理論』 324
ロック、ジョン（John Locke）（1632-1704年） 242, 302
ローデ、エルヴィン（Erwin Rohde）（1845-98年） 103
ロバートソン、ウィリアム

マルクス、カール（Karl Marx）（1818-83年） 431
マルドゥク（Marduk） 510
マーロウ、クリストファー（Christopher Marlowe）（1564-93年） 201, 203
『マルタ島のユダヤ人』 203
ミカ（Mîḵāh） 138
ミュラー、フリードリヒ・マックス（Friedrich Max Müller）（1823-1900年） 33-40, 42-44, 52, 62, 63
ミラボー、オノレ＝ガブリエル・ド・リケッティ（Honoré-Gabriel de Riqueti Mirabeau）（1749-91年） 331, 345
ミル、ジョン・ステュアート（John Stuart Mill）（1806-73年） 333
ミルティアデス（Miltiadēs）（前550頃-489年） 126
ミルトン、ジョン（John Milton）（1608-74年） 368, 495
ムハンマド（Muḥammad） 367, 395, 416
メイエ、アントワーヌ（Antoine Meillet）（1866-1936年） 28
メーストル、ジョゼフ・ド（Joseph de Maistre）（1753-1821年） 307
『教皇論』 307
メデイア（Mēdeia） 484
モーセ（Mōšeh） 137, 154, 155, 215
モンテスキュー、シャルル・ド（Charles de Montesquieu）（1689-1755年） 308, 394, 398
『法の精神』 398

ヤ　行

ヤーキーズ、ロバート・マーンズ（Robert Mearns Yerkes）（1876-1956年） 75
ヤコービ、フリードリヒ・ハインリヒ（Friedrich Heinrich Jacobi）（1743-1819年） 335
ユリウス二世（Julius II）（1443-1513年） 250

ラ　行

ライプニッツ、ゴットフリート・ヴィルヘルム（Gottfried Wilhelm Leibniz）（1646-1716年） 158, 284, 289, 302, 436, 438, 442
ラヴォワジェ、アントワーヌ（Antoine Lavoisier）（1743-94年） 502
ラウシェンブッシュ、スティーヴン（Stephen Raushenbush）（1896-没年不明） 507
ラファイエット侯爵（Marquis de La Fayette）（1757-1834年） 317
ラ・ブリュイエール、ジャン・ド（Jean de La Bruyère）（1645-96年） 303
ラ・メトリ、ジュリアン・オフレ・ド（Julien Offroy de La Mettrie）（1709-51年） 348

-420年頃) 113
ベンサム、ジェレミー(Jeremy Bentham)(1748-1832年) 333
ボアズ、フランツ(Franz Boas)(1858-1942年) 29
『言語と文化』 29
ボアロー、ニコラ(Nicolas Boileau)(1636-1711年) 43
『諷刺詩集』 43
ボイル、ロバート(Robert Boyle)(1627-91年) 502
ボシュエ、ジャック=ベニーニュ(Jacques-Bénigne Bossuet)(1627-1704年) 290
ボダン、ジャン(Jean Bodin)(1530-96年) 295
ホッブズ、トマス(Thomas Hobbes)(1588-1679年) 242, 283, 295-298, 431
『物体論』 296
ボナヴェントゥラ(Bonaventura)(1221-74年) 156
ホメロス(Homēros)(前8世紀頃) 66, 71, 93-95, 112, 113, 120, 225, 497
『イリアス』 113, 225
『オデュッセイア』 113
ボーモント、フランシス(Francis Beaumont)(1584-1616年) 201
ホラティウス・フラックス、クイントゥス(Quintus Horatius Flaccus)(前65-前8年) 509
ボルジア、チェーザレ(Cesare Borgia)(1475-1507年) 215, 229, 230, 241, 249, 250, 261, 269

マ 行

マイネッケ、フリードリヒ(Friedrich Meinecke)(1862-1954年) 210
マイヤー、エドゥアルト(Eduard Meyer)(1855-1930年) 200
『マキャヴェッリとエリザベス朝の演劇』 200
マキャヴェッリ、ニッコロ(Niccolò Machiavelli)(1469-1527年) 198-200, 202-213, 215-220, 222-224, 228-234, 236, 237, 240-275, 459
『君主論』 198-200, 204, 207, 208, 211, 212, 216, 218, 223, 224, 228, 230-232, 243, 244, 246, 248-250, 254, 258-261, 264-266, 269, 273
『戦術論』 275
『ディスコルシ』 207, 216, 248, 259, 270
『マンドラゴラ』 254
マコーリー、トマス・バビントン(Thomas Babington Macaulay)(1800-59年) 199
マリノウスキー、ブロニスワフ(Bronisław Malinowski)(1884-1942年) 83, 476, 477
『信仰と道徳の基礎』 477
マルクス・アウレリウス(Marcus Aurelius)(121-180年) 173-176, 255

490頃-420年頃）95, 115, 264
プロディコス（Prodikos）（前465頃-399年以後）97, 264
プロティノス（Plōtinos）（205頃-270年）109, 186, 225
プロテウス（Prōteus）201, 273, 331
フロベニウス、レオ（Leo Frobenius）（1873-1938年）62
ヘーゲル、ゲオルク・ヴィルヘルム・フリードリヒ（Georg Wilhelm Friedrich Hegel）（1770-1831年）35, 57, 58, 121, 130, 208, 209, 212, 242, 335, 396, 426-438, 440-451, 453-463, 465-471, 474, 505
『自然法の学問的取り扱い方について』435, 451
『人倫の体系』453
『精神現象学』396, 428, 440
『大論理学』470
『ドイツ国制論』208, 470
『法哲学』434
『歴史哲学』396
『歴史哲学講義』57
ベーコン、フランシス（Francis Bacon）（1561-1626年）204, 502, 503, 505
『ノヴム・オルガヌム』503
ヘシオドス（Hēsiodos）（前700年頃）94, 113, 120
ペテル、カール・O（Karl O. Paetel）（1906-75年）485
『ナチ・ドイツ語』485
ペトルス・ダミアニ（Petrus Damianus）（1007-72年）156, 157
ペヒター、ハインツ（Heinz Paechter）（1907-80年）485
『ナチ・ドイツ語』485
ペヒター、ヘドヴィヒ（Hedwig Paechter）（生没年不明）485
『ナチ・ドイツ語』485
ヘラ（Hēra）73
ヘラクレイトス（Hērakleitos）（前540頃-480年頃）93-95, 172
ヘラクレス（Hēraklēs）63
ペリクレス（Periklēs）（前495頃-429年）126
ヘルダー、ヨハン・ゴットフリート（Johann Gottfried Herder）（1744-1803年）207, 212, 313, 314, 341, 355, 450, 454
『人間性促進のための書簡』207
ヘルダーリン、フリードリヒ（Friedrich Hölderlin）（1770-1843年）463
ベルナルドゥス（クレルヴォーの）（Bernardus Claraevallensis）（1090頃-1153年）156-158
ヘルバルト、ヨハン・フリードリヒ（Johann Friedrich Herbart）（1776-1841年）48
ヘルマン、ベルタ（Bertha Hellman）（生没年不明）485
『ナチ・ドイツ語』485
ヘロドトス（Hērodotos）（前484頃

プーフェンドルフ、ザミュエル・フォン（Samuel von Pufendorf）（1632-94年） 242, 302
プラトン（Platōn）（前427-347年）（プラトン主義、新プラトン主義） 30, 81, 83, 96, 98, 99, 103-119, 121-129, 132-138, 140-152, 155, 166-172, 176, 184, 185, 192, 225, 264, 265, 428, 432, 436, 439, 442, 444-446, 497, 500, 503, 505
『饗宴』 112
『国家』 103-106, 108, 111-113, 117, 123, 125-128, 132, 143, 150, 151, 166, 171, 497
『ゴルギアス』 109, 112, 116, 123, 124, 264
『テアイテトス』 96, 108
『ティマイオス』 119, 148-151
『パイドロス』 99, 112, 121
『パイドン』 83, 112, 118, 122
『ピレボス』 127
『プロタゴラス』 98
『法律』 118
『メノン』 140
ブーランヴィリエ、アンリ・ド（Henri de Boulainvilliers）（1658-1722年） 394, 409
フランク、アドルフ（Adolf Frank）（1834-1916年） 415
フランクリン、ベンジャミン（Benjamin Franklin）（1706-90年） 306
フランツ二世（Franz II）（1768-1835年） 208
フリース、ヤーコプ・フリードリヒ（Jakob Friedrich Fries）（1773-1843年） 430
フリードリヒ二世（Friedrich II）（1194-1250年） 234, 235
フリードリヒ二世（大王）（Friedrich der Grosse）（1712-86年） 207, 325
『反マキャヴェッリ論』 207
ブルクハルト、ヤーコプ（Jacob Burckhardt）（1818-97年） 222, 223
ブルーノ、ジョルダーノ（Giordano Bruno）（1548-1600年） 227, 280
ブルボン＝コンデ、ルイ・アントワーヌ・アンリ・ド（Louis Antoine Henri de Bourbon-Condé）（アンギャン公）（1772-1804年） 250
フレイザー、ジェームズ（James Frazer）（1854-1941年） 19-21, 25, 26, 44, 52, 59
『金枝篇』 19
フレッチャー、ジョン（John Fletcher）（1579-1625年） 201
フロイト、ジークムント（Sigmund Freud）（1856-1939年） 52-61, 63, 64
『トーテムとタブー』 52
プロクリス（Prokris） 62
プロクロス（Proklos）（412-485年） 225
プロタゴラス（Prōtagoras）（前

Burke)（1729-97年） 306
バークリー、ジョージ（George Berkeley)（1685-1753年） 361
パスカル、ブレーズ（Blaise Pascal)（1623-62年） 257, 291, 292, 294, 343, 442, 445
『プロヴァンシアル』 291, 294
ハートランド、エドウィン・シドニー（Edwin Sidney Hartland)（1848-1927年） 488
『原始法』 488
バード、ローレンス・アーサー（Laurence Arthur Burd)（1863-1931年） 212, 260, 276
パナイティオス（Panaitios)（前185頃-109年） 173
ハラー、カール・ルートヴィヒ・フォン（Karl Ludwig von Haller)（1768-1854年） 431
ハリソン、ジェーン・エレン（Jane Ellen Harrison)（1850-1928年） 46, 71
『ギリシア宗教研究序説』 46
パルメニデス（Parmenidēs)（前500/475年-没年不明） 103
バーンズ、ロバート（Robert Burns)（1759-96年） 331, 345
ハンニバル（Hannibal)（前247-183年） 215
ヒエロニムス、エウセビウス（Eusebius Hieronymus)（347頃-420年） 156
ピーコ・デッラ・ミランドラ（Pico della Mirandola)（1463-94年） 270
ヒッピアス（Hippias)（前5世紀後半活動） 97
ヒトラー、アドルフ（Adolf Hitler)（1889-1945年） 324
ピュッラ（Pyrrha) 38
ヒューム、デイヴィッド（David Hume)（1711-76年） 308
ピリッポス（二世）（Philippos)（前382-336年） 246
ピンダロス（Pindaros)（前522/518-442/448年） 113
フィチーノ、マルシリオ（Marsilio Ficino)（1433-99年） 137, 270, 278
フィヒテ、ヨハン・ゴットリープ（Johann Gottlieb Fichte)（1762-1814年） 210, 242, 356-365, 382, 439, 452, 462, 463, 465
『学者の本質』 356, 360
『現代の根本特徴』 356
『知識学』 356
『人間の使命』 356-358
フィルマー、ロバート（Robert Filmer)（1588−1653年） 431
フェヌロン、フランソワ・ド（François de Fénelon)（1651-1715年） 260
『テレマック』 260
ブオンデルモンティ、ツァノービ（Zanobi Buondelmonti)（1491-1527年） 216
フッサール、エトムント（Edmund Husserl)（1859-1938年） 500

Doutté)（1867-1926年） 46, 480
『北アフリカにおける呪術と宗教』 480
ドゥンス・スコトゥス、ヨハネス（Johannes Duns Scotus）（1266頃-1308年） 156
トクヴィル、アレクシ・ド（Alexis de Tocqueville）（1805-59年） 400, 423
トマス・アクィナス（Thomas Aquinas）（1225頃-74年） 139, 142, 147, 152, 155, 156, 161, 178, 182, 188-191, 193-195, 260, 442
『君主の統治について』 178, 258, 260
『神学大全』 191
『対異教徒大全』 191
トラシュマコス（Thrasymachos）（前430-400年頃活動） 123
ドルバック、ポール＝アンリ・ティリ（Paul-Henri Thiry, baron d'Holbach）（1723-89年） 348
『自然の体系』 348

ナ　行

ナポレオン・ボナパルト（Napoléon Bonaparte）（1769-1821年） 208, 250, 259, 260, 306, 316, 345, 366, 465, 466
ニーチェ、フリードリヒ・ヴィルヘルム（Friedrich Wilhelm Nietzsche）（1844-1900年） 404, 459
ニュートン、アイザック（Isaac Newton）（1642-1727年） 397, 501
ヌマ・ポンピリウス（Numa Pompilius）（前750-673年） 237
ネロ・クラウディウス・カエサル・アウグストゥス・ゲルマニクス（Nero Claudius Caesar Augustus Germanicus）（37-68年） 255, 491
ノヴァーリス（Novalis）（1772-1801年） 16, 39, 311, 312, 315, 316, 341, 344, 346, 455, 457
『青い花』 311
『キリスト教世界あるいはヨーロッパ』 315, 455
ノックス、ジョン（John Knox）（1513頃-72年） 334

ハ　行

ハイデガー、マルティン（Martin Heidegger）（1889-1976年） 500
『存在と時間』 500
パイドロス（Phaidros） 99, 100
ハイム、ルドルフ（Rudolf Haym）（1821-1901年） 431
『ヘーゲルとその時代』 431
バイロン、ジョージ・ゴードン（George Gordon Byron）（1788-1824年） 343
パウル、ジャン（Jean Paul）（1763-1825年） 344, 345, 359
パウロ（Paulos）（生年不明-後65年頃） 159, 225, 232
バーク、エドマンド（Edmund

Thorndike）（1882-1965年）　223

タ　行

タイラー、エドワード・バーネット（Edward Burnett Tylor）（1832-1917年）　21-23, 25, 26, 30, 33, 44, 52, 83
『原始文化』　21, 33
ダーウィン、チャールズ（Charles Darwin）（1809-82年）　33, 75
『種の起源』　33
ダプネ（Daphnē）　62
ダランベール、ジャン・ル・ロン（Jean Le Rond d'Alembert）（1717-83年）　303
タレス（Thalēs）（前624頃-546年頃）　91, 92
タレーラン、シャルル＝モーリス・ド（Charles-Maurice de Talleyrand）（1754-1838年）　206, 250
ダンテ・アリギエーリ（Dante Alighieri）（1265-1321年）　183, 189, 234, 272, 368, 370, 395, 495
『神曲』　332
「地獄篇」　235, 272
『帝政論』　183
チェンバレン、ヒューストン・ステュアート（Houston Stewart Chamberlain）（1855-1927年）　389
デイアネイラ（Dēianeira）　63
ティアマト（Tiamat）　510
ディオニュシオス・アレオパギテス（Dionysios Areopagitēs）（5-6世紀頃）　185, 225, 226
ディオニュソス（Dionysos）（ディオニュソス・ザグレウス）　71-74, 86
ティーク、ルートヴィヒ（Ludwig Tieck）（1773-1853年）　341
ティトノス（Tithōnos）　62
ディドロ、ドゥニ（Denis Diderot）（1713-84年）　303, 371, 372
『絵画論』　372
『ラモーの甥』　372
デウカリオン（Deukaliōn）　38
デカルト、ルネ（René Descartes）（1596-1650年）　47, 158, 281, 282, 288, 294, 299, 302, 338, 361, 362, 364, 501
『方法序説』　364
テセウス（Thēseus）　215
テーヌ、イポリット（Hippolyte Taine）（1828-93年）　265
『英国文学史』　265
デモクリトス（Dēmokritos）（前460頃-370年頃）　138
デュ・ヴェール、ギヨーム（Guillaume Du Vair）（1556-1621年）　285
『公共の災害に際しての忍耐と慰めについて』　285
テュルタイオス（Tyrtaios）（前7世紀中頃）　118
トゥキュディデス（Thūkydidēs）（前460頃-400年頃）　90, 215, 509
ドゥッテ、エドモン（Edmond

(1768-1834年) 39, 315
『宗教について』 315
シュレーゲル、アウグスト・ヴィルヘルム・フォン (August Wilhelm von Schlegel) (1767-1845年) 314, 316
シュレーゲル、フリードリヒ・フォン (Friedrich von Schlegel) (1772-1829年) 307, 312, 313, 315, 341, 345, 346, 373
『文学対話』 315
『ルツィンデ』 345
ショーペンハウアー、アルトゥール (Arthur Schopenhauer) (1788-1860年) 57, 58, 438
『意志と表象としての世界』 58
ジョンストン、ジェームズ (James Johnston) (生没年不明) 342
ジョンソン、サミュエル (Samuel Johnson) (1709-84年) 331, 332, 334
ジョンソン、ベン (Ben Jonson) (1572-1637年) 201
シラー、フリードリヒ・フォン (Friedrich von Schiller) (1759-1805年) 121, 413, 427
『ヴァレンシュタイン』 427
『人間の美的教育について』 413
ジルソン、エティエンヌ (Etienne Gilson) (1884-1978年) 155, 163
スアレス、フランシスコ (Francisco Suárez) (1548-1617年) 232
スキピオ・アエミリアヌス・アフリカヌス・ヌマンティヌス、プブリウス・コルネリウス (小スキピオ) (Publius Cornelius Scipio Aemilianus Africanus Numantinus) (前185-129年) 173, 174
スピノザ、バールーフ・デ (Baruch de Spinoza) (1632-77年) 47, 158, 200, 204, 205, 245, 284, 285, 302, 315, 443, 444, 447, 449
『政治論』 204
スペンサー、ハーバート (Herbert Spencer) (1820-1903年) 41, 42, 44, 52, 79, 80, 478
セイエール、エルネスト (Ernest Seillière) (1866-1955年) 324, 374
『カーライルの実際』 374
ゼウス (Zeus) 38, 71, 73, 74, 497
セネカ、ルキウス・アンナエウス (Lucius Annaeus Seneca) (前4頃-後65年) 174-176, 491
セメレ (Semelē) 73
セレネ (Selēnē) 62
ソクラテス (Sōkratēs) (前469-399年) 95-101, 103-105, 112, 123-125, 135, 138, 140, 141, 143, 145, 146, 432
ソポクレス (Sophoklēs) (前497/6頃-406年頃) 136
ソロン (Solōn) (前640頃-560年頃) 114, 130
ソーンダイク、リン (Lynn

ケーラー、ヴォルフガング（Wolfgang Köhler）（1887-1967年）　76
ゴビノー、アルテュール・ド（Arthur de Gobineau）（1816-82年）　386-401, 403-421, 423, 475, 491
『人種不平等論』　386, 387, 390, 399, 418
『ノルマンディ・ブレー地方の征服者、ノルウェー海賊、オッタール・ジャール、およびその後裔の歴史』　418
『ルネサンス』　418
コペルニクス、ニコラウス（Nicolaus Copernicus）（1473-1543年）　34, 227, 280, 389
ゴルギアス（Gorgias）（前487頃-376年頃）　97, 264
コント、オーギュスト（Auguste Comte）（1798-1857年）　503, 504
『実証哲学講義』　503
コンドルセ、ニコラ・ド（Nicolas de Condorcet）（1743-94年）　306, 317

サ　行

サヴィニー、フリードリヒ・カール・フォン（Friedrich Carl von Savigny）（1779-1861年）　310
サヴォナローラ、ジローラモ（Girolamo Savonarola）（1452-98年）　255
ザグレウス（Zagreus）　→ディオニュソス
シェイクスピア、ウィリアム（William Shakespeare）（1564-1616年）　201, 202, 332, 368, 375, 376, 395
『ヘンリー六世』　201
ジェファーソン、トマス（Thomas Jefferson）（1743-1826年）　286, 303, 317
ジェームズ、ウィリアム（William James）（1842-1910年）　49, 50
シェリング、フリードリヒ・ヴィルヘルム・フォン（Friedrich Wilhelm von Schelling）（1775-1854年）　16, 17, 311, 312, 361, 455, 463
『神話と啓示の哲学についての講義』　16
『超越論的観念論の体系』　16
シャロン、ピエール（Pierre Charron）（1541-1603年）　285
『智恵について』　285
ジャンセニウス、コルネリウス（Cornelius Jansenius）（1585-1638年）　291
シュタール、フリードリヒ・ユリウス（Friedrich Julius Stahl）（1802-61年）　431
シュペングラー、オスヴァルト（Oswald Spengler）（1880-1936年）　494-500
『西洋の没落』　494, 495, 497
シュライエルマッハー、フリードリヒ（Friedrich Schleiermacher）

259
カント、イマヌエル（Immanuel Kant）（1724-1804年） 18, 19, 25, 263, 304, 305, 312, 340, 403, 405, 426, 428, 439, 441-443, 446, 452, 455, 461-463, 465, 492
『純粋理性批判』 18, 23
キェルケゴール、セーレン（Søren Kierkegaard）（1813-55年） 335
キケロ、マルクス・トゥッリウス（Marcus Tullius Cicero）（前106-43年） 135, 166, 174-176
『国家について』 166
『ホルテンシウス』 176
ギボン、エドワード（Edward Gibbon）（1737-94年） 308
キュロス二世（Kuruš II）（前600頃-529年） 215
キルケ（Kirkē） 489
ギレン、フランシス・ジェームズ（Francis James Gillen）（1855-1912年） 478
グイチャルディーニ、フランチェスコ（Francesco Guicciardini）（1483-1540年） 215
クセノパネス（Xenophanēs）（前565頃-470年頃） 93, 94, 97, 111
クライスト、ハインリヒ・フォン（Heinrich von Kleist）（1777-1811年） 316
グリアスン、ハーバート・J・C（Herbert J. C. Grierson）（1866-1960年） 324
『カーライルとヒトラー』 324
クリスティーナ女王（Kristina）（1626-89年） 259, 286
グレゴリウス七世（Gregorius VII）（1020頃-85年） 188
グレゴリウス・マグヌス（グレゴリウス一世）（Gregorius Magnus）（540頃-604年） 177, 183
グロティウス、フーゴー（Hugo Grotius）（1583-1645年） 242, 283, 286, 294, 295, 302
『戦争と平和の法』 283, 294
クロムウェル、オリヴァー（Oliver Cromwell）（1599-1658年） 334, 345, 367, 395
クーン、アダルベルト（Adalbert Kuhn）（1812-81年） 62
ケイロン（Cheirōn） 256
ゲーテ、ヨハン・ヴォルフガング・フォン（Johann Wolfgang von Goethe）（1749-1832年） 15, 80, 314, 339-343, 346, 347, 350-355, 357, 360, 368-373, 380
『ヴィルヘルム・マイスター』（『ヴィルヘルム・マイスターの修業時代』、『ヴィルヘルム・マイスターの遍歴時代』） 340-343, 347
『詩と真実』 80
『箴言と省察』 347, 352
『西東詩集』 370
『ファウスト』 15, 354
ケパロス（Kephalos） 62
ケプラー、ヨハネス（Johannes Kepler）（1571-1630年） 501, 502

エピクテトス（Epiktētos）（55頃-135年頃）176
エピクロス（Epikouros）（前341-270年）（エピクロス派）138
エラスムス、デジデリウス（Desiderius Erasmus）（1466-1536年）146, 260
　『キリスト教君主教育論』260
エリウゲナ、ヨハネス・スコトゥス（Johannes Scotus Eriugena）（810頃-877年頃）185
　『自然区分論』185
エレミヤ（Jirmejāhū）138
エーレンライヒ、パウル（Paul Ehrenreich）（1855-1914年）62
エロイーズ（Héloïse）159
エンデュミオン（Endymiōn）62
エンペドクレス（Empedoklēs）（前493頃-433年頃）91
オイディプス　→エディプス
オウィディウス・ナソ、プブリウス（Publius Ovidius Naso）（前43-後17/18年）484
　『変身物語』484
オシリス（Osiris）71
オッタール・ジャール（Ottar Jarl）（生年不明-970年頃）418
オーディン（Odin）331, 332, 350, 367, 416, 418
オデュッセウス（Odysseus）84, 414, 489
オリゲネス・アダマンティウス（Origenes Adamantius）（185頃-254年頃）168
　『ケルソス駁論』168

カ　行

カテリーナ・デ・メディチ（Caterina de' Medici）（1519-89年）259, 260
カトー・ケンソリウス、マルクス・ポルキウス（大カトー）（Marcus Porcius Cato Censorius）（前234-149年）356
カーライル、ジョン（John Carlyle）（1801-79年）378
カーライル、トマス（Thomas Carlyle）（1795-1881年）322-352, 354-357, 359-361, 365-374, 376-378, 380, 386, 395, 399, 416, 417, 475, 482
　『衣服哲学』326, 334, 336, 344, 349, 368, 399, 417
　『英雄、英雄崇拝、並びに歴史における英雄的なるものについて』（『英雄崇拝論』）322, 334, 345, 350
　『回想録』342
カーライル、マーガレット（Margaret Carlyle）（1771-1853年）378
カリクレス（Kalliklēs）123
ガリレオ・ガリレイ（Galileo Galilei）（1564-1642年）190, 223, 224, 233, 266, 281-283, 294, 299, 501
　『新科学対話』223, 224
カール五世（Karl V）（1500-58年）

(Alexandros)（前356-323年） 215
アンギャン公　→ブルボン＝コンデ
アンセルムス（カンタベリーの）(Anselmus)（1033-1109年） 158, 160, 161, 188
アンティポン（Antiphōn） 97
イェーガー、ヴェルナー（Werner Jaeger）（1888-1961年） 104, 105, 107, 118
『パイデイア』 104
イェリネク、ゲオルク（Georg Jellinek）（1851-1911年） 317
『人権宣言論』 317
イザヤ（Esaias） 159
イソクラテス（Isokratēs）（前436-338年） 246
イル・モーロ、ルドヴィーコ（Ludovico Il Moro）（1452-1508年） 215
ヴァレンシュタイン、アルブレヒト・フォン（Albrecht von Wallenstein）（1583-1634年） 121, 502
ヴァレンティーノ公（Duca Valentino）　→ボルジア
ウィクリフ、ジョン（John Wycliffe）（1320頃-84年） 179
ヴィーコ、ジャンバッティスタ（Giambattista Vico）（1668-1744年） 450
ヴィンクラー、フーゴー（Hugo Winckler）（1863-1913年） 62
ヴィンケルマン、ヨハン・ヨアヒム（Johann Joachim Winckelmann）（1717-68年） 71, 351
ウェブスター、ジョン（John Webster）（1580頃-1634年頃） 201
ウェルギリウス・マロ、プブリウス（Publius Vergilius Maro）（前70-前19年） 272
ヴォルテール（Voltaire）（1694-1778年） 206, 207, 220, 308, 331, 348, 372, 373, 436
『諸国民の風俗と精神について』 308
『ルイ十四世の世紀』 308
ヴォルフ、クリスティアン（Christian Wolff）（1679-1754年） 284
ウルピアヌス、グナエウス・ドミティウス（Gnaeus Domitius Ulpianus）（170頃-228年） 177
エイレナイオス（Eirēnaios）（130頃-200年頃） 183
エウリピデス（Euripidēs）（前485頃-406年頃） 72, 84, 171
『バッカイ』 72
エオス（Ēōs） 62
エゲリア（Egeria） 237
エッカーマン、ヨハン・ペーター（Johann Peter Eckermann）（1792-1854年） 351
『ゲーテとの対話』 351
エディプス（オイディプス）（Oidipūs） 60, 347

人名・作品名索引

・カッシーラーによる本文および原註に登場する人名・神名などを対象とした。
・作品名は、作者の人名の子項目として掲げてある。

ア　行

アイスキュロス（Aischylos）（前525-456年）　71, 113, 136
アウグスティヌス（Augustinus）（354-430年）　107, 132-135, 139-146, 156, 159, 166, 167, 176, 177, 183, 184, 188, 192, 193, 291, 294, 442, 444, 445, 450, 451
『アカデメイア派駁論』　145
『神の国』　132, 133, 177, 445
『教師論』　141
『告白』　134
『再考録』　142
アキレウス（Achilleus）　84, 256
アダムズ、ジョン（John Adams）（1735-1826年）　317
アッティス（Attis）　71
アドニス（Adōnis）　71
アナクシマンドロス（Anaximandros）（前610頃-540年頃）　92
アナクシメネス（Anaximenēs）（前585-525年）　92
アベラルドゥス、ペトルス（ピエール・アベラール）（Petrus Abaelardus / Pierre Abélard）（1079-1142年）　157-159, 188
アポロン（Apollōn）　62, 71, 146
アリストテレス（Aristotelēs）（前384-322年）　29, 91, 93, 138, 140, 142, 147, 152-155, 159, 168, 170-173, 175, 176, 187, 189, 191, 193, 194, 226, 227, 428, 442, 455
『オルガノン』　176
『形而上学』　93, 153
『自然学』　153
『政治学』　170
『ニコマコス倫理学』　173
アルフィエーリ、ヴィットーリオ（Vittorio Alfieri）（1749-1803年）　211, 243
『君主論並びに書簡について』　211
アルベルトゥス・マグヌス（Albertus Magnus）（1193頃-1280年）　188, 190, 197
アレクサンデル六世（Alexander VI）（1431-1503年）　250
アレクサンドロス大王

*本書の原本は、一九六〇年に創文社から刊行されました。

エルンスト・カッシーラー(Ernst Cassirer)
1874-1945年。ドイツの哲学者。新カント派から出発し，シンボル形式を軸にして独自の文化哲学を構想。代表作は『シンボル形式の哲学』，『人間』，『啓蒙主義の哲学』など。
宮田光雄（みやた　みつお）
1928年生まれ。東京大学法学部卒業。東北大学名誉教授。専門は，政治学，ヨーロッパ思想史。著書に，『ナチ・ドイツの精神構造』，『国家と宗教』，『カール・バルト』ほか。

講談社学術文庫

定価はカバーに表示してあります。

国家《こっか》の神話《しんわ》

エルンスト・カッシーラー

宮田光雄《みやたみつお》 訳

2018年2月9日　第1刷発行
2018年3月7日　第2刷発行

発行者　渡瀬昌彦
発行所　株式会社講談社
東京都文京区音羽2-12-21 〒112-8001
電話　編集（03）5395-3512
販売（03）5395-4415
業務（03）5395-3615
装　幀　蟹江征治
印　刷　豊国印刷株式会社
製　本　株式会社若林製本工場
本文データ制作　講談社デジタル製作

ISBN978-4-06-292461-0

「講談社学術文庫」の刊行に当たって

これは、学術をポケットに入れることをモットーとして生まれた文庫である。学術は少年の心を養い、成年の心を満たす。その学術がポケットにはいる形で、万人のものになることは、生涯教育をうたう現代の理想である。

こうした考え方は、学術を巨大な城のように見る世間の常識に反するかもしれない。また、一部の人たちからは、学術の権威をおとすものと非難されるかもしれない。しかし、それはいずれも学術の新しい在り方を解しないものといわざるをえない。

学術は、まず魔術への挑戦から始まった。やがて、いわゆる常識をつぎつぎに改めていった。学術の権威は、幾百年、幾千年にわたる、苦しい戦いの成果である。こうしてきずきあげられた城が、一見して近づきがたいものにうつるのは、そのためである。しかし、学術の権威を、その形の上だけで判断してはならない。その生成のあとをかえりみれば、その根は常に人々の生活の中にあった。学術が大きな力たりうるのはそのためであって、生活をはなれた学術は、どこにもない。

開かれた社会といわれる現代にとって、これはまったく自明である。生活と学術との間に、もし距離があるとすれば、何をおいてもこれを埋めねばならない。もしこの距離が形の上の迷信からきているとすれば、その迷信をうち破らねばならぬ。

学術文庫は、内外の迷信を打破し、学術のために新しい天地をひらく意図をもって生まれた。文庫という小さい形と、学術という壮大な城とが、完全に両立するためには、なおいくらかの時を必要とするであろう。しかし、学術をポケットにした社会が、人間の生活にとってより豊かな社会であることは、たしかである。そうした社会の実現のために、文庫の世界に新しいジャンルを加えることができれば幸いである。

一九七六年六月　　　　野間省一

西洋の古典

西国立志編《さいこくりっしへん》
サミュエル・スマイルズ著／中村正直訳（解説・渡部昇一）
原著『自助論』は、世界十数ヵ国語に訳されたベストセラーの書。「天は自ら助くる者を助く」という精神を思想的根幹とした、三百余人の成功立志談。福沢諭吉の『学問のすゝめ』と並ぶ明治の二大啓蒙書の一つ。
527

ガリア戦記
カエサル著／國原吉之助訳
ローマ軍を率いるカエサルが、前五八年以降、七年にわたりガリア征服を試みた戦闘の記録。当時のガリアとゲルマニアの事情を知る上に必読の歴史的記録として有名。カエサルの手になるローマ軍のガリア遠征記。
1127

内乱記
カエサル著／國原吉之助訳
英雄カエサルによるローマ統一の戦いの記録。前四九年、ルビコン川を渡ったカエサルは地中海を股にかけ政敵ポンペイユスと戦う。あらゆる困難を克服し勝利するまでを迫真の名文で綴る。ガリア戦記と並ぶ名著。
1234

ラケス 勇気について
プラトン著／三嶋輝夫訳
プラトン対話篇
プラトン初期対話篇の代表的作品、新訳成る。「勇気とは何か」「言と行の関係はどうあるべきか」を主題に展開される問答。ソクラテスの徳の定義探求の好例とされ、構成美にもすぐれたプラトン初学者必読の書。
1276

ソクラテスの弁明・クリトン
プラトン著／三嶋輝夫・田中享英訳
プラトンの初期秀作二篇、待望の新訳登場。死を恐れず正義を貫いたソクラテスの法廷、獄中での最後の言説。近年の研究動向にもふれた充実した解説を付し、参考にクセノフォン『ソクラテスの弁明』訳を併載。
1316

心とは何か
アリストテレス著／桑子敏雄訳
アリストテレス
心を論じた史上初の書物の新訳、文庫で登場。心についての先行諸研究を総括・批判し、独自の思考を縦横に展開した書。難解で鳴る原典を、気鋭の哲学者が分かり易さを主眼に訳出、詳細で懇切な注・解説を付す。
1363

西洋の古典

君主論

ニッコロ・マキアヴェッリ著／佐々木　毅全訳注

大文字版

近代政治学の名著を平易に全訳した大文字版。乱世のルネサンス期、フィレンツェの外交官として活躍したマキアヴェッリ。その代表作『君主論』を第一人者が全訳し、権力の獲得と維持、喪失の原因を探る。

1689

ギリシャ神話集

ヒュギーヌス著／松田　治・青山照男訳

壮大無比なギリシャ神話の全体像を俯瞰する。紀元二世紀頃、ギリシャの神話世界をローマの大衆へ伝えるために編まれた、二七七話からなる神話集。各話は極めて簡潔に綴られ、事典的性格を併せもつ。本邦初訳。

1695

マルクス・アウレリウス「自省録」

マルクス・アウレリウス著／鈴木照雄訳

ローマ皇帝マルクス・アウレリウスはストア派の哲学者でもあった。合理的存在論に与する精神構造を持つ一方、文章全体に漂う硬質の色を帯びる無常観。哲人皇帝マルクスの心の軋みに耳を澄ます。

1749

共産党宣言・共産主義の諸原理

K・マルクス、F・エンゲルス著／水田　洋訳

全人類の解放をめざした共産主義とはなんだったのか。力強く簡潔な表現で、世の不均衡・不平等に抗する労働者の闘争を支えた思想は、今なお重要な示唆に富む。斯界の泰斗による平易な訳と解説で読む、不朽の一冊。

1931

アリストテレス「哲学のすすめ」

廣川洋一訳・解説

大文字版

哲学とはなにか、なぜ哲学をするのか。西洋最大の哲学者の「公開著作」十九篇のうち唯一ほぼ復元された、哲学的に重要な著作を訳出、解説を付す。古代社会で広く読まれた、万学の祖による哲学入門が蘇る！

2039

カント「視霊者の夢」

金森誠也訳（解説・三浦雅士）

霊界は空想家がでっち上げた楽園である――。同時代の神秘思想家スヴェーデンボリの「視霊現象」を徹底検証し、哲学者として人間の「霊魂」に対する見解を示す。『純粋理性批判』へのステップとなった重要著作。

2161

西洋の古典

プラトン著／三嶋輝夫訳
アルキビアデス　クレイトポン

ソクラテス哲学の根本を伝える二篇。自惚れの強い軍人に対しては自己の認識から人間一般への理解を試み（アルキビアデス）、『国家』にも登場する政治家には「徳」のありようと、その修得を問う（クレイトポン）。

2408

セーレン・キェルケゴール著／鈴木祐丞訳
死に至る病

「死に至る病とは絶望のことである」。この鮮烈な主張を打ち出した本書は、キェルケゴールの後期著作活動の集大成として燦然と輝く。最新の校訂版全集に基づいてデンマーク語原典から訳出した新時代の決定版。

2409

ガリレオ・ガリレイ著／伊藤和行訳
星界の報告

月の表面、天の川、木星……。ガリレオにしか作れなかった高倍率の望遠鏡に、宇宙は新たな姿を見せた。その衝撃は、伝統的な宇宙観の破壊をもたらすことになる。人類初の詳細な天体観測の記録が待望の新訳！

2410

G・デッラ・ポルタ著／澤井繁男訳
自然魔術

イタリア・ルネサンス末期に活躍した自然探求者デッラ・ポルタ。地中海的な知の伝統のなかに生まれ、実験と観察を重視する研究態度は「白魔術」とも評された。プリニウス『博物誌』と並び称される主著の抄訳。

2431